五燈會元

（宋）释普济 编撰　曾琦云 校注

校注（二）

华龄出版社

HUALING PRESS

图书在版编目（CIP）数据

《五灯会元》校注/（宋）释普济编撰；曾琦云校注．--北京：华龄出版社，2023.12

ISBN 978-7-5169-2610-9

Ⅰ．①五… Ⅱ．①释…②曾… Ⅲ．①禅宗-中国-北宋 Ⅳ．①B946.5

中国国家版本馆 CIP 数据核字（2023）第 185093 号

| 策划编辑 | 于建平 | 责任印制 | 李未圻 |
| 责任编辑 | 郑 雍 | 装帧设计 | 基正传媒 |

书　名	《五灯会元》校注	编　撰	（宋）释普济
出　版 发　行	华龄出版社 HUALING PRESS	校　注	曾琦云
地　址	北京市东城区安定门外大街甲 57 号	邮　编	100011
发　行	(010)58122255	传　真	(010)84049572
承　印	三河市南阳印刷有限公司		
版　次	2023 年 12 月第 1 版	印　次	2023 年 12 月第 1 次印刷
规　格	787mm×1092mm	开　本	1/16
印　张	258	字　数	2414 千字
书　号	ISBN 978-7-5169-2610-9		
定　价	480.00 元（全 6 册）		

目 录

（二）

第四章 南岳下三世——南岳下五世

第五章 六祖大鉴禅师法嗣（行思）——青原下四世

第六章　青原下五世——青原下七世

第四章　南岳下三世——南岳下五世

　　百尺竿头不动人，虽然得入未为真。百尺竿头须进步，十方世界是全身。（长沙景岑招贤禅师）

第一节　南岳下三世

百丈海禅师法嗣

洪州黄檗希运禅师

洪州黄檗[1]希运禅师，闽人也。幼于本州岛黄檗山出家。额间隆起如珠，音辞朗润，志意冲澹。后游天台逢一僧，与之言笑，如旧相识。熟视之，目光射人，乃偕行。属涧水暴涨，捐笠植杖而止[2]。

其僧率师同渡，师曰："兄要渡自渡[3]！"彼即褰衣蹑波[4]，若履平地，回顾曰："渡来！渡来！"师曰："咄！这自了汉，吾早知当斫汝胫[5]。"其僧叹曰："真大乘法器，我所不及。"言讫不见。

师后游京师，因人启发，乃往参百丈。丈问："巍巍堂堂，从何方来？"师曰："巍巍堂堂，从岭南来。"丈曰："巍巍堂堂，当为何事？"师曰："巍巍堂堂，不为别事。"便礼拜。

问曰："从上宗乘[6]如何指示？"丈良久。师曰："不可教后人断绝去也。"丈曰："将谓汝是个人[7]。"乃起，入方丈，师随后入，曰："某甲特来。"丈曰："若尔，则他后不得孤负吾[8]。"

丈一日问师："甚么处去来？"曰："大雄山下采菌子来。"丈曰："还见大虫么？"师便作虎声，丈拈斧作斫势，师即打丈一掴，丈吟吟而笑，便归。

上堂曰："大雄山下有一大虫，汝等诸人也须好看，百丈老汉今日亲遭一口。"

师在南泉，普请择菜次，泉问："甚么处去？"曰："择菜去。"泉曰："将甚么择？"师竖起刀。泉曰："只解作宾，不解作主。"师以刀点三下，泉曰："大家择菜去。"

泉一日曰："老僧有牧牛歌，请长老和。"师曰："某甲自有师在[9]。"

师辞南泉，泉门送[10]，提起师笠曰："长老身材没量大，笠子太小生[11]。"师曰："虽然如此，大千世界总在里许[12]。"泉曰："王老师䎙[13]？"师戴笠便行。

师在盐官殿上礼佛次，时唐宣宗为沙弥，问曰："不著佛求，不著法求，不著僧求，长老礼拜，当何所求[14]？"师曰："不著佛求，不著法求，不著僧求，常礼如是事[15]。"弥曰："用礼何为[16]？"师便掌。弥曰："大粗生。"师曰："这里是甚么所在，说粗说细？"随后又掌。

裴相国镇宛陵，建大禅苑，请师说法。以师酷爱旧山，还以黄檗名之。

公一日拓一尊佛于师前，跪曰："请师安名。"师召曰："裴休！"公应诺。师曰："与汝安名竟。"公礼拜。

师因有六人新到，五人作礼，中一人提起坐具，作一圆相。

师曰："我闻有一只猎犬甚恶[17]。"僧曰："寻羚羊声来。"师曰："羚羊无声到汝寻[18]。"曰："寻羚羊迹来。"师曰："羚羊无迹到汝寻。"曰："寻羚羊踪来。"师曰："羚羊无踪到汝寻。"曰："与么则死羚羊也。"师便休去。

明日升堂曰："昨日寻羚羊僧出来。"僧便出。师曰："昨日公案未了，老僧休[19]去，你作么生？"僧无语。师曰："将谓是本色衲僧，元来只是义学沙门[20]。"便打趁出。

师一日揑拳曰："天下老和尚总在这里，我若放一线道，从汝七纵八横[21]。若不放过，不消一揑。"僧问："放一线道时如何？"师曰："七纵八横。"曰："不放过，不消一揑时如何？"师曰："普。"

裴相国一日请师至郡，以所解一编示师。师接置于座，略不披阅，良久曰："会么？"裴曰："未测。"师曰："若便怎么会得，犹较些子[22]。若也形于纸墨，何有吾宗？"裴乃赠诗一章曰："自从大士传心印，额有圆珠七尺身。挂锡十年栖蜀水，浮杯今日渡漳滨。一千龙象随高步，万里香花结胜因。拟欲事师为弟子，不知将法付何人[23]。"师亦无喜色。自尔黄檗门风，盛于江表矣。

一日上堂，大众云集，乃曰："汝等诸人欲何所求？"以拄杖趁之，大众不散，师却复坐曰："汝等诸人尽是噇酒糟汉[24]，恁么行脚，取笑于人。但见八百一千人处便去，不可图他热闹也。老汉行脚时，或遇草根下有一个汉，便从顶门上一锥，看他若知痛痒，可以布袋盛米供养他。可中总似汝如此容易[25]，何处更有今日事也！汝等既称行脚，亦须著些精神好[26]。还知道大唐国内无禅师么？"

时有僧问："诸方尊宿尽聚众开化，为甚么却道无禅师？"师曰："不道无禅，只是无师。阇黎不见马大师下有八十四人坐道场，得马师正法眼者止三两人，庐山归宗和尚是其一。夫出家人，须知有从上来事分始得[27]。且如四祖下牛头，横说竖说，犹未知向上关捩子[28]。有此眼目，方辨得邪正宗党。且当人事宜，不能体会得[29]，但知学言语念，向皮袋[30]里安着，到处称我会禅，还替得汝生死么？轻忽老宿，入地狱如箭。我才见汝入门来，便识得了也。还知么？急须努力莫容易，事持片衣口食，空过一生[31]，明眼人笑汝，久后总被俗汉算将去在[32]。宜自看远近，是阿谁面上事[33]？若会即便会，若不会即散去。珍重！"

问："如何是西来意？"师便打。

自余施设，皆被上机[34]。中下之流，莫窥涯涘[35]。唐大中年终于本山，谥"断际禅师"。

【注释】

[1] 黄檗（bò）：山名。位于江西宜丰县西五十七千米处。又称鹫峰山。唐末希运禅师至此开山。以其出家于福州黄檗山，故世称此山为黄檗山，寺名黄檗寺，又称灵鹫寺。不久，四方学者望风云集，往来常有千余人。唐宣宗曾幸此山，与希运同观瀑布，并相对赋诗，从此黄檗宗风盛于江南。又希运之后，有法济、志因、惟初、惟胜、道全、永泰等相继住此，山名益著。南宋绍兴九年（1139 年），高宗曾赐名"报恩光孝禅寺"，以为追念其父徽宗之所。至明中叶曾废毁，然明思宗时，常愚、照通等曾复兴之。

[2] 属（zhǔ）涧水暴涨，捐笠植杖而止：恰好遇到溪水暴涨，他们便取下斗笠挂着拐杖停下来。属：恰好遇到。捐：舍弃，抛弃。

[3] 兄要渡自渡：老兄您要渡过去就自己渡吧！

[4] 彼即褰（qiān）衣蹑波：那僧人挽起衣服踩在波浪上。褰：撩起（衣服等）。

[5] 吾早知当斫汝胫（jìng）：我早知道你是这样的人，就应当砍了你的脚。胫：小腿，即从膝盖到脚跟的部分。

[6] 宗乘：本书多指禅法。丁福保《佛学大辞典》："各宗所弘之宗义及教典云宗乘，多为禅门及净土门标称自家之语。"

[7] 将谓汝是个人：原以为你是一个人才。将谓：只说是，原以为。唐代刘商《胡笳十八拍·第一拍》："纱窗对镜未经事，将谓珠帘能蔽身。"

[8] 若尔，则他后不得孤负吾：如果是这样，那么你今后就不能对不起我。

[9] 某甲自有师在：自有我老师在。

[10] 泉门送：南泉送到门口。

[11] 长老身材没量大，笠子太小生：长老的身材这么大，这笠子太小了。没量：禅林用语。即庞大而不可计量之意。又作勿量。量：计量之意。于禅林中，将超越寻常见识气度而难以一般尺寸度量之大器人物，称为没量汉，意即真个彻底之大人物。又，超越凡圣迷悟之佛法大事，称为没量大事。彻底大悟而超出凡人所执着之凡圣、迷悟、有无、得失等分别情量之大人物，称为没量大人。旧校本标点有误，其标点为"长老身材没量，大笠子太小生"，是因为不知道"没量"的含义。

[12] 虽然如此，大千世界总在里许：虽然如此，但大千世界也可装在里面。

[13] 王老师聻：那王老师呢？意思是，我王老师是不是也装在里面？

[14] 不著佛求，不著法求，不著僧求，长老礼拜，当何所求：不为佛求，不为法求，不为僧求，长老礼拜，到底有何所求呢？"三不求"出自《维摩诘经·不思议品》："夫为法者，不著佛求，不著法求，不著众（僧）求。"

[15] 不著佛求，不著法求，不著僧求，常礼如是事：不为佛求，不为法求，不为僧求，如此常礼是平常事。意思是，不求一切而礼拜，是真求，得入佛智涅槃境界。

[16] 用礼何为：既然无所求，何必再礼拜？

[17] 我闻有一只猎犬甚恶：我听到有一只猎狗在此，很凶恶。

[18] 羚羊无声到汝寻：羚羊没有声音让你去寻找。传说羚羊夜宿时，角挂在树上，脚不着地面，猎狗无以寻其迹。比喻禅家启发学人领悟禅道，不凭借语言文字、知识见解。

[19] 休：领悟禅旨，完成参学大事。

[20] 将谓是本色衲僧，元来只是义学沙门：本来以为你是实修僧人，原来也只是一个学问僧。禅门本色在于实修实证，不在于文字理论研究。

[21] 七纵八横：形容领悟禅法明白彻底，运用自在通畅无碍。本书第十九章"五祖法演禅师"条："若要七纵八横，见老和尚打鼓升堂。"

[22] 若便恁么会得，犹较些子：如果能这样领会，也算不错了。较些子：参见本书该注释。旧校本标点为"若便恁么，会得犹较些子"有误。

[23] 自从大士传心印，额有圆珠七尺身。挂锡十年栖蜀水，浮杯今日渡漳滨。一千龙象随高步，万里香花结胜因。拟欲事师为弟子，不知将法付何人：此处《景德传灯录》有校勘记："观前所叙，则运禅师居洪州大安寺。后裴公在宣州䴔寺，请师居之，号曰'黄檗'，而赠以诗也。然所叙之事与诗意全不相合。今详此诗，乃裴公在洪州时作也。言'挂锡十年栖蜀水'者，谓师先住高安之黄檗已十年也。按《前汉地理志》，豫章郡建成县有蜀水，建成者即唐之高安县也。'浮杯今日渡漳滨'者，谓自黄檗请师来至洪城也。按《前汉地理志》，豫章水出赣县西南北入大江，洪州城在漳水之滨，而郡名豫章也。又裴公作《传心法要序》云'有大禅师号希运，住洪州高安县黄檗山鹫峰下，海众常千余人。予会昌二年廉于钟陵，自山迎至州，憩龙兴寺，旦夕问道。大中二年廉于宛陵，复礼迎至所部，寓开元寺'云云。钟陵，洪州也。宛陵，宣州也。观此序所述，亦谓师先住高安黄檗。而裴公请至洪州，与前诗正合。逮其廉于宣州，虽复迎请师，但寓开元寺而已，初无建寺之说。不知本章何以差误若此？盖当以裴公《法要序》与诗为正。且会昌三年，武宗废教其二年。言师居黄檗已十载，此必然之理也。裴公在宣州请师，乃大中重兴之后，而师再聚徒于黄檗之时也。故《千顷南公》章中云：'大中初裴公出抚宛陵，请黄檗和尚出山，而南公随之也。'其余在裴公章中辨之矣。"

[24] 噇（chuáng）酒糟汉：贪吃酒糟的人，贪吃酒糟的家伙。噇：吃，古代特指大吃大喝。

[25] 可中总似汝如此容易：如果总像你如此轻慢。可中：禅林用语，指假若、恰好，或谓纵使、纵然、犹若等。乃唐宋时代之方言，禅林亦习用之，为禅僧言谈中之惯用语。

[26] 亦须著些精神好：也要提起精神来才行。

[27] 须知有从上来事分始得：须知从上以来有什么事才算开始。知有：知，知道。

[28] 犹未知向上关捩（lì）子：还不知道向上的机关。关捩子：能转动的机械装置，喻物之紧要处。在禅林指无上至真的禅机妙法，悟道之关键处。亦作"关棙子"。

[29] 当人事宜，不能体会得：本人的头等大事，不能体会知道。当人：本人，当事人。

[30] 皮袋：言人畜之身体。本书一般指人的身体。又称"臭皮囊""皮囊""革囊"，就是皮革制成的袋子，比喻人身。"臭皮囊"这句俗语源于较早译出的

《四十二章经》："天神献玉女于佛，欲以试佛意、观佛道。佛言：革囊众秽，尔来何为！以可诳俗，难动六通。去，吾不用尔。天神愈敬佛，因问道意。佛为解释，即得须陀洹（小乘初果）。"佛把天仙美女视为盛满污秽之物的皮袋子，这叫作"不净观"，专用以破除淫欲。明代屠隆《昙花记·超度沉迷》："任他天女，觑为革囊；岂放摩登，毁吾戒体。"即为直用此典。佛教还认为，人身是地水火风"四大"假合而成的，虚幻不实，污秽不净，不值得贪恋，故喻之为"臭皮囊"。

[31] 急须努力莫容易，事持片衣口食，空过一生：旧校本标点为"急须努力，莫容易事，持片衣口食，空过一生"有误。"事持"是一个词，不能分开。参见项楚《五灯会元点校献疑续补一百例》。

[32] 久后总被俗汉算将去在：长此以往总会被一班俗人算计。

[33] 宜自看远近，是阿谁面上事：请自己看看远近，是谁头上的事？

[34] 自余施设，皆被上机：此外安排，都是接引上等根器的人。

[35] 中下之流，莫窥涯涘（sì）：中下根基之辈，不能看到边际。涯涘：边际，界限。

【概要】

希运禅师（？～850年），唐代禅僧，福州人，幼年在黄檗山（今属江西省宜丰县）出家，参江西百丈山海禅师而得道。后居洪州大安寺，法席甚盛，师嗜爱旧山，因以黄檗名之，后人便称师为黄檗，并改其山名为黄檗山，往来的学众很多。会昌二年（842年），裴休在钟陵（今江西省进贤县）为廉镇（即观察使），迎请希运上山安置在钟陵龙兴寺，且夕问道。大中二年（848年），裴休移镇宛陵（安徽省宣城县），又迎请希运至开元寺，常去参问，并记录所说，即为现行的《黄檗希运禅师传心法要》。大中四年示寂，年寿不详。谥号"断际禅师"。有《语录》《传心法要》《宛陵录》各一卷行世。他的法嗣有临济义玄、睦州陈、千顷楚南等十二人，而以义玄最为特出。

希运继承马祖道一"即心即佛"的思想，而力倡"心即是佛"之说。黄檗既深得马祖、百丈洪州禅法之精髓，又因势创新，故其接引之法更见单刀直入，机锋峻烈，棒击喝问，语势兼用，创立"黄檗禅"，并开启其后之临济宗风。当时黄檗的门风盛于江南。

出自希运禅师的公案有："黄檗择菜""黄檗礼佛""黄檗噇酒"。

"黄檗择菜"，以不视择菜为外境，取入自己之心性为问答者。禅师在南泉参访的时候，有一次集体劳动为择菜，南泉问："做什么去？"禅师回答："择菜去。"南泉问："拿什么择？"禅师竖起刀。这是就择菜，而示应不昧却平常之佛性者也。

应看取黄檗之刀竖起。

"黄檗礼佛"这个公案，元音老人有开示，如下：

唐朝的宣宗是一代英明君主，信仰佛教，拥护三宝，修复旧寺，广兴佛法。他未做皇帝之前，遭武宗猜忌，便诈死潜逃，到香严禅师门下剃发作沙弥。香严禅师为庐山瀑布题诗："穿云透石不辞劳，地远方知出处高"，沙弥随口续上两句："溪涧岂能留得住，终归大海作波涛"，他是一心要做皇帝的哟。

后来，沙弥到盐官齐安禅师那里参禅，当时黄檗希运禅师在那里作首座。沙弥见黄檗禅师拜佛，便说："不着佛求，不着法求，不着僧求，长老礼拜，当何所求？"禅师说："不着佛求、不着法求、不着僧求，常礼如是事。"禅师洒脱，不作拜佛想，却是常拜。沙弥说："用礼何为？"此语已落断灭空，这也是着相，着了非法相。禅师打了他一掌，他说："太粗生！"他没在这一掌下开悟，反说禅师太粗暴了。禅师说："这里是什么所在？说粗说细！"随后又打两掌。

后来，沙弥作了皇帝，还没忘这个茬。黄檗禅师圆寂后，宣宗竟谥他"粗行禅师"。宰相裴休是黄檗禅师的入室弟子，知道这三掌的故事，便向皇帝上奏："三掌为陛下断三际也。"宣宗毕竟是信佛的皇帝，就改谥"断际禅师"。

"黄檗噇酒"，乃唐代黄檗希运禅师呵斥拘泥语言文字之行者，仅尝得释迦、达磨之残渣；犹如仅尝得酒糟味，而不知真正酒味。黄檗禅师说："你们这些人尽是吃酒糟的汉子，这样行脚只能取笑于人，只人多的地方便去，就图他热闹。还知道大唐国内无禅师么？"有人说"各方大德聚众开导，怎么说无禅师？"黄檗说："不道无禅，只是无师。"感叹大唐国虽广，却无真正能说禅化导行者之师家；盖黄檗此语系为喝破彼等拘泥于语言文字、行脚参访而无所得者之迷执，促其经由身证、体验，以开拓本具之佛性。

本则公案名称，各书记载略异，另有题为黄檗酒糟汉、黄檗噇糟、黄檗噇酒糟。

黄檗希运禅师首先提出参看"公案"的方法，作为参禅的入门。

《缁门警训》卷七有"黄檗禅师示众"，云："若是个丈夫汉，看个公案。僧问赵州'狗子还有佛性也无'，州云'无'。但却二六时中看个'无'字。昼参夜参，行住坐卧，着衣吃饭处，阿屎放尿处，心心相顾，猛着精彩，守个'无'字。日久月深，打成一片，忽然心花顿发，悟佛祖之机，便不被天下老和尚舌头瞒，便会开大口。达磨西来无风起浪，世尊拈花一场败缺。到这里说甚么阎罗老子，千圣尚不奈尔何！"

【参考文献】

《宋高僧传》卷二十；《景德传灯录》卷九；《传法正宗记》卷七；《佛祖统

纪》卷四十三；《佛祖历代通载》卷二十三；《释氏稽古略》卷三十；《指月录》卷十；《祖堂集》卷十六；忽滑谷快天《禅学思想史》。

福州长庆大安禅师（号懒安）

福州长庆大安禅师，郡之陈氏子。受业于黄檗山，习律乘。尝自念言："我虽勤苦，而未闻玄极之理。"乃孤锡游方，将往洪井，路出上元，逢一老父谓师曰："师往南昌，当有所得。"

师即造百丈，礼而问曰："学人欲求识佛，何者即是?"丈曰："大似骑牛觅牛。"

师曰："识得后如何?"丈曰："如人骑牛至家。"

师曰："未审始终如何保任[1]?"丈曰："如牧牛人执杖视之，不令犯人苗稼。"

师自兹领旨，更不驰求[2]。同参祐禅师，创居沩山，师躬耕助道，及祐归寂，众请接踵住持[3]。

上堂："汝诸人总来就安，求觅甚么[4]？若欲作佛，汝自是佛。担佛傍家走[5]，如渴鹿趁阳焰相似[6]，何时得相应去？汝欲作佛，但无许多颠倒攀缘、妄想恶觉、垢净众生之心，便是初心正觉佛，更向何处别讨？"所以，安在沩山三十来年，吃沩山饭，屙沩山屎，不学沩山禅，只看一头水牯牛[7]，若落路入草，便把鼻孔拽转来；才犯人苗稼，即鞭挞。调伏既久，可怜生受人言语[8]，如今变作个露地白牛[9]，常在面前，终日露迥迥地，趁亦不去[10]。汝诸人各自有无价大宝，从眼门放光，照见山河大地；耳门放光，领采一切善恶音响[11]。如是六门[12]，昼夜常放光明，亦名放光三昧。汝自不识取，影在四大身中，内外扶持，不教倾侧。如人负重担，从独木桥上过，亦不教失脚，且道是甚么物任持便得如是，且无丝发可见[13]。岂不见志公和尚云'内外追寻觅总无，境上施为浑大有[14]'？珍重！"

僧问："一切施为是法身用，如何是法身。"师曰："一切施为是法身用。"曰："离却五蕴，如何是本来身?"师曰："地水火风，受想行识。"曰："这个是五蕴。"师曰："这个异五蕴。"

问："此阴已谢，彼阴未生时如何[15]?"师曰："此阴未谢，那个是大德[16]?"曰："不会。"师曰："若会此阴，便明彼阴。"

问："大用现前，不存轨则[17]时如何？"师曰："汝用得但用。"僧乃脱膊，绕师三匝[18]。

师曰："向上事何不道取[19]？"僧拟开口，师便打，曰："这野狐精，出去。"

有僧上法堂，顾视东西，不见师，乃曰："好个法堂，只是无人。"师从门里出，曰："作么？"僧无对。

雪峰因入山采得一枝木，其形似蛇，于背上题曰："本自天然，不假雕琢。"寄与师，师曰："本色住山人，且无刀斧痕。"

僧问："佛在何处？"师曰："不离心。"又问："双峰上人[20]，有何所得？"师曰："法无所得，设有所得，得本无得。"

问："黄巢军来，和尚向甚么处回避？"师曰："五蕴山中。"曰："忽被他捉着时如何？"师曰："恼乱将军。"

师大化闽城。唐中和三年归黄檗示寂，塔于楞伽山。谥"圆智禅师"。

【注释】

[1] 未审始终如何保任：不知道从始至终如何保持、维护？保任：禅宗谓涵养真性而运用之。也就是在禅悟以后，还必须加以保持、维护，也就是巩固觉悟成果。

[2] 师自兹领旨，更不驰求：禅师自从领会旨意后，再也不向外追求了。旧译本"禅师从这里得到教导后，便没有再去别处求教"，误会原意，"更不驰求"指不心外求佛，并非指不到别处求教。

[3] 同参祐禅师，创居沩山，师躬耕助道，及祐归寂，众请接踵住持：他的同参灵祐，创建沩山（湖南省长沙市宁乡市西部），大安禅师亲自耕种，帮助他弘扬佛法，等到灵祐禅师圆寂，大众请求大安禅师接任住持。接踵，本指脚尖脚跟相接，此指继任。旧译本"大安禅师一同参拜祐禅师，在沩山建立住所，他亲自耕田种地供养自己修行"，这个翻译错了几个地方：第一，"同参祐禅师"，并非"大安禅师一同参拜祐禅师"，原意为祐禅师是大安禅师的同参，即师兄弟，他们都是百丈的弟子，将"同参"译为"一同参拜"是望文生义，有误。第二，"创居沩山"，是指祐禅师创建沩山，他是沩仰宗（禅宗五家七宗之一）的初祖，并非大安禅师在沩山建立住所，这是第二个错误。第三，"师躬耕助道"，是指大安禅师亲自耕种，帮助祐禅师一起弘法，并非耕田种地供养自己修行，这是第三个错误。

[4] 汝诸人总来就安,求觅甚么:你们大家都来追随我大安,想要求个什么? 安:大安禅师自指。旧译本"你们这些人总来请求接任住持位置,想得到什么呢",错会了原意,大众是来求法的,不是来求任住持的,翻译错误。

[5] 担佛傍家走:担负一尊佛,挨家挨户行乞游走。意思是本身就是佛,一切都能自求而得,却还要依附着行乞,四方参访,艰辛寻宝。傍家,依附着每家每户的布施。

[6] 如渴鹿趁阳焰相似:"阳焰"亦作"阳燄""阳焱",指浮尘为日光所照时呈现的一种远望似水如雾的自然景象,佛经中常用以比喻事物之虚幻不实者。本处指鹿看见炎阳底下所产生的水蒸气,远望似水,渴者思饮,终不可得。语本《楞伽经》卷二上:"譬如群鹿为渴所逼,见春时燄而作水想,迷乱驰趣不知非水。"隋智顗《摩诃止观》卷一下:"集既即空,不应如彼渴鹿驰逐阳燄。"

[7] 更向何处别讨? 所以安在沩山三十来年,吃沩山饭,屙沩山屎,不学沩山禅,只看一头水牯牛:旧校本标点有误。"所以安"三字不与"更向何处别讨"连文成"更向何处别讨所以安"。"安":指"懒安",下面要画线。

[8] 可怜生受人言语:可怜它能领会了人的语言。

[9] 如今变作个露地白牛:如今变成了一条听话的清净白牛。露地白牛:驯养日久听人役使的耕牛,佛教用以比喻归依佛法者。白牛:意指清净之牛。《法华经·譬喻品》中,以白牛譬喻一乘教法,从而指无丝毫烦恼污染之清净境地为露地白牛。

[10] 终日露迥迥地,趁亦不去:整天清清楚楚地在面前赶不走。

[11] 领采一切善恶音响:领受一切善恶声音。

[12] 六门:眼、耳、鼻、舌、身、意六根也叫六门。

[13] 如人负重担,从独木桥上过,亦不教失脚,且道是甚么物任持便得如是,且无丝发可见:就如一个人背负重担,从独木桥上过去,也不会失脚,还说是什么东西扶持着才能够这样,并且又不能丝毫发现它。任持:主持,维持。

[14] 内外追寻觅总无,境上施为浑大有:里里外外去寻找什么地方都找不着,但是在一切境界上它的影响到处都有。此为藏识(阿赖耶识),含藏有真妄的种子,转凡为圣,则是佛性,若为外境所牵引,则为妄念,堕入六道轮回。施为:指机锋运用,禅法实践。

[15] 此阴已谢,彼阴未生时如何:阴,积聚之义,谓色声等之有为法积聚生死之苦果。此期果报已经结束,未来果报还没有产生,是什么样子?

[16] 此阴未谢,那个是大德:这期果报还没结束,请问这中间哪个是您大德?

[17] 大用现前,不存轨则:悟道者随时随地实践、运用禅法,并无一定之规

的限定和束缚，即禅法运用，自在无碍。《碧岩录》卷一"第七则"："大用现前，不存轨则。有时将一茎草作丈六金身用，有时将丈六金身作一茎草用。"《如净语录》卷上："解却禅和布袋头，虚空豁达逞风流。去亦得，住亦得，大用现前无轨则。"（摘自《禅宗大词典》）

[18] 僧乃脱膊，绕师三匝：僧人就脱衣赤膊，围绕禅师转了三圈。

[19] 向上事何不道取：探求佛道至极之大事，为什么不说。向上：禅宗以自迷境直入悟境、上求菩提之工夫，称为向上门；如形容至极之大道、大悟之境界，称为向上一路、向上道；探求佛道之至极奥理，称为向上极则事、向上关捩子、向上事。"道取"之"取"，助词，表动态，犹"得"或"着"。旧译本"与尊长作事为何不说取"，将"向上事"译为"与尊长作事"，未弄清佛教专业术语，译错。取，语气助词。

[20] 双峰上人：双峰山上的人。指禅宗两位祖师。四祖道信，于唐武德七年（624 年）归蕲州（今属湖北），住破头山（后名为双峰山），大振法道，学侣云集。五祖弘忍从四祖道信出家于蕲州黄梅双峰山东山寺，穷研顿渐之旨，遂得其心传。

【概要】

大安禅师，唐代禅僧。俗姓陈，别号懒安。福州（今属福建）人。百丈怀海禅师之法嗣。幼年入道，顿拂尘蒙。元和十二年（817 年）于建州浦城县（今属福建）凤栖寺受具足戒。后受业于黄檗山（今福建福清县境内），学习律乘。又至临川（今属江西）石巩山参慧藏禅师。慧藏每接待学人，都是持弓弩对着他们。大安礼拜未起，慧藏喝曰："看箭！"大安神色不变，答对不差。慧藏乃扔下弩说："几年射，始中半人也矣。"后秉百丈禅师之命，前往湖南大沩山帮助同参师兄灵祐禅师创居沩山，充当典座。在大沩住山期间，大安禅师躬耕助道，恪尽职守，为众所敬。灵祐圆寂后，众请接踵住持。晚年归福州怡山，住怡山院，广化闽中。入寂于唐中和三年（883 年），塔于愣伽山。谥"圆智禅师"。

【参考文献】

《宋高僧传》卷十二；《景德传灯录》卷九；《佛祖统纪》卷三十九；《黄檗山寺志》卷四（中国佛寺史志汇刊第八十四册）。

杭州大慈山寰中禅师

杭州大慈山寰中禅师，蒲坂卢氏子。顶骨圆耸，其声如钟。少丁母忧，庐于墓所[1]。服阕，思报罔极[2]，乃于并州童子寺出家，嵩岳登戒，习诸律学。后参百丈，受心印。辞往南岳常乐寺，结茅于山顶。

一日，南泉至，问："如何是庵中主？"师曰："苍天！苍天！"泉曰："苍天且置，如何是庵中主？"师曰："会即便会，莫切切[3]。"泉拂袖而出。

后住大慈。上堂："山僧不解答话，只能识病。"时有僧出，师便归方丈。

（法眼云："众中唤作病，在目前不识[4]。"玄觉云："且道大慈识病不识病？此僧出来是病不是病？若言是病，每日行住不可总是病；若言不是病，出来又作么生？"）

赵州问："般若以何为体？"师曰："般若以何为体？"州大笑而出。

明日，州扫地次，师曰："般若以何为体？"州置帚，拊掌大笑，师便归方丈。

僧辞，师问："甚么处去？"曰："江西去。"师曰："我劳汝一段事得否[5]？"曰："和尚有甚么事？"师曰："将取老僧去得么[6]？"曰："更有过于和尚者，亦不能将去[7]。"师便休。

后举似洞山，山曰："阇黎争合恁么道[8]？"曰："和尚作么生[9]？"山曰："得[10]。"

（法眼别云："和尚若去，某甲提笠子。"）

山又问其僧："大慈别有甚么言句？"曰："有时示众曰：'说得一丈，不如行取一尺；说得一尺，不如行取一寸。'"山曰："我不恁么道。"曰："和尚作么生？"山曰："说取行不得底，行取说不得底[11]。"

（云居云："行时无说路，说时无行路。不说不行时，合行甚么路？"洛浦云："行说俱到，即本分事无。行说俱不到，即本分事在。"）

后属武宗废教，师短褐隐居。大中岁重剃染，大扬宗旨。咸通三年不疾而逝。僖宗谥"性空大师"。

【注释】

[1] 少丁母忧，庐于墓所：年少时遭逢母亲的丧事，在墓边建茅蓬守丧。丁忧：遭逢父母丧事。旧制，父母死后，子女要守丧，三年内不做官，不婚娶，不赴宴，不应考。

[2] 服阕（què），思报罔极：守丧期满除服，想要报答母亲的恩德。服阕，守丧期满除服。阕：终了。罔极：指父母恩德无穷。出自《诗·小雅·蓼莪》："父兮生我，母兮鞠我……欲报之德，昊天罔极。"

[3] 会即便会，莫忉忉：知道就知道，不要再唠叨。

[4] 众中唤作病，在目前不识：在众人中说的有病，这病就在每个人眼前，大家都不识。

[5] 我劳汝一段事得否：我麻烦你帮我办一件事行吗？

[6] 将取老僧去得么：带着我老僧去得吗？取：助词，表动态，犹"得"或"着"。

[7] 更有过于和尚者，亦不能将去：即使有超过和尚的，也不能带去。

[8] 阇黎争合恁么道：阇黎您怎么能那样说呢？阇黎：见本书注释。

[9] 和尚作么生：和尚您怎么办？

[10] 得：行。

[11] 说取行不得底，行取说不得底：说得出那些做不到的，做得出那些说不出的。取：助词，表动态，犹"得"或"着"。

【概要】

寰中禅师（780～862年），唐代禅僧。俗姓卢。河东蒲坂（今山西永济）人。秉性聪敏，博古通今。二十五岁应试中第。母殁，于并州（治今山西阳曲）童子寺出家，博览佛经，深解精义。往嵩山受具足戒，学习戒律。心慕上乘佛法，又往百丈山，参礼百丈怀海，受其心印，嗣其法。此后，隐居衡山常乐寺。时有谏议大夫崔公为其建立方丈，其地缺水，一夜有虎啸于其侧，次日即见地涌泉水，适足汲用，因名"虎跑泉"。移住杭州大慈山，四方参礼者如云。会昌四年（844年），武宗毁佛，寰中遂易服还俗。大中六年（852年），重行剃染，大扬宗风。咸通三年二月示寂，世寿八十三，法腊五十四。僖宗乾符四年（877年），追谥"性空大师"之号，塔名"定慧"。

关于寰中禅师与南泉禅师讨论"庵中主"的公案，这是两位大师级人物斗法，嬉笑怒骂，皆成文章，我们读者不可当真，以为哪位大师更有本事，妄分高低。"如何是庵中主"，"庵中主"一般人理解为本有佛性。寰中禅师云"苍天"，有人如此理解，庵中主者，犹如虚空，了无一物，故曰苍天。可南泉再问："苍天且置，如何是庵中主？"对于这样的问题，有人就不理解了，认为南泉未识禅机，寰中已明示"苍天"，庵中主本是不二。所以，难怪寰中禅师斥责南泉唠唠叨叨。寰中禅师说："会即便会，莫忉忉。"这句话的意思，是不是说寰中自己早就知道了，怪南泉唠叨；还是南泉自己早就知道，却还在这里唠唠叨叨。仔细想想，应该属于第二种，两位禅师早已神会，给我们演戏呢？不要以为南泉拂袖而出就是没有风度。

【参考文献】

《宋高僧传》卷十二；《祖堂集》卷十七；《景德传灯录》卷九；《佛祖历代通载》卷十七。

【拓展阅读】

杭州大慈山寰中禅师，蒲阪人也。姓卢氏。顶骨圆耸其声如钟。出家于并州童子寺。受心印于百丈禅师。结茅于南岳。师后住浙江大慈山，问道者众。山素缺水，师拟飞锡，夜梦神人告之曰："勿他之。"诘朝见二虎以爪跑地，泉自涌出，味甘如饴。有僧自岳至，乃曰："童子泉涸矣，移来在此。"故东坡题诗云："亭亭石塔东冈上，此老初来百神仰。虎移泉眼趁行脚，龙作浪花供抚掌。至今游人灌濯罢，卧听空阶环玦响。故知此老如此泉，莫作人间去来想。"咸通三年二月十五日不疾而逝，寿八十三，腊五十四。僖宗谥"性空大师""定慧"之塔。（出自《佛祖历代通载》）

天台平田普岸禅师

天台平田普岸禅师，洪州人也。于百丈门下得旨。后闻天台胜概[1]，圣贤间出，思欲高蹈方外，远追遐躅[2]。乃结茅剃草，宴寂林下[3]，日居月诸[4]，为四众所知。创平田禅院居之[5]。

上堂："神光不昧[6]，万古徽猷[7]。入此门来，莫存知解。"便下座。

僧参，师打一拄杖，其僧近前把住拄杖。师曰："老僧适来造次[8]。"僧却打师一拄杖。师曰："作家！作家！"僧礼拜。师把住曰："是阇黎造次。"僧大笑。师曰："这个师僧今日大败也。"

临济访师，到路口先逢一嫂在田使牛。济问嫂："平田路向甚么处去？"嫂打牛一棒曰："这畜生到处走，到此路也不识。"济又曰："我问你平田路向甚么处去？"嫂曰："这畜生五岁尚使不得[9]。"济心语曰："欲观前人，先观所使。"便有抽钉拔楔之意[10]。及见师，师问："你还曾见我嫂也未？"济曰："已收下了也[11]。"

师遂问："近离甚处？"济曰："江西黄檗。"师曰："情知你见作家来。"济曰："特来礼拜和尚。"师曰："已相见了也。"济曰："宾主之礼，合施三拜。"师曰："既是宾主之礼，礼拜著[12]。"

有偈示众曰："大道虚旷，常一真心。善恶莫思，神清物表。随缘饮啄，更复何为?"

终于本院，遗塔存焉。

【注释】

[1] 天台胜概：天台非常好的风景或环境。

[2] 高蹈方外，远追遐躅（zhú）：远游于世俗之外，追念古人长远的功德。高蹈：远游。方外：世俗之外，世外。遐躅：长远的功德。躅，足迹，功绩。

[3] 宴寂林下：安然静寂住在山林之下。宴寂：本指安然而入寂也，谓圣者之死，此处指禅师住在山中静心入定，希望如此终老林下。旧译本"在林下宴饮会客"，错误理解"宴寂"，望文生义，试想作为高僧，能宴饮吗? 更别说高调"宴饮会客"了。

[4] 日居月诸：指光阴的流逝。居：音"积"，语助词，同"乎"。诸：语助词。出自《诗·邶风·柏舟》："日居月诸，照临下土。"意思是：太阳啊月亮啊，光芒照耀在大地上。

[5] 创平田禅院居之：创建了平田禅院，让禅师住在那里当住持。

[6] 不昧：此处指不昏暗。此外还有不忘、不明亮、不损坏、不湮灭等意义。

[7] 徽（huī）猷（yóu）：美善之道。猷：道。指修养、本事等。

[8] 老僧适来造次：老僧刚才鲁莽了。造次：匆忙、仓促、鲁莽的意思。

[9] 这畜生五岁尚使不得：这畜生五岁了还使唤不得。

[10] "欲观前人，先观所使。"便有抽钉拔楔（xiē）之意：想要看望前面的人，先观察眼前大嫂所使唤。这说明普岸禅师提前替他彻底解决问题。抽钉拔楔：抽出钉子，拔出楔子，比喻解决疑难。旧校本标点有误，"便有抽钉拔楔之意"是叙述语言，应移至引号外。

[11] 已收下了也：指收下大嫂一番开导之意，即已经领教了。

[12] 既是宾主之礼，礼拜著：既然是宾主之礼，那礼拜我就接受了。旧译本"礼拜就免了"，此处没这个意思。"著"无"免"的意义，可理解为"对"。

【概要】

普岸禅师，唐代禅僧。俗姓蔡。洪州（治今江西南昌）人。少出家，于百丈山谒怀海，日随众僧施役，夜独执烛诵经，不辞劳苦。后游天台，宴居林下，苦行清修，众仰其德，建平田院以安之。朝廷赐额曰"寿昌"。师开山之始祖也。后终于本院。遗塔存焉。

一天，有一僧人来参访，普岸禅师打他一拄杖，没想到被僧人把住，普岸禅师正道歉时，反被僧人倒打一杖，而普岸禅师竟然赞叹"高手"，此时僧人礼拜，普岸禅师又把住，僧大笑，而普岸禅师说僧人今日大败。这个公案，《禅宗颂古联珠通集》卷十六颂曰：

祖令初行亦可观，从他互换太无端。幸然打着其间汉，草贼终来识不难。（本觉一）

临济访师到路口，先逢一大嫂在田使牛。济问曰："平田路怎么走？"这个女子打牛一棒曰："这畜生到处乱走，此路也不识。"济又曰："我问你平田路怎么走？"女喝曰："这畜生五岁了还使唤不得。"济心想："要看望前面的人，先观察眼前大嫂所使唤。"及见师，师问："你还曾见我嫂也未？"济曰："已经领教了。"未见平田禅师，先出这个会禅的女子，却能和临济来一个回合，棒牛喝牛，使出作家本色，可她遇上的是棒喝专家临济，可临济竟然也收下她一番心意，能不教人侧目。到了平田、临济两大作家相见，相映生辉，又是一番风光。

此外，《禅宗颂古联珠通集》卷十六还增收了普岸禅师一则公案，如下：

台州平田普岸禅师一日访茂源，源才起迎，师把住曰："开口即失，闭口即丧，去此二途，请师别道。"源以手掩鼻，师放开曰："一步较易，两步较难。"源曰："著甚死急？"师曰："若非和尚，不免诸方检点。"颂曰：

主山高与案山低，几见云开又合时。仿佛暮楼堪对处，两峰相峙绝高低。（绝像鉴）

厮扑欣逢是对头，拳来踢去两相酬。中间手面交加处，鹞眼鹰睛莫可求。（竹屋简）

【参考文献】

《宋高僧传》卷十七；《景德传灯录》卷九；《祖庭事苑》卷七。

瑞州五峰常观禅师

僧问："如何是五峰境？"师曰："险[1]。"曰："如何是境中人？"师曰："塞[2]。"

僧辞，师曰："甚么处去？"曰："台山去。"师竖一指曰："若见文殊了，却来这里与汝相见。"僧无语。

师问僧："甚么处来？"曰："庄上来。"师曰："汝还见牛么。"曰："见。"师曰："见左角，见右角？"僧无语。师代曰："见无左右。"

（仰山别云："还辨左右么？"）

又僧辞，师曰："汝诸方去，莫谤老僧在这里[3]？"曰："某甲不道和尚在这里。"师曰："汝道老僧在甚么处？"僧竖起一指，师曰："早是谤老僧也。"

【注释】

[1] 险：危险。虽是五峰，却是无境，这是五峰禅师的境界，所以当有人问什么是五峰境时，禅师回答"危险"。无我之境，一问即是错，所以说"危险"。旧译本将"险"翻译为"险峻"，未理解原意。

[2] 塞：你的说法不通。既然连五峰境都没有，怎么还有境中人呢？本来第一问就错，可问者没明白禅师回话的意思，继续错上加错，才有这一问。

[3] 汝诸方去，莫谤老僧在这里：你到各方去参学，不要诽谤我老僧在这里。意思是你要是说老僧在这里，就是"有"的境界，等于就是诽谤我。但旧译本"你到各处去，不要说老僧在这里"，将"谤"译为"说"，不符合原意。

【概要】

常观禅师，唐代禅僧。师事百丈怀海得法，后出居瑞州（今江西高安）五峰山。

五峰山，坐落于江西宜丰县黄岗乡境内。山上有净觉寺（江西省宜丰县黄岗乡汪溪村），始建于南朝刘宋永初年间（420～422年），距今一千五百余年，后改名普利寺。唐大中年间（847～859年），高僧常观在此住持。唐宋时，这里僧众云集，香火极盛。柳公权曾为该寺书额，黄庭坚等有咏同诗，苏辙尝为寺僧撰塔铭并舍经于寺。五峰山、洞山、黄檗山合称"释家三大祖庭"。

据宜丰县志记载，五峰山为南朝开国皇帝刘裕御批敕建。唐大中年间（847～859年），百丈寺怀海法师的高足常观禅师与临济始祖希运出师后，一个在黄檗山开扬宗风，一个在五峰山弘法托钵。清朝初期（1663～1741年），临济三十二、三十六世孙煦杲照、慈念等重振受挫临济于五峰山林，击鼓传灯，为世人留下这佛教胜迹。

【参考文献】

《景德传灯录》卷九；《联灯会要》卷七；《大光明藏》中卷；《指月录》卷十一。

潭州石霜山性空禅师

僧问："如何是祖师西来意?"师曰："如人在千尺井中，不假寸绳，出得此人，即答汝西来意。"僧曰："近日湖南畅和尚出世，亦为人东语西话。"师唤沙弥："拽出这死尸着。"

（沙弥即仰山，山后问耽源："如何出得井中人?"源曰："咄！痴汉，谁在井中?"山复问沩山，沩召："慧寂!"山应诺，沩曰："出也。"仰山住后，常举前语谓众曰："我在耽源处得名，沩山处得地。"）

【概要】

性空禅师，潭州（今属湖南长沙）石霜山僧人，生平不详。潭州石霜山有名的和尚名楚圆，下开杨岐、黄龙二派，可这位性空禅师也是一位了不起的禅师。"祖师西来意"是禅门经常涉及的问题，也是僧人经常提及的问题，有的向师父提及这个问题挨打，但这位僧人提及却得到性空禅师回答。

性空禅师说："譬如有人掉进了千尺深的井中，如果能够不利用一寸绳索就能救出此人，那么我就回答了你说的'西来意'。"这个比喻，是不是就说明了什么是"西来意"呢? 仔细研究，实际上已经回答了这个问题。因为"西来意"是本来面目，是佛性，是如来藏，是第一义谛，是真如，是法身，等等，离开这些专有名词，实际上就是指人真正的主人，它没有生死，人人都有，却人人看不见。如果唤出了自身的主人，那么人即使掉进万丈深渊，也能一跃而出，因为真正的主人不受人的肉体所控制，所以如果不利用任何工具就能从千尺井中出来，那么就是真正的主人出场了，在这个时候，还有不懂得什么是"西来意"的问题吗?

性空禅师虽然回答了"西来意"，但僧人仍旧没有觉悟，他宣传"近日湖南畅和尚出世，亦为人东语西话"，他的意思是，你看人家畅和尚出来到处宣讲西来意，东方人说西方意，那是不是值得我们学习?

性空禅师很着急，这僧人就是不悟啊！他就只好棒喝了，大喊："沙弥，快把这死尸拖出去!"他是骂此僧人该死了吗? 不是。性空禅师的意思，你这个愚痴僧，真正的主人看不见，却被文字所迷惑，要知道四大假合的身体没有这个主人，你这个人就是死尸，这个主人不为物转，就是佛，为物所转，就是凡。性空禅师的意思，把这凡夫俗子拖出去斩了，留下的才是真正的主人——佛性。

福州古灵神赞禅师

福州古灵神赞禅师，本州岛大中寺受业。后行脚遇百丈开悟，却回受业。本师问曰："汝离吾在外，得何事业[1]。"曰："并无事业。"遂遣执役。

一日，因澡身命师去垢，师乃扪背曰："好所佛堂而佛不圣。"本师回首视之。师曰："佛虽不圣，且能放光。"

本师又一日在窗下看经，蜂子投窗纸求出。师睹之曰："世界如许广阔不肯出，钻他故纸驴年去[2]。"遂有偈曰："空门不肯出，投窗也大痴。百年钻故纸，何日出头时？"本师置经，问曰："汝行脚遇何人？吾前后见汝发言异常。"师曰："某甲蒙百丈和尚指个歇处，今欲报慈德耳[3]。"

本师于是告众致斋，请师说法[4]，师乃登座，举唱百丈门风曰："灵光独耀，迥脱根尘。体露真常，不拘文字。心性无染，本自圆成。但离妄缘，即如如佛[5]。"本师于言下感悟曰："何期垂老得闻极则事！"

师后住古灵，聚徒数载，临迁化，剃浴，声钟，告众曰[6]："汝等诸人，还识无声三昧否？"众曰："不识。"师曰："汝等静听，莫别思惟。"众皆侧聆，师俨然顺寂[7]，塔存本山。

【注释】

[1] 事业：个人的成就。

[2] 钻他故纸驴年去：钻进故纸堆里驴年马月才能摆脱出来。明说蜜蜂投窗，暗说师父您要是只看经书不明心见性，不知道轮回六道要多长时间才能解脱。

[3] 某甲蒙百丈和尚指个歇处，今欲报慈德耳：我蒙百丈和尚指示了一个歇处，今欲师父的恩德就回来了。旧译本理解为报答百丈和尚的恩德，不符合原意，神赞禅师就是要报答本师恩德才回来的。

[4] 本师于是告众致斋，请师说法：本师于是普告大众，行斋戒之礼以致敬，请神赞禅师说法。致斋：用斋戒之礼以致敬。旧译本将"致斋"翻译为"到斋堂"，望文生义，不符合原意。

[5] 如如佛：觉悟如如理体之佛也，又佛体即如如之理也。

　　[6] 临迁化，剃浴，声钟，告众曰：临近圆寂的时候，他剃发沐浴，鸣钟召集弟子，对大家说。

　　[7] 顺寂：僧人逝世。本书多指高僧禅德逝世。

【概要】

　　神赞禅师，唐代禅僧。福州（今属福建）人。初于福州大中寺受业，后行脚遇百丈怀海开悟。回大中寺为本师说法，本师于言下感悟。晚住古灵，聚徒教化，一日于剃浴钟声中俨然而寂。

　　"古灵揩背"，为唐代古灵神赞禅师开悟后，显露其机锋之公案。一日，神赞禅师为其本师澡浴揩背，而于言词应对之间，收放自如，任运无碍，显露其了悟禅法后之机锋。师乃拊背曰："好所佛堂，而佛不圣。"本师回首视之。师曰："佛虽不圣，且能放光。"此则公案中，古灵初云"好所佛堂"，乃以佛堂喻指其师之背而暗示之，继云"而佛不圣"，则颇有慨叹之意味。其师无可言说，仅回首视之。至此，古灵把握机缘乃更语"佛虽不圣，且能放光"，如是寓禅法于机录，一放一收，了无滞碍，于语默动静中所显示之境界，显然业已超越其本师。

广州和安寺通禅师

　　广州和安寺通禅师，婺州双林寺受业。自幼寡言，时人谓之"不语通"。

　　因礼佛次，有禅者问："座主礼底是甚么？"师曰："是佛。"禅者乃指像曰："这个是何物？"师无对。至夜，具威仪礼问："今日所问，某甲未知意旨如何？"禅者曰："座主几夏邪[1]？"师曰："十夏。"禅者曰："还曾出家也未[2]？"师转茫然。禅者曰："若也不会，百夏奚为[3]？"乃命同参马祖，及至江西，祖已圆寂，遂谒百丈，顿释疑情。

　　有人问师："是禅师否？"师曰："贫道不曾学禅。"师良久，召其人，其人应诺，师指棕榈树子，其人无对。

　　师一日召仰山："将床子来。"山将到，师曰："却送本处著。"山从之。师召："慧寂！"山应诺。师曰："床子那边是甚么物？"山曰："枕子。"师曰："枕子这边是甚么物？"山曰："无物。"师复召："慧寂！"山应诺。师曰："是甚么？"山无对。师曰："去。"

【注释】

[1] 座主几夏邪：座主结夏安居几年了？

[2] 还曾出家也未：还曾出家了吗？作寺庙主持肯定就出家了，可禅者竟然还问出家了没有？其意暗指你到底真正出家了吗？真正出家是心出家，而不是身出家。

[3] 若也不会，百夏奚为：如果这里不能领会，座主您就是住寺庙百年有什么用呢？

【概要】

通禅师，虽然不是很有名，但他的弟子慧寂却是沩仰宗的祖师。慧寂禅师（840～916年）有仰山小释迦之号，广东番禺人。九岁，往依和安寺通禅师。十四岁，父母取归，欲与婚媾。慧寂不从，遂断手二指，跪至父母前，誓求正法，以答劬劳。父母乃许。再诣通禅师处，而得披剃。未登具（受具足戒），即游方。

有一天，通禅师叫慧寂带床过来，慧寂带来，通禅师说送回去，慧寂从之。然后，通禅师喊："慧寂！"慧寂应答，通禅师问："床那边是什么东西？"慧寂说枕头。通禅师再问："枕头那边还有什么东西？"慧寂说无物。然后，通禅师再喊："慧寂！"慧寂应答，通禅师再问："是什么？"慧寂年幼，此时不能觉悟通禅师是为了唤醒他的自性。通禅师一直寻根究底，让慧寂知道自己的自性在哪里。只有搬开所有拦截在眼前的东西，本来面目才能显现在慧寂目前，这就是通禅师的教学方法。一代大德慧寂也就是在这种教学模式的基础上，成为划时代的人物，成为一代祖师。

【参考文献】

《景德传灯录》卷九；《五灯严统》卷四；《指月录》卷十一；《教外别传》卷六。

江州龙云台禅师

僧问："如何是祖师西来意？"师曰："昨夜栏中失却牛。"

【概要】

龙云台禅师回答僧人所问西来意："昨夜栏中失却牛。"昨天晚上牛栏里关的牛跑了。这是什么意思呢？有关系吗？"祖师西来意"是禅林非常流行的公案，禅宗灯录中有很多记载，好像问"祖师西来意"都成为一种时尚。可那些开悟的大师，特别是历代祖师，好像都不原意正面回答这个问题，能够答非所问已经不错，有的人问到这里还要挨打。

丢失了牛与西来意有关系吗？表面上没有关系，实际上大有关系。禅宗有牧牛图又名普明禅师牧牛图，以牧牛来譬喻禅修方法并非偶然现象。《法华经》把大菩萨的境界喻为大白牛，把沉沦五欲的凡夫喻为头角狰狞的黑牛。

龙云台禅师说牛丢了是什么意思？既然是丢了，说明是没有看管好，比喻自己的妄心自己不能发现，杂念纷纷，无法管理，就是自己都不知道一下子就跑到哪里去了。连自己的心都丢了，那么还能够知道祖师西来意吗？如果把丢失的心找到了，那么西来意也就发现了。所以，你要问西来意，那么先去找到自己丢失的真心吧。当每时每刻都知道自己的心在哪里，然后又能分辨善恶，并不为善恶而执着，那么西来意也就渐渐明白了。

京兆卫国院道禅师

新到参，师问："何方来？"曰："河南来。"师曰："黄河清也未？"僧无对。

（沩山代云："小小狐儿，要过但过，用疑作甚么？"）

师不安[1]，不见客。有人来谒，乃曰："久聆和尚道德，忽承法体违和，略请和尚相见。"师将钵镇盛钵楂[2]，令侍者擎出呈之，其人无对。

【注释】

[1] 不安：不适，指有病。

[2] 师将钵镇（fén）盛钵楂（zhī）：禅师用钵镇装着钵楂。镇：佛教用具，小钵。楂：柱子下边的墩子，支撑。

【概要】

卫国院道禅师病了，不见客，但是有一个人还是要见，他说："久闻和尚道德高尚，忽然法体欠安，只想请和尚见一次面。"禅师却不出来见他，让侍者把钵子的支撑装进钵子里面，然后送出来给此人看，此人不知道是什么意思。

这个公案实际上是说明世界上的人不明白真我与假我，你来看的是假我，四大假合的肉体非常脆弱，不但有病，而且总有一天要灰飞烟灭，看它有什么作用，值得一看吗？你要真心想看我，就要颠倒过来，真我才是真正的我，而这真我你自己也有，何必来看我呢？世界上的人就是迷惑颠倒，就如这钵子里面的钵托，本来是放钵子下面起支撑作用的，可却把它放进了钵子里，不仅不能起到应有的作用，还妨碍了盛饭，影响了钵子的正常功能。人也是这样，真我不去寻找，却千方百计服侍这假我，这不就是主人颠倒了位置吗？真我装进了钵里，这钵子还能正常使用吗？因此，如果把钵子里面的钵托倒出来，就能见到卫国院道禅师。

镇州万岁和尚

僧问：“大众云集，合谭何事？”师曰：“序品第一。”
（归宗柔别云：“礼拜了去！”）

【概要】

有僧人问：“大家集合到一起，合议何事？”镇州万岁和尚说：“佛经第一章序品。”禅宗不是不立文字吗？为什么镇州万岁和尚在这里提出大众集合就是“序品第一”呢？

佛经第一章就是序品，叫通序，并具有“六成就”，即如是我闻等六事，乃诸经之通序也。佛将入灭，阿难问云：世尊灭后，诸经之首，当安何语？佛答言：当安如是我闻，一时佛在某处，为某众等。盖言佛所说法，以此六事和合，方能成就，故名“六成就”。包括第一信成就，如是之法，是佛所说，信受不疑。第二闻成就，阿难自言我曾亲从佛闻，故名闻成就。第三时成就，言一时者，法王启运嘉会之时也。第四主成就，主即佛也。第五处成就，处即佛说法之处也。第六众成就，众即菩萨、二乘、天仙等诸大众也。

万岁和尚说大众集合就是“序品第一”，直接把“六成就”变成了大家的宗教实践。相信自己就是佛（菩提本无树），这是信成就。念“如是我闻”，反闻闻自性，就是闻成就。大家一时聚会，机不可失，时不再来，珍惜人身，顿悟当下，就是时成就。自己就是主人，自己为自己说法，这就是主成就。大家都集中在这里，此为清净之地，就是处成就。大众虽然来自五湖四海，各有不同出身，但到这里都是善知识，都是同参，就是众成就。

如果大众云集，如此读经，如此六成就，还需要再读三藏十二部吗？所以，归宗禅师又补充说：“大家一起礼拜去！”拜自性佛，得清净法，成和合众。

洪州东山慧禅师

洪州东山慧禅师游山，见一岩。僧问：“此岩还有主也无？”师曰：

“有。”曰：“是甚么人？”师曰：“三家村[1]里觅甚么？”曰：“如何是岩中主？”师曰：“汝还气急么[2]？”

小师[3]行脚回。师问：“汝离吾在外多少时邪？”曰：“十年。”师曰：“不用指东指西，直道将来。”曰：“对和尚不敢谩语[4]。”师喝曰：“这打野榸[5]汉。”

师同大于、南用到茶堂。有僧近前不审，用曰：“我既不纳汝，汝亦不见我，不审阿谁[6]？”僧无语。师曰：“不得平白地恁么问伊。”用曰：“大于亦无语那[7]？”于把定其僧曰：“是你恁么，累我亦然[8]。”便打一掴。用大笑曰：“朗月与青天。”

大于侍者到，师问：“金刚正定，一切皆然，秋去冬来，且作么生[9]？”者曰：“不妨和尚借问。”师曰：“即今即得，去后作么生[10]？”者曰：“谁敢问着某甲？”师曰：“大于还得么？”者曰：“犹要别人点检在。”师曰：“辅弼宗师，不废光彩。”侍者礼拜。

【注释】

[1] 三家村：偏僻的小乡村。本书第十五章“云门文偃禅师”条：“若不会，且莫掠虚。然虽如此，且谛当实见也未？直饶到此田地，也未梦见衲僧沙弥在。三家村里，不逢一人。”本书第二十章“天童昙华”条：“三家村里臭胡狲，价增十倍。”《续传灯录》卷一六“保宁圆玑”条：“直饶灵山会上拈花微笑，算来犹涉离微。争似三家村里老翁，深耕浅种，各知其时。有事当面便说，谁管瞬目扬眉？”

[2] 汝还气急么：你还那么性急吗？

[3] 小师：指弟子，此系相对于师父而言。

[4] 谩（màn）语：说谎话。

[5] 打野榸（zhāi）：禅林用语。禅师对行脚僧的詈斥语。榸，枯木之根。打野榸，即叩枯木根之意。原作打野堆，意指聚集众人，成堆打榅，系福州之谚语。圆悟《碧岩集》中解云：“野榸，乃山上烧不过底火柴头。”贯休《秋怀赤松道士》：“石罅青蛇湿，风榸白菌干。”

[6] 我既不纳汝，汝亦不见我，不审阿谁：我既没有接纳你，你也没见过我，你问讯谁？不审：问讯。参见本书“不审”注释。

[7] 大于亦无语那：大于也没话说吗？

[8] 是你恁么，累我亦然：是你这样，连累我也这样。

[9] 金刚正定，一切皆然，秋去冬来，且作么生：得金刚正定的人，眼前一切

都不动心，秋去冬来，还要做什么呢？金刚正定，又作金刚三昧，为能通达一切诸法之三昧（即定）。因其坚固能断破一切烦恼，犹如金刚坚固能摧破他物，故称金刚三昧。旧译本将"金刚正定"翻译为"金刚正在入定"，未弄清专有名词"金刚正定"的意义，翻译错误。

［10］即今即得，去后作么生：即今即得金刚正定，离开后怎么办？

【概要】

东山慧禅师带着僧人一起游山，看见一个岩洞，僧人家问："这个岩洞有主人没有？"慧禅师回答有，僧人就问是什么人呢？慧禅师回答你到这偏僻的地方想找什么？僧人说我想知道什么才是岩洞中主人，慧禅师说你还那么性急吗？

围绕荒僻的岩洞，师徒一番对话，实际上是从找岩洞的主人跳到找自己的主人这么一个禅宗的主题上。首先是僧人看见一个荒僻的岩洞，他想肯定是无主之物，可师父却回答有主人，这就使僧人产生了疑问，师父就进一步启发他，你到这荒僻的地方到底是为了找什么呢？难道仅仅是游玩吗？意思是，人的真心早已荒草丛生，被荆棘所淹没，今天看到这么荒凉的地方，你有没有想到要找到自己的真心呢？徒弟说："什么才是岩洞中主人？"师父看见徒弟仍旧没有觉悟，就回答你怎么那么性急呢？言下之意是，若能经常拔去心中的荒草，就是妄念消除真心显现的时候。

清田和尚

清田和尚与瑫上座煎茶次，师敲绳床三下，瑫亦敲三下。师曰："老僧敲，有个善巧；上座敲，有何道理？"瑫曰："某甲敲有个方便，和尚敲作么生？"师举起盏子。瑫曰："善知识眼应须恁么。"

茶罢，瑫却问："和尚适来举起盏子，意作么生？"师曰："不可更别有也。"

【概要】

清田和尚与瑫（tāo）上座一起喝茶，清田和尚敲绳床（椅子）三下，瑫上座也敲了三下。清田和尚说："老僧我敲椅子，有个善巧；上座您敲，有什么道理？"瑫上座说："我敲有个方便，和尚您敲干吗？"清田和尚就举起了茶杯。

两人喝茶，一样的动作，一样的语言，表达了什么意思呢？善巧与方便都是一样的意思，善巧方便，又作方便善巧、善权方便、权巧方便、善方便、巧方便、权方便。或单称为善巧、善权、巧便、方便。即随顺机宜而施设的巧妙智用。即说法者为让众生开悟，可以随机应变，使用一切方法，让说法对象能够恍然大悟。

善巧方便，虽然面对不同的对象而有不同的方法，有的放矢，对症下药，方法千差万别，但目的却只有一个，即是让众生悟佛知见，摆脱六道轮回。所以，清田和尚举起茶杯，即杯子可能不同，但里面的茶水都是一个茶壶倒出来的，都是一样的水。杯子代表方法，而水代表最后的目的，寻根溯源，让众生到底清净解脱的彼岸。

百丈山涅槃和尚

百丈山涅槃和尚一日谓众曰："汝等与我开田，我与汝说大义。"众开田了，归请说大义。师乃展两手，众罔措。

（洪觉范《林间录》云："百丈第二代法正禅师，大智之高弟。其先尝诵《涅槃经》，不言姓名，时呼为'涅槃和尚'。住成法席，师功最多。使众开田，方说大义者，乃师也。黄檗、古灵诸大士皆推尊之。唐文人黄武翊撰其碑甚详。柳公权书，妙绝今古。而《传灯》所载百丈惟政禅师，又系于马祖法嗣之列，误矣。及观《正宗记》，则有惟政、法正。然百丈第代可数，明教但皆见其名，不能辨而俱存也[1]。今当以柳碑为正。"）

【注释】

[1] 然百丈第代可数，明教但皆见其名，不能辨而俱存也：旧校本标点有误，其标点为"然百丈第代。可数明教，但皆见其名不能辨而俱存也"，并且"明教"下没有画专有名词线。明教：宋代僧契嵩之封号。

【概要】

"百丈开田"是百丈山涅槃和尚著名公案，以动作代替语言之示众机法。涅槃和尚对大家说："今儿大伙儿去田里干活儿，收工后我给大家讲大义。"于是一帮出家师父，热火腾腾干了一天，下工后回来，请涅槃和尚讲法，涅槃和尚摊开两手，空空如也。涅槃和尚展开两手，乃表示田地之开垦即为佛法大义。

南泉愿禅师法嗣

赵州观音院从谂禅师

赵州观音院（亦曰东院）从谂[1]禅师，曹州郝乡人也。姓郝氏。童稚于本州扈通院从师披剃，未纳戒便抵池阳，参南泉。值泉偃息而问曰[2]："近离甚处？"师曰："瑞像[3]。"泉曰："还见瑞像么？"师曰："不见瑞像，只见卧如来。"泉便起坐，问："汝是有主沙弥，无主沙弥？"师曰："有主沙弥。"泉曰："那个是你主？"师近前躬身曰："仲冬严寒，伏惟和尚尊候万福。"泉器之，许其入室。

他日问泉曰："如何是道？"泉曰："平常心是道。"师曰："还可趣向也无[4]？"泉曰："拟向即乖[5]。"师曰："不拟争知是道[6]？"泉曰："道不属知，不属不知。知是妄觉，不知是无记。若真达不疑之道，犹如太虚，廓然荡豁，岂可强是非邪？"师于言下悟理，乃往嵩岳瑠璃坛纳戒，仍返南泉。

一日问泉曰："知有底人向甚么处去[7]？"泉曰："山前檀越家作一头水牯牛去[8]。"师曰："谢师指示。"泉曰："昨夜三更月到窗。"

泉曰："今时人，须向异类中行始得。"师曰："异即不问，如何是类？"泉以两手拓地[9]，师近前一踏，踏倒，却向涅槃堂里叫曰："悔！悔！"泉令侍者问："悔个甚么？"师曰："悔不更与两踏。"

南泉上堂，师出问："明头[10]合，暗头合？"泉便下座，归方丈。师曰："这老和尚被我一问，直得无言可对？"首座曰："莫道和尚无语好，自是上座不会[11]。"师便打一掌曰："此掌合是堂头[12]老汉吃。"

师到黄檗，檗见来便闭方丈门。师乃把火于法堂内，叫曰："救火！救火！"檗开门捉住曰："道！道！"师曰："贼过后张弓[13]。"

到宝寿，寿见来，于禅床上背坐。师展坐具礼拜，寿下禅床，师便出。又到道吾，才入堂，吾曰："南泉一只箭来也。"师曰："看箭。"吾曰："过也。"师曰："中。"

又到茱萸，执拄杖于法堂上，从东过西。萸曰："作甚么？"师曰：

"探水。"黄曰："我这里一滴也无，探个甚么?"师以杖倚壁，便下。

师将游五台，有大德作偈留曰："无处青山不道场，何须策杖礼清凉[14]?云中纵有金毛现[15]，正眼观时非吉祥。"师曰："作么生是正眼[16]?"德无对。

（法眼代云："请上座领某甲情。"同安显代云："是上座眼。"）

师自此道化被于北地，众请住观音院。上堂："如明珠在掌，胡来胡现，汉来汉现[17]。老僧把一枝草为丈六金身用，把丈六金身为一枝草用。佛是烦恼，烦恼是佛。"

僧问："未审佛是谁家烦恼[18]?"师曰："与一切人烦恼[19]。"曰："如何免得?"师曰："用免作么[20]?"

扫地次，僧问："和尚是大善知识，为甚么扫地?"师曰："尘从外来。"曰："既是清净伽蓝，为甚么有尘?"师曰："又一点也[21]。"

师与官人游园次，兔见乃惊走。遂问："和尚是大善知识，兔见为甚么走?"师曰："老僧好杀。"

问："觉华未发时，如何辨真实?"师曰："开也。"曰："是真是实?"师曰："真是实，实是真。"曰："甚么人分上事[22]?"师曰："老僧有分，阇黎有分。"曰："某甲不招纳时如何?"师佯不闻，僧无语。师曰："去，石幢子被风吹折。"

僧问："陀罗尼幢子作凡去，作圣去?"师曰："也不作凡，亦不作圣。"曰："毕竟作甚么?"师曰："落地去也。"

僧辞，师曰："甚处去?"曰："诸方学佛法去。"师竖起拂子曰："有佛处不得住，无佛处急走过，三千里外逢人不得错举[23]。"曰："与么则不去也[24]。"师曰："摘杨花，摘杨花。"

问："承闻和尚亲见南泉，是否?"师曰："镇州出大萝卜头[25]。"

大众晚参，师曰："今夜答话去也，有解问者出来[26]。"时有一僧便出礼拜，师曰："比来抛砖引玉，却引得个墼[27]子。"

（保寿云："射虎不真，徒劳没羽。"长庆问觉上座云："那僧才出礼拜，为甚么便收伊为墼子。"觉云："适来那边亦有人恁么问。"庆云："向伊道甚么?"觉云："也向伊恁么道。"玄觉云："甚么处却成墼子去?丛林中道'才出来便成墼子'，只如每日出入，行住坐卧，不可总成墼子。且道这僧出来，具眼[28]不具眼？"）

上堂："金佛不度炉，木佛不度火，泥佛不度水，真佛内里坐。菩提涅槃，真如佛性，尽是贴体衣服，亦名烦恼。实际理地甚么处着？一心不生，万法无咎。汝但究理，坐看三二十年，若不会，截取老僧头去。梦幻空华，徒劳把捉。心若不异，万法一如。既不从外得，更拘执作么？如羊相似，乱拾物安向口里。老僧见药山和尚道：'有人问着，但教合取狗口[29]。'老僧亦教合取狗口。取我是垢，不取我是净。一似猎狗专欲得物吃，佛法在甚么处？千人万人尽是觅佛汉子，于中觅一个道人无？若与空王[30]为弟子，莫教心病最难医。未有世界，早有此性。世界坏时，性不坏。一从见老僧后，更不是别人，只是个主人公。这个更向外觅作么？正恁么时，莫转头换脑。若转头换脑，即失却也。"

僧问："承师有言'世界坏时，此性不坏'，如何是此性？"师曰："四大五阴。"曰："此犹是坏底，如何是此性[31]？"师曰："四大五阴。"

（法眼云："是一个两个？是坏不坏？且作么生会？试断看。"）

师因老宿问："近离甚处？"曰："滑州。"宿曰："几程到这里？"师曰："一趯[32]到。"宿曰："好个捷疾鬼[33]。"师曰："万福大王。"宿曰："参堂去。"师应喏喏。

尼问："如何是密密意[34]？"师以手掐之[35]。尼曰："和尚犹有这个在？"师曰："却是你有这个在。"

僧辞，师问："甚么处去？"曰："闽中去。"师曰："彼中兵马隘，你须回避始得[36]。"曰："向甚么处回避？"师曰："恰好。"

问："如何是宾中主？"师曰："山僧不问妇[37]。"曰："如何是主中宾？"师曰："山僧无丈人。"

有僧游五台，问一婆子曰："台山路向甚么处去？"婆曰："蓦直去。"僧便去，婆曰："好个师僧又恁么去。"后有僧举似师，师曰："待我去勘过[38]。"明日，师便去问："台山路向甚么处去？"婆曰："蓦直去。"师便去，婆曰："好个师僧又恁么去。"师归院谓僧曰："台山婆子为汝勘破了也。"

（玄觉云："前来僧也恁么道，赵州去也恁么道，甚么处是勘破婆子处？"又云："非唯被赵州勘破，亦被这僧勘破。"）

问："恁么来底人，师还接否？"师曰："接。"曰："不恁么来底，师还接否？"师曰："接。"曰："恁么来者从师接，不恁么来者如何接？"师曰："止！止！不须说，我法妙难思。"

师因出，路逢一婆，婆问："和尚住甚么处？"师曰："赵州东院西。"婆无语。师归问众僧："合使那个西字[39]？"或言东"西"字，或言"栖"泊字。师曰："汝等总作得盐铁判官[40]。"

曰："和尚为甚恁么道？"师曰："为汝总识字[41]。"

（法灯别众僧云："已知去处。"）

问："如何是囊中宝？"师曰："合取口[42]。"

（法灯别云："莫说似人。"）

有一婆子令人送钱，请转藏经。师受施利了，却下禅床转一匝，乃曰："传语婆，转藏经已竟。"其人回举似婆，婆曰："比来[43]请转全藏，如何只为转半藏？"

（玄觉云："甚么处是欠半藏处，且道那婆子具甚么眼，便与么道？"）

因僧侍次，遂指火问曰："这个是火，你不得唤作火，老僧道了也。"僧无对。复㧞[44]起火曰："会么？"曰："不会。"师曰："此去舒州，有投子和尚，汝往礼拜，问之，必为汝说。因缘相契，不用更来。不相契却来。"其僧到投子。子问："近离甚处？"曰："赵州。"子曰："赵州有何言句？"僧举前话。子曰："汝会么？"曰："不会，乞师指示。"子下禅床，行三步却坐，问曰："会么？"曰："不会。"子曰："你归举似赵州。"其僧却回，举似师。师曰："还会么？"曰："不会。"师曰："投子与么，不较多也。"

有新到谓师曰："某甲从长安来，横担一条拄杖，不曾拨着一人。"师曰："自是大德拄杖短。"（同安显别云："老僧这里不曾见恁么人。"）僧无对。（法眼代云："呵呵。"同安显代云："也不短。"）

僧写师真呈[45]，师曰："且道似我不似我？若似我，即打杀老僧。不似我，即烧却真。"僧无对。（玄觉代云："留取供养。"）

问："如何是祖师西来意？"师曰："庭前柏树子。"曰："和尚莫将境示人。"师曰："我不将境示人。"曰："如何是祖师西来意？"师曰："庭前柏树子。"

问僧："发足甚处[46]？"曰："雪峰。"师曰："雪峰有何言句示人？"曰："寻常道：'尽十方世界是沙门一只眼，你等诸人向甚处屙[47]？'"师曰："阇黎若回，寄个锹子去。"

师谓众曰："我向行脚到南方，火炉头有个无宾主话，直至如今无人举着。"

上堂："至道无难，唯嫌拣择。才有语言，是拣择？是明白？老僧不在明白里，是汝还护惜也无？"时有僧问："既不在明白里，护惜个甚么？"师曰："我亦不知。"僧曰："和尚既不知，为甚道不在明白里？"师曰："问事即得，礼拜了退。"

别僧问："至道无难，唯嫌拣择，是时人窠窟否[48]？"师曰："曾有人问我，老僧直得五年分疏不下[49]。"又问："至道无难，唯嫌拣择，如何是不拣择？"师曰："天上天下，唯我独尊。"曰："此犹是拣择。"师曰："田厍奴[50]！甚处是拣择？"僧无语。

问："至道无难，唯嫌拣择，才有语言是拣择，和尚如何为人？"师曰："何不引尽此语？"僧曰："某甲只念得到这里。"师曰："至道无难，唯嫌拣择。"

问："如何是道？"师曰："墙外底。"曰："不问这个。"师曰："你问那个？"曰："大道。"师曰："大道透长安。"

问："道人相见时如何？"师曰："呈漆器。"

上堂："兄弟若从南方来者，即与下载。若从北方来者，即与上载。所以道，近上人问道即失道，近下人问道即得道。"

师因与文远行，乃指一片地曰："这里好造个巡铺[51]。"文远便去路傍立曰："把将公验来[52]。"师遂与一掴。远曰："公验分明，过[53]。"

师与文远论义曰："斗劣不斗胜，胜者输果子。"远曰："请和尚立义。"师曰："我是一头驴。"远曰："我是驴胃。"师曰："我是驴粪。"远曰："我是粪中虫。"师曰："你在彼中作甚么？"远曰："我在彼中过夏？"师曰："把将果子来。"

新到参，师问："甚么处来？"曰："南方来。"师曰："佛法尽在南方，汝来这里作甚么？"曰："佛法岂有南北邪？"师曰："饶汝从雪峰、云居来，只是个担板汉[54]。"

（崇寿稠云："和尚是据客置主人[55]。"）

问："如何是佛？"师曰："殿里底。"曰："殿里者，岂不是泥龛塑像？"师曰："是。"曰："如何是佛？"师曰："殿里底。"

问："学人乍入丛林，乞师指示。"师曰："吃粥了也未？"曰："吃粥了也。"师曰："洗钵盂去。"其僧忽然省悟。

上堂："才有是非，纷然失心，还有答话分也无？"僧举似洛浦，浦扣齿。又举似云居，居曰："何必？"僧回举似师，师曰："南方大有人丧身失命。"曰："请和尚举。"师才举前语，僧指傍僧曰："这个师僧吃却饭了，作恁么语话[56]。"师休去。

问："久向赵州石桥，到来只见略彴[57]。"师曰："汝只见略彴，且不见石桥。"曰："如何是石桥？"师曰："度驴度马。"曰："如何是略彴？"师曰："个个度人。"

后有如前问，师如前答。

又僧问："如何是石桥。"师曰："过来！过来！"

（云居锡云："赵州为当扶石桥，扶略彴？"）

师闻沙弥喝参，向侍者曰："教伊去。"者乃教去，沙弥便珍重[58]。师曰："沙弥得入门，侍者在门外。"

（云居锡云："甚么处是沙弥入门，侍者在门外？这里若会得，便见赵州。"）

问僧："甚么处来？"曰："从南来。"师曰："还知有赵州关否？"曰："须知有不涉关者[59]。"师曰："这贩私盐汉[60]。"

问："如何是西来意？"师下禅床立。曰："莫只这个便是否？"[61]师曰："老僧未有语在。"

问菜头[62]："今日吃生菜，吃熟菜？"头拈起菜呈之。师曰："知恩者少，负恩者多。"

问："狗子还有佛性也无？"师曰："无。"曰："上至诸佛，下至蝼蚁，皆有佛性，狗子为甚么却无？"师曰："为伊有业识在。"

师问一婆子："甚么处去？"曰："偷赵州笋去。"师曰："忽遇赵州，又作么生？"婆便与一掌，师休去。

师一日于雪中卧，曰："相救！相救！"有僧便去身边卧，师便起去。

问："如何是赵州一句？"师曰："老僧半句也无。"曰："岂无和尚在？"师曰："老僧不是一句。"

　　师问新到："曾到此间么？"曰："曾到。"师曰："吃茶去。"又问僧，僧曰："不曾到。"师曰："吃茶去。"后院主问曰："为甚么曾到也云吃茶去，不曾到也云吃茶去？"师召："院主！"主应喏，师曰："吃茶去。"

　　问："二龙争珠，谁是得者？"师曰："老僧只管看。"

　　问："空劫中还有人修行也无？"师曰："汝唤甚么作空劫？"曰："无一物是。"师曰："这个始称得修行，唤甚么作空劫？"僧无语。

　　问："如何是玄中玄？"师曰："汝玄来多少时邪？"曰："玄之久矣。"师曰："阇黎若不遇老僧，几被玄杀。"

　　问："万法归一，一归何所？"师曰："老僧在青州作得一领布衫，重七斤。"

　　问："夜生兜率，昼降阎浮。于其中间，摩尼珠为甚么不现？"师曰："道甚么。"其僧再问。师曰："毗婆尸佛早留心，直至如今不得妙[63]。"

　　问院主："甚么处来？"主曰："送生来。"师曰："鸦为甚么飞去？"主曰："怕某甲。"师曰："汝十年知事，作恁么语话[64]？"主却问："鸦为甚么飞去？"师曰："院主无杀心。"

　　师拓[65]起钵曰："三十年后若见老僧，留取供养。若不见，即扑破。"别僧曰："三十年后敢道见和尚。"师乃扑破。

　　师在东司[66]上，见远侍者过，蓦召文远[67]，远应诺。师曰："东司上不可与汝说佛法。"

　　僧辞。师问："甚么处去？"曰："雪峰去。"师曰："雪峰忽若问'和尚有何言句'，汝作么生祇对[68]？"曰："某甲道不得，请和尚道。"师曰："冬即言寒，夏即道热。"又曰："雪峰更问'汝毕竟事[69]作么生'？"僧又曰："道不得。"师曰："但道亲从赵州来，不是传语人。"其僧到雪峰，一依前语祇对。峰曰："也须是赵州始得。"

　　（玄沙闻曰："大小赵州败阙[70]也不知。"云居锡云："甚么处是赵州败阙？若检得出，是上座眼？"）

　　问："如何是出家？"师曰："不履高名，不求苟得。"

问："澄澄绝点[71]时如何?"师曰："这里不著客作汉[72]。"

问："如何是祖师意?"师敲床脚。僧曰："只这莫便是否?"师曰："是即脱取去[73]。"

问："如何是毗卢圆相?"师曰："老僧自幼出家,不曾眼花。"曰："岂不为人[74]?"师曰："愿汝常见毗卢圆相。"

官人问："和尚还入地狱否?"师曰："老僧末上入[75]。"曰："大善知识为甚么入地狱?"师曰："我若不入,阿谁教化汝?"

真定帅王公携诸子入院,师坐而问曰："大王会么?"王曰："不会。"师曰："自小持斋身已老,见人无力下禅床。"王尤加礼重。翌日,令客将传语[76],师下禅床受之。侍者曰："和尚见大王来,不下禅床,今日军将来,为甚么却下禅床?"师曰："非汝所知。第一等人来,禅床上接。中等人来,下禅床接。末等人来,三门[77]外接。"因侍者报:"大王来也。"师曰："万福大王!"者曰："未到在[78]。"师曰："又道来也。"

师到一庵主处,问:"有么?有么?"主竖起拳头。师曰："水浅不是泊船处。"便行。

又到一庵主处,问:"有么?有么?"主亦竖起拳头。师曰："能纵能夺[79],能杀能活。"便作礼。

问僧:"一日看多少经?"曰:"或七八,或十卷。"师曰:"阇黎不会看经。"曰:"和尚一日看多少?"师曰:"老僧一日只看一字。"

文远侍者在佛殿礼拜次,师见以拄杖打一下曰:"作甚么?"者曰:"礼佛。"师曰:"用礼作甚么?"者曰:"礼佛也是好事。"师曰:"好事不如无。"

上堂:"正人说邪法,邪法悉皆正。邪人说正法,正法悉皆邪。诸方难见易识[80],我这里易见难识。"

问:"如何是赵州?"师曰:"东门西门,南门北门。"

问:"初生孩子还具六识也无?"师曰:"急水上打球子。"

僧却问投子:"急水上打球子,意旨如何?"子曰:"念念不停留。"

问:"和尚姓甚么?"师曰:"常州有。"曰:"甲子多少?"师曰:"苏州有。"[81]

问:"十二时中如何用心?"师曰:"汝被十二时辰使,老僧使得十二时。"乃曰："兄弟莫久立，有事商量。无事向衣钵下坐穷理好。老僧行脚时，除二时粥饭是杂用心处，除外更无别用心处。若不如是，大远在[82]。"

僧问："如何是古佛心？"师曰："三个婆子排班拜。"

问："如何是不迁义？"师曰："一个野雀儿从东飞过西。"

问："学人有疑时如何？"师曰："大宜小宜？"曰："大疑。"师曰："大宜东北角，小宜僧堂后。"

问："柏树子还有佛性也无？"师曰："有。"曰："几时成佛？"师曰："待虚空落地时。"曰："虚空几时落地？"师曰："待柏树子成佛时。"

问："如何是毗卢师？"师便起立。僧曰："如何是法身主？"师便坐。僧礼拜，师曰："且道坐者是？立者是？"

师谓众曰："你若一生不离丛林，不语五年十载，无人唤你作哑汉，已后佛也不奈你何。你若不信，截取老僧头去。"

师《鱼鼓颂》曰："四大由来造化功，有声全贵里头空。莫嫌不与凡夫说，只为宫商调不同。"

师因赵王问："师尊年有几个齿在？师曰。"只有一个。"王曰："争吃得物[83]？"师曰："虽然一个，下下咬着。"师寄拂子与王曰："若问何处得来，但说老僧平生用不尽者。"

师之玄言，布于天下，时谓"赵州门风"，皆悚然信伏矣。唐乾宁四年十一月二日，右胁而寂，寿一百二十岁。谥"真际大师"。

【注释】

[1] 从谂（shěn）：赵州禅师，法号从谂。

[2] 值泉偃（yǎn）息而问曰：正遇上南泉休息时，他问道。偃息：睡卧止息。

[3] 瑞像：瑞像院，指一个寺庙。

[4] 还可趣向也无：还可走近它吗？

[5] 拟向即乖：你准备走近的时候就错了。乖：指背离、违背、不和谐，此指背离了平常心的宗旨。

[6] 不拟争知是道：不准备走近它怎么知道是"道"呢？

〔7〕知有底人向甚么处去：知道的人向什么地方去吗？知有：知，知道。

〔8〕山前檀越家作一头水牯（gǔ）牛去：到山前施主家去做一头水牛。牯：母牛，亦指阉割后的公牛，亦泛指牛。

〔9〕泉以两手拓地：南泉用两手掌承着地。拓地：用手掌承着地。

〔10〕明头：明里，明亮处。

〔11〕莫道和尚无语好，自是上座不会：莫说和尚无语好不好，自然是上座不能领会。

〔12〕堂头：原指禅院住持之居处（方丈）。又引申为禅林之住持，又称堂上、堂头和尚。

〔13〕贼过后张弓：贼已逃走，方拉开弓。多用以斥责机思迟缓者。

〔14〕何须策杖礼清凉：何必柱杖去礼拜五台山。清凉：山西五台山之别称。此山岁积坚冰，夏仍飞雪，无炎暑，故称清凉。

〔15〕云中纵有金毛现：云中即使出现文殊菩萨的金毛狮子。

〔16〕作么生是正眼：什么是正眼？

〔17〕如明珠在掌，胡来胡现，汉来汉现：就好像一颗明亮的宝珠在手上，胡人来了它就显现胡人的样子，汉人来了它就显现汉人的样子。旧译本"胡人来了给胡人看，汉人来了给汉人看"误会了"胡来胡现，汉来汉现"的原意。此处将明珠比喻人的自性，可以丝毫不差地显现一切境界。

〔18〕未审佛是谁家烦恼：不知道佛有谁家的烦恼？

〔19〕与一切人烦恼：与一切众生共烦恼。旧译本"给一切人烦恼"翻译有误，佛怎么会把烦恼送给众生呢？《景德录译注》亦如此翻译。

〔20〕用免作么：免去干吗？

〔21〕又一点也：又有一点了。

〔22〕甚么人分上事：什么是人的本分事？即应尽到的职责。

〔23〕有佛处不得住，无佛处急走过，三千里外逢人不得错举：有佛的地方不能停留，无佛的地方急急忙忙走过，三千里外逢人不能错举。举：举说，复述。禅家表示举说某则公案。

〔24〕与么则不去也：这样的话就不去了。与么：这么，如此。

〔25〕镇州出大萝卜头：著名禅宗公案。旨在说明，禅在当下事实、眼前事物中，无须许多葛藤。此答亲切生动，富有生活气息，体现了赵州平实的禅风。

〔26〕今夜答话去也，有解问者出来：今夜解答问题，有需要解答问题的可出来。

〔27〕墼（jī）：指未经烧制的砖坯。

[28] 具眼：具备法眼，能够用禅悟者特有的智慧眼光观照事物。《无门关·清税孤贫》："曹山具眼，深辨来机。"《祖堂集》卷十"长庆"条："你若择不出，敢保你未具眼在。"（参见《禅宗大词典》）

[29] 但教合取狗口：只教他闭上狗嘴。骂人的话，意思就是闭嘴，也作"合取口"，见下文。旧译本未弄清禅林术语，翻译错误。

[30] 空王：诸佛之别名。以诸佛亲证诸法空性，寂静无碍，圣果无匹而称空王。依《圆觉经》载，佛为万法之王，故称空王。又有古佛名作空王佛，见《法华经·授学无学人记品》。

[31] 此犹是坏底，如何是此性：这个还是会坏的，如何才是自性？意思是，您所回答的四大五阴仍旧是世间无常的物质，它们仍旧会坏的，我要问的是不坏的自性。

[32] 跶（dá）：跳。

[33] 捷疾鬼：梵语"夜叉"的意译。以其食人血肉，或飞空，或地行，捷疾可畏，故云。

[34] 如何是密密意：什么旨意是秘密中的秘密？

[35] 师以手掐之：禅师用手掐了她一下。旧译本"禅师用手指她"不符合原意。

[36] 彼中兵马隘，你须回避始得：那里是兵马出没的险要之处，你须回避才行。

[37] 山僧不问妇：山僧不娶妇。问：订亲。旧校本未弄清"问妇"的意义，标点为"山僧不问"，而"妇"字移出引号与下句"曰"连文，变成叙述言语"妇曰"。

[38] 勘过：禅林用语。即加以审察试验，使真相明晰。

[39] 合使那个西字：应该用哪个西字？

[40] 汝等总作得盐铁判官：你们总喜欢做盐铁判官。盐铁判官：古代的一个官职，隶属盐铁部。

[41] 为汝总识字：以为你们都识字。

[42] 合取口：闭嘴。"合取口"是禅林用语，闭口之意。即不讲无意义之语。盖真实之佛法，非言语所能表诠详尽，故若执着言语，则易成为修行佛道之障碍。旧译本未弄清禅林术语，翻译错误。

[43] 比来：原来，近来。

[44] 筴（jiā）：夹取东西的用具。

[45] 僧写师真呈：僧人画了禅师的像呈送给禅师。

[46] 问僧："发足甚处?"：问僧人："从哪里出发?"发足，指起程、出发。旧校本标点有误。本书凡是出现"问僧"，旧校本均将"僧"字移入引号之内，在"问"字后作冒号。

[47] 尽十方世界是沙门一只眼，你等诸人向甚处屙：尽十方世界都是我沙门一只眼，你们到哪里去拉屎尿?

[48] 是时人窠窟否：是不是落入了俗人的老套子。窠窟：意义相当于"窠臼"，现成格式，老套子。

[49] 老僧直得五年分疏（shū）不下：老僧一直用了五年都讲不清楚。分疏：亦作"分疏"，辩白，诉说，一样一样讲清楚。

[50] 田厍（shè）奴：其他版本作"田库奴"，疑为形近刻错，宝祐本均作"田厍奴"。《祖堂集》卷十一"永福和尚"条，"田厍奴"作"田舍奴"。又本书第十三章"云居道膺禅师"条作"田厍儿"。该词不见于诸辞书，但在古代出现还是很频繁。田厍奴是对乡居者的贬称，相当于乡巴佬、大老粗之意。唐代又有"田舍儿""田舍汉""田舍奴"等称呼，意思相近。或翻译为"农家子弟"，有误。总体来说是骂人的话。《禅宗大词典》：晋语。骂人愚蠢、傻瓜。唐宋时代福建方言。《碧岩录》卷六第五七则："举，僧问赵州：'至道无难，唯嫌拣择。如何是不拣择?'州云：'天上天下，唯我独尊。'僧云：'此犹是拣择。'州云：'田厍奴! 什么处是拣择?'僧无语。（评唱：）……田厍奴，乃福唐人乡语骂人，似无意智相似。"（福唐：今福建省福清县。）亦作"田舍奴""田舍儿"。

[51] 巡铺：检查站。如宋代贡院内设巡铺所，纠察举人应试时是否遵守场规、有无舞弊情事。

[52] 把将公验来：把官府开具的证件拿来。公验，官府开具的证件。

[53] 公验分明，过：官府开具的证件已经查验，通过!

[54] 饶汝从雪峰、云居来，只是个担板汉：尽管你从雪峰、云居那里来，也只是一个担板汉。担板汉：禅林用语。本指背扛木板之人力夫，以其仅能见前方，而不能见左右，故禅宗用以比喻见解偏执而不能融通全体之人。

[55] 和尚是据客置主人：和尚是根据客人来安置主人。

[56] 这个师僧吃却饭了，作怎么语话：这个师僧吃完饭了，说这样的话。

[57] 略彴（zhuó）：小木桥。

[58] 者乃教去，沙弥便珍重：侍者于是就教导他，沙弥便说："珍重!"

[59] 须知有不涉关者：须知还有不从关上过的人。

[60] 这贩私盐汉：这个贩卖私盐的家伙。

[61] 师下禅床立。曰："莫只这个便是否?"：旧校本标点有误。"师下禅床

立"后没有句号，并且连接"曰"，那么就会把后面的话当成了此"师"所说的话。

[62] 菜头：禅林中，典座之下，设有管领菜蔬之僧，称为菜头。其职司为拣舍枯叶、蚀叶、菜虫等。若误煮菜虫，则造杀业；若以非法之食供养三宝，大众不知而受，其害甚多，故菜头须谨慎为之。

[63] 毗婆尸佛早留心，直至如今不得妙：毗婆尸佛早就留心这个问题了，可直至如今都没有好答案。毗婆尸佛：过去七佛的第一佛，释尊于因位修百劫相好业时，偶逢此佛坐于宝龛中，威光赫奕，遂七日七夜翘足赞叹之。

[64] 汝十年知事，作恁么语话：你做了十年知事，怎么这样说话？知事：又作维那、悦众、营事、授事、任事、知院事。乃掌管诸僧杂事与庶务之职称。知事负有司掌庶务，保护僧物之责，故须选顺应诸僧愿望、严持戒律、心存公正之贤者任之。

[65] 拓（tuò）：举，托起。

[66] 东司：指禅林东序之僧所用之厕所，至后世，成为厕所之通称。

[67] 蓦召文远：突然招呼文远。

[68] 汝作么生祇对：你怎么回答？

[69] 毕竟事：指领悟禅法，超脱生死之事。禅家将此看作根本大事。"毕竟事"系禅法至妙处，超越一切言句知解、分别俗念。亦作"究竟事"。汝毕竟事作么生：你超越生死的大事怎么办？作么生：禅宗用语。原为俗语，疑问词，意为"如何""怎么"。略为"作么"。"生"：语助词，无义。禅家常用以警觉学人，使之产生疑情，以期参悟。

[70] 败阙（quē）：同"败缺"，指出现了过失、漏洞、破绽。

[71] 澄澄绝点：清澈明洁没有一点尘土，清净无染。旧译本译为"清静的水面没有雨点"，有误。

[72] 这里不著客作汉：我这里没有客作汉。客作汉：客于他家作业之贱人，详见第三章"唐州紫玉山道通禅师"条注释。旧译本没有弄懂这个专有名词，胡乱翻译为"不作客而作汉"。

[73] 是即脱取去：是就取去。旧校本在"是"后作句号，"是"作为禅师回答的内容，而把"即脱取去"作为叙述语言，点校失误。

[74] 岂不为人：难道不接引学人吗？

[75] 老僧末上入：老僧最后入。

[76] 令客将传语：命令客将传话。客将：指不隶属于本部之将。旧译本将"客将"翻译为"作客的将军"，错误。

［77］三门：又作山门。为禅宗伽蓝之正门。三门有智慧、慈悲、方便三解脱门之义，或象征信、解、行三者。

［78］未到在：还未到。

［79］能纵能夺：能放能收。

［80］诸方难见易识：其他各地禅院禅师难见易识。诸方：指各地禅院、各地禅师。

［81］问："和尚姓甚么？"师曰："常州有。"曰："甲子多少？"师曰："苏州有。"：旧校本标点有误。句中的"有"是助词，无义。旧校本皆从引号移出连"曰"，变成叙述语言"有曰"。

［82］若不如是，大远在：如果不是这样，相隔太远了。大远：距离很远，极远。在：句末助词。旧译本把"大远"视为一个人，他在可以作证，有误。这个距离远，是指彼此不能心心相印，即使两人面对，心却相隔天远。

［83］争吃得物：怎么吃东西？

【概要】

赵州禅师（778～897年），唐代禅僧。曹州（今山东荷泽）人，一作青州临淄（今山东淄博东）人。俗姓郝。法号"从谂"。幼年于曹州扈通院（一说青州龙兴院）出家，受具足戒前，即往池阳参谒南泉普愿，南泉深器之。复往嵩山琉璃坛受戒，寻返南泉，依止二十年。其后，历参黄檗、宝寿、盐官、夹山、五台等诸大德。唐大中十一年（857年），八十高龄的从谂禅师行脚至赵州，受信众敦请驻锡观音院，弘法传禅达四十年，僧俗共仰，为丛林模范，人称"赵州古佛"。其证悟渊深、年高德劭，享誉南北禅林，时人称"南有雪峰，北有赵州"，"赵州眼光烁破天下"。其问答、示众等公案，如"狗子佛性""至道无难"等语俱脍炙人口。昭宗乾宁四年示寂，世寿一百二十。敕谥"真际大师"。著有《真际大师语录》三卷。

"平常心是道"，出自赵州和尚的悟道公案，已故中佛协副会长净慧法师曾经开示说：

《赵州禅师语录》中讲：赵州和尚参南泉普愿禅师的时候，向他的老师提出了这样一个问题："如何是道？"南泉祖师回答说："平常心是道。"赵州和尚进一步问："还可趣向也无？"意思是说，我们能不能走向平常心？怎样才能走向平常心？南泉说："拟向即乖！"你准备向平常心那个方向走去就错了。在座的都是知识分子，有不少是学佛的老前辈，像严老（严宽祜居士，虚老的在家弟子，当时也在座），我想，大家都能够体会"拟向即乖"这句话的深刻含义。你想要往那个地方走，认为有个目标可追，就已经不是平常心了。道就在心中，本自具足。"拟向即乖"，多深刻呀！赵州和尚那个时候还没有了然，他接着问："不拟争知是道？"他说，我不走向那个目标，怎么知道它是道呢？可见，赵州和尚当时还是在知识的层面来领会他师父的这句"平常心是道"。南泉接下来说：道不属知，也不属不知，属知不对，属不知也不对，知是妄想，不知是无记，"若真达不疑之道"，真正达到道的境界，心犹如一轮明月，高高地悬挂在虚空当中，朗照万物而如如不动。这个"朗月孤圆"的境界就是平常心。赵州和尚到这个时候才"顿悟玄旨"，忽然开悟。

"赵州吃茶"，正是说明以平常心修禅，日常生活一切事情都是参禅的时候。赵州问新到僧："曾到此间乎？"答："曾到。"赵州说："吃茶去！"又问一僧，答："不曾到。"赵州又说"吃茶去！"后院主问："为何到也吃茶去，不曾到也吃茶去？"赵州又说："吃茶去。"赵州对三个不同者均以"吃茶去"作答，正是反映茶道与禅心的默契，其意在消除学人的妄想，即所谓"佛法但平常，莫作奇特想"，不论来或没来过，或者相不相识，只要真心真意地以平常心在一起"吃茶"，就可进入"茶禅一味"的境界。正所谓："唯是平常心，方能得清静心境；唯是清净心境，方可自悟禅机"。中国佛教协会会长赵朴初又诗云："七碗爱至味，一壶得真趣。空持千百偈，不如吃茶去。"

"赵州三转语"，赵州从谂以机转之三语句接引学人，开示真佛之所在，俾使人人彻见本来面目。赵州示众云："金佛不度炉，木佛不度火，泥佛不度水，真佛内里坐。"盖金佛若渡炉则镕解，木佛若渡火则烧毁，泥佛若渡水则浑身烂坏，自性本然之真佛内里端坐，不为水火所坏。此即表示一心不生之处，即等同于"万法一如"之至理。

"狗子佛性"，又作赵州狗子、赵州佛性、赵州有无、赵州无字。"狗子有无佛性？"自古为禅宗破除执着于有、无之公案。此系始自赵州从谂禅师，古来即为禅徒难以参破之问答，古德于此多下过惨淡之工夫。此则公案中，赵州从谂系藉狗子之佛性，以打破学人对于有无之执着。而赵州所指之有无，非为物之有无，乃表超越存在的佛性之实态。

"赵州大萝卜头"，为一僧向赵州从谂探问赵州与南泉普愿相见一事之问答。僧问赵州："承闻和尚亲见南泉，是否？"州云："镇州出大萝卜头。"此公案中，赵州顾左右而言他，对原本简单易答之话题佯作不解，其真义即直指应当看取眼前真切之生活，否则即便是南泉教诫之金言，亦不如镇州出产的大萝卜头来的真切有用。

"赵州四门"，又作赵州东西南北。赵州从谂就僧所问如何是赵州，以东、西、南、北四门答之。此公案中，僧质问赵州从谂之面目，赵州乃借赵州城之东、西、南、北四门为喻，而寓指赵州境地亦系藉由发心、修行、菩提、涅槃等四门而至者。依此四门，常行不懈，即可臻至融通无碍之境地。

"赵州至道无难"，为唐代赵州从谂与僧所作有关"究极之真实"之问答。赵州示众云："至道无难，唯嫌拣择。才有语言，是拣择？是明白？老僧不在明白里，是汝还护惜也无？""至道无难"一语，系出自禅宗三祖僧璨之《信心铭》："至道无难，唯嫌拣择，但莫憎爱，洞然明白，毫厘有差，天地悬隔。"至道，即至极之大道、佛祖之大道，亦即宇宙最高之真理。至道无难，谓悟入至极之大道，并无困难。全句意谓凡事仅须无想无念去做，则要体会大道，并无困难；若有好恶、染净、迷悟、彼我、取舍、憎爱等之分别情念，即落入拣择差别之见，以此毫厘之差，必成天壤悬隔之别。至道既为一切物最究极之真实，超越分别、言语等，凡有言语，即失其真实。而此一公案中，即呈现出始终在分别里之僧，与在无分别里之赵州，二者境界截然不同。盖赵州从谂自《信心铭》悟得"至道无难"之语，常用以接引学人，遂为禅林间所袭用。

"赵州柏树子"，又作赵州柏树、庭前柏树子。赵州从谂寄庭前之柏树子，以示达磨西来之本意。此公案中，赵州以"庭前柏树子"教人会取眼前者即是，而截断学人别觅佛法之思路。即以超越人、境相对等分别见解之本来风光，拈提达磨要旨之真风。

"赵州洗钵"，赵州从谂寄"洗钵"之语，显示佛法之奥理无非是从日常一一之行履中去领受。此公案显示威仪即佛法，作法即宗旨之意。意谓钟鸣进法堂，梆响入斋堂，粥毕洗钵盂，即于此等日常喝茶吃饭等无功用之动作中领受佛法，此外无须特意去论究迷悟、凡圣之话语，拈提平生奉行丛林清规之当处，即是真实之佛法现前。

"赵州勘婆"，又称台山婆子。赵州从谂以"勘破婆子"之语，显示随处作主之意。盖僧向婆子问台山之路，婆子答以"蓦直去"，乃教诫彼求佛道不可左顾右盼，然僧执着婆子之言词，并未了得游戏自在之妙意，故从谂藉"勘验婆子"一举，显示能杀所杀、权衡在手之禅机。

"赵州大死底人"，又作赵州大死底、赵州问死。为赵州从谂与投子大同之问答。意味不执着于死、活等无用之言语，即能显示全机全现之活眼。《碧岩录》第四十一则："赵州问投子：'大死底人却活时如何？'投子云：'不许夜行，投明须到。'"盖投子以赵州之问，犹执着于死、活等言语葛藤，故以阍夜行路比喻之，意谓须于天明之时，直接照了玄底，方可臻"生也全机现，死也全机现"之真面目。

"从谂仍旧"，仍旧，谓沿用、依循、效法前人之习惯、法则、求证方法、工夫等。赵州从谂教导学人不必以思索工夫强求开悟，若踏循前人之踪迹，亦能自达悟境。《禅苑蒙求》卷下："赵州曰：'莫费力也，大好言语，何不仍旧去？世间法尚有门，法岂无门？自是不仍旧故。'"

"赵州下地狱"，呈现了地藏菩萨的献身精神，台湾星云大师曾经就此解读：

有一位信徒就问赵州从谂禅师说："禅师，你平时参禅学道、修福修慧，人格至为完美，像你这种大彻大悟的禅师，假如百年之后，不知会到哪里去呢？"

信者希望大彻大悟的赵州禅师能够在活着的时候就告诉大家，将来他会到哪一个佛的世界，到哪一个天堂去。

没想到赵州禅师竟然回答："到地狱去。"

信徒听了大为惊讶，就问："禅师，以您的修持、您的德行，百年之后怎么会堕落到地狱里去呢？"

赵州禅师答道："你要知道，你现在所犯的杀盗淫妄等罪业，还有你所造下的贪瞋愚痴的恶业，会使你堕落到地狱里去。假如我不到地狱去，将来谁来度你、谁来救你呢？"

【参考文献】

《景德传灯录》卷十；《宋高僧传》卷十一；《联灯会要》卷六；《佛祖历代通载》卷十七；《祖庭事苑》卷四；《禅苑蒙求》卷中、卷下；《碧岩录》。

湖南长沙景岑招贤禅师

湖南长沙景岑招贤禅师初住鹿苑，为第一世，其后居无定所，但徇缘接物，随宜说法，时谓之"长沙和尚"。

上堂："我若一向举扬宗教[1]，法堂里须草深一丈。事不获已[?]，向汝诸人道：'尽十方世界是沙门眼，尽十方世界是沙门全身，尽十方世界是自己光明，尽十方世界在自己光明里，尽十方世界无一人不是自己。'我常向汝诸人道：'三世诸佛、法界众生是摩诃般若光。'光未发时，汝等诸人向甚么处委悉[3]？光未发时，尚无佛无众生消息，何处得山河国土来？"

时有僧问："如何是沙门眼？"师曰："长长出不得[4]。"又曰："成佛成祖出不得，六道轮回出不得。"僧曰："未审出个甚么不得？"[5]师曰："昼见日，夜见星。"曰："学人不会。"师曰："妙高山色青又青。"

问："教中道而常处此菩提座，如何是座？"师曰："老僧正坐，大德正立[6]！"

问："如何是大道？"师曰："没却汝[7]。"

问："诸佛师是谁？"师曰："从无始劫来，承谁覆荫？"曰："未有诸佛已前作么生？"师曰："鲁祖开堂，亦与师僧东道西说。"

问："学人不据地时如何[8]？"师曰："汝向甚么处安身立命？"曰："却据地时如何？"师曰："拖出死尸着。"

问："如何是异类？"师曰："尺短寸长。"

问："如何是诸佛师？"师曰："不可更拗直作曲邪。"曰："请和尚向上说。"师曰："阇黎眼瞎耳聋作么？"

游山归，首座问："和尚甚处去来？"[9]师曰："游山来。"座曰："到甚么处？"师曰："始从芳草去，又逐落花回。"座曰："大似春意。"师曰："也胜秋露滴芙蕖[10]。"

师遣僧问同参会和尚曰："和尚见南泉后如何？"会默然，僧曰："和尚未见南泉已前作么生？"会曰："不可更别有也。"僧回举似师。师示偈曰："百尺竿头不动人，虽然得入未为真。百尺竿头须进步，十方世界是全身。"僧便问："只如百尺竿头如何进步？"师曰："朗州山，澧州水。"曰："不会。"师曰："四海五湖皇化里[11]。"

有客来谒，师召："尚书！"[12]其人应诺。师曰："不是尚书本命[13]。"曰："不可离却，即今祇对，别有第二主人[14]。"师曰："唤尚书作至尊，得么？"曰："恁么总不祇对时，莫是弟子主人否[15]？"师曰：'非但祇对与不祇对时，无始劫来是个生死根本。有偈曰：'学道之人不识真，只为从来认识神。无始劫来生死本，痴人唤作本来人。'"

有秀才看《千佛名经》，问曰："百千诸佛，但见其名，未审居何国土，还化物也无？"师曰："黄鹤楼崔颢[16]题后，秀才还曾题也未？"曰："未曾。"师曰："得闲题取一篇好。"

问："南泉迁化向甚么处去？"师曰："东家作驴，西家作马。"曰："学人不会，此意如何？"师曰："要骑即骑，要下即下。"

皓月供奉问："天下善知识证三德涅槃也未[17]？"师曰："大德问果上涅槃，因中涅槃？"曰："问果上涅槃。"师曰："天下善知识未证。"曰："为甚么未证？"师曰："功未齐于诸圣。"曰："功未齐于诸圣，何为善知识？"师曰："明见佛性，亦得名为善知识。"曰："未审功齐何道，名证大涅槃？"师示偈曰："摩诃般若照，解脱甚深法。法身寂灭体，三一理圆常[18]。欲识功齐处，此名常寂光。"曰："果上三德涅槃，已蒙开示，如何是因中涅槃？"师曰："大德是。"月又问："教中说幻意是有邪？"师曰："大德是何言欤？"曰："恁么则幻意是无邪？"师曰："大德是何言欤？"曰："恁么则幻意是不有不无邪？"师曰："大德是何言欤？"

曰："如某三明尽，不契于幻意，未审和尚如何明教中幻意[19]？"师曰："大德信一切法不思议否？"曰："佛之诚言，那敢不信？"师曰："大德言信，二信之中是何信？"曰："如某所明，二信之中是名缘信。"师曰："依何教门得生缘信？"曰："《华严》云：'菩萨摩诃萨以无障无碍智慧，信一切世间境界是如来境界。'又《华严》云：'诸佛世尊悉知世法及诸佛法性无差别，决定无二。'又《华严》云：'佛法世间法，若见其真实，一切无差别。'"师曰："大德所举缘信教门甚有来处，听老僧与大德明教中幻意。若人见幻本来真，是则名为见佛人。圆通法法无生灭，无灭无生是佛身。"

月又问："蚯蚓断为两段，两头俱动，未审佛性在阿那头？"师曰："动与不动是何境界？"曰："言不干典[20]，非智者之所谈。只如和尚言动与不动是何境界？出自何经？"师曰："灼然[21]，言不干典，非智者之所谈。大德岂不见《首楞严》云'当知十方无边，不动虚空，并其动摇，地水火风，均名六大。性真圆融，皆如来藏，本无生灭'？"师示偈曰："最甚深！最甚深！法界人身便是心。迷者迷心为众色，悟时剥境是真心。身界二尘无实相，分明达此号知音。"

月又问："如何是陀罗尼[22]？"师指禅床右边曰："这个师僧却诵得？"曰："别还有人诵得否？"师又指禅床左边曰："这个师僧亦诵得？"[23]曰："某甲为甚么不闻？"师曰："大德岂不知道，真诵无响，真听无闻？"曰："恁么，则音声不入法界性也。"师曰："离色求观非正见，离声求听是邪闻。"曰："如何是不离色是正见，不离声是真闻？"师示偈曰："满眼本非色，满耳本非声。文殊常触目，观音塞耳根。会三元一体，达四本同真[24]。堂堂法界性，无佛亦无人。"

僧问南泉道："三世诸佛不知有，狸奴白牯却知有[25]，为甚么三世诸佛不知有？"师曰："未入鹿苑时，犹较些子[26]。"曰："狸奴白牯为甚么却知有？"师曰："汝争怪得伊[27]？"

僧问："和尚继嗣何人？"师曰："我无人得继嗣。"曰："还参学也无？"师曰："我自参学。"曰："师意如何？"师有偈曰："虚空问万象，万象答虚空。谁人亲得闻，木叉呞角童。"

问："如何是平常心？"师曰："要眠即眠，要坐即坐。"曰："学人不会，意旨如何？"师曰："热即取凉，寒即向火。"

问："向上一路[28]，请师道。"师曰："一口针，三尺线。"曰："如何领会？"师曰："益州布，扬州绢。"

问："动是法王苗，寂是法王根，如何是法王？"师指露柱曰："何不问大士？"

师与仰山玩月次，山曰："人人尽有这个，只是用不得。"师曰："恰是倩汝用[29]。"山曰："你作么生用[30]？"师劈胸与一踏，山曰："团！直下似个大虫[31]。"（长庆云："前彼此作家，后彼此不作家。"乃别云："邪法难扶。"）自此诸方称为岑大虫。

问："本来人还成佛也无？"师曰："汝见大唐天子还自种田割稻么？"曰："未审是何人成佛？"师曰："是汝成佛。"僧无语。师曰："会么。"曰："不会。"师曰："如人因地而倒，依地而起，地道甚么[32]？"

三圣令秀上座问曰："南泉迁化向甚么处去？"师曰："石头作沙弥时参见六祖。"秀曰："不问石头见六祖，南泉迁化向甚么处去？"师曰："教伊寻思去。"秀曰："和尚虽有千尺寒松，且无抽条石笋。"师默然。秀曰："谢和尚答话。"师亦默然。

秀回举似三圣，圣曰："若恁么，犹胜临济七步。然虽如此，待我更验看。"至明日，三圣上问："承闻和尚昨日答南泉迁化一则语，可谓光前绝后，今古罕闻。"师亦默然。

僧问："如何是文殊？"师曰："墙壁、瓦砾是。"曰："如何是观音？"师曰："音声、语言是。"曰："如何是普贤？"师曰："众生心是。"曰："如何是佛？"师曰："众生色身是。"曰："河沙诸佛体皆同，何故有种种名字？"师曰："从眼根返源名文殊，耳根返源名观音，从心返源名普贤。文殊是佛妙观察智，观音是佛无缘大慈，普贤是佛无为妙行。

三圣是佛之妙用，佛是三圣之真体。用则有河沙假名，体则总名一薄伽梵[33]。"

问："色即是空，空即是色，此理如何？"师曰："听老僧偈：碍处非墙壁，通处没虚空。若人如是解，心色本来同。"又曰："佛性堂堂显现，住性有情难见。若悟众生无我，我面何如佛面？"

问："第六、第七识及第八识毕竟无体，云何得名转第八为大圆镜智？"师示偈曰："七生依一灭，一灭持七生。一灭灭亦灭，六七永无迁。"

问："蚯蚓断为两段，两头俱动，未审佛性在阿那头？"师曰："妄想作么？"曰："其如动何？"师曰："汝岂不知火风未散？"

问："如何转得山河国土归自己去？"师曰："如何转得自己成山河国土去？"曰："不会。"师曰："湖南城下好养民，米贱柴多足四邻。"僧无语。师示偈曰："谁问山河转，山河转向谁？圆通无两畔，法性本无归。"

华严座主问："虚空为是定有，为是定无？"师曰："言有亦得，言无亦得。虚空有时但有假有，虚空无时但无假无。"曰："如和尚所说，有何教文？"师曰："大德岂不闻《首楞严》云'十方虚空生汝心内，犹如片云点太清里'？岂不是虚空生时但生假名？又云'汝等一人发真归源，十方虚空悉皆消殒'，岂不是虚空灭时但灭假名[34]？老僧所以道，有是假有，无是假无。"又问："经云'如净瑠璃中内现真金像'，此意如何？"师曰："以净瑠璃为法界体，以真金像为无漏智。体能生智，智能达体。故云如净瑠璃中内现真金像。"

问："如何是上上人行处？"师曰："如死人眼。"曰："上上人相见时如何？"师曰："如死人手。"

问："善财为甚么无量劫游普贤身中世界不遍？"师曰："你从无量劫来，还游得遍否？"曰："如何是普贤身？"师曰："含元殿里，更觅长安[35]。"

问："如何是学人心[36]？"师曰："尽十方世界是你心。"曰："恁么，则学人无着身处也。"师曰："是你着身处。"曰："如何是着身处？"师曰："大海水，深又深。"曰："学人不会。"师曰："鱼龙出入任升沉。"

问："有人问和尚，即随因缘答，无人问和尚时如何？"师曰："困则睡，健则起。"曰："教学人作么生会？"师曰："夏天赤骨力，冬寒须得被[37]。"

问："亡僧迁化甚么处去也？"师示偈曰："不识金刚体，却唤作缘生。十方真寂灭，谁在复谁行？"

师赞南泉真曰[38]："堂堂南泉，三世之源。金刚常住，十方无边。生佛无尽，现已却还。"

久依南泉，有投机[39]偈曰："今日还乡入大门，南泉亲道遍乾坤。法法分明皆祖父，回头惭愧好儿孙。"泉答曰："今日投机事莫论，南泉不道遍乾坤。还乡尽是儿孙事，祖父从来不出门。"

劝学偈曰："万丈竿头未得休，堂堂有路少人游。禅师愿达南泉去，满目青山万万秋。"

临济云："赤肉团上，有一无位真人。"师因有偈曰："万法一如不用拣，一如谁拣谁不拣。即今生死本菩提，三世如来同个眼。"

诚斫松竹偈曰："千年竹，万年松，枝枝叶叶尽皆同。为报四方玄学者，动手无非触祖公。"

【注释】

[1] 宗教："宗教"一词虽然出自佛教，但今天"宗教"这个词与佛教的意义相差甚远。汉传佛教著述中所说的"宗教"，一般指"宗"与"教"，亦称"宗门"与"教门"。宗、宗门、宗下，专指自标榜为"教外别传"的禅宗，以禅乃离言教，采以心传心之方式传宗。教或教门，指佛说的经教，指依大小乘之经论等言教而立之教宗，如天台宗、三论宗、法相宗、华严宗等均属之，相对于禅家而言，称之为教家。又有以宗为法相宗所说之八宗、华严宗所说之十宗；以教指天台所言之四教或八教、华严所判立之五教等。另有以教指三藏十二分教之一切经教，故知宗教一词可说涵盖佛教全体之意。

[2] 事不获已：无可奈何，迫不得已。是禅师说法时的习惯语，谓禅法本不立语言文字，如今宣说，只是情势所迫，开方便法门而已。

[3] 汝等诸人向甚么处委悉：你们从哪里知道？查阅《景德传灯录》作"汝等诸人向甚么处委"，而无"悉"字。委悉：知道，知晓。悉：知道。

[4] 长长出不得：长久出不来。旧译本"长大了不能出来"不符合原意。

［5］未审出个甚么不得：不知道什么出不来？

［6］老僧正坐，大德正立：老僧正在菩提座上，大德请立正！立正是表示恭敬，因为菩提座上是佛菩萨，所以要恭敬礼拜。旧译本"老僧正坐着，大德正站着"不符合原意。《〈景德传灯录〉译注》亦如此翻译。

［7］没却汝：没有拒绝你自己。周佩东《百尺竿头须进步，十方世界是全身——长沙景岑禅学命题评析》（《池州师专学报》2006 年第 1 期）："景岑告诉僧人说：'没有拒绝你自己'，就是大道。消解与自我相对立的状态，与道合一，这是'没却汝'，自己本来就自性具足，不可离却自我去寻大道。"

［8］学人不据地时如何：学人不占据一地时会怎么样？据有一席之地，如成家立业。

［9］师曰："阇黎眼瞎耳聋作么？"游山归，首座问："和尚甚处去来？"：旧校本将"作么"与"游山归"连成句子，进入引号，有误。

［10］也胜秋露滴芙蕖（qú）：也胜过一滴秋露滴在荷花上。芙蕖：亦作"芙渠"，荷花的别名。

［11］四海五湖皇化里：五湖四海都在皇帝的德政和教化中。皇化：皇帝的德政和教化。

［12］尚书：是中国封建时代的政府高官名称，相当于现在各国家部委的部长。

［13］本命：生辰八字的日柱天干是人的本命，此处指真正的主人。

［14］不可离却，即今祇对，别有第二主人：不能离开，现在应答，另外还有第二主人。

［15］恁么总不祇对时，莫是弟子主人否：这样的话总不应答的时候，莫非就是弟子的主人吗？

［16］崔颢（hào）（704～754 年）：唐朝诗人。汴州（今河南开封）人。开元十年（722 年）或次年登进士第。开元年间，曾任职于代州都督府。天宝初，入朝为太仆寺丞，官终尚书司勋员外郎。天宝十三年（754 年）卒。殷璠云："颢年少为诗，名陷轻薄。晚节忽变常体，风骨凛然，一窥塞垣，说尽戎旅。"（殷璠《河岳英灵集》）最为人称道的是他那首《黄鹤楼》，据说李白为之搁笔，曾有"眼前有景道不得，崔颢题诗在上头"的赞叹。《全唐诗》收录诗四十二首。他秉性耿直，才思敏捷，其作品激昂豪放，气势宏伟。著有《崔颢集》。

［17］天下善知识证三德涅槃也未：天下的善知识都证得了三德涅槃吗？证：即证果，亦即一般人所说的开悟或得道。旧译本将"证"译为"证明"，不符合原意。三德：指大涅槃所具之三种德相，即法身、般若、解脱三者。

［18］法身寂灭体，三一理圆常：法身是寂灭的本体，但是报身与应身亦不离

开法身，佛的三身是可以合而为一，圆融无碍的。

[19] 如某三明尽，不契于幻意，未审和尚如何明教中幻意：如上面我三种解释都不符合"幻"的意义，不知道和尚怎么解释佛教中"幻"的意义？

[20] 言不干典：说话不涉及文献典籍。意思是说话要有依据，要有出处。

[21] 灼然：明显貌。此可译为"显然"，即众所周知，大家都知道。

[22] 陀罗尼：咒语。

[23] 师指禅床右边曰："这个师僧却诵得？"曰："别还有人诵得否？"师又指禅床左边曰："这个师僧亦诵得？"：旧校本标点有误。句中两处"这个师僧"中间不能有逗号作"这个，师僧"。"这个师僧"采取拟人手法，把物当作人。

[24] 会三元一体，达四本同真：领会佛的三身本来就是一体的，理解佛的四智是同时存在的。四智，即将有漏的第八识、第七识、第六识，及前五识转变为四种无漏智，即大圆镜智、平等性智、妙观察智、成所作智。

[25] 三世诸佛不知有，狸奴白牯却知有：本书多次出现的公案，大意是，不知道有三世诸佛，如猫牛一样只知道水草，饥来吃草，渴来饮水，不愁不成就。《祖堂集》卷一六"南泉"条："师每上堂云：'近日禅师太多生，觅一个痴钝底不可得。阿你诸人，莫错用心……所以道：祖佛不知有，狸奴白牯却知有。何以如此？他却无许多般情量。'"又卷一三，福先招庆："问：'南泉道：三世诸佛不知有，狸奴白牯却知有。只如三世诸佛，为什摩不知有？'师云：'只为慈悲利物。'僧云：'狸奴白牯为什摩却知有？'师云：'唯思水草，别也无求。'"此公案重点在告诫学人，参禅应祛除情识知解，应如狸奴白牯一样"唯思水草，别无所求"。这与南泉普愿"平常心是道"的说法旨趣相近。知有：知道，不要理解为"知道有"，就是知道的意思。"有"为助词。狸奴：偶亦作"黧奴"，猫的别称。牯：公牛。后世丛林常拈提引用此公案。《禅林僧宝传》卷一"曹山本寂"条："黧奴白牯修行却快，不是有禅有道，如汝种种驰求，觅佛觅祖，乃至菩提涅槃，几时休歇成办乎？皆是生灭心。所以，不如黧奴白牯兀兀无知，不知佛不知祖……但饥来吃草，渴来饮水。若能恁么，不愁不成办。"

[26] 未入鹿苑时，犹较些子：还没有进入佛门时，不懂这个道理，还说得过去。鹿苑，佛早期说法的地方，景岑禅师曾经所住寺庙亦名鹿苑寺。较些子，此词语多次出现，前面已经注释。意思是，好一些，马马虎虎，说得过去，根据具体环境作理解。可旧译本将"犹较些子"翻译为"还差一点儿"，望文生义，有误。

[27] 汝争怪得伊：你怎么能怪它呢？

[28] 向上一路：禅林专有术语。即指言绝意断之正真大道，不能用语言说出的最高境界，言语道断。与"向上一著"同义。盖此言绝意断之正真大道，系千圣

不传之妙道，乃释迦所不说，达磨所不传，不由口出，不须思惟，超出言语心念之上，而自证自知之无上至真之道；以其超出言语心念之上，而达本还源，归于寂静之真如本体，故称向上一路。旧译本未弄清词义，翻译为"向上的道路"，错误。

[29] 恰是倩（qìng）汝用：恰好借给你用。倩：借助。

[30] 你作么生用：你作什么用？

[31] 团（duō）！直下似个大虫：咄！简直像个老虎。团：用同"咄"，骂人。旧校本标点有误，"团"是叹词，未加标点。

[32] 如人因地而倒，依地而起，地道甚么：好像人站在地上倒地，又在地上起来，一站一起，地说话了吗？意思是佛随时随刻都在你心中，但他不说话，你就不知道。

[33] 薄伽梵：为佛陀十号之一，诸佛通号之一。又作婆伽婆、婆伽梵、婆嚩誐帝。意译有德、能破、世尊、尊贵。即有德而为世所尊重者之意。在印度用于有德之神或圣者之敬称，具有自在、正义、离欲、吉祥、名称、解脱六义。在佛教中则为佛之尊称，又因佛陀具有德、能分别、受众人尊敬、能破除烦恼等众德，故薄伽梵亦具有有德、巧分别、有名声、能破四种意义。

[34] 汝等一人发真归源，十方虚空悉皆消殒，岂不是虚空灭时但灭假名：旧校本标点有错，项楚撰写《〈五灯会元〉点校献疑续补一百例》（《季羡林教授八十华诞纪念论文集》上册）说："汝等一人发真归源，十方虚空尽皆消殒"二句见《首愣严经》卷九，经文只此二句。"岂不是虚空灭时但灭假名"一句是师发挥的话，应移出引号外。"

[35] 含元殿里，更觅长安：含元殿里，却还在寻找长安。含元殿：唐宫殿名，高宗时所建，本名蓬莱宫，唐长安城的标志建筑。

[36] 如何是学人心：什么是学道人的心？学人，参禅学佛之人，多用作僧徒自称。《佛光大辞典》有两个含义：一是泛称学习佛法之人。禅林中则指修禅者。又称学道人、学道丈夫。二是"有学人"之略称，指在学佛修道过程中，尚未得最高境地之人，盖谓其仍有须学之处之意。与之相对应的是"无学人"。旧译本将"学人"翻译为"学生"不符合原意。《〈景德传灯录〉译注》亦如此翻译。

[37] 夏天赤骨力，冬寒须得被：夏天热就光着身子，冬天冷就盖着被子。赤骨力：亦作"赤骨立""赤骨肋""赤骨律"，赤膊，光着身子。

[38] 师赞南泉真曰：禅师赞颂南泉真身画像说。旧译本"禅师称赞南泉说"漏了"真"的翻译，"真"即真身画像，而不是直接称赞南泉。

[39] 投机：禅林用语。又作逗机。即机机投合之意，指禅师与学人之机，彼此相契；又谓学人彻底大悟而契合佛祖之要机。

【概要】

景岑禅师，唐代禅僧。谥号"招贤"，或以为其号。生卒年不详。幼年出家，参南泉普愿，嗣其法。初住长沙鹿苑寺，其后居无定所，但随缘接物，随宜说法，行止洒脱，略近祥狂。复住湖南长沙山，大宣教化，时人称为"长沙和尚"而不称其名。师机锋峻峭，与仰山对话中，曾踏倒仰山，仰山谓如大虫（虎）之暴乱，故诸方称其为"岑大虫"。谥号"招贤大师"。清雍正十二年封"洞妙朗净禅师"。

景岑禅师偈曰："百尺竿头不动人，虽然得入未为真。百尺竿头须进步，十方世界是全身。"禅师在这里用"百尺竿头"，比喻修行的极高境界。"百尺竿头不动人，虽然得入未为真"，意思是说，修行到了很高程度便停止不前的人，虽然也算登堂入室了，但还未达到"真"的境界。"百尺竿头须进步"是针对上面的"不动"说的，意思是即使修行达到了很高的境界，仍须继续修炼，不断进步。下一句"十方世界是全身"就是佛教所说的"真"的境界，意思是到那时"十方世界"就是你的整个身体，你的整个身体就是"十方世界"。这个实际上就是佛的法身的境界——涅槃。后来"百尺竿头须进步，十方世界是全身"这句偈诗在使用中，基本脱离了原本的佛教义理，成了励志诗句。用于劝勉、激励人们在学习、生活、工作中，不要满足于已取得的成绩，要再接再厉，争取达到更高的境界。并由此诗句提炼出了成语"百尺竿头，更进一步"。

【参考文献】

《景德传灯录》卷十；《祖堂集》卷十七；《联灯会要》卷六；《佛祖历代通载》卷十七。

鄂州茱萸山和尚

鄂州茱萸山[1]和尚，初住随州护国。上堂，擎起一橛[2]竹曰："还有人虚空里钉得橛么？"时有灵虚上座出众曰："虚空是橛。"师掷下竹，便下座。

赵州到云居，居曰："老老大大，何不觅个住处[3]？"曰："甚么处住得？"居曰："山前有个古寺基。"州曰："和尚自住取。"

后到师处，师曰："老老大大，何不觅个住处？"州曰："向甚处住？"师曰："老老大大，住处也不知？"州曰："三十年弄马骑，今日却被驴扑[4]。"

（云居锡云："甚么处是赵州被驴扑处？"）

众僧侍立次，师曰："只恁么白立，无个说处，一场气闷[5]。"僧拟问，师便打，曰："为众竭力。"便入方丈。

有行者参，师曰："会去看赵州么？"曰："和尚敢道否？"师曰："非但茱萸，一切人道不得。"曰："和尚放某甲过。"师曰："这里从前不通人情。"曰："要且慈悲心在。"师便打，曰："醒后来为汝[6]。"

【注释】

[1] 茱（zhū）萸（yú）山：原刻作菜萸山，依据《景德传灯录》改，本文茱萸山和尚后面自称"茱萸"，并非"菜萸"，故原刻错误无疑。茱萸：又名"越椒""艾子"，是一种常绿带香的植物，具备杀虫消毒、逐寒祛风的功能。木本茱萸有吴茱萸、山茱萸和食茱萸之分，都是著名的中药。佩茱萸，中国岁时风俗之一。在九月九日重阳节时爬山登高，臂上佩带插着茱萸的布袋。

[2] 橛（jué）：一小段。小木桩。

[3] 老老大大，何不觅个住处：老大一把年纪了，为什么不找个地方住下？老老大大，指年事已高，参见本书该注释。

[4] 三十年弄马骑，今日却被驴扑：扑：扑跌。比喻有经验的老手上当、被欺。义近"骑马一世，驴背上失脚"。禅宗中，和尚参禅，禅机被人识破或被人说得无言可对时用此语。意为被水平低的人难倒，丢了面子。是一种自嘲又不服气的口吻。

[5] 只恁么白立，无个说处，一场气闷：只是这样呆呆地站着，也没个话头，一场闷气。

[6] 醒后来为汝：醒来后再处理你。

【拓展阅读】

湖北鄂州茱萸禅师，是南泉普愿禅师的法嗣弟子。《星云法师禅话》有评论：

在虚空里，能钉什么钉子吗？虚空是碰不得的啊！但是，我们不是在虚空里走路吗？我们不是在虚空里游山玩水吗？谁又说不能在虚空里钉钉子呢？

海纳百川，空容万象，一句话，都可以震动虚空，挥他一拳，又怎么不能打开虚空呢？

虚空就在眼前，你不能识得，就如真理本来普遍如此、本来必然如此，你不能顺应虚空，你跟虚空对立起来，"有""无"纷争不断，无有了时。只有把"空"

与"有"融会在一起，所谓"色即是空，空即是色"，那就能懂得宇宙的本体了。

衢州子湖岩利踪禅师

衢州子湖岩利踪禅师，澶州人也。姓周氏。幽州开元寺出家，依年受具，后入南泉之室。乃抵于衢州之马蹄山，结茅宴居。唐开元二年，邑人翁迁贵施山下子湖创院，师于门下立牌："子湖有一只狗，上取人头，中取人心，下取人足，拟议即丧身失命[1]。"

临济会下二僧参，方揭帘，师喝曰："看狗！"僧回顾，师便归方丈。

与胜光和尚锄园次，蓦按镢[2]，回视光曰："事即不无，拟心即差[3]。"光便问："如何是事？"被师拦胸踏倒，从此有省。

尼到参，师曰："汝莫是刘铁磨[4]否？"曰："不敢。"师曰："左转？右转？"曰："和尚莫颠倒。"师便打。

师一夜于僧堂前叫曰："有贼。"众皆惊动。有一僧在堂内出，师把住曰："维那！捉得也！捉得也！"曰："不是某甲。"师曰："是即是，只是汝不肯承当。"

有偈示众曰："三十年来住子湖，二时斋粥气力粗。无事上山行一转，借问时人会也无。"

广明中，无疾归寂[5]，塔于本山。

【注释】

[1] 拟议即丧身失命：一思虑，稍有迟疑，就会丧命。拟议：思虑，迟疑。亦作"拟谊"。

[2] 蓦按镢（jué）：突然按住镢头。镢：刨土的农具。

[3] 事即不无，拟心即差：事情虽然不是没有，但一动心思虑就错了。一切事物执着于有，所以只要一动心就错了。拟心即差，生起分别执着之心，即与真如相违背。禅林指意谓稍生思虑迟疑便与禅法相违背。如《临济语录》："大德！到这里学人著力处不通风，石火电光，即过了也。学人若眼定动，拟心即差，动念即乖。"旧译本"疑心就会出差错"，弄错了"拟心即差"的原意。

[4] 刘铁磨：唐代禅宗尼师。俗姓刘。法名、生卒年、籍贯均不详。以机锋峻峭之故，世称刘铁磨。于距潭州沩山十里处结一小庵，参谒沩山灵祐，并嗣其法。亦曾参谒子湖利踪禅师。与当时禅客时相往来，盛谈禅旨，有"铁磨老牸牛"之公

案传世。

[5] 无疾归寂：无病而终。宝祐本做"无疾归究"，依据《景德传灯录》改。

【概要】

利踪禅师（800～880年），唐代禅僧。南泉普愿之法嗣。澶州（位于河北）人，俗姓周。二十岁受具足戒，开成二年（837年）至衢州（浙江衢县）子湖山开创定业院，亦名子湖岩，世称子湖利踪。咸通二年（861年）敕额"安国禅院"。广明元年示寂，世寿八十一，法腊六十一。撰《子湖利踪禅师语录》一卷，内容包括示众、问答、颂等，收于《古尊宿语录》卷十二。

【参考文献】

《祖堂集》卷十八；《景德传灯录》卷十；《联灯会要》卷六；《古尊宿语录》卷十二。

【拓展阅读】

关于"利踪禅师抓贼"的公案，《星云法师禅话》有评论：

有道是"擒山中之贼易，捉心内之贼难"，一个人在日常生活中，常用眼、耳、鼻、舌、身、意六根，向外执取色、声、香、味、触、法六尘欲乐，引生种种烦恼痛苦。三十年的修行，每日的二时粥饭，都只为了降伏心中的盗贼，能够如此领会，上山一转，心贼一捉，佛法就此当下了！

利踪禅师对禅者的一番考验，实在是禅师的大机大用。

六根门头尽是贼，昼夜六时外徘徊，

无事上街逛一趟，惹出是非却问谁？

昼夜二十四小时，如何守护我们六根的门户，不使它蠢动妄为，是修禅不可忽视的功课。

荆南白马昙照禅师

荆南白马昙照禅师常曰："快活！快活！"及临终时叫："苦！苦！"又曰："阎罗王来取我也。"

院主问曰："和尚当时被节度使抛向水中，神色不动，如今何得恁么地？"师举枕子曰："汝道当时是？如今是？"院主无对。

（法眼代云："此时但掩耳出去。"）

宝祐本附注："此乃天王悟事，丘玄素具载碑中[1]。今从传灯，不复移改。"

【注释】

[1] 此乃天王悟事，丘玄素具载碑中：旧校本标点有误，作"此乃天王悟事丘玄素，具载碑中"。丘玄素撰《天王道悟禅师碑》参见本书第七章"天王道悟禅师"注释。

【概要】

禅宗史上有两个道悟禅师，依照唐丘玄素作《江陵城西天王寺道悟禅师碑铭》，别有天王道悟，此道悟为渚宫（湖北江陵）人，嗣马祖而大悟，故非石头弟子。其碑文有本文记载。有关天皇道悟与天王道悟之法统，诸禅籍史传之记载，出入颇大，迄今未有定论，仅知诸种异说之由来，概源自云门、临济二宗互争曹溪之正统而起。

依据《景德传灯录》卷十"荆南白马昙照禅师"，与本文完全相同。昙照禅师临终，痛苦得大叫，院主问昔日被人抛入水中目无惧色，为何今日如此。昙照说："你说是过去的对？还是今天的对？"这个公案值得一参。法眼禅师代替作答，这个时候掩耳不听，出去就对了。

终南山云际师祖禅师

终南山云际师祖禅师，初参南泉。问："摩尼珠人不识，如来藏里亲收得，如何是藏？"泉曰："与汝往来者是。"师曰："不往来者如何？"泉曰："亦是。"曰："如何是珠？"泉召师祖，师应诺，泉曰："去，汝不会我语。"师从此信入。

【概要】

师祖禅师，唐代禅僧。属南岳之系统，为南泉普愿之法嗣。后住于南山云际寺。年寿不详。

摩尼珠，佛经中说到的如意宝珠，人得此珠，毒不能害，入火不烧，一切财宝都能从此珠而出。即有了摩尼宝珠，无所不能，一切所求都能满足。师祖禅师问什么是珠，南泉就喊师祖，实际上就是呼唤师祖禅师的自性宝珠，只是开头师祖禅师还没有反应过来，等到南泉斥责他时，他就恍然大悟了。

【参考文献】

《景德传灯录》卷十；《禅林类聚》卷十五；《教外别传》卷六。

邓州香严下堂义端禅师

上堂："兄弟！彼此未了，有甚么事相共商量？我三五日即发去也。如今学者，须了却今时，莫爱他向上人无事[1]。兄弟！纵学得种种差别义路，终不代得自己见解，毕竟著力始得。空记持他巧妙章句，即转加烦乱去。汝若欲相应，但恭恭地尽莫停留纤毫，直似虚空，方有少分[2]。以虚空无锁闭，无壁落，无形段，无心眼。"

时有僧问："古人相见时如何？"师曰："老僧不曾见古人。"曰："今时血脉不断处，如何仰羡？"师曰："有甚么仰羡处？"

问："某甲不问闲事，请和尚答话。"师曰："更从我觅甚么？"曰："不为闲事。"师曰："汝教我道。"乃曰："兄弟！佛是尘，法是尘，终日驰求，有甚么休歇？但时中[3]不用挂情，情不挂物。无善可取，无恶可弃。莫教他笼罩着，始是学处也。"

问："某甲曾辞一老宿，宿曰：'去则亲良朋，附善友。'某今辞和尚，未审有何指示？"师曰："礼拜着。"僧礼拜。师曰："礼拜一任礼拜，不得认奴作郎[4]。"

上堂，僧问："如何是直截根源？"师乃掷下拄杖，便归方丈。

上堂："语是谤，寂是诳，语寂向上有路在。老僧口门窄，不能与汝说得。"便下座。

上堂。问："正因为甚么无事？"师曰："我不曾停留。"乃曰："假饶重重剥得，净尽无停留，权时施设，亦是方便接人，若是那边事，无有是处[5]。"

【注释】

[1] 莫爱他向上人无事：不要羡慕那些向上（言语道断的最高境界）人无事。旧译本"不要爱慕以前那些上人没有事做"，将"向上"的"向"译为"以前"，将"上"译为"上人"，有误。

[2] 汝若欲相应，但恭恭地尽莫停留纤毫，直似虚空，方有少分：你如果想要

与佛相应，就恭恭敬敬地使心底清净，妄念没有一丝一毫停留，就如虚空一样，这样你才能有少分与佛相应。

[3] 时中：指时时、平时。系"二六"时中的省称，按古代一天分为十二时辰，故曰"二六"。"时中"实际上就是整天，每时每刻的意思。

[4] 认奴作郎：将奴仆错认作主人。喻参学者不明自心是佛，自我为主，却向外寻觅成佛之道，将种种言教施设、权宜法门认作佛法。郎，主人。《景德传灯录·良价禅师》："师曰：'城中不颠倒，因什么认奴作郎？'"

[5] 若是那边事，无有是处：如果就是那边的事（指开悟），没有这个道理。无有是处，根本没有这样的道理，这样是不正确的。旧译本将"无有是处"翻译为"一无是处"，有误，"一无是处"比喻一个人或物没有一点用处。《〈景德传灯录〉译注》亦译为"一无是处"。

【概要】

"认奴作郎"这个成语出自这里，意思是谓颠三倒四，糊里糊涂。

有人问义端禅师："我曾经辞别一位高僧，这位高僧说'离开我以后要亲近好朋友，多与善知识交往'，今天我与和尚您辞别，不知道有什么指示？"义端禅师就说礼拜吧，此人就礼拜，义端禅师说："礼拜任凭你礼拜，可不能认奴作郎。"这实际上是开示此人不要拜外在的我，而要拜你内心的佛，如果心外求佛，就等于"认奴作郎"。只是后来变成成语后，宗教意义渐渐消失，就指人颠三倒四，糊里糊涂。

"认奴作郎"还出现在《景德传灯录·良价禅师》："师曰：'城中不颠倒，因什么认奴作郎？'"

池州灵鹫闲禅师

上堂："是汝诸人本分事，若教老僧道，即是与蛇画足。"时有僧问："与蛇画足即不问，如何是本分事？"师曰："阇黎试道看。"僧拟再问，师曰："画足作么？"

明水和尚问："如何是顿获法身？"师曰："一透龙门云外望，莫作黄河点额鱼[1]。"

仰山问："寂寂无言，如何视听？"师曰："无缝塔[2]前多雨水。"

僧问："二彼无言时如何？"师曰："是常。"曰："还有过常者无？"师曰："有。"曰："请师唱起。"师曰："玄珠自朗耀，何须壁外光？"

问："今日供养西川无染大师，未审还来否[3]？"师曰："本自无所至，今岂随风转？”曰：“怎么则供养何用？”师曰：“功力有为，不换义相涉。”

【注释】

[1] 点额鱼：谓跳龙门的鲤鱼头额触撞石壁。自汉朝之后，开科取士是读书人的主要通道，然而竞争又十分激烈。古人把这种竞争比作鲤鱼跳龙门。登进士的，好比鲤鱼跳过了龙门，鱼变龙，从此身份改变。跳不过的则被点额而归，额头上被点染黑墨，从此难以抬头。白居易被贬时把自己比作点额鱼，还专门赋诗《点额鱼》：“龙门点额意何如？红尾青鳍却返初。见说在天行雨苦，为龙未必胜为鱼。”

[2] 无缝塔：本指用整块大石雕成之塔，禅家用来指禅法隐密微妙，难以用语言表达。也指机语缜密，无懈可击。凡造塔用木或石叠累而成，故皆有缝棱级层，若以一块石造之，则无缝棱级层，此之无缝塔，世所谓卵塔也。无缝塔之形如鸟卵，故云卵塔。无缝塔之语，出于忠国师。《传灯录》“南阳忠国师”条曰：“师以化缘将毕，涅槃时至，乃辞代宗。代宗曰：‘师灭度后，弟子将何所记？’师曰：‘告檀越，造取一所无缝塔。’曰：‘就师请取塔样。’师良久曰：‘会么？’曰：‘不会。’师曰：‘贫道去后，有侍者应真，却知此事。’”参见本书第二章“南阳慧忠国师”注释。

[3] 未审还来否：不知道大师还来不来？

【概要】

“无缝塔”公案已经在本书第二章“南阳慧忠国师”条记载，无缝塔后来称为禅林中禅师接引学徒常用的机缘之语，很多禅子通过无缝塔之语而悟道。

仰山问“寂寂无言，如何视听”，灵鹫闲禅师回答“无缝塔前多雨水”。

仰山所问的境界是言语道断的境界如何理解，寂灭到无言状态，那么到底还有谁在看谁在听呢？“无缝塔前多雨水”就是这个状态的写照。“无缝塔”象征寂灭那种无言状态，即外界一切都不对“无缝塔”里面产生影响，但是雨水打在它身上，它照样一点一滴清清楚楚地知道，虽然是一个不透风雨的宝塔，但是并不影响看到与听到风雨，这就是池州灵鹫闲禅师所要表达的象征含义。

关于“无缝塔”的含义，南怀瑾先生说：“性命双修成功了以后，道家称为‘无缝塔’，修成一座无缝的宝塔一样。佛学的说法就是证得无漏果，得漏尽通，一切都成就了，没有渗漏，没有遗憾，没有缺点，这个生命是个完整的。”这又是对“无缝塔”的一个解释。

今人实地考察，在四祖道场双峰山已经发现真实的无缝塔。明一法师发文说，在四祖寺住房的后面有一个不被外人所知的"无缝塔"，当地人叫它"众生塔"。这是个由里层的蛋型无缝塔和外层的鲁班亭两部分组合起来的全石建筑。去考察它的时候它被村民当做柴房，堆满了烧火木柴，四周好多牛粪。经过考察，发现在无缝塔基的须弥座上刻有"塔接栽松"的字样。所以，可以认定它是栽松道人的舍利塔。经典里记载：昔日栽松道人向四祖求道，四祖言："倘若再来，吾可迟汝。"栽松道人回去，即投胎入化。坐化地点也正好是在双峰山下，就是这个位置。所以，可以确认这座塔就是栽松道人的舍利塔。

这个蛋形的无缝塔与现在常见的无缝塔完全一样，下面是须弥座，上面是一个完整的蛋型石头，没有什么特别。特别的地方是后人为了保护这个无缝塔，又在外边用石头建了一个类似亭子的封闭建筑，使得这个无缝塔不再遭受风吹雨打。因为四祖寺的资料基本是个空白，所以，目前也没有发现进一步的说法。

但是，根据时代的推算，这个建筑要比忠国师所处年代最少久远一百多年。因为忠国师是六祖的弟子，而四祖到六祖已经隔了两代。也就是说"无缝塔"公案发生的时候，已经存在一个实实在在的无缝塔了。

洛京嵩山和尚

僧问："古路坦然时如何？"师曰："不前。"曰："为甚么不前？"师曰："无遮障处。"

问："如何是嵩山境？"师曰："日从东出，月向西颓[1]。"曰："学人不会。"师曰："东西也不会？"

问："六识俱生时如何？"师曰："异。"曰："为甚么如此？"师曰："同。"

【注释】

[1] 颓（tuí）：下坠。

【概要】

洛京嵩山和尚生平不详。

"古代道路平坦时怎么样"，嵩山和尚回答不向前走。为什么道路平坦反而不走路了呢？因为修行的道路是没有平坦的道路可走的，如果想要走平坦的大路，就不能攀登到真理的顶峰，世间科学尚且如此，何况出世间法呢？

什么是嵩山的境界，嵩山和尚回答"太阳从东边出来，月亮向西边落下"，这是指修行要顺其自然，有着一颗平常心，不要拔苗助长，不思善，不思恶，走到中道上，就能渐渐开悟。

人的六识已经形成后是如何状态，嵩山和尚回答"不同"，即人人不同，因为个体不同，六识只是众生通向外界的工具，不同的心对外界感受不同，这样就形成了不同业因果报。然后，僧人问为什么如此，嵩山和尚回答相同，这是一切众生轮回六道的根本原因，一切众生只因无明而有行，无明缘行，行缘识，识缘名色，名色缘六入，六入缘触，触缘受，受缘爱，爱缘取，取缘有，有缘生，生缘老死，这十二因缘就是一切众生轮回六道的根本原因。所以，说众生出现的原因都是相同的，只是业因果报则是不同的。

日子和尚

因亚溪来参，师作起势。溪曰："这老山鬼，犹见某甲在。"师曰："罪过！罪过！适来失祇对。"溪欲进语，师便喝。溪曰："大阵当前，不妨难御[1]。"师曰："是！是！"溪曰："不是！不是！"

（赵州云："可怜两个汉，不识转身句。"）

【注释】

[1] 不妨难御：很难防御。不妨：作不方，很，甚，非常。

【拓展阅读】

赵州古佛对此两位禅师评论，认为他们都没有达到火候，后又有天宁慧云："赵州不识好恶，妄判古人，殊不知者两个汉，得便宜处是失便宜，致使后来都成了龙头蛇尾。诸禅德！且道那里是他龙头蛇尾？试检点看。"（见《宗门拈古汇集》卷十七）

苏州西禅和尚

僧问："三乘十二分[1]教则不问，如何是祖师西来的的意？"师举拂子示之，其僧不礼拜。

竟参雪峰，峰问："甚么处来？"曰："浙中来。"峰曰："今夏甚么处？"曰："西禅。"峰曰："和尚安否？"曰："来时万福。"峰曰："何不且在彼从容^[2]？"曰："佛法不明。"

峰曰："有甚么事？"僧举前话。峰曰："汝作么生不肯^[3]伊？"曰："是境。"峰曰："汝见苏州城里人家男女否？"曰："见。"峰曰："汝见路上林木池沼否？"曰："见。"峰曰："凡睹人家男女、大地林沼，总是境，汝还肯否？"曰："肯。"峰曰："只如举起拂子，汝作么生不肯？"僧乃礼拜曰："学人取次^[4]发言，乞师慈悲。"

峰曰："尽乾坤是个眼，汝向甚么处蹲坐？"僧无语。

【注释】

[1] 三乘十二分：三乘指声闻乘、缘觉乘、菩萨乘，又叫小乘、中乘、大乘，小乘即声闻乘，中乘即缘觉乘，大乘即菩萨乘。十二分教，即十二部经，一切经分为十二种类之名。

[2] 从容：逗留。

[3] 肯：本书多指许可、愿意、赞同、首肯。推许某人、相信某人已省悟或者赞同某禅机作略都称作"肯"。否则，作不肯，不首肯，不服，不赞同。

[4] 取次：随便，任意，轻率，唐突。《祖堂集》卷三"荷泽"条："祖（指六祖慧能）曰：'者沙弥争取次语！'便以杖乱打。师杖下思惟：'大善知识历劫难逢，今既得遇，岂惜身命！'"

【概要】

眼前无处不是境，关键是学人要能善于分别，若落入境界，则随六道轮回，若不落入境界，但仍旧处处分明，那么就能彻见本性。苏州西禅和尚以拂子开示僧人，僧人以为落入旧套，不予以理睬，以为更有高深禅意，于是离开苏州西禅和尚去拜雪峰，没想到雪峰仍旧一样，明确告诉他眼前一切都是境，看你怎么安身？

宣州刺史陆亘大夫

宣州刺史陆亘大夫问南泉："古人瓶中养一鹅，鹅渐长大，出瓶不得，如今不得毁瓶，不得损鹅，和尚作么生出得？"泉召大夫，陆应诺。泉曰："出也。"陆从此开解，即礼谢。

暨南泉圆寂，院主问曰："大夫何不哭先师？"陆曰："院主道得即哭。"院主无对。

（长庆代云："合哭不合哭？"）

【概要】

陆亘（764～834年），唐嘉兴（今属浙江）人，原籍吴郡吴县（今江苏苏州）。字景山。曾历任兖州、蔡州、虢州、越州、宣州刺史，享年七十一岁，追赠礼部尚书。南泉禅师晚年在池州传法的时候，与陆亘的关系非常密切。陆亘曾迎请南泉禅师入宣州治所供养、亲近、问法。在南泉禅师的不断点拨下，陆亘后来得以悟明心性。

鹅在瓶中，关住的是肉体，而关不住自性，自性无处不在，无时不有，所以当南泉呼叫陆亘大夫的时候，陆亘大夫即时答应，请问这中间有什么障碍吗？自性也如此，陆亘大夫因此而悟到瓶中之鹅亦是如此。

【参考文献】

《旧唐书》卷一六二；《新唐书》卷一五九；《居士分灯录》卷上；《景德传灯录》卷十。

池州甘贽行者

池州甘贽行者一日入南泉设斋，黄檗为首座，行者请施财。座曰："财法二施，等无差别。"甘曰："恁么道，争消得某甲颡[1]？"便将出去，须臾复入，曰："请施财。"座曰："财法二施，等无差别。"甘乃行颡。

又一日，入寺设粥，仍请南泉念诵，泉乃白椎曰："请大众为狸奴、白牯[2]念摩诃般若波罗蜜。"甘拂袖便出。泉粥后问典座："行者在甚处？"座曰："当时便去也。"泉便打破锅子。

甘常接待往来，有僧问曰："行者接待不易。"甘曰："譬如喂驴喂马。"僧休去。

有住庵僧缘化什物，甘曰："有一问，若道得即施。"乃书心字，问："是甚么字？"曰："心字。"又问妻："甚么字？"妻曰："心字。"甘曰："某甲山妻[3]亦合住庵。"其僧无语，甘亦无施。

又问一僧："甚么处来？"曰："沩山来。"甘曰："曾有僧问沩山，如何是西来意，沩山举起拂子，上座怎么生会沩山意？"曰："借事明心，附物显理。"甘曰："且归沩山去好。"

（保福闻之，乃仰手覆手。）

【注释】

[1] 儭（chèn）：钱的意思。特指施舍财物给僧人，施舍给僧人的财物。

[2] 狸奴、白牯：指猫、白牛。

[3] 山妻：隐士的妻子。

【概要】

甘贽行者，唐代人。为一居家学佛者，类似于庞居士式的人物。于南泉普愿处得法，且嗣其法。后居于池州（安徽贵池），尝接化岩头全豁与雪峰义存。家居之中，常接待往来僧俗，以勘验行人。一日僧至，曰："行者接待四方佛子也不容易。"甘曰："譬如喂驴喂马。"表面上如骂人，实际上去分析，人吃与驴马吃，其本质没有什么不同，众生平等，若能觉悟自性，那么即使是驴马又有什么区别呢？又，有住庵僧往化财物，甘曰："有一问，若道得即施。"乃书一心字，问甚么字。曰："心字。"回问其妻，妻亦曰："心字。"甘曰："我的妻子也应当住庵。"其僧无语。同一"心"字，僧人与甘妻都认识，你僧人又有什么特别呢？你这境界不能再当和尚，这是甘居士的警策。

【参考文献】

《景德传灯录》卷十；《正法眼藏》卷一；《居士分灯录》卷上。

盐官安国师法嗣

襄州[1]关南道常禅师

僧问："如何是西来意？"师举拄杖，曰："会么？"曰："不会。"师便打。

师每见僧来参礼，多以拄杖打趁[2]。或曰"迟一刻"，或曰"打动关南鼓"，而时辈鲜有唱和者。

【注释】

[1] 襄州：今湖北襄樊。

[2] 趁（chèn）：同"趁"。

【概要】

有僧人问关南道常禅师，什么是祖师西来的密意？道常举起了拄杖，问道："懂了吗？"那僧人回答："不懂。"道常就把他喝出。道常禅师每次看到僧人前来参拜，大多用拄杖赶逐，有时说"迟了一点儿"，有时说"打动关南鼓"，但当时人很少能与他唱和的。其著名弟子有道吾禅师。

【参考文献】

《景德传灯录》卷十；《联灯会要》卷七；《禅宗正脉》卷二。

洪州双岭玄真禅师

初，问道吾："无神通菩萨为甚么足迹难寻？"吾曰："同道者方知。"师曰："和尚还知否？"吾曰："不知。"师曰："何故不知？"吾曰："去！你不识我语。"

师后于盐官处悟旨焉。

【概要】

无神通菩萨为什么踪迹难找？菩萨度人不用神通，他隐没于大庭广众之中，看到某人缘分到时，他就来度某人，一直到度了某人，某人却并非知道菩萨到身边来了。所以说，无神通菩萨踪迹难觅。因为真正的大菩萨无我相，无人相，无众生相，无寿者相，他以无分别之心来世间度生，世人自然不知道，若世人达到了菩萨的无我境界，那自然就知道谁是菩萨了。所以，道常禅师的高足道吾禅师说："同道者方知。"

杭州径山鉴宗禅师

杭州径山鉴宗禅师，湖州钱氏子，依本州岛开元寺大德高闲出家，学通《净名》《思益》[1]经。后往盐官决择疑滞。

唐咸通三年，住径山。有小师洪諲[2]以讲论自矜[3]（諲即法济大师），师谓之曰："佛祖正法直截亡诠，汝箨海沙，于理何益[4]？但能莫存知见，泯绝外缘，离一切心，即汝真性。"諲茫然，遂礼辞，游方至沩山，方悟玄旨，乃嗣沩山。

师咸通七年示灭[5]，谥"无上大师"。

【注释】

[1] 净名、思益：这是两部佛经的名字。净名：指《净名经》，即《维摩诘经》。思益：即《思益梵天所问经》。旧译本未弄清是两部经的名字，译为一部经"净名思益经"，有误。

[2] 洪諲（yīn）：参见本书第九章"径山洪諲禅师"注释。

[3] 自矜（jīn）：自负，自夸。

[4] 汝筭（suàn）海沙，于理何益：你即使能够算出海底沙子的数目，对于佛理又有什么好处呢？筭：古同"算"，计算。旧译本将"汝筭海沙"译为"你故意弄得很晦涩难懂"，有误。

[5] 师咸通七年示灭：旧校本标点有误，"师"属上作"乃嗣沩山师"。参见冯国栋《〈五灯会元〉校点疏失类举》。

【概要】

鉴宗禅师，唐代禅僧。俗姓钱。湖州（今属浙江）人。依本州开元寺大德高闲出家，学通《净名》《思益》，遂常讲习。后往谒盐官悟空禅师，随众参请，顿彻心源，归乡里，劝人营福。咸通三年（862年），止天目东峰径山，僧侣云集，声誉远著。卒谥"无上禅师"。

径山，位于浙江余杭西北约二十九千米处，在天目山之东北峰，因以小径通于天目山而得名。山麓之兴圣万寿禅寺，乃我国五山之一，为临济巨刹。唐代天宝元年（742年），牛头宗之道钦（法钦）禅师入此山结庵，学者辐辏。大历四年（769年），代宗慕其为人，赐"国一禅师"之号，下诏，即于其庵址建"径山寺"。其后，鉴宗、洪諲皆住此。至宋代，圆悟克勤、维林、了一等高僧亦住此山。高宗绍兴七年（1137年），圆悟之门人大慧禅师来住此寺，弟子来集者多达一千七百余人。显仁皇后（高宗之母）、高宗皇帝皆常行幸于此，孝宗皇帝亲书"兴圣万寿禅寺"，并赐圆觉经解。其后，又有无准师范、虚堂智愚等临济龙象住此，可谓历代皆有名德住之，为天下丛林之冠。

径山第一世住持为奉持牛头禅的国一大师法钦，但法钦之后，径山寺渐趋破败，至鉴宗禅师上山，立志重振法钦旧业，募化重建殿宇，金装佛像，置备法器，广集佛徒信众传法，径山寺才得复兴。故鉴宗被列为径山第二祖，至五代初乾化年间（911～915 年），吴越国王奏请后梁追封鉴宗禅师为"无上大师"。

【参考文献】

《宋高僧传》卷十二；《西天目山志》卷二；《景德传灯录》卷十。

归宗常禅师法嗣

福州芙蓉山灵训禅师

福州芙蓉山灵训禅师，初参归宗。问："如何是佛?"宗曰："我向汝道，汝还信否?"曰："和尚诚言，安敢不信?"宗曰："即汝便是。"师曰："如何保任?"宗曰："一翳在眼，空华乱坠。"

（法眼云："若无后语，有甚么归宗也?"）

师辞，宗问："甚么处去?"师曰："归岭中去。"宗曰："子在此多年，装束[1]了却来，为子说一上[2]佛法。"师结束[3]了上去，宗曰："近前来。"师乃近前，宗曰："时寒，途中善为[4]!"师聆此言，顿忘前解。

归寂，谥"弘照大师"。

【注释】

[1] 装束：收拾行李。

[2] 一上：一次，一番，一次。

[3] 结束：整治行装。

[4] 途中善为：一路好走！善为：临行前的叮嘱，保重的意思。

【概要】

灵训禅师，唐代禅僧。福州（今属福建）人。参归宗智常禅师得法。后归福州，乡人迎入芙蓉山。卒谥"弘照大师"。

开始时参访归宗，问如何是佛，归宗回答你就是佛。灵训禅师问，我虽然是佛，但如何保住我这个佛性呢？归宗回答："就好像眼睛有病了，障碍了视线，看见空中许多的花纷纷落下。"空中本来没有花，可因为眼病的缘故就到处是花，出现空花乱坠的景象。如果治愈了眼病，就看见丽日当空，清净无染。到这个时候，空花就不存在了，可实际上空中本来就没有花。人们迷失了佛性，就好比有了眼病，看见的境界都是在人我、是非、好坏、苦乐的世间差别相上计较，因此，错认了世间本来的面目，而不知道这一切都是自己的分别心所引发的境界，如果觉悟了，则一切皆空。也就是成佛了，并非得到了什么，因为这一切本来是空的，只是人的分别心作怪，就出现了六道轮回的不同境界，枉自受苦。

【参考文献】

《宋高僧传》卷十；《联灯会要》卷七；《禅宗正脉》卷二。

汉南[1]高亭和尚

有僧自夹山来礼拜，师便打。僧曰："特来礼拜，何得打某甲？"僧再礼拜，师又打趁。

僧回，举似夹山，山曰："汝会也无？"曰："不会。"山曰："赖[2]汝不会，若会，即夹山口哑。"

【注释】

[1] 汉南：今属湖北。
[2] 赖：幸亏，幸好。

新罗大茅和尚

上堂："欲识诸佛师，向无明心内识取。欲识常住不凋性，向万物迁变处识取。"

僧问："如何是大茅境？"师曰："不露锋。"曰："为甚么不露锋？"师曰："无当者。"

五台山智通禅师

五台山智通禅师（自称大禅佛[1]），初在归宗会下，忽一夜连叫曰："我大悟也！"众骇之。

明日上堂众集，宗曰："昨夜大悟底僧出来。"师出曰："某甲。"宗曰："汝见甚么道理？便言大悟，试说看。"师曰："师姑[2]元是女人作。"宗异之。

师便辞去，宗门送，与提笠子。师接得笠子，戴头上便行，更不回顾。

后居台山法华寺，临终有偈曰："举手攀南斗，回身倚北辰。出头[3]天外看，谁是我般人？"

【注释】

[1] 大禅佛：本指优秀之禅僧。亦专指仰山之法嗣景通，与归宗智常之法嗣智通。此二禅僧又称为二大禅佛。

[2] 师姑：指年高德劭之尼师。于宋元明清间，师姑乃为一般民间对尼师之泛称。至今亦指寄身于佛门，资历较深，或修行，或护法之优婆夷（女居士）。

[3] 出头：从困境中解脱。

【概要】

智通禅师，唐代禅僧。自称"大禅佛"。生卒年不详。参归宗智常求法，后居五台山法华寺。

当初在归宗智常禅师门下的时候，忽然有一天晚上大叫道："我已经大悟了！"众僧都被他吓住了。第二天，归宗和尚上堂，集合僧众说道，昨夜大悟的僧人站出来。智通站出来说道是我，归宗和尚问道，你体会到了什么道理，就说大悟？试着说出来听听。智通回答："师姑原来是女人做的。"归宗和尚虽然沉默未语，但心中却很感惊异，暗地里认可了他的开悟。智通随即向归宗和尚辞别，归宗和尚送到山门口，拿起斗笠给他。智通接过斗笠，戴在头上头也不回就走了。此后，智通禅师住在五台山法华寺，临终时说了一首偈语："举手攀住南斗，回身倚靠北辰。解脱了天外相见，谁是我这般人物？"

开悟的人，可以说自己大悟了吗？这在佛门从古到今都是忌讳的。《楞严经》说到的阴魔境界多处说到未证言证，成大妄语，终堕地狱。那么，五台山智通禅师为什么敢冒天下大不韪，而一代宗师归宗又予以默认呢？

透过上面的记叙，我们看看，首先智通禅师以疯癫状态大喊"我已经大悟了"，所以众僧都被他吓住了，这种形象是不是有点像济公出世呢？再看，他回答归宗开悟的话"师姑原来是女人做的"，这话不是开玩笑吗？不又是疯话吗？难道尼姑还有男人吗？所以，这种形象，归宗默认，佛祖也是默认的，因为他不欺世盗名，直到临终才说了一首开悟的偈，到这时我们才知道他的真的开悟了。

【参考文献】

《景德传灯录》卷十；《禅苑蒙求》卷上；《联灯会要》卷七。

大梅常禅师法嗣

新罗国迦智禅师

僧问："如何是西来意？"师曰："待汝里头来，即与汝道。"

问："如何是大梅的旨[1]？"师曰："酪[2]本一时抛。"

【注释】

[1] 的旨：真实确切的旨意。的：确实，实在。

[2] 酪（lào）：一种精制的牛乳。《涅槃经》："声闻如乳，缘觉如酪。"

杭州天龙[1]和尚

上堂："大众莫待老僧上来便上来，下去便下去。各有华藏[2]性海[3]，具足功德，无碍光明。各各参取，珍重！"

僧问："如何得出三界去？"师曰："汝即今在甚么处？"

【注释】

[1] 天龙：即天龙寺，位于杭州玉皇山南麓，白云庵上方。天龙寺造像是五代吴越国佛教造像中的杰出代表。

[2] 华藏：莲华藏世界的简称，是释迦如来真身毗卢舍那佛净土之名。佛经说，在风轮之上的香水海中有大莲华，此莲华中含藏着微尘数的世界，所以叫作莲华藏世界。此世界总共有二十层，我们所住的娑婆世界，就在华藏世界的第十三层的中间。

[3] 性海：指本性（或实性）之海，以此比喻真如之理性深广如海。又称果海。乃如来法身之境。

【概要】

天龙和尚，唐代南岳派下僧。杭州（浙江省）人。嗣承大梅法常之法，对门下常立一指，曾以之度化金华山俱胝和尚。相传俱胝曾告诉门下："吾得天龙一指头禅，一生用不尽。"师之相关传记皆仅记载其简短之上堂、问答语各一篇，生平事迹与生卒年俱阙。

【参考文献】

《祖堂集》卷十七；《景德传灯录》卷十；《联灯会要》卷七。

佛光满禅师法嗣

杭州刺史白居易

杭州刺史白居易，字乐天，久参佛光得心法，兼禀大乘金刚宝戒。元和中造[1]于京兆兴善法堂，致四问（语见兴善章）。十五年，牧杭州，访鸟窠和尚，有问答语句（见鸟窠章）。

尝致书于济法师，以佛无上大慧演出教理，安有狗机高下、应病不同、与平等一味之说相反？援引《维摩》及《金刚三昧》[2]等六经，辟二义而难之。又以五蕴十二缘说名色，前后不类，立理而征之。并钩深索隐，通幽洞微。然未睹法师酬对，后来亦鲜有代答者。

复受东都凝禅师八渐之目[3]，各广一言而为一偈，释其旨趣。自浅之深，犹贯珠焉。

凡守任处多访祖道，学无常师。后为宾客，分司东都。罄己俸修龙门香山寺，寺成自撰记。凡为文动关教化，无不赞美佛乘，见于本集。其历官次第、归全[4]、代祀，即史传存焉。

【注释】

[1] 造：拜访（尊贵者）。

[2]《金刚三昧》：即《金刚三昧经》。北凉时代（397～439年）译。译者佚名。收于《大正藏》第九册。其内容系阐释诸法空、真如、如来藏等，计分八品。

[3] 东都凝禅师八渐之目：白居易两度到洛阳，参访了东都圣善寺法凝禅师。求得观、觉、定、慧、明、通、济、舍八字心要，并发挥为八渐偈。

[4] 归全：谓善终。不遭灾难，终其天年。

【概要】

白居易（772～846 年），唐代诗人。字乐天，晚年号"香山居士""醉吟先生"。其先为太原（今属山西）人，后迁居下邽（今陕西渭南东北）。儒家出身，聪慧过人。贞元十四年（798 年）举进士，元和二年（807 年）任翰林学士，九年任太子左赞善大夫。因得罪权贵，被贬为江州司马，又出任杭州、苏州刺史，后官至刑部尚书。晚年居洛阳香山，以诗酒自娱。是唐代中期著名诗人。所作《长恨歌》《琵琶行》千余年来传诵不绝。受佛教影响较深，任杭州刺史时，曾拜访鸟窠道林禅师。又与僧如满、法凝为友，习禅法。并捐俸修龙门香山寺。晚年发愿往生西方，不怠不堕，以迄终年。会昌六年逝世，享年七十五。逝世后追封尚书右仆射。其遗编有《白氏文集》七十五卷、《白氏六帖事类集》三十卷等。

贞元十六、十七年间，白居易两度到洛阳，参访了东都圣善寺法凝禅师。求得观、觉、定、慧、明、通、济、舍八字心要，并发挥为八渐偈。可以说，法凝禅师是他的佛学启蒙导师。贞元十九年，他从佛光如满禅师处接受斋戒。他退居后，和在香山寺的佛光如满禅师结香火社，遂自称香山居士。他与佛光如满的情谊延续了三十五年之久。

白氏中年归佛，亲近高僧，从受净戒，习禅法。其奉佛之虔笃及其佛教思想，可由其遗编之中见出。据其晚年自撰之《醉吟先生墓志铭》载，生平之志行，概为"外以儒行修其身，内以释教治其心，旁以山水风月歌诗琴酒乐其志"。尝作赞："十方世界，天上天下，我今尽知，无如佛者。堂堂巍巍，天人之师，故我礼足，赞叹归依。"

白居易的《念佛偈》流传广远，至今仍脍炙人口：

余年七十一，不复事吟哦。

看经费眼力，作福畏奔波。

何以度心眼，一声阿弥陀。

行也阿弥陀，坐也阿弥陀。

纵饶忙似箭，不废阿弥陀。

日暮而途远，吾生已蹉跎。

日夕清净心，但念阿弥陀。

达人应笑我，多却阿弥陀。

达又作么生？不达又如何。

普观法界众，同念阿弥陀。

【参考文献】

《佛祖统纪》卷四十二；《佛祖历代通载》卷十五、卷十六；《大清一统志》卷一六三；《庐山志》卷十三；《庐山古今游记丛钞》；《旧唐书》卷一六六；《唐书》卷一一九。

五泄默禅师法嗣

福州龟山正元禅师

福州龟山正元禅师，宣州蔡氏子，尝述偈示徒。

一曰："沧溟[1]几度变桑田，唯有虚空独湛然。已到岸人休恋筏，未曾度者要须船。"

二曰："寻师认得本心源，两岸俱玄一不全。是佛不须更觅佛，只因如此便忘缘。"

咸通十年终于本山。谥"性空大师"。

【注释】

[1] 沧溟：大海。

【概要】

福州龟山正元禅师，据《景德传灯录》介绍，宣州南陵人也，姓蔡氏。幼厌俗出家，于本州岛籍山落发。唐元和十二年丁酉，建州乾元寺受具。寻造五泄山默师之室，决择玄微。后住龟山为第二世也。师咸通十年终于本山，寿七十八，腊五十四。勅谥性空大师、慧观之塔也。

【参考文献】

《景德传灯录》卷十。

【拓展阅读】

冯学成著《明月藏鹭：千首禅诗品析》（南方日报出版社）就本文所载两首偈

有评析：

沧溟几度变桑田，惟有虚空独湛然。

已到岸人休恋筏，未曾渡者要须船。

这里的龟山，不是湖北武汉龟蛇二山中的那个龟山，而是福建福州长溪的龟山。龟山正元禅师是五泄山灵默禅师的弟子，马祖道一的法孙。唐代的一批著名禅师，如正元这样曾受皇封敕命的不少，但他毕生没有什么东西留传下来，连"法语"都没有，我们能看到的，就只有这两首珍贵的诗偈。

"沧海变桑田"，这是大自然亿万年运动的陈迹，宇宙万物，无不或隐或显地变化着。感受和认识这一切的，是我们的心——如同永恒不变的虚空那样湛然明彻——这是明心见性后所显现出来的人们的"本来面目"。真的是"沧溟几度变桑田，惟有虚空独湛然"。要领悟到这永恒不变、明彻湛然的真心佛性，当然就必须修行佛法，特别是禅宗。

《金刚经》说："佛所说法，如筏喻法。法且当舍，何况非法。"正元禅师在这里又翻了一层："已到岸人休恋筏，未曾渡者要须船"。一些修行到家的人，陶醉于那种"空乐"的境界中，迷恋于自己的修行过程，这是相当危险的。应当"百尺竿头须进步"，而回到世间，与众生一起修行，把这只"船"奉送给众生，才是"十方世界现全身"啊！

寻师认得本心源，两岸俱玄一不全。

是佛不须更觅佛，只因如此更忘缘。

把现代人讲专利，是对发明创造者功绩的确认和保护。真的，在发明创造的过程中，不知费了多少心血，以让后人享受这一成果。禅宗也是这样，"是佛不须更觅佛"，这是祖师们不知经过多少艰辛曲折，才恍然大悟的一个真理，如同牛顿因苹果落地而发现万有引力一样。后人享受了这一成果，但却没有真参实悟的那种过程，只是想当然地接过手来，也自认为是祖师，是牛顿，岂不可笑！

"寻师认得本心源，两岸俱玄一不全。"这样的诗偈，理会起来还真不容易，寻师求道，实际上就是"认得本心源"而已。一般人都把道放在外面，总以为与自己无关，远在仙山琼阁中的一种"药"，或什么口诀、法术，依之修炼便可得道。不知这全错了，那是迷信，是对道的误解，道不是别的什么，就是自己的这个"心源"。马祖说："即心是佛"就是这个道理。

但人们往往只看结论不看过程，只问果，不重因，没有真参实悟这个因，哪来明心见性这个果呢？所以，船子和尚说："一句合头语，万世系驴橛"，合头语就是真理，恰恰可以把你迷住，成为拴系你的无形绳索。马祖深知其弊，所以后来又大谈"非心非佛"，就是要防范禅宗教条化、公式化。真是此岸也玄，彼岸也玄，

"两岸俱玄"。在因与果的关系上，并非如常人想得那么简单，特别是禅宗的修行。尽管"两岸俱玄"，但二即一，一也非一。有的人认为，"守一"就是了，但不知那个"一"，仍为"不全"之物啊！

其中微妙之处，非真参实悟不能领会，如"万法归一，一又归何处"呢？

明白了这一切，发生会心的一笑之后，才能真正体会到"是佛不须更觅佛"，自己心灵本源就是佛，外面可没有佛了。能坚信这一条，如大梅法常禅师那样，就可以"只因如此便忘缘"。万事万缘全都放下，任运腾腾，腾腾任运，做自己该做的事就行了。

苏溪和尚

僧问："如何是定光佛？"师曰："鸭吞螺师。"曰："还许学人转身也无[1]？"师曰："眼睛突出。"

【注释】

[1] 还许学人转身也无：还让学人知道由迷转悟的方法否？学人，泛称学习佛法之人，禅林中则指修禅者，又称学道人、学道丈夫。旧译本将"学人"误会为鸭子学习人转身，译为"还让不让它学习人转身呢"，有误。

【概要】

定光佛即然灯佛，在过去世为释迦菩萨授记的佛陀。释迦佛在因位时曾买五朵花奉献给此佛，因而获得未来成佛的记别。有僧人向苏溪和尚问定光佛，和尚回答："鸭吞螺师。"这是一句歇后语：鸭子吞田螺——全不知味。又作：老鸭吞田螺——嘴（平）贫。和尚的意思，你眼前的事不管，却提起远在释迦牟尼佛之前古佛，有用吗？什么是修行，修行就是修自己这颗心，不需要心外求佛，等到你妄心顿歇，佛性现前，那么还有久远劫前的佛吗？你自己就是佛了！

《拈八方珠玉集》有古人评论：

佛果拈云："要识栗棘蓬，只这是。"

正觉云："苏溪！调达破僧罪，这僧，当获如是殃。"

佛海云："古佛定光，巍巍堂堂，因甚这僧，转身无路，恩大难酬。"

盘山积禅师法嗣

镇州普化和尚

镇州普化和尚者，不知何许人也。师事盘山，密受真诀，而佯狂出言无度。暨盘山顺世，乃于北地行化。或城市，或冢间，振一铎[1]曰："明头来，明头打。暗头来，暗头打。四方八面来，旋风打。虚空来，连架打。"

一日，临济令僧捉住曰："总不恁么来时如何？"师拓开曰："来日大悲院里有斋。"僧回举似济，济曰："我从来疑着这汉。"

凡见人无高下，皆振铎一声，时号"普化和尚"。或将铎就人耳边振之，或附其背。有回顾者，即展手曰："乞我一钱。"非时[2]遇食亦吃。

尝暮入临济院[3]吃生菜，济曰："这汉大似一头驴。"师便作驴鸣。济谓直岁[4]曰："细抹草料著[5]。"师曰："少室人不识，金陵又再来。临济一只眼，到处为人开。"

师见马步使[6]出喝道[7]，师亦喝道，作相扑势。马步使令人打五棒，师曰："似即似，是即不是。"

师尝于阛阓[8]间摇铎唱曰："觅个去处不可得。"时道吾遇之，把住问曰："汝拟去甚么处？"师曰："汝从甚么处来？"吾无语，师掣手[9]便去。

临济一日与河阳、木塔长老同在僧堂内坐，正说师每日在街市掣风掣颠[10]，知他是凡是圣。师忽入来，济便问："汝是凡是圣？"师曰："汝且道我是凡是圣？"济便喝，师以手指曰："河阳新妇子[11]，木塔老婆禅[12]。临济小厮儿[13]，却具一只眼[14]。"济曰："这贼！"师曰："贼！贼！"便出去。

唐咸通初，将示灭，乃入市谓人曰："乞我一个直裰[15]。"人或与披袄，或与布裘，皆不受。振铎而去。临济令人送与一棺，师笑曰："临济厮儿饶舌[16]。"便受之，乃辞众曰："普化明日去东门死也。"郡人相率送出城，师厉声曰："今日葬不合青乌[17]。"乃曰："明日南门迁化。"人亦随之，又曰："明日出西门，方吉。"人出渐稀，出已还返，人意稍怠。第四日，自擎棺出北门外，振铎入棺而逝。郡人奔走出城，揭棺视之，已不见。唯闻空中铎声渐远，莫测其由。

【注释】

[1] 铎（duó）：铃，摇动或风吹动可发出响声。

[2] 非时：不是吃饭时间。凡日中以后至翌日明相（天空露白之状）未出之间所受之食，皆称非时食。于律典中，制之为戒法。非时食戒，又作不过中食戒、不过时食戒、离食非时食。戒法中，八斋戒、十戒中之不过中食戒、比丘戒之非时食戒，均为佛道修行者节制食欲之戒。

[3] 临济院：位于河北正定。今恢复称之为临济寺。创建于东魏孝静帝兴和二年（540 年）。唐宣宗大中年间（847～859 年），义玄住此，大振禅风，四方学侣云集。据镇州临济慧照禅师语录载，本寺位于河北镇州城东南隅，临滹沱河侧，因之遂得临济之名。咸通八年（867 年），义玄入寂，弟子建塔藏其衣钵，称为临济禅师塔。金、元之世，屡加重修。明英宗天顺年间（1457～1464 年），添铸梵钟。1998 年，由日本友好团体赞助，名古屋市及日中友好协会出资的"临济院旧址"工程启动，在东魏时期原址，即今天的石家庄市正定新区临济村西，立纪念碑一座，碑文由净慧法师题写。

[4] 直岁：直指当值之义。禅宗寺院中，称一年之间担任干事之职务者为直岁。乃禅宗六知事之一。本为负责接待客僧之职称，但在禅林中则为掌管一切杂事者之称，为一重要职务。原值一年之务，故称直岁。后演变为一月、半月或一日任其职，乃至不定其期限。旧译本将"直岁"译为"值更"不对，变成打更的人了。

[5] 细抹草料著：仔细给他弄些好草料。

[6] 马步使：管理地方治安小官。

[7] 喝道：旧时官僚出外，衙役在前边吆喝开路，称作喝道，前面引路的差役吆喝行人让路，表示威风。

[8] 阛（huán）阓（huì）：街市，街道。

[9] 掣（chè）手：抽手，撒手。

[10] 掣风掣颠：装疯卖傻。

[11] 新妇子：新媳妇，此指新妇子禅师。是指恶知识之柔弱而言也。妇人始嫁，即艳容而取媚于夫，是恐违夫之意，趁出而不能为家之主宰也。《临济录》曰："若似新妇子禅师，便即怕趁出院，不与饭吃不安不乐。"

[12] 老婆禅：禅林中，师家接引学人时，一再亲切叮咛之禅风。老婆禅一语，或有轻蔑之意，以师家当依学人根性，善巧接化；若一味说示，过分关切，恐有碍学人自行探索，开发智慧之机会，实有悖禅宗"不立文字，教外别传"之宗旨。

[13] 小厮儿：小子，男仆。这里是贬中有褒，以疯癫掩盖赞美。

[14] 一只眼：禅林用语。指于佛法上，具有真实正见之慧眼。非凡夫之肉眼。义同顶门眼、正眼、活眼、明眼。《景德录译注》解释为："此为认识有局限，不全面的意思。"恰恰把意思弄反了。"临济小厮儿，却具一只眼"，意思是"临济你这小子，却是还具有一只慧眼"。

[15] 直裰（duō）：一种宽大而长的衣，古代僧衣。据宋朝人赵彦卫《云麓漫钞》谓："古之中衣，即今僧寺行者直裰。"周汛先生著《中国古代服饰大观》云："直裰也作直掇，早在宋代已经出现，一般以素布为之，对襟大袖，衣缘四周镶有黑边，最初多用作僧人和道士之服。

[16] 饶舌：多嘴，多言。

[17] 青乌：指青乌子，传说中的古代堪舆家。此指与风水有冲突。

【概要】

普化（？~860年），唐代禅僧，日本禅宗支派普化宗开祖。籍贯不详。资性异人，曾师事盘山宝积（马祖道一法嗣），密受真诀，深入堂奥。宝积示寂后，游化北地镇州。师言行狂悖，居处不定，手持一铎，沿街乞食。又，常出入城市或冢间，时而歌舞，时而悲号，人称"普化和尚"。师与临济义玄情谊深厚。一日，入临济院吃饭，义玄谓其大似一头驴，师乃作驴鸣声，并谓："临济小厮儿，却具一只眼。"咸通元年，振铎入棺而示寂，年寿不详。

普化和尚手振铃铎，口称"明头来明头打，暗头来暗头打，四方八面来旋风打，虚空来也连架打"一偈（普化四打话、普化铃铎偈），向人示其禅境。河南张伯慕其风，但请入门而未得应允，乃吹奏竹管模仿其铎音，且称其乐器为"虚铎"。其后，有张金、张范、张亮、张陵、张雄等人传其风。

宋代时，日僧心地觉心前来中国习禅，仰慕师之遗风，并与师之后世私淑者学习吹奏技巧。数年后返日，传师之清韵，从习者渐众，遂成普化宗一派。

【参考文献】

《宋高僧传》卷二十；《祖堂集》卷十七；《景德传灯录》卷十；《联灯会要》卷七；《释氏通鉴》卷十一；《释氏稽古略》卷三；《禅宗正脉》卷二；《宗门统要续集》卷六；《新修科分六学僧传》卷七；《指月录》卷十一。

【拓展阅读】

《宋高僧传》卷二十"普化传"记载：

释普化，不知何许人也。秉性殊常且多真率，作为简放，言语不拘。躬事盘山积禅师，密密指教，深入堂奥，诫令保任，而发狂悖。尝与临济玄公相见，乃对之以之驴鸣，旁侍无不哂笑。直时歌舞，或即悲号，人或接之，千变万态，略无恒度。

一日，擎挟棺木，巡街徇户告辞云："普化明日死去。"时，视之知不可訾，赵人相率随送，出城东门而扬言曰："今日葬不合青乌。"经二日出南门，人亦随送，又曰："明日方吉。"如是西门、北门出而还返，人烦意怠。一旦坐于郊野，如入禅定焉。禅宗有著述者，以其发言先觉，排普化为散圣科目中，言非正员也矣。

麻谷彻禅师法嗣

寿州良遂禅师

寿州良遂禅师参麻谷。谷见来，便将锄头去锄草。师到锄草处，谷殊不顾，便归方丈，闭却门。

师次日复去，谷又闭门。师乃敲门，谷问："阿谁？"师曰："良遂。"才称名，忽然契悟曰："和尚莫谩[1]良遂，良遂若不来礼拜和尚，洎被经论赚过一生[2]。"

谷便开门相见。及归讲肆，谓众曰："诸人知处，良遂总知；良遂知处，诸人不知。"

【注释】

[1] 谩（màn）：指欺骗、轻慢。

[2] 洎被经论赚（zuàn）过一生：几乎被经论骗过一生。"赚"，非今天的本义，而是指欺骗、哄骗的意思。旧译本"白白地被经书赚了一生"，有误。

【概要】

良遂禅师，唐代禅僧。属南岳怀让法系。生卒年、籍贯、俗姓均不详。师曾参谒麻谷山宝彻禅师，并嗣其法，于寿州（安徽寿县北）举扬禅旨，世称寿州良遂。又，良遂两度参谒麻谷宝彻禅师，麻谷皆荷锄出门锄草或闭门不见，使师两次均遭闭门羹，引发师悟道之因缘，此即驰名丛林之公案"麻谷锄头锄草"。复以师之大彻大悟而究竟禅旨之因缘，禅林中遂以"良遂尽知"一语，表示禅徒已达彻悟之境界。

【参考文献】

《联灯会要》卷七；《景德传灯录》卷九；《禅宗正脉》卷二。

东寺会禅师法嗣

吉州[1]薯山慧超禅师

洞山来礼拜次，师曰："汝已住一方，又来这里作么？"曰："良价无奈疑何[2]，特来见和尚。"师召："良价！"价应诺，师曰："是甚么？"价无语。师曰："好个佛！只是无光焰[3]。"

【注释】

[1] 吉州：今江西吉安。

[2] 良价无奈疑何：良价有疑问没办法解答。

[3] 光焰：火燃为焰，佛之威神，譬之光明之耀。《赞阿弥陀佛》偈曰："一蒙光焰罪垢除。"《无量寿经》曰："无量光焰，照耀无极。"此处暗指洞山虽然已经有所觉悟，但不能当下顿悟自性即佛，所以说他佛的光焰还没有焕发出来。

西堂藏禅师法嗣

虔州[1]处微禅师

僧问："三乘十二分教[2]体理得妙，与祖意是同是别？"师曰："须向六句外鉴，不得随声色转。"曰："如何是六句？"师曰："语底，默底；不语，不默；总是，总不是。汝合作么生？"僧无对。

问仰山："汝名甚么？"山曰："慧寂。"师曰："那个是慧？那个是寂？"山曰："只在目前。"师曰："犹有前后在。"山曰："前后且置，和尚见个甚么？"师曰："吃茶去[3]！"

【注释】

[1] 虔州：今江西赣州。

[2] 三乘十二分教：三乘指声闻乘、缘觉乘、菩萨乘，又叫小乘、中乘、大乘，小乘即声闻乘，中乘即缘觉乘，大乘即菩萨乘。十二分教，即十二部经，一切经分为十二种类之名。

[3] 吃茶去：一种无分别心的超脱境界，不管什么问题都可以在吃茶的平常心里解决。

章敬晖禅师法嗣

京兆大荐福寺弘辩禅师

唐宣宗[1]问京兆大荐福寺[2]弘辩禅师："禅宗何有南北之名？"

对曰："禅门本无南北。昔如来以正法眼付大迦叶，展转相传，至二十八祖菩提达磨，来游此方为初祖。暨第五祖弘忍大师在蕲州东山开法，时有二弟子：一名慧能，受衣法，居岭南为六祖；一名神秀，在北扬化。其后神秀门人普寂者，立秀为第六祖，而自称七祖。其所得法虽一，而开导发悟有顿、渐之异，故曰南顿北渐，非禅宗本有南北之号也。"

帝曰："云何名戒？"

对曰："防非止恶谓之戒。"

帝曰："云何为定？"

对曰："六根涉境，心不随缘名定。"

帝曰："云何为慧？"

对曰："心境俱空，照鉴无惑名慧。"

帝曰："何为方便？"

对曰："方便者，隐实覆相，权巧之门也。被接中下[3]，曲施诱迪[4]，谓之方便。设为上根言，舍方便，但说无上道者，斯亦方便之谭。

乃至祖师玄言，忘功绝谓[5]，亦无出方便之迹。"

帝曰："何为佛心？"

对曰："佛者西天之语，唐言觉。谓人有智慧觉照为佛心。心者佛之别名，有百千异号，体唯其一，无形状，非青、黄、赤、白、男女等相。在天非天，在人非人，而现天现人，能男能女。非始非终，无生无灭。故号灵觉之性。如陛下日应万机，即是陛下佛心。假使千佛共传，而不念别有所得也。"

帝曰："如今有人念佛如何？"

对曰："如来出世为天人师、善知识，随根器而说法[6]。为上根者开最上乘顿悟至理。中下者未能顿晓，是以佛为韦提希[7]权开十六观门[8]，令念佛生于极乐。故经云：'是心是佛，是心作佛。心外无佛，佛外无心。'"

帝曰："有人持经念佛，持咒求佛，如何？"

对曰："如来种种开赞，皆为最上一乘。如百川众流，莫不朝宗[9]于海。如是差别诸数，皆归萨婆若海[10]。"

帝曰："祖师既契会心印，《金刚经》云'无所得法'，如何？"

对曰："佛之一化，实无一法与人。但示众人，各各自性，同一法藏。当时然灯如来但印释迦本法而无所得，方契然灯本意。故经云：无我，无人，无众生，无寿者，是法平等，修一切善法，不住于相。"

帝曰："禅师既会祖意，还礼佛转经否？"

对曰："沙门释子，礼佛转经[11]，盖是住持常法，有四报[12]焉。然依佛戒修身，参寻知识，渐修梵行，履践[13]如来所行之迹。"

帝曰："何为顿见？何为渐修？"

对曰："顿明自性，与佛同俦。然有无始染习，故假渐修对治，令顺性起用。如人吃饭，不一口便饱。"

师是日辩对七刻[14]。赐紫方袍，号圆智禅师。仍敕修天下祖塔，各令守护。

【注释】

[1] 唐宣宗：唐宪宗李纯第十三子，唐穆宗李恒异母弟。会昌法难后，宣宗支持佛教，据有关传说以及禅宗灯录记载，宣宗还因避难混迹于僧人之中与黄檗见

面，还成了以"黄檗礼佛"为命名的有名"公案"。

[2] 大荐福寺：位于唐长安城安仁坊（今西安市永宁门外友谊西路），始建于唐睿宗文明元年（684年），是高宗李治驾崩后百日，皇室族戚为其献福而兴建的寺院，故最初取名"献福寺"。天授元年（690年）改为"荐福寺"；神龙二年（706年），扩充寺庙为译经院，成为继慈恩寺之后的又一个佛教学术机构；会昌五年（845年），武宗灭佛，荐福寺是当时长安城明令保留的四座寺院之一（其余三座为大慈恩寺、西明寺、庄严寺）。

[3] 被接中下：佛以慈力加被，接引中、下根基的众生。被：加被，指诸佛如来以慈悲心加护众生。又作加备、加祐、加威、加。佛加被之力，称为加被力或加威力。

[4] 曲施诱迪：委婉地施以诱导与启迪。

[5] 忘功绝谓：达到无我之境，忘了功德，绝灭言说。

[6] 如来出世为天人师、善知识，随根器而说法：旧校本均将中间顿号标点为逗号，使人理解成为两句话，故旧译本将此译为"如来出世来作天人师，善知识根据潜在之资质来说解佛法"，就错了。此句话原意为："如来出世是天人之师、众生的善知识，根据众生不同的根基而为说法。"

[7] 韦提希：佛世之时，频婆娑罗王之妃，阿阇世王之母。据经典所述，韦提希久婚无子，祈于神祇而获一子，此即阿阇世太子。太子年长后，受提婆达多教唆，幽闭父王频婆娑罗，篡登皇位。韦提希为此忧愁不已，暗自出入牢房以慰藉其夫。然为阿阇世所知，原拟将其杀害，后因耆婆劝谏，夫人始告幸免于难，但亦被幽闭于狱。韦提希因而忧苦至极，祈愿释尊为彼说法。有关其中原委，《观无量寿经》中所述甚详。

[8] 十六观门：《观无量寿经》所说的十六种观想，即日想、水想、地想、树想、八功德水想、总观想、花座想、像想、遍观一切色身想、观观世音菩萨真实色身相、观大势至菩萨色身相、普观想、杂观想、上辈生想、中辈生想、下辈生想。

[9] 朝宗：比喻小水流注大水。本书又指契合禅宗旨意。

[10] 萨婆若海：萨婆若：译为一切智，就是诸佛究竟圆满果位的大智慧。萨婆若海：佛陀智慧犹如大海一样广深。

[11] 转经：指读诵经文。《高僧传》卷十三："天竺方俗凡是歌咏法言，皆称为呗。至于此土咏经，则称为转读，歌赞则号为梵呗。"或谓"转经"与"转读"同义。为祈愿而略诵《大般若经》等大部经典，或仅快速翻页而模拟读经状者，均称为转经或转读。而通读一部经文者，则称为讽经、读经。日本今日亦将略读大部经，或迅速翻页、模拟读经状者，称为转经或转读。转经之法会，称"转经会"。

大藏经之转读，则称为"转藏"。又，西藏人民为求消灾，而背负经函，环绕寺宇或村落外围之宗教活动，也称转经。"转经"一词在朝鲜则指高丽时代佛教界之一种活动。其方式为，将黄金小佛安置于舆中，前后有伶人步行奏乐，若干僧侣侍其左右，擎名香诵经。前行者擎幡盖导引，以巡行市街。有小僧在车上击鼓，经止则奏乐，乐止则诵经。

　　[12] 四报：指佛弟子的职责是报答四恩，即父母恩（家庭）、众生恩（社会）、国土恩（国家）、三宝恩（宗教）。而《景德录译注》将"四报"译为"四种报应"，旧校本注释为"现报、生报、后报、不定报"，旧译本则译为"有四人报告给他"，更离谱。"沙门释子，礼佛转经，盖是住持常法，有四报焉"这句话原意是："出家的佛子，礼佛转经，这大概就是护持佛法，使正法久住于世的应有职责，所谓'上报四重恩，下济三涂苦'也。"

　　[13] 履践：指参禅、修习、契机、悟道等行为。

　　[14] 七刻：时间量词，十五分钟为一刻。

【概要】

　　弘辩禅师，唐代禅僧。为京兆人（见《释氏稽古略》），即今陕西西安人。至章敬寺参怀晖得法。大中五年（851年），宣宗诏入，问禅宗师授渊源，应对称旨，赐紫方袍，署号"圆智禅师"，诏住长安大荐福寺。并为之敕各郡县整修祖塔，各置守护。

　　弘辩禅师与唐宣宗的对话，唐宣宗提出："禅师既然已经领悟了祖师的旨意，还是否要拜佛转经？"弘辩回答"出家的佛子，礼佛转经，这大概就是护持佛法，使正法久住于世的应有职责，所谓'上报四重恩，下济三涂苦'也。然后，依循佛法戒律来修身，参访善知识，渐修清净之行，实践释迦牟尼如来未竟的事业。"唐宣宗于是就问什么是顿悟？什么是渐修？弘辩回答："顿悟此心是佛，便与佛同等。然而，因为众生沾染了无始以来的恶习，所以要借助渐修来对治，让他发掘自己的佛性而起功用。如同人吃饭一样，并不能一口就吃饱了。"

　　这就说明，弘辩禅师认为慧能、神秀所主张的虽有"顿渐之异"，但其"所得法"实一，只是"最上乘顿悟至理"是为"上根者"所开，而渐修是为"未能顿晓"的"中下根者"所施的方便法门，以"对治"那"无始染习"。可见，在禅宗的发展过程中，顿悟与渐修并非截然分开的，两者之间有辩证统一的关系，主张顿悟的南宗也融入了渐修的教义，以满足开示"中下根者"的需要。

【参考文献】

　　《景德传灯录》卷九；《释氏稽古略》卷三；《禅门宝藏录》卷下。

福州龟山智真禅师

福州龟山智真禅师[1]，扬州柳氏子。

初谒章敬，敬问："何所而至？"师曰："至无所至，来无所来。"敬虽默然，师亦自悟。

住后，上堂："动容瞬目，无出当人，一念净心，本来是佛。"乃说偈曰[2]："心本绝尘何用洗，身中无病岂求医？欲知是佛非身处，明鉴高悬未照时。"

后值武宗沙汰[3]，有偈示众曰[4]：

敕命如雷下翠微，风前垂泪脱禅衣。云中有寺不容住，尘里无家何处归？

明月分形处处新，白衣宁坠解空人。谁言在俗妨修道？金粟曾为居士身。

忍仙林下坐禅时，曾被歌王割截肢。况我圣朝无此事，只令休道亦何悲？

暨宣宗中兴，乃不复披缁。咸通六年终于本山，谥"归寂禅师"。

【注释】

[1] 智真禅师：宝祐本作"智具禅师"，其他很多版本均作"智真禅师"，故更正。

[2] 乃说偈曰：宝祐本作"仍说偈曰"，"乃"与"仍"意义相同，都是"于是"之意。但为了读者理解方便，据《景德传灯录》改。

[3] 武宗沙汰：唐武宗废佛，淘汰僧尼，大规模拆毁佛寺和强迫僧尼还俗，史称"会昌法难"。宣宗继位后重拾佛教，敕复佛寺。沙汰：指淘汰。

[4] 有偈示众曰：本处针对旧校本标点错误，项楚撰写《〈五灯会元〉点校献疑续补一百例》（《季羡林教授八十华诞纪念论文集》上册）说："此处所引偈文应标点为三首，每首四句。第二首中'金粟'加专名线，即'维摩诘'之异名。第三首中'忍仙'及'歌王'加专名线，即'忍辱仙人'及'歌利王'。歌利王割截忍辱仙人事，乃佛经中著名故事，见《金刚经》等。按本书所载禅宗诗偈，往往有原为多首连写，而被当作一首标点者。"旧校本专有名词均加线，故项楚提出本偈宜加线之处。

【概要】

智真禅师（782～865 年），唐代禅僧。扬州（今属江苏）人，俗姓柳氏。在扬州华林寺出家受业，唐代元和元年（806 年）于润州丹徒（今江苏镇江）天香寺受具足戒。他不学习经论，只仰慕禅定。初次拜谒章敬寺怀晖禅师时，怀晖问他从什么地方而来？智真回答"至无所至，来无所来"。怀晖虽然沉默不语，智真却能自己开悟。不久，智真来到了婺州（今浙江金华）五泄山，拜会正原禅伯。长庆二年（822 年），智真与正原禅伯一起云游建阳（今属福建），并接受当时人叶玢的邀请，居住在东禅寺。到了开成元年（836 年），智真前往福州长溪（今属福建），当地人陈亮、黄瑜邀请他于龟山开创寺院，聚徒讲说，适值武宗毁佛，遂隐居民间。及唐宣宗恢复佛教，又一如昔时讲说。

唐武宗废佛教，淘汰僧尼，智真禅师作偈开示众僧，警策大家不要因环境变化而改变修行之志，表现出了禅师高深的禅定功夫。

明月普照大地处处皆新，参禅者成了白衣难道就会堕落？谁说身在俗世会妨碍修道，金粟如来就曾为居士之身。金粟如来，过去佛之名，指维摩居士之前身。维摩居士，又称净名，佛在世毗耶离城之居士也。自妙喜国化生于此。委身在俗。辅释迦之教化，法身大士也。佛在毗耶离城庵摩罗园，城中五百长者子诣佛所请说法时，彼故现病不往，为欲令佛遣诸比丘菩萨问其病床，以成方等时弹诃之法，故其经名为《维摩经》。

忍辱仙人指释迦牟尼前世修行时的身份，他在林下坐禅时，曾被歌利王割断了四肢。智真禅师把释迦牟尼前身修行与现世相比，说道，我圣朝并没有此类事发生，只是令我们还俗又有什么可悲的？

当唐宣宗中兴佛教的时候，智真禅师也继续我行我素，不再改穿僧衣。咸通六年（865 年），智真禅师在龟山寺院圆寂，享年八十四岁，法腊为六十岁。唐天子赐智真谥号为"归寂禅师"，塔名"秘真"。

【参考文献】

《景德传灯录》卷九；《联灯会要》卷七；《大光明藏》中卷。

金州操禅师

金州操禅师请米和尚斋，不排坐位。米到，展坐具礼拜。师下禅床，米乃坐师位，师却席地而坐。斋讫，米便去。

侍者曰："和尚受一切人钦仰，今日坐位被人夺却。"师曰："三日后若来，即受救在。"米三日后果来，曰："前日遭贼。"

（僧问镜清："古人道'前日遭贼'，意旨如何？"清云："只见锥头利，不见凿头方[1]。"）

【注释】

[1] 只见锥头利，不见凿头方：只看见锥子头是尖的，没看见凿子头是方的。比喻只了解事情的一方面，不了解另一方面。或比喻见小不见大，只顾小利，不顾大的危害。

【拓展阅读】

《佛光山星云大师禅话》"慧眼识人"（唐代的金州操禅师）一文如下：

唐代的金州操禅师出自南岳怀让禅师门下，也是京兆章敬寺怀晖禅师的法嗣弟子。

有一天，操禅师邀请寺里的米和尚吃饭，却没有安排他的座位。米和尚依照约定的时间到了以后，看到没有座位，就径自打开坐具，向操禅师礼拜。

操禅师见状，没有接受米和尚的礼拜，直接走下了禅床。米和尚也起身，走到操禅师的禅床坐下来，不一会儿，没有说什么就离开了。

操禅师看了，也不以为意，就在清众的位子坐下来吃饭。

这时候，一旁的徒众很不平，对操禅师说："禅师，您平日很受大家的景仰，可是今天您的法座却被旁人给霸占了，这真是太没有礼貌了。"

操禅师只是不动声色地说："不可言之过早。"

三天后，米和尚果真盛了一碗饭，备了好吃的佳肴，走到操禅师的座前，对禅师说："请你宴座，让米头小僧供养你。"

操禅师说："大德也，大德也！"

主人请客人吃饭，却没有准备座位，这是非常尴尬又不礼貌的事情。米和尚是谁人？不详。不过，一定是个行单的老参，他不但不怪罪，反而礼敬操禅师。操禅师自知理亏，便赶快下座以示歉意。

哪里知道，米和尚竟然就着操禅师的法座而坐了下来，其实这是对操禅师的一种冒犯。但操禅师却心平气和，一点也不以为意。事后，寺里的大众心生不平，觉得米和尚没有礼貌。三日后，米和尚备了饭菜前来回敬，请操长老上座接受供养，并且表示学人在此侍候。操禅师见此，很赞赏米和尚虽在行单里，也有这种气魄、礼数，因此也赶快说："大德也，大德也！"

朗州古堤和尚

朗州[1]古堤和尚寻常见僧来，但曰："去！汝无佛性。"僧无对，或有对者，莫契其旨。

仰山到参，师曰："去！汝无佛性。"山叉手近前三步应喏。师笑曰："子甚么处得此三昧来？"山曰："我从耽源处得名，沩山处得地。"师曰："莫是沩山的子么？"山曰："世谛即不无，佛法即不敢。"山却问："和尚从甚处得此三昧？"师曰："我从章敬处得此三昧。"山叹曰："不可思议，来者难为凑泊[2]。"

【注释】

[1] 朗州：今湖南常德。

[2] 凑泊：亦作"凑拍"。一般指凝合、聚合。具体来说分为两个含义：一指投合、契悟。《大光明藏》："祖师意峻硬孤峭，有如其平生，难于凑泊。"《原妙语录》卷下《高峰原妙禅师行状》："师之机用，不可凑泊，下语少所许可，其门户险绝如此。"二指集聚、结合。本书第二十章"参政钱端礼居士"条："盖为地水火风，因缘和合，暂时凑泊，不可错认为己有。"（摘自《禅宗大词典》）

河中府公畿和尚

僧问："如何是道，如何是禅？"师以偈示之曰："有名非大道，是非俱不禅。欲识个中意，黄叶止啼[1]钱。"

【注释】

[1] 黄叶止啼：本书常简称为"止啼"。乃譬喻如来为度众生所作之方便行。如来见众生欲造诸恶时，即为彼等说三十三天之常乐我净，使闻者心生喜乐而勤作善业，断止其恶。然此实乃生死，属无常、无乐、无我、无净，言"常乐我净"者，系如来为度众生之方便言说。此如婴儿啼哭时，父母以杨树之黄叶为金，予小儿以止其啼哭；然黄叶实非真金，乃父母之权便引设。又禅宗以"经论家"之说法，皆为"空拳黄叶"之方便说，仅得以诳欺愚钝者。（参见北本《大般涅槃经》卷二十）

【概要】

僧人问什么道，什么是禅？河中府公畿和尚说有名字就不是大道，分辨是非都不是禅。如果真的想要理解其中的含义，就好像用黄叶谎称黄金止住小孩的啼哭。

《大般涅槃经·婴儿行品》卷二十说，如婴儿啼哭时，父母以杨树之黄叶为金，予小儿以止其啼哭；然黄叶实非真金，乃父母之权便引设。小孩子啼哭的时候，父母就拿了一片黄叶哄他："不要哭，不要哭，拿钱给你买东西吃。"小孩子看到了，以为真的是金子，就不再啼哭。而实际上，这只不过是杨叶，并不是真金。乃譬喻如来为度众生所作之方便行。如来见众生欲造诸恶时，即为彼等说三十三天之常乐我净，使闻者心生喜乐而勤作善业，断止其恶。然此实乃生死，属无常、无乐、无我、无净，言"常乐我净"者，系如来为度众生之方便言说。

禅宗则以"经论家"之说法，皆为"空拳黄叶"之方便说，仅得以诳欺愚钝者。

永泰湍禅师法嗣

湖南上林戒灵禅师

湖南上林[1]戒灵禅师初参沩山。山曰："大德作甚么来[2]？"师曰："介胄[3]全具。"山曰："尽卸了来，与大德相见。"师曰："卸了也。"山咄曰："贼尚未打[4]，卸作甚么？"师无对。仰山代曰："请和尚屏却左右。"沩山以手揖曰："喏！喏！"

师后参永泰，方谕其旨。

【注释】

[1] 上林：即上林寺，遗址在今长沙市开新区仓后街。上林寺为唐代长沙华林寺主持善觉禅师创建，亦为戒灵禅师演法之所。

[2] 大德作甚么来：大德来做什么？

[3] 介胄（zhòu）全具：坚固的头盔全已经准备好了。介：坚固。胄：头盔之意。介胄即坚固的头盔。

[4] 贼尚未打：旧校本作"贼！尚未打"有误，"贼"字后不能有感叹号。"贼尚未打"由"贼来须打，客来须看"谚语衍变而来。

【概要】

戒灵禅师，唐代禅僧。初参沩山灵祐未入道，后参永泰灵湍禅师，方谕其旨，得法后出居湖南上林寺。

《宗门拈古汇集》卷十八："愚庵盂云：'且道上林悟沩山旨耶？悟仰山旨耶？若从沩山上悟来，甲胄何在？若从仰山上悟来，试问仰山还曾屏却也未？若总不恁么，从自己领得，卸却个甚？'僧曰：'和尚何得以己方人？'盂以手指曰：'喏！喏！'"

以上是盂和尚对此则公案的评论，最后有一个僧人说你不要"以己方人"，"以己方人"，用自己的想法去讥评他人。方人，《论语·宪问》："子贡方人。"刘宝楠正义："《释文》云：'方人，郑本作谤，谓言人之过恶。'卢氏·文弨考证，古《论》'谤'字作'方'，盖以声近通借。"杨伯峻注："讥评别人。"

【参考文献】

《景德传灯录》卷十；《宗门拈古汇集》卷十八；《宗鉴法林》卷二十。

五台山秘魔岩和尚

五台山秘魔岩[1]和尚，常持一木叉，每见僧来礼拜，即叉却颈曰："那个魔魅[2]教汝出家？那个魔魅教汝行脚？道得也叉下死，道不得也叉下死。速道！速道！"学徒鲜有对者。

（法眼代云："乞命。"法灯代："但引颈示之。"玄觉代云："老儿家[3]，放下叉子得也。"

霍山[4]通和尚访师，才见不礼拜，便撺入怀里，师拊通背三下。通起拍手曰："师兄三千里外赚我来[5]！三千里外赚我来！"便回。

【注释】

[1] 秘魔岩：又名秘魔寺，因唐朝秘魔和尚在此讲经说法而得名，位于山西省繁峙县城南三十七千米的岩头乡岩头村东。创建于北齐，唐宋时声誉大振，闻名全国，在佛教界享有盛名。特别是秘魔岩的"龙洞"，是佛教徒到五台山必须朝拜之地，有"朝五台山，不朝龙洞，只朝了半座山"的说法。

[2] 魔魅：魔鬼，又比喻邪恶势力。

[3] 老儿家：老人家。

[4] 霍山：在山西省霍县东南。《周礼·夏官·职方氏》："河内曰冀州，其山镇曰霍山。"郑玄注："霍山在彘阳。"彘阳，后汉时改永安县，即今山西省霍县。

[5] 赚我来：把我骗来。

【概要】

五台山秘魔岩和尚，常常手拿着一根木叉，每每看见僧人前来礼拜，就用木叉叉住他的脖子，说："哪个魔鬼教你出家的？哪个魔鬼教你云游的？说得出来死在叉下，说不出来也死在叉下。快说！"学徒很少有能回答的。

"秘魔擎叉"是一则禅林公案，即通过非常手段，使学僧陷于进退无路的绝境，从而截断理路，明彻自心，顿悟佛心玄旨。

秘魔岩和尚，据《宋高僧传》卷二十一，其法名常遇，俗姓阴，河北苑阳人。出家于燕北安集寺，襟怀洒落，道貌清奇。大中四年（850）杖锡上五台山华严寺菩萨堂瞻礼文殊菩萨，施右手中指。次遍游圣境，越二十年。后至秘魔岩，即文殊菩萨降龙处，礼拜之际，忽见轻云金光化为雉堞（城墙）如城，于是始结茅兹地，入禅定四十九日，众人抠衣归依若市，乃创兴佛庙僧宇，十七年不下山顶。文德元年（888 年）七月十八日，召门弟子曰："尔可检护戒足，好住！余生吾与汝决矣。"言讫，俨然蝉蜕，俗岁七十二，僧夏五十一。

湖南祇林和尚

湖南祇林和尚每叱文殊、普贤皆为精魅，手持木剑，自谓降魔。才见僧来参，便曰："魔来也！魔来也！"以剑乱挥，归方丈。如是十二年后，置剑无言。

僧问："十二年前为甚么降魔？"师曰："贼不打贫儿家。"曰："十二年后为甚么不降魔。"师曰："贼不打贫儿家。"

【概要】

祇林和尚，亦作"祇林禅师"，唐代禅僧。籍贯、俗姓、生卒年均不详。出家后参谒永泰灵湍，其后嗣其法，于湖南一带弘阐禅风。师平居常持木剑一柄，自言降魔，每叱文殊、普贤皆为精魅，有僧来参，便挥剑云"魔来也！魔来也！"如是十二年，丛林中称其禅旨为"祇林挥剑"。

【参考文献】

《禅苑蒙求》卷中；《宗鉴法林》卷二十；《景德传灯录》卷十。

华严藏禅师法嗣

黄州齐安禅师

上堂："言不落句，佛祖徒施。玄韵不坠，谁人知得？"

僧问："如何识得自己佛？"师曰："一叶明时消[1]不尽，松风韵[2]罢怨无人。"曰："如何是自己佛？"师曰："草前骏马实难穷，妙尽还须畜生行[3]。"

有人问："师年多少？"师曰："五六四三[4]不得类，岂同一二实难穷？"

师有偈曰："猛炽焰中人有路，旋风[5]顶上屹然栖。镇常[6]历劫谁差互[7]？杲日[8]无言运照[9]齐。"

【注释】

[1]消：消受。

[2]韵：指松涛风籁之声。

[3]草前骏马实难穷，妙尽还须畜生行：草原广阔，就是骏马也难以穷尽其边际，但要领略其风光妙处还需要那骏马去奔驰。比喻佛法广大，难以尽窥，但仍须努力修持，以领悟其妙谛。

[4]五六四三：指易爻变象之语，其中乾数三，巽、离、兑四，震、坎、艮五，坤六。

[5]旋风：指龙卷风。

[6]镇常：经常，长久。

[7]差互：差异。

[8]杲（gǎo）日：明亮的太阳，光明灿烂的太阳。杲：明亮，光明。

[9]运照：运动，照耀。

【概要】

齐安禅师，唐代禅僧。师事华严智藏禅师得法。后于黄州（今湖北黄冈）弘扬禅法，人称"黄州安"，以别于盐官齐安。迁居凤翔（今属陕西）而寂。

【参考文献】

《景德传灯录》卷十；《五灯严统》卷四；《禅宗正脉》卷二。

第二节　南岳下四世

黄檗运禅师法嗣

睦州陈尊宿

睦州陈尊宿[1]，讳道明。江南陈氏之后也。生时红光满室，祥云盖空，旬日方散。目有重瞳，面列七星，形相奇特，与众夺伦。因往开元寺礼佛，见僧如故知，归白父母，愿求出家，父母听许为僧。后持戒精严，学通三藏。

游方契旨于黄檗。后为四众请住观音院，常百余众。经数十载，学者叩激。随问遽答，词语峻险。既非循辙[2]，故浅机之流，往往嗤之[3]。唯玄学性敏者钦伏[4]。由是诸方归慕，咸以尊宿称。

后归开元（今改兜率），居房织蒲鞋以养母。故有"陈蒲鞋"之号。巢寇入境[5]，师标大草屦于城门[6]。巢欲弃之，竭力不能举，叹曰："睦州有大圣人！"舍城而去，遂免扰攘[7]。

一日晚参，谓众曰："汝等诸人还得个入头处也未？若未得个入头处，须觅个入头处；若得个入头处，已后不得孤负老僧。"时有僧出礼拜，曰："某甲终不敢孤负和尚[8]。"师曰："早是孤负我了也。"又曰："明明向你道，尚自不会，何况盖覆将来[9]？"又曰："老僧在此住持，不曾见个无事人到来，汝等何不近前？"时有一僧方近前，师曰："维那不在，汝自领去三门外，与二十棒。"曰："某甲过在甚么处？"师曰："枷上更着杻[10]。"

师寻常见衲僧来，即闭门。或见讲僧，乃召曰："座主！"主应诺，师曰："担板汉[11]。"或曰："这里有桶，与我取水。"

一日在廊阶上立，僧问："陈尊宿房在何处？"师脱草屦蓦头打，僧便走。师召："大德！"僧回首，师指曰："却从那边去。"

天使[12]问："三门[13]俱开，从那门入？"师唤尚书[14]，使应诺，师曰："从信门入。"使又见画壁，问曰："二尊者对谭何事？"师捆[15]露柱曰："三身中那个不说法？"

座主参，师问："莫是讲唯识论否？"曰："不敢。"师曰："朝去西天，暮归唐土。会么？"曰："不会。"师曰："吽吽[16]！五戒不持。"

师问一长老："了即毛端吞巨海，始知大地一微尘[17]。长老作么生[18]？"曰："问阿谁[19]？"师曰："问长老。"曰："何不领话？"师曰："汝不领话？我不领话？"

问座主："讲甚么经？"[20]曰："讲《涅槃经》。"师曰："问一段义得么？"曰："得。"师以脚踢空，吹一吹，曰："是甚么义？"曰："经中无此义。"师曰："脱空谩语汉[21]，五百力士揭石义[22]，却道无。"

师见僧乃曰："见成公案[23]，放汝三十棒。"曰："某甲如是。"师曰："三门头金刚为甚么举拳？"曰："金刚尚乃如是[24]。"师便打。

问："如何是向上一路？"师曰："要道有甚么难[25]？"曰："请师道。"师曰："初三，十一，中九，下七。"

问："以一重去一重即不问[26]，不以一重去一重时如何？"师曰："昨朝栽茄子，今日种冬瓜。"

问："如何是曹溪的的意[27]？"师曰："老僧爱嗔不爱喜？"曰："为甚么如是？"师曰："路逢剑客须呈剑，不是诗人莫说诗[28]。"

问僧："甚处来？"曰："浏阳。"师曰："彼中老宿祇对佛法大意道甚么。"曰："遍地无行路。"师曰："老宿实有此语否？"曰："实有。"师拈拄杖打曰："这念言语汉[29]。"

师问一长老："若有兄弟来，将何祇对。"曰："待他来。"师曰："何不道？"曰："和尚欠少甚么？"[30]师曰："请不烦葛藤[31]。"

僧参，师曰："汝岂不是行脚僧？"曰："是。"师曰："礼佛也未？"曰："礼那土堆作么？"师曰："自领出去[32]。"

问："某甲讲兼行脚，不会教意时如何[33]？"师曰："灼然实语，当忏悔[34]。"曰："乞师指示。"师曰："汝若不问，老僧即缄口无言；汝既问，老僧不可缄口去也[35]。"曰："请师便道。"师曰："心不负人，面无惭色[36]。"

问："一句道尽时如何[37]？"师曰："义堕也[38]。"曰："甚么处是学人义堕处？"师曰："三十棒教谁吃？"

问："高揖释迦，不拜弥勒时如何[39]？"师曰："昨日有人问，趁出了也。"曰："和尚恐某甲不实那[40]？"师曰："拄杖不在，苕帚柄聊与三十[41]。"

上堂："我见百丈不识好恶[42]，大众才集，以拄杖一时打下。复召大众，众回首，乃云：'是甚么？'有甚共语处？又黄檗和尚亦然。复召大众，众回首，乃云：'月似弯弓，少雨多风。'犹较些子。"

问僧："近离甚处？"僧便喝，师曰："老僧被你一喝。"僧又喝，师曰："三喝四喝后作么生？"僧无语，师便打曰："这掠虚汉[43]。"

秀才访师，称会二十四家书，师以拄杖空中点一点，曰："会么？"秀才罔措，师曰："又道会二十四家书，永字八法也不识。"

上堂："裂开也在我，揑聚也在我。"时有僧问："如何是裂开？"师曰："三九二十七。菩提涅槃，真如解脱，即心即佛，我且与么道，你又作么生？"曰："某甲不与么道。"师曰："盏子扑落地，碟子成七片。"曰："如何是揑聚？"师乃敛手而坐。

问："教意、祖意是同是别？"师曰："青山自青山，白云自白云。"曰："如何是青山？"师曰："还我一滴雨来。"曰："道不得，请师道。"师曰："《法华》锋前阵，《涅槃》句后收。"

问僧："今夏在甚么处？"曰："待和尚有住处即说。"师曰："狐非师子类，灯非日月明[44]。"

问僧："甚处来？"僧瞪目视之，师曰："驴前马后汉[45]。"曰："请师鉴。"师曰："驴前马后汉，道将一句来。"僧无对。

师看经次，陈操尚书问："和尚看甚么经？"师曰："《金刚经》。"书曰："六朝翻译，此当第几[46]？"师举起经曰："一切有为法[47]，如梦幻泡影。"

看经次，僧问："和尚看甚么经？"师曰："《涅槃经》，荼毗品最在后。"

问僧："今夏在甚处？"曰："径山。"曰："这吃夜饭汉[48]。"曰："尊宿！丛林何言吃夜饭？"师以棒趁出。

师闻一老宿难亲近，躬往相访，才入方丈，宿便喝。师侧掌曰："两重公案。"宿曰："过在甚么处？"师曰："这野狐精。"便退。

问僧："近离甚处。"曰："江西。"师曰："踏破多少草鞋？"僧无对。

与讲僧吃茶次，师曰："我救汝不得也。"曰："某甲不晓，乞师垂示。"师拈油饼曰："这个是甚么？"曰："色法。"师曰："这入镬汤汉[49]。"

紫衣大德到，礼拜。师拈帽子带问曰："这个唤作甚么？"曰："朝天帽。"师曰："恁么则老僧不卸也。"复问："所习何业？"曰："唯识。"师曰："作么生说？"曰："三界唯心，万法唯识[50]。"师指门扇曰："这个是甚么？"曰："是色法。"师曰："帘前赐紫，对御谭经，何得不持五戒[51]？"德无对。

问："某甲乍入丛林，乞师指示。"师曰："你不解问[52]。"曰："和尚作么生？"师曰："放汝三十棒，自领出去[53]。"

问："教意请师提纲。"师曰："但问将来，与你道[54]。"曰："请和尚道。"师曰："佛殿里烧香，三门头合掌。"

问："如何是展演[55]之言？"师曰："量才补职[56]。"曰："如何是不展演之言？"师曰："伏惟尚飨[57]！"

焦山借斧头次，师呼童子取斧来，童取斧至。曰："未有绳墨，且斫粗[58]。"师便喝。又问童曰："作么生是你斧头。"童遂作斫势。师曰："斫你老爷头不得[59]。"

师问秀才："先辈治甚经？"才曰："治《易》。"师曰："《易》中道，百姓日用而不知，且道不知个甚么？"才曰："不知其道。"师曰："作么生是道？"才无对。

僧问："一气还转得一大藏教也无[60]？"师曰："有甚饹罗锤子[61]，快下将来？"

问："如何是一代时教？"师曰："上大人，丘乙己[62]。"

问："如何是禅？"师曰："猛火着油煎。"

僧参，师曰："汝是新到否？"曰："是。"师曰："且放下葛藤，会么？"曰："不会。"师曰："担枷陈状[63]，自领出去。"僧便出。师曰："来！来！我实问你甚处来。"曰："江西。"师曰："渤潭和尚在汝背后，怕你乱道，见么[64]？"僧无对。

问："寺门前金刚，拓即乾坤大地，不拓即丝发不逢时如何[65]？"师曰："吽吽！我不曾见此。"师却问："先跳三千，倒退八百，你合作么生[66]？"曰："诺。"师曰："先责一纸罪状好。"便打，其僧拟出，师曰："来！我共你葛藤，拓即乾坤大地，你且道洞庭湖水深多少？"曰："不曾量度。"师曰："洞庭湖又作么生？"曰："只为今时。"师曰："只这葛藤尚不会。"便打。

问："如何是'触途无滞'底句[67]？"师曰："我不恁么道。"曰："师作么生道？"师曰："箭过西天十万里，却向大唐国里等候。"

看《华严经》次，僧问："看甚么经？"师曰："大光明云，青色光明云，紫色光明云。"却指面前曰："那边是甚么云？"曰："南边是黑云。"师曰："今日须有雨。"

问："以字不成，八字不是[68]，是何章句？"师弹指一声，曰："会么？"曰："不会。"师曰："上来讲赞无限胜因[69]，虾蟆蹄[70]跳上天，蚯蚓蓦过东海。"

问僧："近离甚处？"曰："河北。"师曰："彼中有赵州和尚，你曾到否[71]？"曰："某甲近离彼中。"师曰："赵州有何言句示徒？"僧举吃茶话，师乃呵呵大笑曰："惭愧。"却问："赵州意作么生？"曰："只是一期方便。"师曰："苦哉！赵州被你将一杓[72]屎泼了也。"便打。师却问沙弥："你作么生会？"弥便设拜，师亦打。其僧往沙弥处问："适来和尚打你作甚？"弥曰："若不是我，和尚不打某甲。"

新到参，方礼拜，师叱曰："阇黎因何偷常住果子吃？"曰："学人才到，和尚为甚么道偷果子？"师曰："赃物见在。"

问僧："近离甚处？"曰："仰山。"师曰："五戒也不持。"曰："某甲甚么处是妄语？"师曰："这里不著沙弥[73]。"

师临终召门人曰："此处缘息，吾当逝矣。"乃跏趺而寂。郡人以香薪焚之，舍利如雨。乃收灵骨，塑像于寺。寿九十八，腊七十六。

【注释】

[1] 尊宿：德尊年长者。《观经》序分义曰："德高曰尊，耆年曰宿。"

[2] 循辙：跟随别人走过的脚印。辙：本指车印，此处指过去高僧大德说过的话。

[3] 嗤（chī）之：冷笑他，讥笑他。此指那些浅显之人不识陈尊宿境界，所以常常讥笑尊宿。旧译本则译为陈尊宿对浅显之流嗤之以鼻，颠倒了对象，译错。

[4] 唯玄学性敏者钦伏：只有佛学本来就根底深厚本性聪敏的人非常钦佩他。玄学：为佛学之通称。意即玄妙之学问、深奥之教学。然在中国哲学史上，则指老庄之学。今称形而上学为玄学。旧译本则译为陈尊宿钦佩玄学性敏者，此处又颠倒了对象，译错。

[5] 巢寇入境：黄巢的军队经过他所住的地方。

[6] 师标大草屦（jù）于城门：禅师把自己的大草鞋挂在城门口作为标志。

[7] 遂免扰（rǎo）攘（rǎng）：避免了暴乱。扰攘：吵闹混乱的暴动、纷乱。

[8] 某甲终不敢孤负和尚：我永远不敢辜负和尚。"辜负"与"孤负"可以相通。

[9] 明明向你道，尚自不会，何况盖覆将来：明明向你说清楚了，眼前尚且不理会，何况再拿来下转语？将来，指拿过来。盖覆：指下一转语，把上一页翻过去。

[10] 枷上更着杻（chǒu）：枷上再加杻。枷：旧时一种套在脖子上的刑具。杻，古代刑具、手铐之类。比喻作，不断束缚自己，难以解脱。

[11] 担板汉：本指背扛木板之人力夫，以其仅能见前方，而不能见左右，故禅宗用以比喻见解偏执而不能融通全体之人。

[12] 天使：皇帝派来的使臣。

[13] 三门：又作山门。为禅宗伽蓝之正门。三门有智慧、慈悲、方便三解脱门之义，或象征信、解、行三者，非必有三扇门。根据禅师所回答，此处指信、解、行三门。

[14] 尚书：是中国封建时代的政府高官名称，相当于现在各国家部委的部长。

[15] 掴（guó）：本义为打耳光，用巴掌打。

[16] 吽吽：吽：原为牛、虎之叫声，一般多用于密教，表示摧破、恐怖之声；于禅林中，吽吽二字连用，即表示无法用文字言句诠释之无分别境。

[17] 了即毛端吞巨海，始知大地一微尘：开悟了就能知道一毫毛尖端上可以容纳大海，才知道地球在茫茫宇宙中只是一粒微小的尘埃。这是《华严经》所说的"于一毫端现宝王刹，坐微尘里转大法轮"的境界。《景德录译注》译为"悟了即毫毛尖端滴水成大海，才知道大地就如一粒微小的尘埃"，有误。

[18] 长老作么生：长老怎么理解？旧译本译为"长老在干什么"，有误。长老，指年齿长、法腊高，且智德殊胜的大比丘。作么生，即如何、怎样之意。又作"做么生""怎么生""似么生"。略作"作么"。"生"是助词，为接尾词。

[19] 问阿谁：问谁。阿：语气助词，无义。

[20] 问座主："讲甚么经"：此处至"五百力士揭石义，却道无"这段话，据《景德传灯录》出自从谂禅师："师问一坐主：'讲什么经？'对云：'讲《涅槃经》。'师云：'问一段义得否？'云：'得'。师以脚踢空吹一吹云：'是什么义？'坐主云：'经中无此义。'师云：'五百力士揭石义，便道无。'"出自《佛说力士移山经》，讲的是有大石山方六十丈高百二十丈，妨塞门途，行者回碍，五百力士力竭色衰，搬了一个月也搬不动，佛知道后，以右足大指蹴举山石挑至梵天，再用一根手指接住，在手指上轻松转动，随后一吹，大山化为斋粉。然后说法，五百力士皆发无上正真道意，应时皆得立不退转之地。《景德录译注》将"五百力士"注释为《杂宝藏经》的故事，与此本处意义不符合。

[21] 脱空谩语汉：言语虚妄不实，说谎话的骗子。常用作真参实悟者之反义语。脱空：谓言语虚妄不实。谩语：说谎话。

[22] 五百力士揭石义：出自《根本说一切有部毗奈耶药事》卷七。佛陀见五百力士搬不动一块巨石，就以佛足立举向空中化为微尘。然后，借此说法，世间一切都是无常的，只有觉悟自性才能得到解脱。

[23] 见成公案：禅林用语。又作现成公案。为不假造作而现成之公案，即如实公案之意。

[24] 金刚尚乃如是：金刚大概都是这样的。尚：差不多。旧译本"金刚尚且还是像这样"，语意不通。

[25] 要道有甚么难：要说出来有什么困难呢？意思是说出来也没什么困难。旧译本"求道有什么困难"，弄错了原意，"道"就是说的意思。

[26] 以一重去一重即不问：以一重公案破除一重公案就不问了。

[27] 如何是曹溪的的意：什么是六祖慧能的真实意旨。的的：明白，昭著；的确，实在。旧译本"怎样是曹溪的意旨"没有将"的的"的含义翻译出来。

[28] 路逢剑客须呈剑，不是诗人莫说诗：意谓较量机锋，应选择好手；遇上好手，则应有出色机语。禅家使用此语，常含有斥责对方未契禅机之义。

[29] 这念言语汉：你这只知死背原话的傻子。只知道背师父的原话，而不知道灵活运用，不知道言语之外的真实含义。旧译本"这个编造言语的家伙"，不符合原意。

[30] 师曰："何不道？"曰："和尚欠少甚么？"：旧校本标点有误。"师曰"以下是"师"与"长老"问答，其标点为"何不道曰：和尚欠少甚么？"整个问与答全混乱。参见项楚《五灯会元点校献疑续补一百例》。

[31] 请不烦葛藤：麻烦您不要进入葛藤之中，意思是不要转弯抹角，弄出理不清楚的葛藤来，请您直接说。葛藤：指文字、语言一如葛藤之蔓延交错，本用来解释、说明事相，反遭其缠绕束缚。此外，又指公案中难以理解之语句；更引申作问答工夫。玩弄无用之语句，称为闲葛藤；执着于文字语言，而不得真义之禅，称为文字禅，或葛藤禅。旧译本"请不要麻烦葛藤"，语意不通。

[32] 自领出去：自己领会去，意思是拜佛的意义你要认真去领会，不要在这里胡说八道，视佛像为泥塑木雕，是没用的东西。旧译本"自己出去"以及《景德录译注》"自己领着出去"，均不符合原意。

[33] 某甲讲兼行脚，不会教意时如何：我讲经兼行脚，不领会教义时怎么办？

[34] 灼（zhuó）然实语，当忏悔：明显是实语，应当忏悔。灼然：明显的样子，《景德传灯录》无此二字。

[35] 汝若不问，老僧即缄口无言；汝既问，老僧不可缄口去也：你如果不问，老僧我就闭口无言；你既然问了，老僧我就不能闭口无言了。《景德传灯录》作"汝若不会，老僧即缄口无言"，意思是你如果不领会，老僧我就闭口无言了。

[36] 心不负人，面无惭色：心里不辜负别人，脸上没有惭愧的表情。

[37] 一句道尽时如何：一句话就说完道理时怎么样？

[38] 义堕也：观点错了，被驳倒了。参见第一章"释迦牟尼佛"条："世尊因长爪梵志索论义，预约曰：'我义若堕，我自斩首。'"此处"我义若堕，我自斩首"的意思是，我的观点如果错了（或者被驳倒），我就自己斩首。而旧译本与《景德录译注》均将"义堕"译为"意旨落地了"，则含义恰恰相反，翻译有误。

[39] 高揖释迦，不拜弥勒时如何：只拜释迦牟尼佛，不拜弥勒菩萨怎么样？高揖，双手抱拳高举过头作揖，此处指只独独尊重礼拜释迦牟尼佛。弥勒菩萨是未来佛，将度释迦牟尼法中未度的众生。

[40] 和尚恐某甲不实那：旧校本校勘有误，将"那"改为"邪"没必要，"那"作疑问语气词，本书常见。宝祐本作"那"，其他版本亦有作"邪"。

[41] 挂杖不在，苕帚柄聊与三十：挂杖不在，姑且先用苕帚柄给你三十棒。

[42] 我见百丈不识好恶：此处至"犹较些子"，均是禅师上堂比较"百丈"

与"黄檗"开示学人的风格，认为黄檗更好。旧校本标点有误，旧译本翻译以及理解均出现错误。参见冯国栋《〈五灯会元〉校点疏失类举》。百丈风格可参考本书第三章"百丈怀海"条："师有时说法竟，大众下堂，乃召之。大众回首，师曰：'是甚么?'"黄檗风格可参考《古尊宿语录》卷二《黄檗希运断际禅师》："师上堂，大众才集，师以拄杖一时打散。复召大众，众回首，乃云：'月似弯弓，少雨多风。'"

[43] 掠虚汉：一般指说大话、窃取虚名的人。或指虚妄不实者。掠取虚头之痴汉也，虚头者虚空也，非可掠取。掠：即掠取之意；虚：即虚妄不实。旧译本"这个虚诳的家伙"，翻译有误。

[44] 狐非师子类，灯非日月明：狐狸终究不可与狮子同类，灯光不可能有日月的光芒。

[45] 驴前马后汉：指奴仆在主人前后服役效劳。禅宗提倡自我为主，认识自己主人公的地位，用"驴前马后"比喻失去自我。参见本书第十三章"洞山良价禅师"条："今时人例皆如此，将认得驴前马后底，将为自己。佛法平沈，此之是也。"《碧岩录》卷六第五三则："若只依草附木，认个驴前马后，有何用处？"

[46] 六朝翻译，此当第几：六朝时翻译的，这是第几个译本？

[47] 一切有为法：指有作为、有造作之一切因缘所生法。旧译本"一切有目的的法"，翻译有误。

[48] 吃夜饭汉：吃夜饭的人，即不明佛法的人。佛门过午不食，故不吃夜饭。

[49] 入镬（huò）汤汉：入镬汤地狱的家伙。镬汤地狱，即以锅镬煮沸汤，置罪人于其中，以惩其生前罪行之地狱。

[50] 三界唯心，万法唯识：三界（欲界、色界、无色界）所有现象皆由一心之所变现，一切事物都是由识而显现。旧译本"三界只有心，万法只有识"，翻译有误。

[51] 帘前赐紫，对御谭经，何得不持五戒：天子帘前赐予紫衣，面对帝座讲经说法，怎么能不守五戒呢？五戒：指在家佛弟子（居士）应当遵守的五条戒律。

[52] 你不解问：你不理解的可以提问。

[53] 放汝三十棒，自领出去：暂时寄放三十棒到你那里，自己领会去。

[54] 但问将来，与你道：只管将你要问的提出来，我给你说。旧译本"只问将来，给你说"，翻译失误，此处"将来"，意思是将所问的提出来，而不是今天"将来"一词的含义。

[55] 展演：展开演绎。

[56] 量才补职：根据人的才能大小去安排适当的职务（岗位）。旧译本"度

量才智弥补知识", 翻译有误。

[57] 伏惟尚飨 (xiǎng): 伏在地上恭敬地请被祭者享用供品。伏惟: 下对上陈述时的表敬之辞。尚: 希望的意思。飨: 泛指请人受用, 祭祀的意思。常用在祭文的最后。旧译本"俯伏思维享用祭品", 翻译有误。

[58] 未有绳墨, 且斫 (zhuó) 粗: 没有量直线的绳墨, 先且将就粗糙地砍吧。

[59] 斫你老爷头不得: 不能砍了你老爷的头。

[60] 一气还转得一大藏教也无: 一口气能演说完三藏教义吗? 藏即含藏之义。谓经律论各含一切文理, 故名藏教。

[61] 饆 (bì) 罗: 古作"饆饠", 古代的一种夹馅面饼。

[62] 上大人, 丘乙己: 由"上大人"开头的一组字, 在唐代的敦煌写本里就有儿童习字的记载, "上大人"早在唐代就被用于儿童的启蒙读物了, 其后在宋代的《续传灯录》里略有改动, 直至清代, 逐渐定型为后来的二十四字: "上大人, 孔乙己, 化三千, 七十士, 尔小生, 八九子, 佳作仁, 可知礼。"禅师以此回答提问者, 就是拒绝回答, 因为落入言语就不是"悟"的境界。或者说明一代时教如孩子启蒙课本那样简单。禅宗不立文字, 教外别传, 直指人心, 见性成佛, 就如孩子识字课本那么简单。一张白纸才可以画最新最美的画。什么知识也没有的时候, 正是清净心的显露。

[63] 担枷陈状: 扛着木枷, 陈说罪状。

[64] 渺潭和尚在汝背后, 怕你乱道, 见么: 渺潭和尚在你背后, 怕你乱说, 看见了吗?

[65] 寺门前金刚, 拓 (tuò) 即乾坤大地, 不拓即丝发不逢时如何: 寺门前的金刚, 托举起来就是乾坤大地, 不托举就毫发不逢时怎么办。拓: 举, 托起。旧译本将"拓"译为"造就", 致使整个译文不通。

[66] 先跳三千, 倒退八百, 你合作么生: 先跑了三千里, 又倒退八百里, 你这样干吗?

[67] 如何是"触途无滞"底句: 什么是"触途无滞"的句子? 南怀瑾先生说: "'若了无心, 触途无滞。'他说真到了无心的境界, 任何跟你接触到的万事万物都没有障碍。我经常看到很多学佛的功夫用得很好, 走起路来笑眯眯。但是碰到对面来了个人, 那个眉头不安的死相又来了, 这就叫作触途成滞, 碰到外境一测验就完了。因此, 自己要当心啊! 有时候有许多朋友功夫用得蛮好, 我经常耍个花样, 叫人去骂他几句, 结果他那个功夫就垮掉了。这样子, 你还想坐莲花到西方极乐世界去啊! 恐怕半路上你那个莲花瓣被那天风吹得七零八落的, 上不上, 下不

下，那才讨厌哩！因此一定要做到触途无滞，任何接触境界来都没有动心过。"

[68] 以字不成，八字不是：宝祐本作"以字不成，入字不是"，依据《景德传灯录》改。指两个梵文字，一个读"讴"的音，意思为"有"，一个读"阿"的音，意思为"无"，题在经文的前面。详见本书第十五章"韶州披云智寂禅师"条"讴阿"注释。又，《佛光大辞典》："以字，指写在护符上端之字，若以中文字观之，则既非以字，亦非八字。禅林乃据此转指以任何方式皆难以表达其本来面目之情形。"

[69] 上来讲赞无限胜因：旧校本标点有误，"上来"二字后不要断句，加逗号。"上来"并非指某人上来，而是指"以上"的意思，以上讲赞了无限胜因（弹指一声为讲赞之妙音）。

[70] 踔（bèng）：同"蹦"。

[71] 彼中有赵州和尚，你曾到否：旧校本标点有误，"赵州和尚"是整体称呼，中间不能断句作"彼中有赵州，和尚你曾到否"，如此标点意义就变了。

[72] 杓（sháo）：一种有柄的舀东西的器具。

[73] 这里不著（zhuó）沙弥：这里不要沙弥。著：要。

【概要】

道明禅师（780～877年），唐代禅僧。黄檗希运禅师之法嗣。又称道踪。江南人，俗姓陈。居睦州（浙江建德）龙兴寺，晦迹藏用。常织蒲鞋，密置于道上，鬻之以奉母。岁久，人知之，有"陈蒲鞋"之称。学人来叩问，则随问随答，词语锐不可当。由是四方归慕，号为"陈尊宿"。尝接引游方修行中之云门文偃，而以痛骂"秦时镀（duó）轹（lì）钻"（参见本书注释），传为禅林佳话。唐乾符四年示寂，世寿九十八。

道明禅师呱呱坠地之时，产房里红光盈室，屋上祥云盖空，直到十天之后方散去。道明的形相也不寻常，"目有重瞳，面列七星"。道明从小慧根独具，他往开元寺拜佛时，看见寺里的和尚，竟会生起一股特别的亲切之情，如同早已相交熟悉一般，心有灵犀。回家后他就向父母提出要出家当和尚，父母竟然听许，成就了他的佛缘。

道明禅师在睦州开元寺里为僧，潜心修学，"持戒精严，学通三藏"。为探佛学玄奥，他游名山，访古刹，到了福建省的福清黄檗山，参谒黄檗宗希运禅师，旨意契合。后应"四众"之请求，居寺中之观音院为他们讲经。道明佛学造诣很深，见解精辟，讲经时又深入浅出，很受欢迎，名闻远近，"四众"称他为"尊宿"，意思是德高望重的大和尚。

"尊宿"之誉，并非虚言。道明和尚"推临济"，"托云门"，提携佛门后辈，有长者之风，极受大众的称赞。

临济宗创始人为义玄和尚，云门宗创始人是文偃和尚，这两个和尚都是经睦州道明的指点、引导、推荐而得到名师的认可，并得衣钵真传，最后成为两大门派之宗师。可以说，如果没有道明和尚的指引，禅门就没有这两大门派的产生和衍传。宋代吕希纯在《陈尊宿庵》诗中说："临济亲推出，云门手推开。于今两禅派，俱自睦州来。"指的就是道明和尚这两件佛门大事。

道明禅师高瞻远瞩，不落窠臼，即使是佛门大德高僧也不盲目崇拜，对他们的言行常予以评价，并为我所用，开导一代新秀。如陈睦州示众云："我见百丈不识好恶，大众才集，以拄杖一时打下，复召大众，众回首，乃云：'是甚么？'有甚共语处？又黄檗和尚亦然。复召大众，众回首，乃云：'月似弯弓，少雨多风。'犹较些子。"

对于道明禅师如此批评，《心灯录》卷四说："睦州此等批判，不能善于分别，何以故？盖睦州言句，全是逼人到法身边。如秦时轹轹钻，并《指月录》所载无理路等语，只可度上智。若中下人，便茫然罔措，与月似弯弓同类。不若百丈'是什么'极亲切，上中下皆可收入。睦州恐人在复召回首处识取则不是，所以说要在思议不及处识取，犹较些子。然与其茫然罔措，不若在'是什么'处共语有入处。细细分别，若论直指，还是百丈较些子。"

对于上面的评论，自然仁者见仁，智者见智，但是道明禅师作为一代高僧则是公认的。

道明禅师不仅是高僧，还是孝子。他在黄檗山讲经十年，因思念家中老母，遂回到睦州，居住在开元寺里。他不以化缘得钱物养母，因为募化是布施者与佛结缘，施舍于佛门弟子的。所以，他在所居之处，夜里编织草蒲鞋，次日清晨拿到城里出售，得钱市米，归来奉养母亲。人们以其行，称其人，以"陈蒲鞋"呼之，从中也可以看出这位高僧出家入世的孝行品德。

【参考文献】

《景德传灯录》卷十二；《释氏稽古略》卷三；《教外别传》卷六。

杭州千顷山楚南禅师

杭州千顷山[1]楚南禅师，福州张氏子。

初参芙蓉，蓉见曰："吾非汝师，汝师江外[2]黄檗是也。"师礼辞，遂参黄檗。

檗问："子未现三界影像时如何？"师曰："即今岂是有邪？"檗曰："有无且置，即今如何？"师曰："非今古。"檗曰："吾之法眼，已在汝躬[3]。"

住后，上堂："诸子设使解得三世佛教，[4]如鉼注水，及得百千三昧，不如一念修无漏道[5]。免被人天因果系绊。"

时有僧问："无漏道如何修？"师曰："未有阇黎[6]时体取。"曰："未有某甲时教谁体？"师曰："体者亦无。"

问："如何是易？"师曰："着衣吃饭，不用读经看教，不用行道礼拜、烧身炼顶[7]，岂不易邪？"曰："如何是难？"师曰："微有念生，便具五阴三界，轮回生死，皆从汝一念生。所以，佛教诸菩萨云：'佛所护念。'"

师虽应机无倦，而常寂然处定，或逾月，或浃旬[8]。文德六年五月迁化，塔于院之西隅。大顺二年宣州孙儒[9]寇[10]钱塘，发塔，睹师全身俨然，爪发俱长，拜谢而去。

【注释】

[1] 千顷山：千顷山是西天目山（杭州市西北部临安区境内，浙皖两省交界处）支脉中的一座山峰，因山顶面积广阔，有千顷之大，故名。

[2] 江外：此指江西。从中原人看来，江外地在长江之外，故称江外。

[3] 吾之法眼，已在汝躬：我的法眼已经到你身上了。躬：身体。

[4] 诸子设使解得三世佛教：各位即使能够解释三世佛的教义。设使：即使，纵然。三世：前世、今世与后世。

[5] 无漏道：又作出世间道、圣道。为"有漏道"之对称。相当于四谛中之道谛。即灭除烦恼、趣向涅槃之圣道。

[6] 阇黎：梵语具云阿阇黎，华言正行。以能纠正弟子之行，即教授得戒等师也，因依此戒得生禅定智慧，其恩实重，人能供养恭敬，即获福利，故名阇黎田。

[7] 烧身炼顶：又作"烧指焚顶"，即佛门弟子以身体上的苦行供养诸佛，以表虔诚。烧指又称燃指，即燃烧手指，以表示信仰之诚挚。如中国近代高僧八指头陀，因为燃烧了二指供佛，只剩下八指。焚顶：指佛教徒焚灼头顶，以表示虔诚奉佛。如出家僧人，头顶烧戒疤。

［8］浃（jiā）旬：一旬，十天。

［9］孙儒（？～892年）：河南蔡州人。唐末军阀，兵势强盛，为人残暴，曾横行于江淮地区。初为蔡州节度使秦宗权麾下都将。秦宗权与朱全忠大战，急召孙儒前来会师，孙儒斩杀秦宗衡，归顺朱温。唐昭宗以为检校司空、招讨副使，升为淮南节度使。景福元年，为庐州刺史杨行密攻杀。部将马殷据有湖南，上表唐廷请求追封孙儒为司徒、乐安郡王，立庙祭祀。

［10］寇（kòu）：侵犯。

【概要】

楚南禅师（813～888年），唐代禅僧。福建福州人，俗姓张氏。据《景德传灯录》记载比本文略为丰富。

自幼年就投靠开元寺昙蔼禅师出家，弱冠之岁就落发，前往五台山受具足戒，在赵郡（今河北赵县）学习相部律学，至上都长安听讲《净名经》。他既已精心研习律法教义，却未能明了禅宗玄机，就去谒见芙蓉和尚。芙蓉和尚看见他以后说："我不是你的老师，你的老师是江西的黄檗和尚。"依芙蓉灵训指示，参谒黄檗希运，嗣其法。

后遇到唐武宗废除佛教之事，楚南禅师就逃到山林中躲藏。至大中初年（847年），宰相裴休出朝镇守宛陵（今安徽宣城），请求黄檗和尚出山。楚南禅师随之而从躲藏的山林中出来，并自那里前去姑苏（今江苏苏州）城报恩寺，精心研修禅定，长达二十余年，双脚未曾走出过寺院大门。不久，苏州太守请求楚南禅师住持宝林院，未过多久，他又受请住持支硎山寺，后又住持千顷山慈云院，弘扬黄檗宗风。

楚南禅师虽然接机应对而没有倦容，并常常心无杂念进入禅定，有时超过一个月，有时十多天。光启三年（887年），吴越王钱镠请楚南下山接受供养。唐僖宗听说他佛法弘化于一方，就赐给他紫衣。文德元年（888年）五月，楚南辞别众僧，悄然圆寂，享年七十六岁，法腊五十六岁，修建的灵塔就在寺院的西隅。景福元年，又作"大顺二年"，壬子岁（892年）二月，盘踞宣州的孙儒进犯杭州，其士兵打开了楚南禅师的灵塔，看见楚南全身面貌如生，指甲与头发都长长了，就礼拜请罪，忏悔后离去。楚南禅师平时所撰《般若经品颂偈》一卷，《破邪论》一卷，都流行于世。

【参考文献】

《宋高僧传》卷十七；《景德传灯录》卷十二；《释氏稽古略》卷三。

福州乌石山灵观禅师（时称老观）

福州乌石山灵观禅师寻常扃户[1]，人罕见之，唯一信士每至食时送供，方开。

一日，雪峰伺便扣门，师开门，峰驀胸擒住[2]曰："是凡是圣？"师唾曰："这野狐精。"便推出闭却门。峰曰："也只要识老兄。"

划草次，问僧："汝何处去？"曰："西院礼拜安和尚去。"时竹上有一青蛇，师指蛇曰："欲识西院老野狐精，只这便是。"

师问西院[3]："此一片地，堪著甚么物？"院曰："好著个无相佛[4]。"师曰："好片地，被兄放不净污了也？"

引水次，僧参，师以引水横抽示之，僧便去[5]。师至暮，问小师："适来僧在何处？"小师曰："当时便去也。"师曰："是即是，只得一橛[6]。"

（玄觉云："甚么处是少一橛？"）

问："如何是佛？"师出舌示之，其僧礼谢。师曰："住！住！你见甚么便礼拜？"曰："谢和尚慈悲，出舌相示。"师曰："老僧近日舌上生疮。"

僧到敲门，行者开门，便出去。僧入礼拜，问："如何是西来意？"师曰："适来出去者，是甚么人？"僧拟近前，师便推出，闭却门。

曹山行脚时，问："如何是毗卢师、法身主？"师曰："我若向你道，即别有也。"

曹山举似洞山，山曰："好个话头[7]，只欠进语，何不问为甚么不道？"

曹却来进前语，师曰："若言我不道，即哑却我口；若言我道；即謇[8]却我舌。"

曹山归举似洞山，山深肯之。

【注释】

[1] 扃（jiōng）户：关门。

[2] 驀胸擒（zǒu）住：当胸一把抓住。擒：执持，抓。

[3] 师问西院：旧校本标点有误，"西院"代指禅师，是"问"的宾语，旧校

本移入了后文引号内。

[4] 无相佛：无相好之佛也，谓身不具三十二相而其德与佛等也。《三论玄义》曰："天竺十六大国，方八千里，有向化之缘，并为委诚，龙树为无相佛。"《付法藏传》三优婆毱多称无相好佛。

[5] 引水次，僧参，师以引水横抽示之，僧便去：灵观禅师在引水的时候，有一位僧人来参拜，灵观举起水槽隔板给他看，那僧人就离去了。宝祐本作"引面次，僧参，师引面示之，僧便去"，依据《景德传灯录》改。引水，将山水引入寺院的水槽。需用水时，抽出水槽上的隔板，水就流出。这隔板便称横柚。

[6] 橛（jué）：小木桩。

[7] 话头：即话头公案，以禅师大德的话头所成之公案。话头，即话题。公案者，参禅者可研究之问题也。

[8] 謇（jiǎn）：口吃，言辞不顺利。"謇却我舌"的意思是，如果说我说了，就让我的舌头僵直。

【概要】

灵观禅师，唐代禅僧。为黄檗希运之法嗣，住福州乌石山。生卒年不详。师性喜独处，人罕见之。仅有一信士依时供食，师亦仅于此时始开门。世称"老观和尚"。故有"老观闭户"之公案传世，内容系师与雪峰禅师间之机缘对话。由此公案中，显示师歇止一切问答等言诠思辨之脱俗风格。

《景德传灯录》记载比本文略为丰富，并且宝祐本有误，本文均依据《景德传灯录》校正。

【参考文献】

《景德传灯录》卷十二。

杭州罗汉院宗彻禅师

杭州罗汉院宗彻禅师，湖州吴氏子。

上堂，僧问："如何是祖师西来意？"师曰："骨剉[1]也。"

（师对机多用此语，时号"骨剉和尚"）

问："如何是南宗、北宗？"师曰："心为宗。"曰："还看教也无？"师曰："教是心。"

问："性地[2]多昏，如何了悟？"师曰："烦云风卷，太虚廓清。"曰：

"如何得明去?"师曰:"一轮皎洁,万里腾[3]光。"

【注释】

[1] 骨剉 (cuò): 骨头折伤了。

[2] 性地: 此指本性（佛性）之处。另,通教有十地,指不同的境界。

[3] 腾: 腾跃,放出。

【概要】

宗彻禅师,唐代禅僧。湖州吴兴县（今浙江湖州）人,俗姓吴氏。宗彻幼年出家,随着年龄长大而受具足戒,云游各方参禅礼拜,后来归依黄檗希运和尚法席。黄檗和尚一看见他,就十分器重他,让他入室领受密旨。宗彻禅师后来来到杭州,太守刘彦钦慕他的道风,就在府衙西边为他建立精舍,号称罗汉院,教化徒众达三百人。应机喜用"骨剉也"一语,时号"骨剉和尚"

【参考文献】

《景德传灯录》卷十二。

相国裴休居士

相国裴休居士,字公美,河东闻喜人也。守新安日,属运禅师初于岭南黄檗山舍众入大安精舍[1],混迹劳侣[2],扫洒殿堂。

公入寺烧香,主事[3]祗接。因观壁画,乃问:"是何图相?"主事对曰:"高僧真仪。"公曰:"真仪可观,高僧何在?"主事无对。

公曰:"此间有禅人否?"曰:"近有一僧,投寺执役,颇似禅者。"公曰:"可请来询问得否?"于是遽寻檗至,公睹之欣然曰:"休适有一问,诸德各辞,今请上人代酬一语。"檗曰:"请相公垂问。"公举前话,檗朗声曰:"裴休。"公应诺,檗曰:"在甚么处?"公当下知旨,如获髻珠[4],曰:"吾师真善知识也,示人剋的[5]若是,何故沦没[6]于此乎?"寺众愕然。

自此延入府署,执弟子礼,屡辞不已。复坚请住黄檗山,荐兴[7]祖道。有暇即躬入山顶谒,或渴闻玄论,即请入州中。

公既通彻祖意,复博综教相[8],诸方禅学咸谓裴相不浪[9]出黄檗之门也。至迁镇宣城，还思瞻礼，亦创精蓝[10]，迎请居之。

虽圭峰[11]该通[12]禅讲，为裴之所重，未若归心于黄檗而倾竭服膺者也。又撰《圭峰碑》云："休与师于法为昆仲[13]，于义为交友，于恩为善知识，于教为内、外护[14]。"斯可见矣。仍集《黄檗语要》，亲书序引，冠于编首，留镇山门。又亲书《大藏经》五百函号，迄今宝之。又圭峰禅师著《禅源诠[15]》《原人论[16]》及《圆觉经疏注[17]》《法界观[18]》，皆为之序。公笃志内典，深入法会。有《发愿文》传于世。

【注释】

[1] 大安精舍：位于洪州（江西南昌），为安世高于后汉灵帝建宁三年（170年）所建。唐宣宗时，黄檗希运入此寺举扬禅风，四方来集之学徒颇多，相国裴休亦师事之，终于有大禅苑之建筑。

[2] 劳侣：指从事劳役工作之人们，或指仆役之类。

[3] 主事：指主行事务者。禅院职事之别称。禅苑清规初以监寺、维那、典座、直岁四职为主事，以后之清规加都寺、副寺，称为六知事。

[4] 髻珠：隐藏在发髻中的宝珠。

[5] 剋（kè）的：谓一语中的。

[6] 汩（gǔ）没：埋没。

[7] 荐兴：宣讲，弘扬。

[8] 教相：分别判断释迦佛一代的教义，如天台的五时八教，法相的三时教。

[9] 浪：空，白白地。

[10] 精蓝：即僧徒所居之伽蓝。蓝：伽蓝之略。伽蓝为精进修行者所居，故称精蓝。

[11] 圭峰：终南山之别峰，唐华严宗第五祖宗密禅师，住于此，故唤师为圭峰。

[12] 该通：指博通。该：广博。

[13] 昆仲：兄弟。

[14] 内、外护：僧徒依佛所制之戒法，护自己身心，使离身口意三业之非，称为内护；族亲檀越供给衣服饮食等，称为外护。

[15] 禅源诠：《禅源诸诠集都序》的略称。圭峰宗密撰，系宗密对禅宗诸家学说的总论，亦为其所编集《禅藏》的序文。初宗密著有《禅源诸诠集》一书，收录禅宗诸家之言句偈颂，别称禅那理行诸诠集，凡百卷，后遇会昌法难（845

年）与唐末五代之乱而佚失，今仅残存都序，即是本书。

[16] 原人论：即《华严原人论》，圭峰宗密撰。简称《原人论》。本书旨在破除儒道二教之妄执，究寻人类本源。

[17] 圆觉经疏注：即《圆觉经大疏钞》，宗密撰。又作《大方广圆觉经大疏钞》《圆觉经大疏释义钞》《圆觉大钞》。宗密于长庆三年（823 年）著成《圆觉经大疏》三卷，其后复撰本书加以详释。书中屡屡引用儒、道二教之典籍，论释广博，非仅限于佛教，故全书体裁已近于佛教百科辞典。本书与宗密之另二著作《禅源诸诠集都序》《禅门师资承袭图》，并为研究禅宗史之重要文献。

[18] 法界观：唐杜顺撰《修大方广佛华严法界观门》一卷，略称《法界观门》《法界观》。本书全文不过二千余言，然华严贤首一宗之四法界五教六相十玄之旨，皆概括于此。此书有宗密注本，收在《大正藏》第四十五册，题为《注华严法界观门》。

【概要】

裴休（797～870 年），唐代孟州济源人（一说是河东闻喜人）。长庆（821～824 年）年中举进士第，升贤良方正。会昌二年（842 年），于洪州兴龙寺迎请黄檗希运入府署，旦夕问道，大中二年（848 年）迁往宣州宛陵时，又建精舍请希运居之，朝暮受法。裴休通达禅旨，博综教相，常与宗密相往来，宗密每有著述，则为之撰序，居官操守严正。大中五年二月官户部侍郎，领诸道盐铁转运使，革除弊害，又定税茶十二法，人以为便。六年为同平章事，十年辞去，后历诸州军节度观察使，咸通（860～873 年）初年任户部尚书，又转任吏部尚书、太子少师而后卒，年七十四。裴休自中年后断肉食，斋居焚香诵经，以习歌呗为业，世称"河东大士"。尝撰《劝发菩提心文》一卷，并辑希运之语录而成《传法心要》一书。此外，《大正藏》第四十八册所收之《黄檗断际禅师宛陵录》，亦题为裴休所集。

【参考文献】

《宋高僧传》卷六、卷十一、卷二十、卷二十五；《景德传灯录》卷六、卷八、卷九、卷十二、卷十三；《居士传》卷十三；《旧唐书》卷一七七；《新唐书》卷一八二。

长庆安禅师法嗣

益州大随法真禅师

益州大随法真禅师，梓州王氏子。妙龄夙悟，决志寻师。于慧义寺出家，圆具后南游。初见药山、道吾、云岩、洞山，次至岭外大沩会下。数载食不至充，卧不求暖，清苦炼行，操履不群。

沩深器之，一日问曰："阇黎在老僧此间，不曾问一转话。"师曰："教某甲向甚么处下口？"沩曰："何不道如何是佛？"师便作手势掩沩口，沩叹曰："子真得其髓！"从此名传四海。

尔后还蜀，寄锡[1]天彭堋口山龙怀寺，于路旁煎茶普施三年。因往后山，见一古院号"大随"，群峰矗秀，涧水清冷。中有一树，围四丈余。南开一门，中空无碍。不假斤斧[2]，自然一庵。时目为"木禅庵"[3]。师乃居之十余载。影不出山，声闻于外。四方玄学，千里趋风。蜀主钦尚，遣使屡征，师皆辞以老病，署"神照大师"。

上堂："此性本来清净，具足万德，但以染净二缘，而有差别。故诸圣悟之，一向净用，而成觉道；凡夫迷之，一向染用，没溺轮回。其体不二。故《般若》云'无二无二分，无别无断故'。"

僧问："劫火洞然[4]，大千俱坏，未审这个坏不坏？"师曰："坏。"曰："恁么则随他去也。"师曰："随他去。"

僧不肯，后到投子，举前话，子遂装香遥礼曰："西川古佛出世。"谓其僧曰："汝速回去忏悔。"僧回，大随师已殁。僧再至投子，子亦迁化。

问："如何是大人相[5]？"师曰："肚上不贴榜[6]。"

问僧："甚处去？"曰："西山住庵去。"师曰："我向东山头唤汝，汝便来得么？"曰："不然。"师曰："汝住庵未得。"

问："生死到来时如何？"师曰："遇茶吃茶，遇饭吃饭。"曰："谁受供养？"师曰："合取钵盂[7]。"

庵侧有一龟，僧问："一切众生皮裹骨，这个众生为甚骨裹皮？"师拈草履覆龟背上，僧无语。

问："如何是诸佛法要？"师举拂子曰："会么？"曰："不会。"师曰："麈尾[8]拂子。"

问："如何是学人自己？"师曰："是我自己。"曰："为甚么却是和尚自己？"师曰："是汝自己。"

问："如何是大随一面事？"师曰："东西南北。"

问："佛法遍在一切处，教学人向甚么处驻足？"师曰："大海从鱼跃，长空任鸟飞。"

问："父子至亲，岐路各别[9]时如何？"师曰："为有父子。"

问："如何是无缝塔[10]？"师曰："高五尺。"曰："学人不会。"师曰："鹘仑[11]砖。"

问："和尚百年后法付何人？"师曰："露柱火炉。"曰："还受也无？"师曰："火炉露柱。"

行者领众参，师问："参得底人唤东作甚么？"曰："不可唤作东。"师咄曰："臭驴汉！不唤作东唤作甚么？"者无语。

问："如何是和尚家风？"师曰："赤土画簸箕。"曰："未审此理如何？"师曰："簸箕有唇，米跳不出。"

问僧："讲甚么教法？"曰："《百法论》[12]。"师拈杖曰："从何而起？"曰："从缘而起。"师曰："苦哉！苦哉！"

问僧："甚处去？"曰："峨嵋礼普贤去。"师举拂子曰："文殊、普贤总在这里。"僧作圆相抛向后，乃礼拜，师唤侍者取一贴茶与这僧。

众僧参次，师以口作患风势，曰："还有人医得吾口么？"众僧竞送药以至，俗士闻之，亦多送药，师并不受。七日后，师自捆口令正，乃曰："如许多时鼓这两片皮，至今无人医得。"即端坐而逝。

【注释】

[1] 寄锡：僧人在某处居留。锡：僧人出外所用的锡杖。

[2] 不假斤斧：不需要借用斧头等工具。斤斧：斧头。

[3] 时目为"木禅庵"：当时的人视为"木禅庵"。宝祐本作"时自为'木禅庵'"，根据其他古籍，"自"疑为"目"之误。

[4] 劫火洞然：世界末日大火熊熊燃烧。劫火：佛教所说世界毁坏时大三灾之一，即坏劫时所发生的大火灾，烧到初禅天，一切都变成灰烬。洞然：亦作"洞燃"，大火熊熊燃烧貌。

[5] 大人相：佛是一切众生中最尊最大的人，所以佛的相，称为大人相。佛有

三十二好相。

　　[6] 肚上不贴榜：真正的大人不会在自己身上标榜自己为大人。

　　[7] 合取钵盂：把钵盂（僧人吃饭的碗）闭上。谁受供养呢？本性是无，本来就没有谁受供养，那么还要饭碗做什么？当一口吞下宇宙，那么就不再需要用钵盂吃饭了。"合取钵盂"这句话与"合取口"（闭上你的嘴巴）相似，把钵盂闭上了，也就是不要吃饭了。

　　[8] 麈（zhǔ）尾：鹿之大者谓之麈，群鹿皆随之，讲者取其尾，为拂子，以象彼麈，指授听众也。

　　[9] 父子至亲，岐路各别：出自《地藏经》："父子至亲，岐路各别，纵然相逢，无肯代受。"

　　[10] 无缝塔：见南阳忠国师章节。

　　[11] 鹘（hú）仑：亦作"鹘囵""鹘沦""鹘仑"。完整，整个儿。

　　[12]《百法论》：全称《大乘百法明门论》。属印度大乘宗经论部。又称大乘百法明门论略录、百法明门论、百法论、略陈名数论。天亲菩萨造，唐代玄奘译。收于《大正藏》第三十一册。系摘自瑜伽师地论本地分中之百法名数，为法相宗所依据重要论书之一。全书系就诸法而略分为五位百法。

【概要】

　　法真禅师（834～919年），唐末五代南岳派僧。梓州（四川省）盐亭县人，俗姓王。出家于慧义寺（护圣寺竹林院），后游历南方，先后参访道吾圆智、云岩昙晟、洞山良价、沩山灵祐等人。曾在沩山门下刻苦修持，终于悟道。后为长庆大安之嗣法弟子，归天彭（四川彭县）珊口山龙怀寺。继而迁住大随山（四川省）十余年，亲自指导参禅者。世称大随法真。其门风淳厚温雅，禅机秀逸。前蜀光天元年（918年），帝欲赐寺额、紫衣及"神照大师"之号，师婉辞不受。经帝数度传达始受。乾德元年端坐示寂，世寿八十六，法腊六十六。有《大随开山神照禅师语录》一卷传世（收于《古尊宿语录》卷三十五）。后人为撰《大随开山神照禅师行状》。

　　僧问："劫火洞然，大千俱坏，未审这个坏不坏？"这个提问引起大家的争议，到底什么是坏？什么是不坏？僧人所提问所指的"这个"具体指的是什么？这个问题值得我们探讨。显然僧人所提这个就是所修的佛性，佛性本来就是不生不灭的，不管劫火如何烧，就是烧到非想非非想天（最高的天），佛性也是不会坏的。这个佛性就是佛的法身，无始无终，不生不灭。然而，僧人提问，禅师竟然回答这个也会坏。到底是何旨意呢？显然，禅师回答说的坏并非是佛性本身，而是僧人所追求的这个本性，他所追求成佛的结果，既然在追求之中，就有所求，凡有所求，都落入生灭之中，不管有多大的定力，总有一天还是会坏的。

于是僧人就说："怎么则随他去也。"师曰："随他去。"既然如此，那么我也不要修行，放弃随它算了。大师马上开示，对，随它，放弃，把一切所求都放弃，无欲无求了，那就真正自由了。卧轮禅师曾作一偈："卧轮有伎俩，能断百思想。对境心不起，菩提日日长。"六祖以为未明心地，依而行之，是加束缚，因示一偈："慧能没伎俩，不断百思想。对境心数起，菩提作么长。"如此对比，那么"随他去"就是《金刚经》所说"应无所住而生其心"。

【参考文献】

《祖堂集》卷十九；《景德传灯录》卷十一；《联灯会要》卷十。

韶州灵树如敏禅师

韶州灵树如敏禅师，闽人也。广主刘氏奕世钦重[1]，署"知圣大师"。

僧问："佛法至理如何？"师展手而已。

问："如何是和尚家风？"师曰："千年田，八百主。"曰："如何是千年田、八百主？"师曰："郎当[2]屋舍没人修。"

问："如何是西来意？"师曰："童子莫徭儿[3]。"曰："乞师指示。"师曰："汝从虔州[4]来。"

问："是甚么得恁么难会。"师曰："火官[5]头上风车子。"

有尼送瓷钵与师，师拓起问曰："这个出在甚么。"曰："出在定州[6]。"（法灯别云："不远此间。"）师乃扑破，尼无对。（保福代云："欺敌者亡。"）

问："和尚年多少？"师曰："今日生，来朝死。"又问："和尚生缘甚么处[7]？"师曰："日出东，月落西。"

师四十余年化被岭表，颇有异迹。广主将兴兵，躬入院请师决臧否[8]，师已先知，怡然坐化。

主怒知事曰："和尚何时得疾？"对曰："不曾有疾，适封一函子，令呈大王。"主开函得一帖子云："人天眼目[9]，堂中上座。"主悟师旨，遂寝兵，乃召第一座开堂说法（即云门[10]也）。

龛塔葬仪，广主具办。谥"灵树禅师"，真身塔焉。

【注释】

[1] 广主刘氏奕（yì）世钦重：广主刘氏代代钦佩敬重。广主刘氏：五代时割据广南的南汉国王刘氏。奕世：累世，代代。

[2] 郎当：破败，紊乱。

[3] 莫徭儿：《隋书·地理志》："长沙郡又有夷蜒，名曰莫徭，自言其先祖有功，常免征役，故以为名。"可能是瑶族的起源，其名称最早见于唐初姚思濂撰修之南朝《梁书·张缵传》，曰："零陵、衡阳等郡有莫徭蛮者"。"蛮"是落后少数民族的贬称。

[4] 虔州：江西赣州。虔州之名起源于隋代，现代赣州的简称为虔。

[5] 火官：古时掌祭火星、行火政之官。

[6] 定州：定州瓷主要产地在今河北省保定市曲阳县的涧磁村及东燕川村、西燕川村一带，因该地区唐宋时期属定州管辖，故名定窑。

[7] 和尚生缘甚么处：和尚尘世的缘分在什么地方？生缘：尘世的缘分，受生转世的因缘。

[8] 臧（zāng）否（pǐ）：有褒贬、评比、评定、评价、评介、评论等意思。此处指请如敏禅师预测兴兵的吉凶祸福。

[9] 人天眼目：寓"人类及天界一切众生眼目"之意。宋朝晦岩智昭编著《人天眼目》一书，收于《大正藏》第四十八册。系收集当时临济、云门、曹洞、沩仰、法眼等禅门五家各宗祖师之遗篇、残偈、垂示等，及五宗纲要，以明五宗之特征。

[10] 云门：即云门文偃（864~949年），唐末五代僧。为云门宗之祖。浙江嘉兴人，俗姓张。法名文偃。梁乾化元年（911年），至曹溪（广东）礼六祖塔，后投于灵树如敏会下，如敏推为首座。贞明四年（918年）如敏示寂，师嗣其法席，主持灵树寺。同光元年（923年），于云门山创建光泰禅院，道风愈显，海众云集，法化四播。后汉隐帝乾祐元年（948年），南汉王刘龚敕赐"匡真禅师"。二年四月十日上表辞王，垂诫徒众，端坐示寂，世寿八十六，僧腊六十六。

【概要】

如敏禅师（？~920年），五代禅僧。福建闽川人。出家后，参谒福州长庆大安，并嗣其法。后居广东韶州灵树禅院，受南汉国王刘龚之归依，赐号"知圣大师"。师化被岭南四十余年，颇有异迹。南汉乾亨四年示寂，世寿不详。谥号"灵树禅师"。

【参考文献】

《祖堂集》卷十九；《景德传灯录》卷十一。

福州灵云志勤禅师

福州灵云志勤禅师，本州岛长溪人也。初在沩山，因见桃华悟道，有偈曰："三十年来寻剑客，几回落叶又抽枝。自从一见桃华后，直至如今更不疑。"沩览偈，诘其所悟，与之符契。沩曰："从缘悟达，永无退失，善自护持。

（有僧举似玄沙，沙云："谛当甚谛当，敢保老兄未彻在[1]。"众疑此语。沙问地藏："我恁么道，汝作么生会？"藏云："不是桂琛[2]，即走杀天下人。"）

住后，上堂："诸仁者！所有长短，尽至不常。且观四时草木，叶落华开，何况尘劫[3]来，天人七趣[4]，地水火风，成坏轮转，因果将尽，三恶道苦，毛发不曾添减，唯根蒂[5]神识[6]常存。上根者遇善友[7]申明[8]，当处解脱，便是道场。中下痴愚，不能觉照，沈迷三界，流转生死。释尊为伊天上人间，设教证明，显发智道。汝等还会么？"

僧问："如何得出离生老病死？"师曰："青山元不动，浮云任去来。"

问："君王出阵时如何？"师曰："春明门[9]外，不问长安。"曰："如何得觐天子？"师曰："盲鹤下清池，鱼从脚底过。"

问："如何是佛法大意？"师曰："驴事未去，马事到来[10]。"曰："学人不会。"师曰："彩气夜常动，精灵日少逢。"

雪峰有偈送双峰，末句云"雷罢不停声"，师别云："雷震不闻声。"峰闻乃曰："灵云山头古月现。"

峰后问曰："古人道'前三三，后三三[11]'，意旨如何？"师曰："水中鱼，天上鸟。"峰曰："意作么生？"师曰："高可射兮深可钓。"

僧问："诸方悉皆杂食[12]，未审和尚如何？"师曰："独有闽中异，雄雄镇海涯。"

问："久战沙场，为甚么功名不就？"师曰："君王有道三边静[13]，何劳万里筑长城？"曰："罢却干戈，束手归朝时如何？"师曰："慈云普润无边刹，枯树无华争奈何。"

长生问[14]："混沌未分时含生何来[15]？"师曰："如露柱怀胎。"曰："分后如何？"师曰："如片云点太清。"曰："未审太清还受点也无？"师不答。曰："恁么则含生不来也。"师亦不答。曰："直得纯清绝点时如何？"师曰："犹是真常流注[16]。"曰："如何是真常流注？"师曰："似镜长明。"曰："向上更有事也无？"师曰："有。"曰："如何是向上事？"师曰："打破镜来，与汝相见。"

僧问："如何是西来意？"师曰："井底种林擒。"曰："学人不会。"师曰："今年桃李贵，一颗直[17]千金。"

问："摩尼珠不随众色，未审作何色？"师曰："白色。"曰："恁么则随众色也。"师曰："赵璧[18]本无瑕，相如诳秦主。"

问僧："甚处去？"曰："雪峰去。"师曰："我有一信寄雪峰，得么？"曰："便请。"师脱只履抛向面前，僧便去。至雪峰，峰问："甚处来？"曰："灵云来。"峰曰："灵云安否？"曰："有一信相寄。"峰曰："在那里？"僧脱只履，抛向峰面前，峰休去。

【注释】

[1] 谛当甚谛当，敢保老兄未彻在：恰当倒是很恰当，但我敢保证老兄还没有悟得彻底。谛当，指确当、恰当、精当、妥帖。

[2] 桂琛（867~928 年）：五代禅僧。青原行思系统下之第七世。常山（浙江省）人。俗姓李。师事常山万岁寺无相大师。后参雪峰义存，继而又参雪峰法嗣玄沙师备，并嗣其法。其后，漳州州牧于闽（福建省）地西方石山建地藏院，请师止住。年余，再往漳州罗汉院大扬宗要，人皆称之为"罗汉桂琛"。天成三年秋示寂，享年六十二，法腊四十。谥号"真应禅师"。

[3] 尘劫：即尘点劫。尘：指微尘；劫：为极大之时限。尘点劫，为譬喻时间甚长久远之词。略称尘劫。《法华经》卷三"化城喻品"说三千尘点劫，谓大通智胜如来之入灭，系久远以前之事。譬如将三千大千世界磨为微尘，东方经过千国土，方掉落一微尘；再经过千国土，掉落第二微尘；待全部微尘落尽，而所经之国土皆悉碎为微尘。如是之一微尘为一劫，即有三千尘点劫。同经卷五"如来寿量品"则说五百尘点劫，以阐明释尊成佛以来之久远。谓将五百千万亿那由他阿僧祇

之三千大千世界碎为微尘，经五百千万亿那由他阿僧祇之国土，方掉落一微尘，再经五百千万亿那由他阿僧祇国土，掉落第二微尘；待全部微尘落尽，所经国土悉碎为微尘。如是之一微尘称一劫，总计有五百尘点劫，或说为五百亿尘点劫。

[4] 七趣：地狱趣、饿鬼趣、畜生趣、人趣、神仙趣、天趣、阿修罗趣。趣是趣向的意思。一般称六道轮回，七趣多"神仙趣"。

[5] 根蒂：本来指植株的根和蒂，此处指本有佛性。

[6] 神识：指有情灵妙不可思议的心识，与现代所说的灵魂同义。

[7] 善友：正直而有德行之友。

[8] 申明：说明，点拨。宝祐本作"伸明"，依《景德传灯录》改。

[9] 春明门：唐代长安城门之一。春明门始建于隋初，位于唐长安城东郭墙正中偏北处。春明门地靠"南内"兴庆宫，门内春明门街又直通东市、皇城，故被称为唐长安城"东中门"或"东正门"。

[10] 驴事未去，马事到来：一般理解为一事未了，一事又来。但本书真实的意义是，佛法大意非言语所能诠释，如此追究下去，到驴年马月，都是空费心思。有成语"驴年马月"，中国古代是用十二个地支同十二种动物的生肖匹配来记录人的出生年代的。不过，十二生肖中并没有"驴"，因此，"驴年"成为不可知的年岁，所以这才有了"泛指遥遥无期，不可能实现的事情"之语义。"驴事未去，马事到来"可理解为"驴年事未去，马月事到来"，即是说驴年的事未去，马月的事已经到来，都是虚幻不实的，因为"驴年"根本就不存在。因为佛的境界不是言语所说出来的，一说就是错。如果问"什么是佛"或者"如何是佛法大意"等问题，驴年马月也不能知道结果，想要成佛就更遥遥无期了。

[11] 前三三，后三三：详见本书第九章"无著文喜禅师"注释。唐杭州无著禅师，名文喜，年七岁出家，习律听教，宣宗初，往五台礼文殊。"前三三，后三三"便是文殊菩萨化身说的。

[12] 杂食：比喻学人参禅不主一家。

[13] 君王有道三边静：君王有道的话三面边疆都安静。三边：中国边疆东面临海，其他三面与别国接壤。

[14] 长生问：旧校本标点有误。"长生"是禅师名，指本书第七章"长生皎然禅师"。旧校本却将"长生"二字移入上文引号内的诗句中，使上文"慈云普润无边刹，枯树无华争奈何"变成了"慈云普润无边刹，枯树无华争奈何长生"，诗句也不通了。

[15] 混沌未分时含生何来：天地还未划分时众生从哪里来？含生：含有生命者，与含灵同。

[16] 真常流注：流注，为止住、执着之意。谓止住、执着于真空常寂的第一义之境中，此为法性之病。

[17] 直：价值相当于。

[18] 赵璧：赵国和氏璧。战国时期，赵惠文王得到了一块楚国原先丢失的名贵宝玉——"和氏璧"。这件事情让秦昭王知道了，他就派使者对赵王说，自己愿意用十五座城池来换"和氏璧"。赵王派蔺相如出使秦国，最后完璧归赵。详见《史记·廉颇蔺相如列传》。

【概要】

志勤禅师，唐末五代禅僧。福建长溪人。生卒年不详。嗣法于长庆大安。初住大沩山，因睹桃花而悟道，禅林称为"灵云见桃明心""灵云桃华悟道"。有偈云："三十年来寻剑客，几回落叶又抽枝。自从一见桃华后，直至如今更不疑。"沩山灵祐览偈，诘其所悟，与之符契，乃云："从缘悟达，永无退失，善自护持。"后住福州灵云山，故道号称"灵云"。

志勤禅师作为晚唐禅宗名僧，佛教史籍对其生平记载互有出人，或有缺漏。宋《淳熙三山志·寺观》连江县"东灵应院"条载其法号"源寂"。又《联灯会要》《五灯会元》将志勤禅师列入大安禅师法嗣之列，但《景德传灯录》与《祖堂集》认为其师承灵祐和尚，开悟于湖南沩山。据考证，《联灯会要》《五灯会元》所述为后人传误之说。志勤禅师至迟于大中六年（852年）之前返闽中，咸通初年（860年）开创闽县灵云山，乾符元年（874年）移锡罗源仙茅山，创仙茅院；乾符五年（878年）又移锡连江县创东灵应院。约于光化年间（898～900年）外出云游，约在唐末五代初期卒于外地。

【参考文献】

《祖堂集》卷十九；《景德传灯录》卷十一。

福州寿山师解禅师

福州寿山[1]师解禅师，尝参洞山。山问："阇黎生缘[2]何处？"师曰："和尚若实问，某甲即是闽中人也。"曰："汝父名甚么？"师曰："今日蒙和尚致此一问，直得[3]忘前失后。"

住后，上堂："诸上座！幸有真实言语相劝，诸兄弟合各自体悉。凡圣情尽，体露真常。但一时卸却从前虚妄攀缘尘垢心，如虚空相似[4]，他时后日，合识得些子[5]好恶。”

闽帅问：“寿山年多少？”师曰：“与虚空齐年。”曰：“虚空年多少？”师曰：“与寿山齐年。”

【注释】

[1] 寿山：在福建省福州市的东北部，出福州市区北上，行车三十余千米即到达寿山。这里是寿山石产地。寿山石是中华瑰宝，中国传统“四大印章石”之一。

[2] 生缘：尘世的缘分，此指禅师的出生地。

[3] 直得：使得。

[4] 但一时卸却从前虚妄攀缘尘垢心，如虚空相似：只要一时卸下从前虚妄、攀缘尘垢的心，如虚空一样。卸却：卸下。却：助词，无义。旧校本标点作“但一时卸却从前虚妄攀缘尘垢，心如虚空相似”。

[5] 些子：亦作“些仔”。少许，一点儿。

【概要】

福建福州寿山师解禅师，行脚云游时，曾经造访洞山良价禅师的法席，洞山禅师问道阿阇黎的尘缘在什么地方？师解回答：“和尚如果是真问的话，我就是闽中人。”洞山禅师问你的父亲名叫什么？师解回答：“今日承蒙和尚发此一问，使得我忘前失后。”

师解禅师住持寿山后，上堂说法：“诸位上座！我正有真言相劝，诸位兄弟应该各自体会，无论凡人圣人，情缘已尽，就会显示出本来面目。只要一时卸下从前虚妄、攀缘尘垢的心，如虚空一样，从此以后，就能识别出少许好恶来。”

福建大帅问道寿山的年龄有多少？师解禅师回答：“与虚空同岁。”大帅再问虚空的年龄有多少？师解回答：“与寿山同岁。

饶州峤山[1]和尚

僧问：“如何是西来意？”师曰：“仲冬[2]严寒。”

问：“如何是和尚深深[3]处？”师曰：“待汝舌头落地，即向汝道。”

问：“如何是丈六金身[4]？”师曰：“判官断案相公改。”

长庆问：“从上宗乘，此间如何言论？”师曰：“有愿不负先圣。”庆曰：“不负先圣作么生？”师曰：“不露。”庆曰：“怎么则请师领话[5]。”师曰：“甚么处去来？”庆曰：“只首[6]甚么处去来。”

【注释】

[1] 峣（yáo）山：宝祐本作"嶤山"，依《景德传灯录》改。

[2] 仲冬：也称中冬，指的是农历十一月，包含大雪、冬至两个节气。

[3] 深深：甚深，指佛法微妙不可思议之处。

[4] 丈六金身：如来为地前凡夫及二乘人所现的劣应身，高一丈六尺，这是通常应化佛的身量，释尊住世时，就是现丈六金身。

[5] 领话：提问。

[6] 只首：宝祐本作"只守"，依《景德传灯录》改。亦作"只手"。诚然，实在。

泉州国欢崇福院文矩慧日禅师

泉州国欢[1]崇福院文矩慧日禅师，福州黄氏子。生而有异。及长，为县狱卒[2]。每每弃役，往神光观和尚[3]及西院安禅师所，吏不能禁。后谒万岁塔[4]谭空禅师落发，不披袈裟，不受具戒，唯以杂彩为挂子[5]。复至神光，光曰："我非汝师，汝礼西院去。"师携一小青竹杖，入西院法堂，院遥见笑曰[6]："入涅槃堂[7]去。"师应诺，轮竹杖而入。时有五百许僧染时疾[8]，师以杖次第点之，各随点而起。闽王礼重，创院以居之。厥后颇多灵迹，唐乾宁中示灭。

【注释】

[1] 国欢：即国欢寺，位于今福建省莆田市涵江区国欢镇塘西村。国欢寺始建于唐中和元年（881年），是一座闻名海内外的千年古刹，由闽中名僧妙应禅师与其同一代名僧本寂禅师献住宅而为寺院。初名"延福院"，为囊山慈寿寺下院，后逐渐扩建为寺。五代后梁开平元年（907年），闽王王审知把其改名为"国欢寺"，一直延续至今。

[2] 狱卒：旧时在监狱里看管囚犯的差役，中国古代的监狱警察。

[3] 观和尚：即灵观和尚，详见本章"福州乌石山灵观禅师"注释。为黄檗希运之法嗣，住福州乌石山。生卒年不详。师性喜独处，人罕见之。仅有一信士依时供食，师亦仅于此时始开户。世称"老观和尚"。

[4] 万岁塔：位于福州城，始建于唐天祐元年（904年），原名报恩定光多宝塔，五代初年改名万岁塔。又因塔身素白，俗称白塔。

［5］挂子：禅僧所悬之袈裟名，与挂络同。即通两肩悬于胸间之小袈裟，乃安陀会（宿睡时常近身衣）之变形。禅僧作务、行步时，为方便而著服之。

　　［6］院遥见笑曰："院"借代禅师，旧校本标点有误，下面应加专有名词线。

　　［7］涅槃堂：又作延寿堂、延寿院、延寿寮、重病间（阁）、省行堂（院）、无常院、将息寮。收容慰抚老病者之堂宇。古时丛林送老者至安乐堂，送病者至延寿堂，俾使老病者养生送死而无憾。

　　［8］时疾：正在流行的传染病。

【概要】

　　慧日禅师，福州侯官县（今福建福州）人，俗姓黄氏。他一生下来就与众孩童不同，长大后取名文矩，在县衙中当狱卒。他常常放下公差，前往神光灵观和尚与西院大安禅师那里，官吏不能禁止他。后来，慧日拜谒万岁塔谭空禅师剃发出家，但不披袈裟，不受具足戒，只是用杂色的彩布做了一个挂子穿着。后来，他又回到灵观和尚那里，灵观和尚说我不是你的老师，你去礼拜西院和尚。慧日就携带着一根青色小竹杖，进入西院法堂，大安禅师远远看见他就笑着说到涅槃堂去。慧日答应了，挥动着竹杖进去了。当时涅槃堂中有五百左右僧人感染了流行疾病，慧日用竹杖依次点着，各人都随竹杖所点而痊愈起身。闽王很敬重他，创建了国欢禅院让他居住。此后，慧日大师留下了很多灵验的事迹，在唐代乾宁年中（894～897年）圆寂。

　　慧日大师原名文矩，字妙应，为泉州莆田兴教寺开山僧，闽王赐号曰"慧日禅师"。慧日禅师最精于堪舆地理，曾作遗谶，后无不验。著有《博山经》行世。

【参考文献】

　　《五灯严统》卷四；《五灯全书》卷八；《教外别传》卷六。

台州浮江和尚

　　雪峰领众到，问："即今有二百人寄此过夏，得么？"师将拄杖画一画，云："著不得即道。"[1]峰休去。

【注释】

　　［1］云："著不得即道。"：宝祐本无"云"，依《景德传灯录》改。著：挨着打。

潞州渌水和尚

僧问："如何是祖师西来意?"师曰："还见庭前华药栏[1]么?"僧无语。

【注释】

[1] 华药栏:即花药栏,简称药栏。檀芳药牡丹等花卉以竹木围其四周者。南朝梁庾肩吾《和竹斋》:"向岭分花径,随阶转药栏。"唐杜甫《宾至》:"不嫌野外无供给,乘兴还来看药栏。"

广州文殊院圆明禅师

广州文殊院圆明禅师,福州陈氏子。参大沩[1]得旨后,造雪峰请教,法无异味。尝游五台山,睹文殊化现,乃随方建院,以"文殊"为额[2]。

开宝中,枢密使[3]李崇矩[4]巡护南方,因入院睹地藏菩萨[5]像,问僧:"地藏何以展手?"僧曰:"手中珠被贼偷却也。"李却问师:"既是地藏,为甚么遭贼?"曰:"今日捉下也。"李礼谢之。

【注释】

[1] 大沩:此指在沩山弘法的大安禅师。

[2] 乃随方建院,以"文殊"为额:于是随宜建立寺院,都以"文殊"起名。

[3] 枢密使:枢密使一职始置于唐后期,为枢密院主官,以宦官充任,五代时改由士人充任,后又逐渐被武臣所掌握,办事机构也日益完善。为适应连年战争的局面,枢密使把军政大权握于一己之手以便宜从事,枢密使的职掌范围扩大到了极限,枢密使的地位迅速上升,"权侔于宰相"。宋时枢密使作为枢密院长官,与宰相(同平章事)共同负责军国要政,实则以宰相主政,枢密主兵。

[4] 李崇矩(924~988年):字守则,潞州上党(今山西长治)人。初仕后汉,在史弘肇手下任职。后周时任供奉官、供备库副使、作坊使、判四方馆事。北宋建立后,历任右监门卫大将军、三司使、宣徽北院使、枢密使、检校太傅、镇国军节度等,曾随宋太祖讨伐李筠、李重进,征伐北汉。端拱元年(988年)去世,终年六十五岁。追赠太尉,谥号元靖。

[5] 地藏菩萨:地:住处之义;藏:含藏之义。即受释尊之咐嘱,于释尊圆寂

后至弥勒菩萨成道间之无佛时代，自誓度尽六道众生始愿成佛之菩萨。被尊称为"大愿地藏菩萨"，与观音（大悲）、文殊（大智）、普贤（大行）并称为四大菩萨而为我国佛教徒所尊崇。

【概要】

圆明禅师（855～990年），宋代禅僧。福建福州人，俗姓陈氏。他起初参拜大沩山大安禅师得悟佛法意旨，后来再参拜雪峰禅师请教佛法，而所学得的佛法完全没有不同。他又曾云游五台山，目睹文殊菩萨显灵，于是随宜建立寺院，都以"文殊"起名。

北宋开宝年间（968～976年），枢密使李崇矩巡视南方，因而来到了圆明禅师所在的寺院，看见地藏菩萨像后，就问寺僧："地藏菩萨为什么展开双手？"寺僧回答："他手中的珠子被贼偷走了。"李崇矩回头问："既然是地藏菩萨，为什么会遭贼？"圆明禅师回答："今天已捉到了。"李崇矩就施礼拜谢。

宋太宗淳化元年（990年），圆明禅师圆寂，享年一百三十六岁。

【参考文献】

《景德传灯录》卷十一；《五灯严统》卷四；《教外别传》卷六。

赵州谂禅师法嗣

洪州新兴严阳尊者

洪州新兴[1]严阳[2]尊者，讳善信。

初参赵州，问："一物不将来时如何？"州曰："放下著。"师曰："既是一物不将来，放下个甚么？"州曰："放不下，担取去。"师于言下大悟。

住后，僧问："如何是佛？"师曰："土块。"曰："如何是法？"师曰："地动[3]也。"曰："如何是僧？"师曰："吃粥吃饭。"

问："如何是新兴水？"师曰："面前江里。"

问："如何是应物现形[4]？"师曰："与我拈床子过来。"

师常有一蛇一虎，随从手中与食。

【注释】

[1] 新兴：即新兴院，唐末天祐年间（904～907年）江西制置使刘公於江西武宁县治之西创新兴院，迎严阳尊者居住，后改名明心院。

[2] 严阳：即严阳山，在武宁县东南四十里，善信禅师（即严阳尊者）乐山之奇秀，结庵其间。

[3] 地动：谓佛将说法时，地有六种震动。

[4] 应物现形：简称"应现"。应众生之机缘而现身。《金光明经》："佛真法身，犹如虚空，应物现形，如水中月。"

【概要】

据南宋僧人晓莹《感山云卧纪谈》卷上云：赵州和尚嗣法上首弟子善信，因乐严阳山之"奇秀，结庵其间。（善）信以道德崇重，世不欲名，故称严阳尊者。（有）一虎一蛇，驯绕左右"。

"严阳一物"公案，是赵州从谂与严阳尊者的答问机语，亦作"一物不将来"。将来：指带来、拿来。"一物不将来"，意谓没有任何执着。《黄龙语录》："上堂，举：'严阳尊者问赵州：'一物不将来时如何？'州云：'放下著。'尊者云：'既是一物不将来，放下个什么？'州云：'担取去。'尊者言下有省。"赵州让严阳"放下著、担取去"，实际上是想指明他仍执着于"一物不将来"，并未真正解脱。

这个公案禅林常拈评。《虚堂语录》卷二："上堂，举，赵州因僧问：'一物不将来时如何？'……师云：'赵州向者僧痛处下一针，不妨奇特。只是病入膏肓，难以发药。'"

【参考文献】

晓莹《感山云卧纪谈》卷上（卍新纂大日本续藏经第八十六册）；《从容庵录》四·第五七则；《虚堂语录》卷二。

扬州光孝院慧觉禅师

僧问："觉华[1]才绽，遍满娑婆[2]。祖印西来，合谈何事？"师曰："情生智隔。"曰："此是教意？"师曰："汝披甚么衣服？"

问："一棒打破虚空时如何？"师曰："困即歇去。"

师问相国宋齐丘[3]曰："还会道么？"宋曰："若是道也著不得[4]。"

师曰："是有著不得？是无著不得？"宋曰："总不恁么。"师曰："著不得底聻[5]？"宋无对。

师领众出，见露柱，乃合掌曰："不审，世尊[6]！"僧曰："和尚，是露柱[7]！"师曰："啼得血流[8]无用处，不如缄口[9]过残春。"

问："远远投师，师意如何？"师曰："官家[10]严切，不许安排。"曰："岂无方便？"师曰："且向火仓[11]里一宿。"

师到崇寿，法眼问："近离甚处？"师曰："赵州。"眼曰："承闻赵州有'庭前柏树子'话，是否？"师曰："无。"眼曰："往来皆谓僧问'如何是祖师西来意'，州曰'庭前柏树子'，上座何得言无？"师曰："先师实无此语，和尚莫谤先师好。"

张居士问："争奈老何？"师曰："年多少。"张曰："八十也。"师曰："可谓老也。"曰："究竟如何？"师曰："直至千岁也未在[12]。"

俗士问："某甲平生杀牛，还有罪否？"师曰："无罪。"曰："为甚么无罪？"师曰："杀一个，还一个。"

【注释】

[1] 觉华：比喻真觉。觉：即智慧。智慧之开，如华盛开，故称觉华。

[2] 娑婆：娑婆世界的简称，娑婆华译为堪忍，因此世界的众生堪能忍受十恶三毒及诸烦恼而不肯出离，故名堪忍世界，或简称忍土。

[3] 宋齐丘（887～959年）：五代十国时期吴、唐政权中的重要政治人物，四为宰相，贵为三公，但最后因结党放归而自杀。本字超回，改字子嵩，豫章（今南昌）人。世出洪州（今南昌）官僚世家，祖居庐陵（今吉安）。烈祖建国（937年）以为左丞相，迁司空，卒年七十三，谥缪丑。为文有天才，自以古今独步，书札亦自矜炫，而嗤鄙欧、虞之徒。历任吴国和南唐左右仆射平章事（宰相），晚年隐居九华山。

[4] 若是道也著不得：如果说了也感受不到。

[5] 著不得底聻（nǐ）：感受不到的呢？聻：句末语气词，相当于"呢""哩"。

[6] 不审，世尊：您好，世尊！不审：问候语。旧校本标点有误，四字中间没有断句。

[7] 和尚，是露柱：旧校本标点有误，没有断句，变成"和尚是露柱"引起岐义。这句话的本意是："和尚，那是露柱，您怎么当成佛陀，向他问候呢？"

[8] 啼得血流：指杜鹃啼血。杜鹃鸟：俗称布谷，又名子规、杜宇、子鹃。春夏季节，杜鹃彻夜不停啼鸣，啼声清脆而短促，唤起人们多种情思。如果仔细端详，杜鹃口腔上皮和舌部都为红色，古人误以为它啼得满嘴流血，凑巧杜鹃高歌之时，正是杜鹃花盛开之际，人们见杜鹃花那样鲜红，便把这种颜色说成是杜鹃啼的血。

[9] 缄（jiān）口：闭嘴，不说话。

[10] 官家：官府，公家。

[11] 火仓：伙房。

[12] 直至千岁也未在：就是到了千岁，也不是真实的自己住在世上。《景德传灯录》作"直至千岁也未住"。旧译本译为"就是到了千岁也不老"，《景德录译注》亦相似，这样翻译有误。

【概要】

慧觉禅师，唐代禅僧。又称"觉铁嘴"。生卒年不详。为赵州从谂（778～897年）之法嗣，住扬州（今属江苏）光孝寺。精通经史子集，复能诗文。

【参考文献】

《景德传灯录》卷十一；《联灯会要》卷七；《从容庵录》三·第四十七则。

陇州[1]国清院奉禅师

僧问："祖意、教意是同是别？"师曰："雨滋三草秀，春风不裹头[2]。"曰："毕竟是一是二？"师曰："祥云竞起，岩洞不亏。"

问："如何是和尚家风？"师曰："台盘[3]椅子，火炉鬷膗[4]。"

问："如何是出家人？"师曰："铜头铁额[5]，鸟觜鹿身[6]。"曰："如何是出家人本分事？"师曰："早起'不审'，夜间'珍重'[7]。"

问："牛头未见四祖时，为甚么百鸟衔花？"师曰："如陕府人送钱财与铁牛[8]。"曰："见后为甚么不衔花？"师曰："木马[9]投明[10]行八百。"

问："十二时中如何降伏其心？"师曰："敲冰求火[11]，论劫不逢[12]。"

问："十二分教[13]是止啼之义，离却'止啼'，请师一句。"师曰："孤峰顶上双角[14]女。"

问："如何是佛法大意？"师曰："释迦是牛头狱卒，祖师是马面阿旁[15]。"

问："如何是西来意？"师曰："东壁打西壁[16]。"

问："如何是扑不破底句？"师曰："不隔毫牦[17]，时人远向。"

【注释】

[1] 陇州：今陕西陇县。

[2] 裹头：裹扎头巾，包头。犹加冠。古时男子成丁则裹头巾。

[3] 台盘：桌子，引申为席面、筵席。《儒林外史》第五十回："胡老爹上不得台盘，只好在厨房里。"

[4] 牕（chuāng）牖（yǒu）：窗户。牕：同"窗"。牖：同"牖"，窗户。

[5] 铜头铁额：铜铸的头，铁打的额，形容人勇猛强悍。《太平御览》卷七十九引《龙鱼河图》："蚩尤兄弟八十一人，并兽身人语，铜头铁额。"

[6] 鸟觜（zī）鹿身：它是上古神兽，鸟头鹿身蛇尾，助蚩尤击败冰神应龙，后被天女擒杀。鸟觜：鸟的嘴。

[7] 早起"不审"，夜间"珍重"：早晨说"不审"，夜间道"珍重"。不审：问候语。旧译本"早晨起来不认识，晚上珍重"，译错。

[8] 铁牛：唐时陕州（今属河南三门峡市）城南铸有铁牛，以镇河妖。铁牛即铁铸的牛，古人治河或建桥，往往铸铁为牛状，置于堤下或桥塊，用以镇水。禅林以譬不可动，又譬无容嘴之处。丁福保《佛学大词典》举例："《碧岩》三十八则曰：'祖师心印，状似铁牛之机。'同著语曰：'千人万人撼不动。'《五灯会元·药山章》曰：'某甲在石头，如蚊子上铁牛。'"《佛光大辞典》："河南陕府城外有大铁牛，传说是禹王为防黄河泛滥所铸，为黄河之守护神。禅宗'铁牛之机'一语，即谓其'体'不动、'用'无应迹而自在之大机用；又用来形容无相之佛心印。"

[9] 木马：禅林用语。因为木马无有思虑念度之作用，故丛林每以之比喻无心无念之解脱当相。

[10] 投明：破晓，黎明。

[11] 敲冰求火：敲开冰找火。比喻不可能实现的事。

[12] 论劫不逢：不管多长时间也难遇到。

[13] 十二分教：佛典依文体与内容类别为十二种，称为十二分教，或译为十二部经、十二分圣教。这十二种分别是：契经、祇夜、记别、讽颂、自说、因缘、

譬喻、本事、本生、方广、未曾有法、论议。

[14] 双角：指古代孩童或青年女子头顶上的两束发髻。

[15] 阿旁：亦作"阿傍"。梵语。地狱中鬼卒名。

[16] 东壁打西壁：亦作"东壁打到西壁"。意谓室内空空荡荡。反映僧家生活俭朴，亦寓万物皆空之义。

[17] 毫牦（máo）：同"毫氂"，即"毫厘"，喻极细微。《景德传灯录》作"毫厘"。

婺州[1]木陈从朗禅师

僧问："放鹤出笼和雪去时，如何？"师曰："我道不一色。"

因金刚[2]倒，僧问："既是金刚不坏身[3]，为甚么却倒地？"师敲禅床曰："行住坐卧。"

师将归寂，有偈曰："三十年来住木陈，时中无一假功[4]成。有人问我西来意，展似眉毛作么生[5]。"

【注释】

[1] 婺州：今浙江金华。

[2] 金刚：比喻如金刚之坚固不坏，此指金刚不坏之菩萨。或指金刚力士。据《大宝积经》卷九"金刚力士会"所载，往昔转轮圣王勇郡有千子及法意、法念二王子，法意曾誓言，若千位太子成佛时，当为金刚力士，亲近于佛，闻诸佛秘要密迹之事。当时之勇郡王即过去之定光如来，千位太子即贤劫中之千佛，法意王子即金刚力士，名为密迹，故又称密迹金刚力士、密迹力士，或称为那罗延，以其具有大力之故。或指金刚与力士二者。据《大日经·真言藏品》所载，金刚，系指不可越守护神，又称难胜金刚；力士，系指相向守护神，又称对面金刚。此二尊即一般所称之"二王尊"，为安置于寺门两侧之金刚神。亦有于寺门立"右弼金刚"与"左辅密迹"者，右弼即那罗延（天），以此天之神有大力能驱逐一切鬼神；左辅即密迹金刚力士。于印度，则风行安置诸天及药叉神等，以守护伽蓝。

[3] 金刚不坏身：以金刚之坚固比喻如来法身之不坏。《大宝积经》卷五十二云："如来身者，即是法身、金刚之身、不可坏身、坚固之身。"

[4] 假功：世间功名均是虚幻不实，故称为假功。

[5] 展似眉毛作么生：每天眉毛舒展而安闲生活，怎么样。展似眉毛：眉毛舒展，比喻安适的生活。作么生：又作怎么生、似么生、作么、作生。作么：即

"何"；生：为接尾词。相当于"如何了""怎么样"。本为宋代俗语，禅宗多用于公案之感叹或疑问之词。

【概要】

从朗禅师，唐代禅僧。师事赵州从谂禅师，嗣其法。出居婺州（今浙江金华）木陈。将归寂，有偈曰："三十年来住木陈，时中无一假功成。有人问我西来意，展似眉毛作么生？"

【参考文献】

《景德传灯录》卷十一；《五灯严统》卷四；《指月录》卷十三。

婺州新建禅师

婺州[1]新建禅师，不度小师[2]。有僧问："和尚年老，何不畜一童子侍奉？"师曰："有瞽聩[3]者为吾讨[4]来。"

僧辞，师问："甚处去？"曰："府下开元寺去。"师曰："我有一信附与了寺主，汝将去得否？"曰："便请。"师曰："想汝也不奈何！"

【注释】

[1] 婺州：今浙江金华。

[2] 不度小师：不剃度小沙弥。

[3] 瞽（gǔ）聩（kuì）：耳聋眼瞎。

[4] 讨：找，觅，取。

杭州多福和尚

僧问："如何是多福[1]一丛竹？"师曰："一茎两茎斜。"曰："学人不会。"师曰："三茎四茎曲。"

问："如何是衲衣[2]下事？"师曰："大有人疑着在。"曰："为甚么如是？"师曰："月里藏头[3]。"

【注释】

[1] 多福：即上方多福院，位于杭州盐桥东，五代后梁贞明七年（921 年）钱

氏建，宋大中祥符年间（1008～1016 年）改赐名七宝寺。

［2］衲衣：又作纳衣、粪扫衣、弊衲衣、五衲衣、百衲衣。即以世人所弃之朽坏破碎衣片修补缝缀所制成之法衣。比丘少欲知足，远离世间之荣显，故穿此衣。粪扫衣就衣材而名，衲衣就制法而说。又比丘常自称老衲、布衲、衲僧、衲子、小衲等，僧众呼为衲众，皆取穿衲衣之义。

［3］藏头：即藏身，躲避见人。

益州[1]西睦和尚

上堂，有俗士举手曰："和尚便是一头驴。"师曰："老僧被汝骑。"士无语，去后三日再来，白言[2]："某甲三日前著贼。"师拈杖趁出。

师有时蓦唤侍者，者应诺，师曰："更深夜静，共伊商量。"

【注释】

［1］益州：今四川成都。

［2］白言：《景德传灯录》作"自言"。

长沙岑禅师法嗣

明州雪窦常通禅师

明州[1]雪窦[2]常通禅师，邢州李氏子。

参长沙，沙问："何处人？"师曰："邢州人。"沙曰："我道汝不从彼来。"师曰："和尚还曾住此否？"沙然之，乃容入室。

住后，僧问："如何是密室[3]？"师曰："不通风信。"曰："如何是密室中人？"师曰："诸圣求睹不见。"僧作礼。师曰："千圣不能思，万圣不能议。乾坤坏不坏，虚空包不包。一切无比伦，三世唱不起。"

问："如何是三世诸佛出身处？"师曰："伊不肯知有汝三世。"僧良久，师曰："荐[4]否？不然者，且向着佛不得处体取。时中常在，识尽功亡，蓦然而起，即是伤他，而况言句乎？"

天佑二年七月示寂，塔于寺西南隅。

【注释】

[1] 明州：今浙江宁波。

[2] 雪窦：雪窦山，位于浙江省宁波市奉化区溪口镇西北，为四明山支脉的最高峰。

[3] 密室：指四面关闭之室。《摩诃止观》卷七云："定中观智，如密室中灯照物则了。"又比喻绝对之境界。禅林中以"密室不通风"一语，表示无有禅的活泼运作之境界，或比喻师徒之间亲密无间。

[4] 荐：认识，醒悟。

【概要】

常通禅师（834～905年），唐代禅僧。亦作"恒通"（见《宋高僧传》）。邢州（今河北邢台）人，俗姓李氏。幼习儒，十三岁入鹊山（山东历城县北）出家。二十岁在邢州开元寺受具足戒。往长安荐福寺听习经律，经过了七年，说："摩腾（东汉明帝迎至洛阳，译《四十二章经》等，汉地之有佛法自此始）进入汉地后，佛经译著可观。达磨祖师来到南朝梁都，又为了众生明白什么事呢？"于是就远去参拜长沙景岑禅师，示以禅法，言下悟入。后去洞山良价禅师、石霜庆诸禅师处参拜，而得证妙法而无异说。唐咸通（860～874年）末年，云游至宣城（今属安徽），州城长官奏请朝廷同意在谢仙山建置禅院，号称瑞圣院，请常通禅师住持。唐僖宗光启年间（885～888年），各地盗寇群起，常通禅师率领徒众来到四明山。大顺二年（891年），明州太守请他居住于雪窦山，郁然盛化于一方。天祐二年乙丑岁（905年）七月，常通禅师显出疾病症候，集聚众僧焚香，嘱咐完毕，便合掌圆寂。享年七十二岁。当年八月七日，众僧在寺院的西南隅建造了石塔供奉。

【参考文献】

《宋高僧传》卷十二；《景德传灯录》卷十一；《禅宗正脉》卷二。

茱萸和尚法嗣

石梯和尚

因侍者请浴，师曰："既不洗尘，亦不洗体，汝作么生？"者曰："和尚先去，某甲将皂角[1]来。"师呵呵大笑。

有新到于师前立，少顷便出去。师曰："有甚么辨白处？"僧再回。师曰："辨得也！"曰："辨后作么生？"师曰："埋却得也。"曰："苍天！苍天！"师曰："适来却恁么，如今还不当。"僧乃出去。

一日见侍者拓钵[2]赴堂，乃唤侍者，者应诺。师曰："甚处去？"者曰："上堂斋去。"师曰："我岂不知汝上堂斋去？"者曰："除此外别道个甚么？"师曰："我只问汝本分事。"者曰："和尚若问本分事，某甲实是上堂斋去。"师曰："汝不谬为吾侍者。"

【注释】

[1] 皂角：古代洗澡用的肥皂。
[2] 拓钵：托钵。拓：承托，举。

子湖踪禅师法嗣

台州[1]胜光和尚

僧问："如何是和尚家风？"师曰："福州荔枝[2]，泉州刺桐[3]。"

问："如何是佛法两字？"师曰："要道即道。"曰："请师道。"师曰："穿耳胡僧[4]笑点头。"

龙华[5]照和尚来，师把住曰："作么生？"照曰："莫错。"师乃放手。照曰："久向胜光。"师默然，照乃辞。师门送曰："自此一别，甚么处相见？"照呵呵而去。

【注释】

[1] 台州：今浙江临海。

[2] 福州荔枝：唐宋时福州以产荔枝而著名。

[3] 泉州刺桐：刺桐：原产于印度和马来西亚，唐宋以来，福建不少地方引种了它，但种得最多的还是泉州。这是一种落叶乔木，枝有黑色圆锥形棘刺，早春开黄红、紫红等色花。五代闽帅留从效重筑福建泉州城墙时，于城周环植刺桐树，故时人多称泉州作"桐城"，或径称作"刺桐"。

[4] 穿耳胡僧：此指初祖达磨。胡僧：指来自西域等地的僧人。穿耳：古代西域等地人有穿耳的风俗。

[5] 龙华：指龙华寺，在浙江临海东塍镇，始建于五代晋天福六年（941 年），初名兴福寺，后改名。

漳州浮石和尚

上堂："山僧开个卜铺[1]，能断人贫富，定人生死。"

僧问："离却生死贫富，不落五行[2]，请师直道。"师曰："金木水火土。"

【注释】

[1] 卜铺：占卜的铺子。

[2] 五行：五元运行之意。即指水、火、木、金、土。以此五数于天地间运行不息，故称为五行；其为万物化育生成之要素，与佛教以地、水、火、风四大种为能造之说有相通之处。此为佛教东传以前，我国之固有思想，广行于儒、墨、道、法、兵、医诸家之间。汉代以后此说渐盛，更将之配于人生百般之事象。

紫桐和尚

僧问："如何是紫桐境？"师曰："汝眼里著沙得么？"曰："大好紫桐境也不识。"师曰："老僧不讳此事。"其僧拟出去，师下禅床擒住曰："今日好个公案，老僧未得分文入手。"曰："赖遇某甲是僧。"师拓开曰："祸不单行。"

日容远和尚

因蔇[1]上座参，师抴掌三下，曰："猛虎当轩[2]，谁是敌者？"蔇曰："俊鹞冲天，阿谁捉得？"师曰："彼此难当。"蔇曰："且休，未要断这公案。"师将拄杖舞归方丈。龠无语。师曰："死却这汉也!"

【注释】

[1] 龠(huò):孔窍大,睁大眼睛。此为禅师名,参见本书第七章"岩头全龠禅师"注释。

[2] 轩:殿堂前檐下的平台。

关南常禅师法嗣

襄州^[1]关南道吾^[2]和尚

襄州关南道吾和尚始经村墅,闻巫者乐神云"识神无",忽然省悟。后参常禅师,印其所解。复游德山^[3]之门,法味^[4]弥著。

住后,凡上堂,戴莲华笠,披襕^[5]执简^[6],击鼓吹笛,口称"鲁三郎神,识神不识神,神从空里来,却往空里去",便下座。有时曰:"打动关南鼓,唱起德山歌。"

僧问:"如何是祖师西来意?"师以简揖^[7]曰:"喏。"

有时执木剑,横肩上作舞。僧问:"手中剑甚处得来?"师掷于地。僧却置师手中。师曰:"甚处得来?"僧无对。师曰:"容汝三日内,下取一转语。"其僧亦无对。师自代拈剑横肩上,作舞曰:"须恁么始得。"

赵州访师,师乃著豹皮裩^[8],执吉獠棒^[9],在三门下翘一足等候。才见州便高声唱喏而立。州曰:"小心祗候^[10]着。"师又唱喏一声而去。

问:"如何是和尚家风?"师下禅床作女人拜^[11]曰:"谢子远来,无可祗待^[12]。"

问灌溪^[13]:"作么生?"溪曰:"无位^[14]。"师曰:"莫同虚空么?"溪曰:"这屠儿。"师曰:"有生可杀即不倦。"

【注释】

[1] 襄州:今湖北襄樊。

[2] 道吾:此"道吾"非禅师名,而是所住山名。道吾山,位于湖南省浏阳县城北十千米集里乡,为幕阜山的一条支脉。唐文宗曾降旨于此山建"护国兴华大

禅寺"，规模宏大壮观。宗智禅师（见本书第五章"潭州道吾山宗智禅师"条）为开山祖。

[3] 德山：即德山宣鉴禅师，龙潭崇信禅师的法嗣。大中初（847～859 年），应武陵（湖南）太守薛廷望坚请，始居德山，大振宗风，蔚为一大丛林，其道风峻险，棒打天下衲子，与沩山、洞山、临济之道风相对峙。

[4] 法味：即妙法之滋味。又作佛法味、法智味。佛所说之法门，其义趣甚深，须细细咀嚼体得，方生快乐，故以美味譬之，称为法味。

[5] 襕（lán）：古代上下衣相连的服装，即长衫或袍。

[6] 简：两根长约六十五厘米的竹片组成的打击乐器，以左手夹击发声来显示节拍。

[7] 揖（yī）：拱手行礼。

[8] 裈（kūn）：同"裈"，古代称裤子。

[9] 吉獠棒：吉獠可能是柳栗，其木质非常坚硬，有韧性，出家人多用它来作禅杖或挂杖，故称"吉獠棒"。

[10] 祗候：恭候。唐代张鷟《游仙窟》："承闻此处有神仙之窟宅，故来祗候。"宝祐本均作"祗候"，其他版本亦作"祗候"。

[11] 师下禅床作女人拜：这是"道吾起拜"公案。疑为本书第五章"潭州道吾山宗智禅师"表示其禅旨真髓之公案。禅林所言"家风"即指禅师所弘扬之禅旨真髓，"作女人拜"，即尊重之礼拜，"无可祗待"，即无言可说。道吾和尚"作女人拜"，称"无可祗待"，表示道吾之禅旨不能以言语分别来表现，唯于现实生活中如法生活以外，别无一物可言。这个公案是属于"关南道吾和尚"的，还是属于本书第五章"潭州道吾山宗智禅师"的，待考证。

[12] 祗待：款待，恭敬地招待。祗，同"祗""敬"的意思。如本书第十三章"鹿门处真禅师"条："忽遇客来，如何祗待？"宝祐本均作"祗待"，其他版本亦作"祗待"。

[13] 灌溪：即鄂州灌溪志闲禅师，镇州临济义玄禅师的法嗣。

[14] 无位：即无位真人，指彻见本来面目者。即不堕于菩萨四十二位、五十二位等品位，并超越凡圣、迷悟、上下、贵贱等分别，而无所滞碍，已得解脱之人。

漳州罗汉和尚

漳州[1]罗汉和尚初参关南，问："如何是大道之源？"南打师一拳，师遂有省，乃为歌曰："咸通七载初参道，到处逢言不识言。心里疑团若栲栳[2]，三春不乐止林泉。忽遇法王[3]毡上坐，便陈疑恳向师前。师从毡上那伽[4]起，袒膊[5]当胸打一拳。骇散疑团獦狙[6]落，举头看见日初圆。从兹蹬蹬[7]以碣碣[8]，直至如今常快活。只闻肚里饱膨脝[9]，更不东西去持钵。"

又述偈曰："宇内为闲客，人中作野僧。任从他笑我，随处自腾腾[10]。"

【注释】

[1] 漳州：今属福建。

[2] 栲（kǎo）栳（lǎo）：也叫笆斗。用竹篾或柳条编成的圆筐，形状像斗，用来打水或装东西。

[3] 法王：佛之尊称。王有最胜、自在之义，佛为法门之主，能自在教化众生，故称法王。此指得道高僧。

[4] 那伽：译为龙、象、无罪、不来等，称呼佛或阿罗汉作摩诃那伽，以喻他们都具有大力以及不再来受生死。

[5] 袒（tǎn）膊：袒露肩胛。

[6] 獦（gé）狙（jū）：杨慎《古音略》云："有兽赤眉鼠目，名曰獦狙。"多人校对，认为"狙"字有误，应为"狚（dàn）"字。项楚撰写《〈五灯会元〉点校献疑续补一百例》："'狙'字应是'狚'字形误。《玉篇》：'獦狚，兽名。'施于此处，殊觉未合。这个'獦狙'，应是俗语记音之字，后世写作'疙瘩'，推其起源，则早在唐代即有此语。这里比喻'疑团'。"

[7] 蹬（dēng）蹬：象声词，用力走路的声音。

[8] 碣（jié）碣：仰首展身貌。碣：原指山岩耸时貌。

[9] 膨（péng）脝（hēng）：亦作"膨亨"。腹部膨大貌。引申为饱食。

[10] 腾腾：舒缓貌，悠闲貌。

高安大愚禅师法嗣

瑞州末山尼了然禅师

瑞州[1]末山[2]尼了然禅师因灌溪闲和尚到，曰："若相当即住，不然即推倒禅床。”便入堂内。

师遣侍者问：“上座游山来，为佛法来？”溪曰：“为佛法来。”

师乃升座，溪上参。师问：“上座今日离何处？”曰：“路口。”师曰：“何不盖却？”溪无对。（末山代云：“争得到这里？”）始拜礼，问：“如何是末山？”师曰：“不露顶。”曰：“如何是末山主？”师曰：“非男女相。”溪乃喝曰：“何不变去？”师曰：“不是神，不是鬼，变个甚么？”溪于是伏膺^[3]，作园头^[4]三载。

僧到参，师曰：“太繿缕生^[5]！”曰：“虽然如此，且是师子儿。”师曰：“既是师子儿，为甚么被文殊骑？”僧无对。

问：“如何是古佛心？”师曰：“世界倾坏。”曰：“世界为甚么倾坏？”师曰：“宁^[6]无我身。”

【注释】

［1］瑞州：今江西省高安市古称。

［2］末山：在今江西上高县西南，为上高境内主要山脉。

［3］伏膺（yīng）：伏，通“服”。指信服，归心。

［4］园头：又作圆头。禅林中，司掌栽培耕作菜园之职称。敕修《百丈清规》卷四列职杂务条谓，园头须不惮勤苦，以身率先，栽种菜蔬，及时灌溉，供给堂厨，毋令缺乏。

［5］太繿缕生：太破烂了！繿（lán）缕（lǚ）：衣服破烂貌。生：语气词，无义。旧译本将“生”理解为人，译为“太褴褛的人”，错。

［6］宁：必定。

【概要】

了然禅师，比丘尼，唐代禅僧。参高安大愚得法。居瑞州高安（今属江西）末山，说法济世。

【参考文献】

《景德传灯录》卷十一。

杭州天龙和尚法嗣

婺州金华山俱胝和尚

婺州金华山[1]俱胝[2]和尚初住庵时，有尼名实际[3]来，戴笠子执锡绕师三匝，曰："道得即下笠子。"如是三问，师皆无对，尼便去。

师曰："日势稍晚，何不且住？"尼曰："道得即住。"师又无对。

尼去后，师叹曰："我虽处丈夫之形，而无丈夫之气，不如弃庵，往诸方参寻知识去。"其夜山神告曰："不须离此，将有肉身菩萨[4]来为和尚说法也。"

逾旬，果天龙和尚到庵。师乃迎礼，具陈前事。龙竖一指示之，师当下大悟。自此凡有学者参问，师唯举一指，无别提唱[5]。

有一供过[6]童子，每见人问事，亦竖指祇对。人谓师曰："和尚！童子亦会佛法，凡有问皆如和尚竖指。"

师一日潜袖刀子，问童曰："闻你会佛法，是否？"童曰："是。"师曰："如何是佛？"童竖起指头，师以刀断其指，童叫唤走出。师召童子，童回首，师曰："如何是佛？"童举手不见指头，豁然大悟。

师将顺世，谓众曰："吾得天龙一指头禅，一生用不尽。"言讫，示灭。

（长庆代众云："美食不中饱人吃[7]。"玄沙云："我当时若见拗折指头。"玄觉云："且道玄沙恁么道意作么生？"云居锡云："只如玄沙恁么道，肯[8]伊不肯伊？若肯，何言拗折指头？若不肯，俱胝过在甚么处？"先曹山云："俱胝承当[9]处卤莽，只认得一机一境[10]。一等[11]是拍手拊掌，是他西园奇怪。"玄觉又云："且道俱胝还悟也无？若悟，为甚么道承当处卤莽？若不悟，又道用一指头禅[12]不尽？且道曹山意在甚么处？"）

【注释】

[1] 金华山：位于浙江省中部，系龙门山脉的支脉，因横亘于金华市区北面，

故俗称北山，古称长山或常山。

[2] 俱胝（zhī）：印度的数量词。音译又作拘致、俱致。相当于我国所称之"千万""亿"。俱胝和尚因常诵俱胝（准胝）观音咒，故世称俱胝。

[3] 实际：唐代比丘尼。为马祖道一之法嗣。籍贯、年寿不详。乃激励俱胝和尚，使其有企慕大乘之心者。

[4] 肉身菩萨：指生身菩萨。即以父母所生之身而至菩萨深位者。又常用作对得道高僧的尊称。据《大佛顶首楞严经》卷八载，清净人潜心修习三摩地，得以父母所生之肉身，毋须天眼而自然观见十方世界。此世所出现之肉身菩萨，如龙树菩萨、世亲菩萨、傅大士、行基菩萨等。又刘宋求那跋陀罗三藏，悬记六祖为肉身菩萨。《六祖大师法宝坛经》："其戒坛乃宋朝求那跋陀罗三藏创建，立碑曰：'后当有肉身菩萨于此授戒'。"肉身菩萨于入寂后可得全身舍利。六祖肉身现存于广东韶关南华寺。此处《景德传灯录》作"大菩萨"。

[5] 提唱：又作提倡、提纲、提要。提纲唱要之意。即禅林向学徒拈提宗门之纲要。一般多就古德之语要而唱说之，故又称为拈古、拈弄。盖禅宗之宗旨为教外别传不立文字，故虽讲说语录，亦唯提示宗门之纲要，学人欲明个事，更须勤学励参。其他宗派则称为讲释、讲义。

[6] 供过："供过"一词源于"过堂"之行事，"过堂"即僧众上斋堂用食之意。供过行者，或略称供头、供司。为禅林行者之一，职司粥、斋之时，分配饭羹、茶果，及掌管僧堂内点灯、装香、打钟，或于佛堂、祠堂，负责粥饭、茶汤、灯烛、香花、洗米等工作。

[7] 美食不中饱人吃：不中，指不能，不堪。尽管是精美食品，已饱之人也是不想吃的。比喻各人佛性本来具足，无须向外寻求佛法。本书第十四章"投子义青"条："（圆鉴禅师）令依圆通秀禅师。师至彼无所参问，唯嗜睡而已。执事白通曰：'堂中有僧日睡，当行规法。'通曰：'是谁?'曰：'青上座。'通曰：'未可，待与按过。'通即曳杖入堂，见师正睡。乃击床呵曰：'我这里无闲饭与上座吃了打眠。'师曰：'和尚教某何为?'通曰：'何不参禅去?'师曰：'美食不中饱人吃。'"本书第十五章"九峰勤"条："上堂：'口罗舌沸，千唤万唤，露柱因什么不回头?'良久曰：'美食不中饱人吃。'便下座。"又作"美食不中饱人餐"等。

[8] 肯：首肯，赞同。

[9] 承当：指能够领悟禅机。

[10] 一机一境：禅林用语。机：是内在的，为心之作用；境：是外在的，为具有形象之物。譬如释尊拈花，是为境；迦叶领会其意而破颜微笑，是为机。又如见远方之烟，是为境；见烟而知有火，是为机。于禅林中，师家每以之为诱导学人

之机法，其后，渐倾向所谓一机一境之形式化，此一用语反成为一般人嘲骂禅僧拘泥于悟道轨则之贬讽语。此外，已然彻见自性之师家，徒以拈槌竖拂以对学人而拟禅机者称为一机一境之禅者。

[11] 一等：一样，同样。《景德传灯录》作"一种"。

[12] 用一指头禅：旧校本校对失误，错作"用一指头挥"。

【概要】

俱胝和尚，属南岳派下。俗姓、生卒年、乡贯等均不详。因常诵俱胝（准胝）观音咒，故世称俱胝。在婺州（今浙江金华）金华结庵时，有个叫作实际的尼姑到庵问道。尼姑戴笠子，执锡绕禅师三圈，说："说得出来就拿下斗笠。"这样三问，俱胝和尚都不能回答，尼姑便要走了。俱胝和尚说："时间已经相当晚了，怎么不在这里留宿一晚呢？"尼姑说："说得出来就住下。"俱胝和尚又无言以对。因此，俱胝和尚感到非常惭愧，想要弃庵往诸方参学问道。这一夜梦见山神告他说："不须离此，将有肉身菩萨来为和尚说法。"不久，大梅法常之法嗣天龙到庵，俱胝和尚乃迎礼具陈前事。天龙竖起一指开示他，俱胝和尚当下大悟。自此，凡有参学僧问道，俱胝和尚惟举一指答之，因此人称"俱胝一指"或"一指头禅"。临终谓众云："吾得天龙一指头禅，一生用不尽。"言讫示寂。

【参考文献】

《景德传灯录》卷十一；《祖堂集》卷十九；《无门关》第三则；《碧岩录》第十九则；《从容录》第八十四则。

【拓展阅读】

"俱胝一指"是著名公案，它说明了什么呢？它说明的你要回到"一"，因为你的本性是"一"，"一"是整体而不可分割的，"一"本来就是如此，没有增多，也没有减少。你来问法，不管你问题多，还是问题少，已经是"二"了。所以，回答你的问题不重要，不管你是一个问题，还是无数问题，你已经从"一"分裂出来，所以俱胝和尚不必明白你的问题是什么，而让你回到不增不减的整体"一"才是最重要的。

不管你有多少问题，在俱胝和尚那里仅仅都是妄念的组合，而佛性不需要你增加什么，回到"一"吧，你就会开悟。在俱胝和尚那里，他的"一指禅"用数学公式表示是：

1 + 1 = 1

俱胝和尚是 1，你也要回到 1，因此 1 + 1 = 1，自性是一体的，是不会增加也不会减少的，因此俱胝和尚是"一"，你也是"一"。

所以，俱胝和尚举起一个手指：他正在说"一"，而你正生活在"多"中。

当你生活在"多"中，问题便产生了，而且在不断增多。生活在"多"中，你就在多个方向上同时用力，你变成了很多部分，无论你有多少东西，你并不能回到整体。不管你向哪个方向用力，善也好，恶也好，它们都只会得到善报或者恶报，你还是在六道中轮回。分别心造成你无数的烦恼，你的头脑的一个部分是爱，而另一个部分是恨，有爱必有恨。因此，你总是在善恶业中轮回。不管你有多少爱，也不管你有多少恨，不管你多么富贵，也不管你多么贫穷，那都是你的妄想产生的，只有无善恶，无是非，回到"一"，你才能如如不动，此时你才是最富足的，此时你再也没有"多"和"少"了。所以，有一些人自以为是老修行人，自以为自己读了很多书，自以为自己知识很多，那都是妄想的增加。因为整体是不会有增加或者减少。

如果你懂得了俱胝和尚的用意，你也举起一指示人，那就错了。俱胝一指，只有一指，你再增加一指，那就不再是整体了。禅是不可模仿的，模仿就是错，因为模仿是你的妄念。只有当"一"也不存在了，你才回到自性。

俱胝和尚身边有一童子，每见人问事，也竖起一指。有人对俱胝和尚说："和尚，童子亦会佛法，凡有问话，都如和尚竖指。"俱胝和尚一日偷偷藏起一把刀子，来问童子说："听说你也会佛法，是否？"童子说："是。"俱胝和尚问："如何是佛？"童子会竖起一指头。俱胝和尚用刀断其指。童子叫唤走出。俱胝和尚召唤童子："停住！"童子回首。俱胝和尚说："如何是佛？"童子举手不见指头，豁然大悟。

俱胝和尚砍下一个孩子的手指，你也许觉得太残忍了，实则俱胝和尚看到这个开悟的机会到了。鸠摩罗什法师说："学我者病。"模仿是不对的。可他是一个孩子的模仿，就要另当对待。孩子顽皮，师父竖指，他也竖指，他没有什么心思，他仅仅觉得好玩。正因为他天真则无瑕，故开悟也容易。所以，俱胝和尚抓住机会，趁他没有任何防备的时候砍下他一个手指，孩子吓坏了，哭着赶快逃走。师父一声"停住"，他在慌乱中回头，此时他的痛苦，让他再也没有什么念头，大好机缘，师傅又问话了："如何是佛？"当孩子习惯性想要再举起手指时，看不到手指了。"一"没有了，所以他当下大悟。自性本空，"一"指何以存在呢？"一"指不存在，四大皆空，整个人不但没有一指，整个身体均不复存在。因此，俱胝和尚砍下了一个孩子的手指，我们能说俱胝和尚残忍吗？

俱胝和尚一指示人不能模仿，但是也能够举一反三。如果你是俱胝和尚的弟子，有人来问道，你可以举起两个手指。为什么呢？因为俱胝和尚一指代表一个整体，不可以增加的意思，现在你来提问了，那么无论你的问题是多是少，已经变成两个了，只要分成了两个，就不再是整体的"一"。老子说"一生二，二生三，三生万物"，大千世界就是在"二"的时候分化越来越多，再也难以回到整体的"一"了。所以你的"二指禅"，用数学公式表示是：

$$2+1=1$$

俱胝和尚是1，我也是1，你也要回到1，所以最后答案仍旧是1。

汀州报恩寺的法演禅师，是果州人。上法堂，他讲述了唐代俱胝和尚举起一个手指接引学人的公案，然后说："美人起床后懒得梳头，随手拿起金钗插上头就完了。为什么呢？也许因为她天生丽质，不用涂脂抹粉也一样美丽。"

这是赞美俱胝和尚像天生丽质的美人一样，他的法是不需要增加东西的，若增加什么了，反而不是俱胝和尚了。

修行人的通病就是总要外求，想要得到什么，不知道佛性本无增加和减少，佛是这样，众生也是这样，众生成佛了并非增加了什么。

（以上摘自曾琦云著《心经心得》，线装书局 2008 年版）

第三节　南岳下五世

睦州陈尊宿法嗣

睦州刺史陈操尚书

睦州[1]刺史陈操尚书[2]斋次，拈起馉饳[3]，问僧："江西、湖南[4]还有这个么？"曰："尚书适来吃个甚么？"公曰："敲钟谢响。"

又斋僧次，躬自行饼，一僧展手拟接，公却缩手，僧无语。公曰："果然！果然！"

问僧："有个事与上座商量，得么？"曰："合取狗口[5]。"公自捆口曰："某甲罪过。"曰："知过必改。"公曰："恁么则乞上座口吃饭[6]，得么？"

又斋僧自行食次，乃曰："上座施食。"僧曰："三德六味[7]。"公曰："错。"僧无对。

又与僚属登楼次，见数僧行来，有一官人曰："来者总是行脚僧。"公曰："不是。"曰："焉知不是。"公曰："待来勘[8]过。"须臾僧至楼前，公蓦唤："上座！"僧皆举首，公谓诸官曰："不信道？"

又与禅者颂曰："禅者有玄机，机玄是复非。欲了机前旨，咸于句下违。"

【注释】

[1] 睦州：今浙江建德县梅城。

[2] 尚书：中国封建时代的政府高官名称。

[3] 餬（hú）饼：用米、麦粉调成糊状而煮成的饼。

[4] 江西、湖南：江西借指马祖道一禅师，湖南借指南岳石头希迁禅师。

[5] 合取狗口：快闭上你的狗嘴。骂人的话，因为禅本是离语言文字的。旧译本"合字取掉狗口"，如此翻译则完全没有理解原意，不知所云。

[6] 恁么则乞上座口吃饭：如此就请借用上坐的口吃饭。意思是我的口是狗口，不干净，那就借用上坐您的口给我吃饭。

[7] 三德六味：三德：指轻软、净洁、如法。六味：指苦、醋、甘、辛、咸、淡。系出自南本《大般涅槃经》卷一序品，佛临涅槃时，诸优婆塞为佛及僧备办种种饮食，其食甘美，具有三德六味。至后世，成为寺院每日上供所念之供斋句："三德六味，供佛及僧。"

[8] 勘：查验。

光孝觉禅师法嗣

升州长庆道巘禅师

升州长庆道巘[1]禅师，庐州人也。初侍光孝[2]，便领悟微言，即于湖南大光山[3]剃度。既化缘弥盛，出住长庆[4]。

上堂："弥勒[5]朝入伽蓝[6]，暮成正觉，说偈曰：'三界上下法，我说皆是心。离于诸心法，更无有可得。'看他恁么道，也太杀惺惺[7]。若比吾徒，犹是钝汉。所以一念见道，三世情尽。如印印泥，更无前后。诸子！生死事大，快须荐取[8]，莫为等闲。业识茫茫，盖为迷己逐物。世尊临入涅槃，文殊请再转法轮，世尊咄曰：'吾四十九年住世，不曾说一字。汝请吾再转法轮，是吾曾转法轮邪？'然今时众中，建立个宾主问答，事不获已，盖为初心耳。"

僧问："如何是长庆境？"师曰："阇黎履践[9]看。"

问："如何是佛法大意？"师曰："今日三月三[10]。"曰："学人不会。"师曰："止！止！不须说，我法妙难思。"便下座。

咸平二年示寂。

【注释】

[1] 巘（yǎn）：它的简体为"山＋献"，意为大山上的小山。

[2] 初侍光孝：刚开始侍从光孝寺慧觉和尚时。《景德传灯录》作"初参侍觉和尚"。觉和尚，即慧觉禅师，又称觉铁嘴。生卒年不详。为赵州从谂（778～897年）之法嗣，住扬州光孝寺。精通经史子集，复能诗文。旧译本将"初侍光孝"译为"开始侍奉光孝的时候"有误，光孝是寺名，不是人名。

[3] 大光山：位于湖南浏阳县，建有大光寺，浏阳四大名寺（大光寺、道吾寺、石霜寺、宝盖洞寺）之首。

[4] 既化缘弥盛，出住长庆：等到教化之缘更为兴盛，他就接受了邀请住持升州长庆禅苑。旧译本将"既化缘弥盛"译为"同时化缘的更多"，有误。

[5] 弥勒：菩萨名，未来佛。译为慈氏，佛经说现住在兜率天内院，是一生补处菩萨，将来当于住劫中的第十小劫，人寿减至八万岁时，下生此界，继释迦牟尼佛之后，为贤劫之第五尊佛。

[6] 伽蓝：僧伽蓝摩的简称，译为众园，即僧众所居住的园庭，亦即寺院的通称。

[7] 太杀惺（xīng）惺：十分领会了。太杀：大煞，十分，很。惺惺：聪明，领会的样子。

[8] 荐取：认识，醒悟。

[9] 履践：指参禅、修习、契机、悟道等行为。

[10] 三月三：上巳（sì）节，俗称三月三，古称上巳节，是一个纪念黄帝的

节日。相传三月三是黄帝的诞辰，中原地区自古有"二月二，龙抬头；三月三，生轩辕"的说法。魏晋以后，上巳节改为三月三，后代沿袭，遂成水边饮宴、郊外游春的节日。又修禊（xì），是古代中原民族消灾祈福礼仪，指古人三月三日在水边祓除不祥的风俗，并且用浸泡了香草的水沐浴，认为这样可以祓除疾病和不祥。

【概要】

道巘禅师（？～999 年），庐州（今安徽合肥）人，俗姓刘氏。道巘刚开始侍从光孝寺慧觉和尚时，就已领悟佛法微言大义，随即在湖南大光山剃度出家。等到教化之缘更为兴盛，他就接受了邀请，住持升州（今江苏南京）长庆禅苑。

【参考文献】

《景德传灯录》卷十二；《联灯会要》卷十；《五灯严统》卷四。

第五章　六祖大鉴禅师法嗣（行思）
——青原下四世

触目不会道，运足焉知路？进步非近远，迷隔山河固。（南岳石头希迁禅师）

第一节　六祖大鉴禅师法嗣

吉州青原山静居寺行思禅师

吉州青原山[1]静居寺行思禅师，本州岛安城刘氏子。幼岁出家。每群居论道，师唯默然。闻曹溪法席，乃往参礼。

问曰："当何所务，即不落阶级[2]？"祖曰："汝曾作甚么来？"师曰："圣谛[3]亦不为。"祖曰："落何阶级？"师曰："圣谛尚不为，何阶级之有？"祖深器之。

会下学徒虽众，师居首焉。亦犹二祖不言，少林谓之得髓矣[4]。

一日，祖谓师曰："从上衣法双行，师资[5]递授，衣以表信，法乃印心。吾今得人，何患不信？吾受衣以来，遭此多难，况乎后代？争竞必多，衣即留镇山门，汝当分化一方，无令断绝。"师既得法，归住青原。

六祖将示灭，有沙弥希迁（即石头和尚），问曰："和尚百年后，希迁未审当依附何人？"祖曰："寻思去。"及祖顺世[6]，迁每于静处端坐，寂若忘生。

第一座[7]问曰："汝师已逝[8]，空坐奚为？"迁曰："我禀遗诫，故寻思尔。"座曰："汝有师兄思和尚，今住吉州，汝因缘在彼，师言甚直，汝自迷耳。"迁闻语，便礼辞祖龛，直诣静居参礼。

师曰："子何方来？"迁曰："曹溪。"师曰："将得甚么来？"曰："未到曹溪亦不失。"师曰："若恁么，用去曹溪作甚[9]？"曰："若不到曹溪，争知不失？"迁又曰："曹溪大师还识和尚否？"师曰："汝今识吾否？"曰："识，又争[10]能识得？"师曰："众角虽多，一麟足矣[11]。"

迁又问："和尚自离曹溪，甚么时至此间？"师曰："我却知汝早晚离曹溪。"曰："希迁不从曹溪来。"师曰："我亦知汝去处也。"曰："和尚幸是大人[12]，莫造次[13]。"

他日，师复问迁："汝甚么处来？"曰："曹溪。"师乃举拂子曰：

"曹溪还有这个么？"曰："非但曹溪，西天亦无。"师曰："子莫曾到西天否？"曰："若到即有也。"师曰："未在，更道。"曰："和尚也须道取一半，莫全靠学人。"师曰："不辞向汝道，恐已后无人承当。"

师令迁持书与南岳让和尚曰："汝达书了，速回，吾有个钝斧子[14]，与汝住山。"迁至彼，未呈书便问："不慕诸圣，不重己灵时如何？"岳曰："子问太高生[15]，何不向下[16]问？"迁曰："宁可永劫受沉沦，不从诸圣求解脱。"岳便休。

（玄沙曰："大小石头被南岳推倒，直至如今起不得。"）

迁便回，师问："子返何速，书信达否？"迁曰："书亦不通，信亦不达，去日蒙和尚许个钝斧子，只今便请。"师垂一足[17]，迁便礼拜，寻辞往南岳。

荷泽神会[18]来参，师问："甚处来？"曰："曹溪。"师曰："曹溪意旨如何？"会振身而立。师曰："犹带瓦砾在。"曰："和尚此间莫有真金与人么？"师曰："设有，汝向甚么处著？"

（玄沙云："果然。"云居锡云："只如玄沙道'果然'，是真金？是瓦砾？"）

僧问："如何是佛法大意？"师曰："庐陵米作么价[19]？"

师既付法石头，唐开元二十八年十一月十三日，升堂告众，跏趺而逝。僖宗谥"弘济禅师"，"归真"之塔。

【注释】

[1] 青原山：位于江西庐陵（今吉安）东南十五千米处。又称青原安隐山。我国禅宗七祖行思禅师（？~740年）尝于此山开创静居寺，北宋治平三年（1066年），受赐"安隐寺之额，至清太宗崇德年间（1636~1643年）恢复旧名。元末烧毁，明末复修为丛林，于今尚存，俗称大庙。继行思之后，有青原齐、青原惟信、本寂真元、颛愚观衡、眉庵行秀、笑峰大然等高僧先后住此。清代之笑峰大然曾编辑"青原山志略"，后由施闰章补辑，共成十三卷，于康熙四十一年（1702年）刊行，其内收录自青原行思入山开创以来千余年间，住于山中之禅师、居士、文人墨客之诗文、疏、碑铭、游记、纪事等。

[2] 阶级：修学的等级层次。又菩萨由凡夫到成佛，一共要经过五十二个阶位，即十信、十住、十行、十回向、十地、等觉、妙觉。十信是由十住中的第一发

心住内，分开另立的，若将其缩入发心住内，则只有四十二位。

　　[3] 圣谛：所谓谛，乃真实不虚之理；圣谛即指圣者所知一切寂静之境界，系佛教之根本大义，故又称第一义、真谛；乃属出离世间法中之究竟深义。据《碧岩录》第一则所载，梁武帝曾以"圣谛"一语向达磨祖师请益宗要。

　　[4] 亦犹二祖不言，少林谓之得髓矣：又如二祖慧不说话，当初住少林的初祖菩提达磨却认可他得到了禅宗的精髓。

　　[5] 师资：师弟、师徒之意。师：教训徒弟者；资：为师所施教之资材，亦即弟子之意。佛门中师资之关系极其重要。师者传法脉予弟子，称师资相承、血脉。老子曰："善人不善人师，不善人善人资。"今取而配于师弟，师者以道教弟子，故称为师。弟子者资助师，故称为资。

　　[6] 顺世：去世。

　　[7] 第一座：即上座，也作首座，居教席之端，处僧众之上，故名。

　　[8] 汝师已逝：旧校本作"没师已逝"有误。《景德传灯录》作"汝师已逝"。

　　[9] 若恁么，用去曹溪作甚么：旧校本标点为"若恁么用，去曹溪作甚么"有误，"用"字属于下文，"需要"的意思。

　　[10] 争：怎么。

　　[11] 众角虽多，一麟足矣：牛角、羊角等世间众角虽多，但能得到麒麟的一角就足够了！一麟：一头麒麟，亦以喻一群人中之俊秀者。麟：古代传说中的仁兽、瑞兽，与凤、龟、龙并称"四灵"，形状似鹿而独角，尾似牛尾。

　　[12] 大人：对长辈、师长的称呼。对非凡之人、上等根器者的称呼。

　　[13] 造次：鲁莽，轻率。

　　[14] 铟（tú）斧子：钝斧子。铟、钝。此为谦虚之言，实比喻顿悟的微妙方法。

　　[15] 高生：高深。

　　[16] 向下：指从本至末。乃"向上"之对称。于禅宗，转大悟之境界，顺应迷界而现自在之妙用者，称为向下门，又称顺卐字。

　　[17] 师垂一足：旧校本标点有误，将"师垂一足"放入石头希迁禅师说的话内，即"只今便请师垂一足"，点校错误。

　　[18] 荷泽神会：六祖弟子神会禅师因曾长住洛阳菏泽寺，故被称为菏泽大师。详见第二章"荷泽神会"注释。

　　[19] 庐陵米作么价：即著名的"庐陵米价"公案。又作"青原米价"。盖庐陵位于江西省，乃著名之良米产地。此则公案，青原行思不针对僧所问之"佛法大意"作答，而另行提出"庐陵米价"，其意概谓佛法原本即是自己直接体悟之间

题，既不宜向外驰求，更不应予以抽象化、观念化，为避免学人产生此类抽象化、观念化之谬思，遂特意以十足表现实际生活意味之"庐陵米价"来显示"生活即事理"之佛法精神。久之，"庐陵米价"或"青原米价"一语遂成为禅门中用以表示佛法不离实际生活之惯用语。

【概要】

行思禅师（？~740年），唐代禅僧。吉州庐陵（今江西吉安）人，俗姓刘。幼年出家，就六祖慧能学法，主张成佛"不落阶级"，深受慧能器重，位居首座。得法后，慧能命其"分化一方，无令断绝"。与南岳怀让并称二大弟子，同嗣六祖之法。后住吉州青原山静居寺，以稳顺绵密的门风特色，宣传禅宗教义，开青原一系禅风，被称为"青原行思"。开元二十八年示寂。僖宗赐谥"洪济（一作弘济）禅师"，塔名"归真"。门下弟子以石头希迁最为著名。行思之法系称为"青原下"，与南岳怀让的系统"南岳下"相对，成为慧能之后中国禅宗的两大系统。后来，青原下又衍出云门、曹洞、法眼等三宗。

行思禅师之"庐陵米作么价"，成为后世参禅者的著名公案。元代万松行秀《丛容庵录》卷一引此公案，称"如何是佛法大意"一句是"小官念律多"，意指尚未悟禅的僧人就似一官吏，事事拘谨，惟知许多清规戒律，心灵间有种种思虑，故为求所谓庄严郑重的佛法大意，而东问西问，缚手缚脚，心灵不得自由；而"庐陵米作么价"一句则是"老将不论兵"，意指已悟禅的行思则根本无须计较，无须思索，不问什么佛法，只管大步向前，绝不在文句内讨活计，于是反而心中自由自在。此恰是禅宗始终追寻的目标。

荷泽神会来参，青原行思大师问神会："什么是曹溪意旨？"神会禅师唯振身而立。这是禅宗的动作秀，即无言处用动作表示。对于这个动作，行思大师还不满意，说他"犹带瓦砾在"。神会禅师说："你说我有瓦砾，你这里莫非有什么真金与人？"大师说："我这里即使有真金给你，且说说你把这真金放在什么处？"

【参考文献】

《宋高僧传》卷九；《祖堂集》卷三；《景德传灯录》卷五；《建中靖国续灯录》卷一；《青原山志略》卷二；《禅宗正脉》卷五；《联灯录》卷十九；《六祖大师法宝坛经》；《佛祖统纪》卷四十；《宗门统要续集》卷十二；《释氏稽古略》卷三。

第二节　青原下一世

南岳石头希迁禅师

南岳石头希迁禅师，端州高要陈氏子。母初怀娠，不喜荤茹。师虽在孩提，不烦保母。既冠，然诺自许[1]。乡洞獠民[2]畏鬼神，多淫祀[3]，杀牛酾[4]酒，习以为常。师辄往毁丛祠[5]，夺牛而归。岁盈数十，乡老[6]不能禁。后直造曹溪，得度未具戒。属祖圆寂，禀遗命谒青原，乃摄衣[7]从之（缘会语句，青原章叙之）。

一日，原问师曰："有人道岭南有消息。"师曰："有人不道岭南有消息。"曰："若恁么，大藏小藏[8]从何而来？"师曰："尽从这里去。"原然之。

师于唐天宝初，荐之衡山南寺。寺之东有石，状如台，乃结庵其上，时号"石头和尚"。

师因看《肇论》[9]至"会万物为己者，其唯圣人乎"，师乃拊几[10]曰："圣人无己，靡所不己。法身无象，谁云自他？圆鉴灵照于其间，万象体玄而自现。境智非一，孰云去来？至哉斯语也！"遂掩卷，不觉寝梦，自身与六祖同乘一龟，游泳深池之内，觉而详之："灵龟者，智也；池者，性海也。吾与祖师同乘灵智，游性海矣。"遂著《参同契》曰：

竺土大仙心，东西密相付。人根有利钝，道无南北祖。灵源明皎洁，枝派暗流注。执事元是迷，契理亦非悟。门门一切境，回互不回互。回而更相涉，不尔依位住。色本殊质象，声元异乐苦。暗合上中言，明明清浊句。四大性自复，如子得其母。火热风动摇，水湿地坚固。眼色耳音声，鼻香舌咸醋。然依一一法，依根叶分布。本末须归宗，尊卑用其语。当明中有暗，勿以暗相遇。当暗中有明，勿以明相睹。明暗各相对，比如前后步。万物自有功，当言用及处。事存函盖合，理应箭锋拄。承言须会宗，勿自立规矩。触目不会道，运足焉知路？进步非近远，迷隔山河固。谨白参玄人，光阴莫虚度。

上堂："吾之法门，先佛传受。不论禅定精进，唯达佛之知见。即心即佛，心佛众生，菩提烦恼，名异体一。汝等当知，自己心灵，体离断常，性非垢净，湛然圆满，凡圣齐同，应用无方，离心意识。三界六道，唯自心现。水月镜像，岂有生灭？汝能知之，无所不备。"

时门人道悟问："曹溪意旨谁人得？"师曰："会佛法人得。"曰："师还得否？"师曰："不得。"曰："为甚么不得？"师曰："我不会佛法。"

僧问："如何是解脱？"师曰："谁缚汝？"

问："如何是净土？"师曰："谁垢汝？"

问："如何是涅槃？"师曰："谁将生死与汝？"

师问新到："从甚么处来？"曰："江西来。"师曰："见马大师否？"曰："见。"师乃指一橛柴[11]曰："马师何似这个？"僧无对。却回，举似马祖[12]，祖曰："汝见橛柴大小？"曰："没量大[13]。"祖曰："汝甚有力。"僧曰："何也？"祖曰："汝从南岳负一橛柴来，岂不是有力？"

问："如何是西来意？"师曰："问取露柱。"曰："学人不会。"师曰："我更不会。"

大颠问："古人云'道有道无俱是谤'，请师除。"师曰："一物亦无，除个甚么？"师却问："并却咽喉唇吻，道将来。"颠曰："无这个。"师曰："若恁么，汝即得入门。"

道悟问："如何是佛法大意？"师曰："不得不知。"悟曰："向上更有转处也无？"师曰："长空不碍白云飞。"

问："如何是禅？"师曰："碌砖[14]。"

问："如何是道？"师曰："木头。"

自余门属领旨所有问答，各于本章出焉。

南岳鬼神多显迹听法，师皆与授戒。

广德二年，门人请下于梁端[15]，广阐玄化。贞元六年顺寂，塔于东岭。德宗谥"无际大师"，塔曰"见相"。

【注释】

[1] 然诺自许：以履行诺言为自我评价标准。然诺：指许诺，答应；从不轻易

答应别人，答应了就一定履行诺言。

[2] 乡洞獠（lǎo）民：乡间落后民族。洞：蛮獠所居住之地。獠：即僚。中国古族名。分布在今广东、广西、湖南、四川、云南、贵州等地区。亦泛指南方各少数民族。

[3] 淫祀：指不合礼制的祭祀。《礼记》云："非其所祭而祭之，名曰淫祀。淫祀无福。"

[4] 釃（shī）：斟酒。

[5] 丛祠：指乡野林间的神祠。

[6] 乡老：《周礼》官名。地官之属。掌六乡教化，每二乡由三公一人兼任。在朝谓之"三公"，在乡谓之"乡老"。《周礼·地官·序官》："乡老，二乡则公一人。"郑玄注："老，敬称也。王置六乡，则公有三人也。三公者，内与王论道，中参六官之事，外与六乡之教，其要为民，是以属之乡焉。"一说，乡老为致仕之尊官，或乡党重望，故尊之曰公，非朝廷公卿。

[7] 摄衣：提起衣襟。古代身着长袍，摄衣即提起衣襟，从事劳作之意。

[8] 大藏小藏：古人将经藏分为大藏和小藏。小藏指《般若经》六百卷、《宝积经》一百二十卷、《华严经》八十卷、《涅槃经》四十卷，合八百四十卷；大藏则指《开元录》所录四十八藏、八百函，合五千四十八卷而言。

[9]《肇论》：全一卷。后秦僧肇（384～414年）撰。收于《大正藏》第四十五册。作者僧肇为鸠摩罗什门下四圣之一，号称解空第一。以其名冠于本论，故称肇论。

[10] 拊几：拍桌。

[11] 一橛柴：一块木柴。橛：小段木头。

[12] 却回，举似马祖：旧校本有误。从此句开始，一直到"岂不是有力"，旧校本全用小字，变成了旧校本注文字样。这是正文，而不是注文。

[13] 没量大：庞大而不可计量。没量：禅林用语。即庞大而不可计量之意。又作勿量。量：计量之意。于禅林中，将超越寻常见识气度而难以一般尺寸度量之大器人物，称为没量汉，意即真个彻底之大人物。又，超越凡圣迷悟之佛法大事，称为没量大事。彻底大悟而超出凡人所执着之凡圣、迷悟、有无、得失等分别情量之大人物，称为没量大人。

[14] 碌砖：即砖石。禅林以贵重之物黄金比喻人人本具之佛性，以轻贱之物碌砖比喻分别妄想之迷执，故有"抛却黄金捧碌砖"之说，即谓抛弃本具之佛性，而执着分别妄想，喻指众生之愚痴。

[15] 梁端：地名，有人认为其在湖南长沙县境内，但也有人认为石头和尚歌

息于南台寺东有石台，而"此台则梁海禅师得道之台"，此"台"与"端"为音之转，故梁端即梁台。

【概要】

石头希迁（700～709年），唐代禅僧。又称"无际大师"。端州高要（广东高要）人，俗姓陈。生而聪敏。以乡民畏鬼神而祭祀之，常杀牛酾酒，颇多弊害，师辄毁神祠，夺牛而归。曾礼六祖慧能、青原行思为师。得青原行思之印可。天宝（742～755年）初年，居衡山南寺，结庵坐禅于寺东石台上，大扬宗风，世称"石头和尚"。自称其法门不论禅定精进，仅须了达佛之知见，即是"即心即佛"；心佛众生，菩提烦恼，名异体一。怀让等皆推重之。时江西以马祖为主，湖南以石头为主，四方学徒多辐凑于二师之门。唐贞元六年十二月示寂，世寿九十一。卒谥"无际大师"。著有《参同契》《草庵歌》各一篇行世。弟子有惟俨、道悟、天然等二十一人。

希迁的禅法从他所著《参同契》可以得到大概，参见下面的拓展阅读。这种思想，以后还结合了坐禅而续有发展。承受希迁付法的药山惟俨即常事闲坐，并有"思量个不思量底"之说。再传到云岩昙晟（782～841年），又提出了"宝镜三昧"法门，以临镜形、影对显的关系，说明由个别上体现全体的境界。续传到洞山良价（807～869年）、曹山本寂（840～901年）师弟，都向这方向发展，成为曹洞一派。他们更从事象各别相涉的关系上建立了偏正回互、五位功勋等说法，禅法的运用愈趋细密。曹洞一派和同时马祖下再传临济一派，并世各行其是。临济宗风以棒喝峻烈著称；而曹洞禅则回互丁宁，亲切绵密，颇重传授，表现出慧能门下青原行思和南岳怀让两大系各自发展，形成不同宗风之显著的对照。

希迁的禅法，还经他的门下天皇道悟弘传，到五代时，更衍为云门、法眼两系，他们同样着重在"一切现成"，都和希迁所主张的"即事而真"的宗旨一脉相通。禅宗五家中，沩仰一家早绝，其余四家除临济外，曹洞、云门和法眼三家，在传承上都渊源于希迁。曹洞禅后传入日本，迄今传习不衰。法眼的再传也曾繁衍于高丽，对于国内外的禅学界，希迁的禅思想的影响是相当大的。

希迁的门下颇多，著名的法嗣有药山惟俨、天皇道悟、丹霞天然、招提慧朗、兴国振朗、潭州大川、潮州大颠等。惟俨在同门中最受希迁器重，他传法于云岩昙晟，昙晟传洞山良价，良价传曹山本寂和云居道唐。后曹山一脉中断，赖云居门下单传，到了南宋而再兴。另一方面，道悟传龙潭崇信、信传德山宣鉴、鉴传雪峰义存而续传于云门文偃，行化自南而北。义存的别系经玄沙师备、地藏桂琛而传法于清凉文益，为五家中最后出的法眼宗的开祖。文益的再传永明延寿（904～975

年），著有《宗镜录》一百卷，导天台、唯识、贤首以归于宗门，集禅理之大成。延寿又以禅来融摄净土法门，开后世禅净一致之风，尤为中国佛教从教、禅竞弘转入诸宗融合的一个重要转折点。

【参考文献】

《宋高僧传》卷九；《景德传灯录》卷十四；《祖堂集》卷四；印顺《中国禅宗史》；忽滑谷快天《禅学思想史》。

【拓展阅读】

竺土大仙心，东西密相付。人根有利钝，道无南北祖。

灵源明皎洁，枝派暗流注。执事元是迷，契理亦非悟。

门门一切境，回互不回互。回而更相涉，不尔依位住。

色本殊质象，声元异乐苦。暗合上中言，明明清浊句。

四大性自复，如子得其母。火热风动摇，水湿地坚固。

眼色耳声音，鼻香舌咸醋。然于一一法，依根叶分布。

本末须归宗，尊卑用其语。当明中有暗，勿以暗明遇。

当暗中有明，勿以明相睹。明暗各相对，比如前后步。

万物自有功，当言用及处。事存函盖合，理应箭锋拄。

承言须会宗，勿自立规矩。触目不会道，运足焉知路。

进步非近远，迷隔山河固。谨白参玄人，光阴莫虚度。

石头希迁大师是中国禅宗南宗青原系的一代祖师，出生于端州高要（今广东肇庆高要县）陈氏家。他在童年时代就有许多与众不同的特点。史载"母初怀娠，不喜荤茹。师虽在孩提，不烦保母。"他说话重信，性格子和，"然诺自许"，"未尝以色忤人"。但他在反对乡间迷信时，却是大勇非凡，非常果断。《祖堂集》记："亲党之内，多尚淫祀，率皆宰牲，以祈福佑，童子辄往林社，毁其祀具，夺牛而还，岁盈数十，悉巡之于寺，自是亲族益修净业。"

石头大师童年时最大的特点就是天性好静，"专静不杂，异乎凡童"，有着一种禅者的风度。由于他好沉思，出语则非凡。有一天母亲带他去庙里拜佛，他凝视佛像说："此盖人也，形仪手足与人奚异？苟此是佛，余当作焉？"他说的话使当时人们都感惊异，而不知其中已露大师之思悟。

也是大师缘份具足，慧根深厚。大师故居端州，"世业邻接新州"，是禅宗六祖道场，大师十几岁时就有机会去拜见了六祖，"六祖一见忻然，再三抚顶，而谓之曰：'子当绍吾真法矣！'"（《祖堂集》）于是大师便被六祖所留，落发为僧。六祖在世时，大师年幼未具戒，大师便问："和尚百年后，希迁未审当依何人？"六祖说："寻思去！"六祖圆寂后，"迁每于静处端坐，寂若忘生。"第一坐对他说："汝师已逝，空坐奚为？"迁曰："我禀遗诫故，寻思尔！"第一坐说："汝有师兄行思和尚，今往吉州，汝因缘在彼。师言甚直，汝自迷耳。"（《景德录》）于是，大师便礼辞祖龛，去拜见行思。

在六祖圆寂后至拜见行思之间，大师有过一段长时间参学。《宋高僧传》记："自是上下罗浮，往来三峡间。开元十六年，罗浮受具戒，是年归就山。"可见，历来祖师为参破生死，何有杂用心处。故虽本来是佛，还靠修证参究，如人说食，终不能饱。

大师于吉州青原山静居寺拜见行思后，即得心印，思曰："众角虽多，一麟足矣！"思迁化后，大师于天宝初往南岳，此时计已四十多岁。《祖堂集》记："思和尚迁化，师著麻，一切了，于天宝初，方届衡岳，遍探岑壑，遂蚬息于南台寺，东有石如台，乃庵其上，时人号石头和尚焉。此台梁海禅师得道之台也。"《宋高僧传》记："天宝初，始造衡山南寺，寺之东有石如台，乃结庵其上，杼载绝岳，众仰之，号曰石头和尚。"可见，石头和尚正是大师苦修之称，"杼载绝岳"则是指大师长年隐居南岳，不出现于俗人之中，一人结草庵于石头上观心。《传灯录》记二祖慧可于达磨大师处得法后，"即于邺都随宜说法，一音演畅，四众归依，如是积三十四载。遂韬光混迹，变易仪相，或入酒肆，或过于屠门，或习街谈，或随厮役。人问之曰：师是道人，何故如是？师曰：我自调心，何关汝事？"二祖未得心印之前，已能讲法讲得天花乱坠，既得心印后于几十年生涯里（卒年一百七岁）又大作佛事，到底如何是修与不修呢？既然已得心印，还用得着调心吗？《金刚经》说"发阿耨菩提心者，于法不说断灭相。"又云："度无量众生已实无众生可度。"这正是对修与不修的最好回答。

石头住南岳后，以后再未离开，是他生命中最辉煌的时期。大师在南岳修苦行，作头陀，于其《草庵歌》有最真实的写照。其歌曰："世人住处我不住，世人爱处我不爱……庵虽小，含法界，方丈老人相体解。上乘菩萨信无疑，中下闻之必生怪。"这段话表达了一位真解脱者于世间名利富贵全无留恋的安详心态。世人一生只为衣食住行奔波，生不知来，死不知去，恍如梦中过一生。释迦佛以王子之尊却出家修道，示范人们世间富贵是无常的，总免不了生老病死，唯有生命的解脱才是最后归依处。名利富贵正是束缚身心解脱的大敌，一切物质利益都是外在的，生不带来死不带去的，人连身体都保不住，何况身外之物？所以，智者的生活往往清心寡欲，恬淡虚无。今人自以为科学发达，享受了更高的物质利益，这正是人类心向外驰，追求物欲的结果，是贪欲膨胀所引起。人类自以为成了自然的主人，实则变成了自然的奴隶。人类越想主宰自然，自然则越要反过来报复人类。今天，物质发达后的西方感到了精神空虚而反过来追求东方的智慧了。我们东方文化历来重视向内反省，所谓顺则为人，逆则为仙。智者的解脱自然当脱离物质欲望的束缚，这是要有一番勇气和毅力的。石头歌曰："青松下，明窗内，玉殿朱楼未为对。""遇祖师，亲训诲，结草为庵莫生退。"只有这样，才能真正做到自己的主人，"百年抛却任纵横，摆手便行且无罪。"达到生命的永恒解脱，于是我们就能悟出"欲识庵中不死人，岂离而今遮皮袋"的本旨了。石头大师在南岳就是这样忍常人之所不能忍，行常人之所不能行，以其超凡的禅定之力大彻大悟，同时也开始了他弘法利生的伟大事业。《宋高僧传》记："初，岳中固、瓒、让三禅师，皆曹溪门下，佥谓其徒曰：'彼石头真狮子吼，必能使汝眼清凉。'由是门人归慕焉。"不仅如此，所谓诚能感神，《五灯会元》记："鬼神多显迹听，法师皆与授戒。"大师在南岳弘法度生至其终生，其弟子均出类拔萃，形成了后来的云门宗、法眼宗、曹洞宗，法系延续至今。师终生弘法南岳，但据《指月录》记："一日，见负米登山者，师问之，知为送供者。师愍之，明日即移庵下梁端。"这是中间一个插曲。大师"贞元六年庚午岁十二月二十五日顺化，春秋九十一，僧腊六十三。"（《宋高僧传》）

石头大师走过近一个世纪，他在禅宗史上有着不可忽视的地位，唐国子博士刘轲说："江西主大寂，湖南主石头，往来憧憧，不见二大士，为无知矣。"（《宋高僧传》）今天我们来研究石头大师的禅学思想，继承这份宝贵文化遗产，唯有从其遗著《参同契》入手，才见端倪。

一、《参同契》会万法而归宗

《法华经》云："诸佛世尊，欲令众生开佛知见，使得清净故，出现于世；欲示众生佛之知见故，出现于世；欲令众生悟佛知见故，出现于世；欲令众生入佛知见道故，出现于世。"佛陀以此概括"诸佛为一大事因缘故出现于世"。因此，释尊两千多年前仅是以一位导师的身份示现于世，他并不是神，佛即"觉者"之意，即觉悟了生命宇宙真相，自觉而觉他。实相真理只有一个，众生迷而不觉，觉即为佛。故佛仅为一代名词，绝对的本体只有一个，它大而无外，小而无内，我们无时无处不生活于其中，不管我们承不承认，佛都本能地存在我们之中，它不来不去，不生不灭，不垢不净，不增不减。虽然绝对真理只有一个，但众生根机不同，认识层次不同，故佛法有大乘、小乘之分，学派林立之别，即使路线不同，但方向相同，万善同归。《法华经》说："如来但以一佛乘故为众生说法，无有余乘。"即起点高低远近不同，而其真理顶峰只有一个。释尊涅槃后，流传到中国的佛教形成八宗之多，虽有八宗，理则相通，实则一宗。但是，未明事理之人，往往舍此执彼，形成门派之争，禅宗南北顿渐之争，就是一次大的论战。石头希迁大师虽为南宗法系，却在这场争论中，抛弃门户之见，深弘佛法一乘之道，作出千古绝唱《参同契》。

何谓"参同契"？参者，交参之义，谓众类参会也同者，一也，宇宙本体也；契者，契合，默契也。虽然宇宙万物千差万别，不管你怎样交错参会，它都要在绝对宇宙本体中默契归宗。故参同契者，汇万法而归宗也。

一篇《参同契》全是为了破除人们的执着，全文通篇不用一个佛字，一开头就用"大仙"代替"佛"名，结尾用"参玄人"代替"参禅人"，连标题也是仿用东汉丹经鼻祖魏伯阳《周易参同契》而来。赵州禅师说："佛之一字，我不喜闻。"因为执着有佛，即为无佛，有一份善心，即露一分佛性，能够令一切众生欢喜，即是令诸佛菩萨欢喜。这种能包纳一切，一切平等的佛法也就是石头大师在《参同契》中所概括的："本末须归宗，尊卑用其语。"即是说最高的与最底的法则终归要回到它的本源，只不过外表上表露出深浅不一的层次，而有高低尊卑之分。

因为法法平等，宇宙的本来面目永恒不动，所以不管修与不修，都无得失，这就是禅宗所说"本来是佛，何假修证？"故强调一念顿悟，超出三界。谁能一念顿悟呢？有谁能印证呢？故从达磨传至六祖慧能都是以心印心，教外别传。至六祖慧能，因神秀先呈偈于五祖，大弘法于北，成为国师，于是出现南北顿渐之争。在这个关键时期，希迁大师站出来作《参同契》，指出"人根有利钝，道无南北祖。"在当时南宗甚盛时，无益于晴空中一记响雷，与当时的气候很不相应。当时人人都说顿悟是最上乘，谁会以钝根自居呢？而不知越到末法，其利根真的又有多少呢？你说你悟了，他说他悟了，于是满山满地都是圣人。《楞严经》云："不作圣心，名善境界；若作圣解，必受群邪。"真正的圣人总是把自己看得像尘土一样低微，把众生看同自己的父母，在真理追求上永无止境，何会自称圣人呢？况且当时神秀向五祖弘忍奉偈（身是菩提树，心如明镜台，时时勤拂拭，勿使惹尘埃）后，五祖即说："依此偈免堕恶道，依此偈修有大利益。"令门人炷香礼敬，谓尽诵此偈即得见性。六祖之偈（菩提本无树，明镜亦非台，本来无一物，何处惹尘埃）虽如塔尖，但其顿悟仍由塔基所负，其礼五祖之后，地位最低，每天以腰石舂米，五祖叹曰："求道之人为法忘躯，当如是乎！"在当时弟子中，六祖与秀上座自然形成鲜明对比，正说明真法来之不易，顿悟仍是渐修。圭峰禅师四料简曰："一、渐修顿悟，如伐树，片片渐斫，一时顿倒；二、顿修渐悟，如人学射，顿者箭箭直注意在的，渐者久久方中；三、渐修渐悟，如登九层之台，足履渐高，所见渐远；四、顿悟顿修，如染一线丝，万条顿色。"延寿禅师说："如顿悟顿修，亦是多生渐修，今生顿熟。"诸经均说六度万行才达佛境，延寿禅师说"经是佛语，禅是佛意。诸佛心口，必不相违。"（《万善同归集》）《华严经》云："初发心时，便成正觉。"故一念之善，就成菩提种子，何况多生渐修！菩萨以不同根机说不同法，众生自当选择，不自赞毁他，何有南北祖之分？

禅宗本来就是实证派，达磨面壁九年，二祖断臂求法，三祖上已谈到，四祖"摄心无寐，胁不至席者，历六十年。五祖也是历尽艰辛才以得法。石头大师承前启后，同样以其笃实禅风影响后世：他一生从曹溪至青源至南岳，都是苦行真修。延寿禅师说："前贤往圣，志大心淳；究理而昏刻不忘，潜行而神灵罔测；晓夕如临深履薄，克证以燃足救头；重实而不重虚，贵行而不贵说；涉有而不住有，行空而不证空；从小善而积殊功，仗微因而成大果。"这正是石大师的真实写照。

因此，参同契者正说明一法通万法通之理，何论三教九流，顿教渐教？只要发一念之善，既已入圣贤阶梯。正如石大师上堂所开示；"吾之法门，先佛传授。不论禅定精进，唯达佛之知见。"佛之知见只有一乘，而入门之径则有多途，但不管采用何种法门，都将百川而归海。只要勇猛精进，必能入于诸法实相。《参同契》说："灵源明皎洁，枝派暗流注。执事原是迷，契理亦非悟。"即是宇宙万法之本源，光明皎洁，照彻三千大千世界，永恒而普遍，无有差别和对待，至于枝派的流注，千差万别，那都是人为的现象，执着这些表面现象，原来就是迷乱，自以为契合了绝对真理，也不能算是真开悟。只有无分别地对待万法，于高低尊卑毫无分别，平等，才能印证涅槃妙心。

二、《参同契》显示佛法特有的哲理思辨

在哲学上，我们把一切存在的客观现象称作物质，意识则是物质高度发展的结果。唯物主义认为，精神虽然对物质有巨大的能动作用，但物质与精神的关系是先有物质，后有精神，物质第一性，精神第二性，物质决定精神。反之，则是唯心主义。佛教则既不是唯物主义，也不是唯心主义，它不确定物质、精神谁是第一、第二的问题。若物质第一，物质又从何来？若精神第一，精神又从何来？若说精神是大脑的产物，伴随物质而来，那么现在科学发达到已经知道有机体组成的各种元素，应该可以组合成生命，何以连一个结构极其简单的蚂蚁也制造不出来呢？若说先有精神，即是上帝创造世界之说，那么上帝又是由谁创造的呢？若说精神决定物质，何以我们想得到的却得不到呢？

《参同契》说："四大性自复，如子得其母。火热风动摇，水湿地坚固。眼色耳声音，鼻香舌咸醋。然于一一法，依根叶分布。"自然界的有形物质由四大组成（地水火风），人身也由四大组成。毛发爪牙、皮骨筋肉是坚硬性的地大；唾涕浓血、痰泪便利是潮湿性的水大；温度暖气是温暖性的火大；一呼一吸是流动性的风大。四大本性都是空的。宇宙原本清净无尘的，试想混沌未开，时空未有，何有四大呢？因一念无明，执他为己，执虚为有，于是组合四大而成身心，此身谓正报，

身外之物（山河大地等）谓依报。科学已经证明宇宙从空产生。空何生有？空本无有，犹如有眼病者，觉空生花，花非实有，依病而有。而病者则以为实有，有情（正报）、无情（依报）本非实有，而因无明之病，而成实有。禅者之智即是返本归源，断除我执法执，寻找清净本性，故石大师说："当四大本性回复于空，此身此心再不受四大外缘约束时，本来面目就顿现于前。好像久别的儿子看到自己的亲娘。"（四大性自复，如子得其母）这种境界正如永嘉大师说："梦里明明有六趣，觉后空空无大千。"这种境界只有亲证者才能了悟，非言语所能解释。正如弘一大师临终所说："执相而求，咫尺千里。问余何适，廓尔忘言。花枝春满，天心月圆。"

所以，佛教用"缘起性空"之理论证了宇宙生命的实相。但是，对一切凡夫来说，则眼观有色，耳听有声，鼻闻有香，舌尝有味。身体有触，意知有法，眼耳鼻舌身意（六根）不停地被色声香味触法（六尘）外缘所转，造出善恶不同之业，于是有了因果轮回之理。石大师说："眼色耳声音，鼻香舌咸醋。然于一一法，依根叶分布。"也就是说，根因分别心而存在六尘。为什么眼能观色。眼本身由元素组成，并非能观，能观乃意识而成。眼耳鼻舌身前五识均依第六识而来。六识对法。法即一切事相。有形者，色法；无形者，心法。六识总括一切现象，故能对前五识所对之境再加分别。如眼见色，只能了知是色，色之青黄黑白，则因六识分别。舌尝物有味。有何味，依六识分别。六识对法，已形成不可改变的分别潜意识。在佛法中，为了明了宇宙生命的真相，划分为八个识，除以上眼耳鼻等六识之外，还有第七末那识，第八阿赖耶识，心分成八个识。我们现在的心理学均只研究到上面六个识，七、八识就无涉及了。

第七识末那识。译为意，恐与第六意识相混而不译。它是六意识所依之根，向内执取第八识阿赖耶识为我，向外认识境界为实法。它的作用是执着有我，而恒审思量之，即"执我"和"思量"。因为执我，所以与我痴（因无明故，不知我相的真相曰痴）、我见（执五蕴假合的我为真我）、我慢（因执我而傲慢）、我爱（于所执我而生贪爱），这四种烦恼相应不离。末那识本身不直接出面造作善恶这业，但因这执着于我，所以成为一切众生自私自利的根源，这末那识的"我"是什么呢？就是第八识阿赖耶识。

阿赖耶识又名藏识，即有能藏（含藏一切法的种子）、所藏（受前七识所熏习）、执藏（受第七识所执取）三义，它是本性与安心的合体，是无始以来生死流转的浪本。我们生命的轨迹全藏于阿赖耶识。它如录像带录下了一期生命的镜头，所造善恶之业在此分毫不差，在此期生命结束之后，根据所造善恶之业转生他处扮演一个新的角色，善恶报应均是自作自受，瞒着别人干坏事，别以为别人不知，实则第八识田已种下恶种，必会结果。从顺序来说。八识为诸识之首，它是识之总体，亦为一切善恶业之所寄托，是宇宙生命的本源，众生死后，前七识俱灭，唯有此识受善恶业力之所牵引。在六道中投生轮回，前七识虽灭，但其功能均寄于第八识，积下善业，即在善道中投生，积下恶业即在恶道中轮回。故心净得净土，心秽得秽土，也就迎刃而解了。依报随着正报转，此世界终，他世界起，万物因业力而脱离不了生死轮回。

禅者入于实相之中，即是开发第八识。心本无生因境有。八识之本性即是空。它是不生不灭、不垢不净、不增不减，是永恒寂静不动的。之所以有生灭皆因安心而起。安念执我，而生贪嗔痴，造业循环。要解脱轮回，先当离开五根之欲（色香声味触），五欲不生"我执"即断，心则无念，此身何处安立？何能再有轮回？断除五根之欲，当修知足之法。《佛遗教经》："知足之人。虽贫而富；不知足者，虽富而贫，不知足者，常被五欲所牵，为知足者所怜愍。"淡泊知足，不为世俗名利富贵所左右，石头大师就是最好的榜样，如此即能入道，即得第六意识不分别，第七意识不执我，第八意识不落种子。如此即能把八识转为四智，转前五识为成所作智（为佛成功所作一切普利众生的智慧），转第六识为妙观察智（为佛观察诸法及一切众生根器而应予药与转凡成圣的智慧），转第七识为平等性智（无我平等，对一切众生起无缘大悲的智慧），转第八识为大圆镜智（断除我执，毫不利己，专门利人，建立人间净土）。

《五灯会元》记："师因看《肇论》至'舍万物为己者，其为圣人乎！'师乃拊几曰：'圣人无己，靡所不己。法身无相，谁云自他？圆鉴灵照于其间，万象体玄而自现。镜智非一，孰云去来？至哉斯语也！'遂掩卷，不觉寝梦：自身与六祖同乘一龟，游泳深池之内。觉而祥之：灵龟者，智也；池者，性海也。吾与祖师同乘灵智游性海矣。遂著《参同契》。"《肇论》说圣人舍万物而归己，即是已经除去一切私欲，天下为公也，也即是菩萨的同体大悲。石头大师因此感叹"圣人无己，靡所不己？法身无相，谁云自他？"而作《参同契》。这就是说圣人没有自己了，故其心能遍一切时遍一切处，视所有众生都是自己的父母，挽救苦难众生出苦海作为分内事。所谓佛的法身，并不是可见的色相，无相者，即是遍一切时，遍一切处也，绝对没有自他之分。世人总以"我"为存在点，在空间上则有彼此之分，在时间上则有过去、现在、未来之分。而佛已无上下十方、时间之分，故其心量犹如虚空，不随八风而动。不随八风而动，非如木石也。这就是石大师所说像一块镜子能分别照出万物形象，但镜子本身并不为之所动，追逐外物。虽了了分明，却视若无睹，即眼观形象内无有，耳听尘事心不知，这就是入圣的境界。正如《楞严经》所说："初于闻中，入流亡所，所入既寂，动静二相，了然不生。如是渐增，闻所闻尽，尽闻不住，觉所觉空，空觉极圆，空所空灭。"观音菩萨往昔修行时因由此音闻而入三昧，故"忽然超越世出世间，十方圆明，获二殊胜：一者上合十方诸佛本妙觉心，与佛如来同一慈力；二者下合六道众生，与诸众生同一悲仰。"由此，我们可知观音菩萨大慈大悲救苦难众生为何永无穷尽也！

佛法从自性的体悟，论证了不同于一般哲学思想关于物质与精神，主体与客体，存在与意识的辩证关系。在《参同契》中，石大师提出"回互"（门门一切境，回互不回互，回而更相涉，不尔依位住）之说概括了这种哲理思辨，即是说一切客观存在的实境，都在因缘法则中形成，"回互"即是因果相连回环交错也。只有证得永恒不动的涅槃妙心，才能不落入"回互"之中。永嘉大师说："了却业障本来空，未了先须还宿债。""回而更相涉"即是指在事相上，因缘法则永远那么无始无终地存在，此生彼灭，彼灭此生，互为因果，形成错综复杂、森罗万象的宇宙世界。在理体上，真如的实相是如如不动的，是一种绝对法则。"不尔依位住"即是说尽管世界千变万化，而绝对的法则是永恒不动的，它停在自己的本位上，代表绝对的真理。故佛菩萨普度众生，三十二应身，千变万化。可其绝对的本体则是不动的。这也就是他由凡夫发心，由迷而转觉，其八识转为四智，虽出没于六道，而其本觉则不再迷也。

三、《参同契》直指修心悟道之要枢

石大师是慧能的弟子，其法自然当直指人心。虽然他提出法无南北，人有利钝，而此并不妨其直指第一义谛。大师说："承言须会宗，勿自立规矩。触目不会道，运足焉知路？进步非远近，迷隔山河固。谨白参玄人，光阴勿虚度。"所谓"承言须会宗，勿自立规矩。"就是说，禅宗离于文字之外，其绝对的本体非言语所能诠释。智者应了悟万物的本源，站在绝对的法则上，不会被世风所动摇。但是，真如本体虽离文字，并不破坏文字。一切言教正是趣入真如本体的手段，犹如人以手指月，手是文字，月是本性。《楞伽经》云："如果不说一字呢？那么教法就要破坏了。教法一坏，也就无诸佛菩萨、缘觉、声闻等。如果连这些都没有，又有谁在说法，又为了谁说法呢？"不要认为言语文字是妄念的组合，是无常不实的，就认为可以抛开它，无师自通。妄自立下规矩。这样，也就破坏了禅宗的最高法则。禅把事相与理体圆融在一起，不能因事废理、因理废事，事如波，理如水，全水即波，全波即水。所谓"触目不会道，运足焉知路？进步非近远，迷隔山河固。"就是说触目所见，满目青山都是道体，山河大地即是如来。如果想要离开现实生活，却另外寻找一种真如本体，则犹如煮沙成饭，了不可得。道不远人，愚人不识。我们眼前所见的，无不是真如的显露。如果不能了悟，运动两足行走，怎么能了知脚下便是道路？禅教的顿悟，贵在当下承当：非近非远。如果执着一边，或执事相，

或谈空理，那么真如本体如同隔着了坚固的山河，永迷不悟。故石大师谨慎地告诫参禅之人，要珍惜时光，如救头燃，参究当下念的本来面目，若失人身，万劫难复！

《六祖坛经》说："迷即佛众生，悟即众生佛，愚痴佛众生，智慧众生佛。"佛与众生本不分离，关键在于迷悟，心佛众生三无差别，释尊成道时第一句话即是"奇哉，大地众生都有如来智慧德相，只因妄想执着，不能证得。"佛说一切众生都有佛性，若心外觅佛，应是人怀自家宝，却向外乞援。所以，顿教直指人心，心即佛，佛即心，如石大师所说"触目见道"，"举足菩提"。石大师上堂时开示："即心即佛，心佛众生，菩提烦恼，名异体一。汝等当知，自己心灵，体离断常，性非垢净，湛然圆满，凡圣齐同，应用无方，离心意识。三界六道，唯心自现。水月镜像，岂有生灭？汝能知之，无所不备。"因为佛性本来清净，佛与众生本来同体，菩提烦恼亦非为二，故宗密称石头为泯绝无寄宗。他说："泯绝无寄宗者，说凡圣等法，皆如梦幻，都无所有，本来空寂，非今始无。即此达无之智，亦不可得。平等法界，无化无众生。法界亦是假名。心即不有，谁言法界？无修不修，无佛不佛，凡有所作，皆是迷妄。如此了达本来无事，心无所寄，方免颠倒，始名解脱。石头牛头，下至径山，皆示此理。"（《禅源诸诠集都序》）到这里，修与不修都成戏论，这应是禅的最高境界。

虽从理上讲触目是道，举足菩提，心佛众生三无差别，修与不修都是戏论。但是，凡夫与佛却有天壤之别，即当有修有证。石头大师说："吾之法门，先佛传授，不论禅定精进，唯达佛之知见。"即是不管你采用何种禅定精进之法都是为达佛知见。它是先肯定要禅定精进，只不过目标是达佛知见。所以，他在《参同契》中说"谨白参玄人，光阴勿虚度。"石大师一生近百年，何时不在禅定精进之中？没有禅定之功却来谈禅，当是戏论。达磨大师说："至吾灭后二百年，衣止不传。法周沙界，明道者多，行道者少。说理者多，通理者少。"（《五灯会元》）今已进入末法时代，去圣遥远，连明理者、说理者已是凤毛麟角矣。

禅定之法，贵在观心，行住坐卧都可作功夫。石头大师作有《心药方》一个："好肚肠一条，慈悲心一片，温柔半两，道理三分，信行要紧，中直一块，孝顺十分，老实一个，阴骘全用，方便不拘多少。"这是制心向外攀缘之妙方，若能全用，妄念当收。《楞严经》云："心随物转，即是众生；心能转物，即同如来。"如来者，如如不动也。《参同契》说："当明中有暗，勿以暗相遇；当暗中有明，勿以明相睹。"当夜晚时，你坐在灯光下，谓屋里看见为明，屋外不见为暗。明暗从何而来呢？若说明为见，何又能见暗呢？此暗若为不见，何眼前一片黑呢？此黑不正是见吗？所以，眼识于明暗起分别作用，而其见性是不变的。外界作用于眼耳鼻舌身发生不同的变化，而其性是不变的。起变化的即妄心，不变化的即是常住真心。观心之法，重在制心，制心一处，无事不办。现在各种气功都强调禅定入静，当意念力集中到一点（静坐入定）就能不再受时空限制，上可九天揽月，下可五洋捉鳖，实不为神话也。当代禅宗大德虚云和尚（1840～1960 年）在五台山"一日煮芋于釜中，未熟，即跏趺静坐以待，不觉入定，后有山僧访公贺年，见门外虎迹纵横，进棚视之，见公之定。久乃以声开静问食否？公曰：'适炊芋未熟。'揭釜视之，则霉高寸许，盖逾半月矣。"只要入定，在时间上过去现在未来都可连成一体，在空间上可入三千大千世界。于是，我们才知，时空乃是假象，都因妄念执着才有。时空乃因"我"存在才有，而器世间和有情都在一念之中，因我执无明，故有时空假象。佛以大我之心，超越小我，一念具足三世十方，无时不在，无处不有，故与宇宙同体而入于不生不灭的涅槃之中。要达到这种境界，只要学习石头大师真参苦修，放弃声色名利，力求无欲无念。超越小我，慈悲喜舍，必将入于如来大我的涅槃之中，这也才是石头大师作《参同契》的真正目的所在。

（以上摘自曾琦云撰《石头希迁大师参同契心要论》，原文发表于九华山佛协《甘露》杂志）

第三节　青原下二世

石头迁禅师法嗣

澧州药山惟俨禅师

澧州药山[1]惟俨禅师，绛州韩氏子。年十七，依朝阳西山慧照禅师出家，纳戒于衡岳希操[2]律师。博通经论，严持戒律。

一日，自叹曰："大丈夫当离法自净，谁能屑屑事细行于布巾邪[3]？"

首造石头之室，便问："三乘十二分教某甲粗知，尝闻南方直指人心，见性成佛，实未明了，伏望和尚慈悲指示。"头曰："恁么也不得，不恁么也不得，恁么不恁么总不得，子作么生？"师罔措。

头曰："子因缘不在此，且往马大师处去。"师禀命恭礼马祖，仍伸前问。祖曰："我有时教伊扬眉瞬目[4]，有时不教伊扬眉瞬目；有时扬眉瞬目者是，有时扬眉瞬目者不是。子作么生？"师于言下契悟，便礼拜。祖曰："你见甚么道理便礼拜？"师曰："某甲在石头处，如蚊子上铁牛。"祖曰："汝既如是，善自护持。"侍奉三年。

一日，祖问："子近日见处作么生？"师曰："皮肤脱落尽，唯有一真实。"祖曰："子之所得，可谓协于心体，布于四肢[5]。既然如是，将三条篾束取肚皮，随处住山去[6]。"师曰："某甲又是何人，敢言住山？"祖曰："不然！未有常行而不住，未有常住而不行。欲益无所益，欲为无所为。宜作舟航，无久住此[7]。"师乃辞祖返石头。

一日在石上坐次，石头问曰："汝在这里作么？"曰："一物不为。"头曰："恁么即闲坐也。"曰："若闲坐即为也。"头曰："汝道不为，不为个甚么？"曰："千圣亦不识。"头以偈赞曰："从来共住不知名，任运相将只么行。自古上贤[8]犹不识，造次[9]凡流岂可明？"

后石头垂语曰："言语动用没交涉。"师曰："非言语动用亦没交涉。"头曰："我这里针札不入[10]。"师曰："我这里如石上栽华[11]。"头然之。

后居澧州药山，海众云会，师与道吾说："茗溪[12]上世为节察[13]来。"吾曰："和尚上世曾为甚么？"师曰："我痿痿羸羸[14]，且恁么过时。"吾曰："凭何如此？"师曰："我不曾展他书卷。"

（石霜别云："书卷不曾展。"）

院主报："打钟[15]也，请和尚上堂。"师曰："汝与我擎钵盂去。"曰："和尚无手来多少时[16]？"师曰："汝只是枉披袈裟。"曰："某甲只恁么，和尚如何？"师曰："我无这个眷属。"

谓云岩曰："与我唤沙弥来。"岩曰："唤他来作甚么？"师曰："我有个折脚铛子[17]，要他提上挈下。"岩曰："恁么则与和尚出一只手去也。"师便休。

园头[18]栽菜次，师曰："栽即不障汝栽，莫教根生[19]。"曰："既不教根生，大众吃甚么？"师曰："汝还有口么？"头无对。

道吾、云岩侍立次，师指按山上枯荣二树，问道吾曰："枯者是，荣者是？"吾曰："荣者是。"师曰："灼然一切处，光明灿烂去。"

又问云岩："枯者是，荣者是?"岩曰："枯者是。"师曰："灼然一切处，放教枯淡去。"

高沙弥忽至，师曰："枯者是，荣者是?"弥曰："枯者从他枯，荣者从他荣。"师顾道吾、云岩曰："不是! 不是!"

问："如何得不被诸境惑?"师曰："听他何碍汝?"曰："不会。"师曰："何境惑汝?"

问："如何是道中至宝?"师曰："莫谄曲[20]。"曰："不谄曲时如何?"师曰："倾国不换[21]。"

有僧再来依附，师问："阿谁?"曰："常坦。"师呵曰："前也是常坦，后也是常坦。"

师久不升堂，院主白曰："大众久思和尚示诲。"师曰："打钟著。"众才集，师便下座，归方丈。

院主随后问曰："和尚既许为大众说话，为甚么一言不措?"师曰："经有经师[22]，论有论师，争怪得老僧?"

师问云岩："作甚么?"岩曰："担屎。"师曰："那个聻[23]?"岩曰："在。"师曰："汝来去为谁?"曰"替他东西[24]。"师曰："何不教并行?"曰："和尚莫谤他。"师曰："不合恁么道。"曰："如何道?"师曰："还曾担么?"

师坐次，僧问："兀兀[25]地思量甚么?"师曰："思量个不思量底。"曰："不思量底如何思量?"师曰："非思量。"

问："学人拟归乡时如何?"师曰：'汝父母遍身红烂，卧在荆棘林[26]中，汝归何所?"曰："恁么则不归去也。"师曰："汝却须归去。汝若归乡，我示汝个休粮方子。"曰："便请。"师曰："二时上堂[27]，不得咬破一粒米。"

问："如何是涅槃?"师曰："汝未开口时唤作甚么?"

问僧："甚处来?"曰："湖南来。"师曰："洞庭湖水满也未?"曰："未。"师曰："许多时雨水，为甚么未满?"僧无语。

（道吾云："满也。"云岩云："湛湛地。"洞山云："甚么劫中曾增减来?"云门云："只在这里。"）

师问僧："甚处来?"曰："江西来。"师以拄杖敲禅床三下。僧曰：

"某甲粗知去处。"师抛下挂杖，僧无语。师召侍者："点茶与这僧，踏州县困[28]。"

师问庞居士："一乘中还著得这个事么[29]？"士曰："某甲只管日求升合[30]，不知还著得么。"师曰："道居士不见石头，得么？"士曰："拈一放一，未为好手。"师曰："老僧住持事繁。"士"珍重"便出。师曰："拈一放一，的是好手。"士曰："好个一乘问宗，今日失却也。"师曰："是！是！"

上堂："祖师只教保护，若贪嗔痴起来，切须防禁，莫教振触[31]。是你欲知枯木、石头，却须担荷，实无枝叶可得。虽然如此，更宜自看，不得绝言语。我今为你说，这个语显无语底，他那个本来无耳目等貌。"

师与云岩游山，腰间刀响。岩问："甚么物作声？"师抽刀蓦口作研势。

（洞山举示众云："看他药山横身[32]为这个事，今时人欲明向上事，须体此意始得。"）

遵布衲浴佛，师曰："这个从汝浴，还浴得那个么？"遵曰："把将那个来[33]。"师乃休。

（长庆云："邪法难扶。"玄觉云："且道长庆恁么道，在宾在主[34]？众中唤作浴佛语，亦曰兼带语，且道尽善不尽善？"）

问："学人有疑，请师决。"师曰："待上堂时来，与阇黎决疑。"至晚，上堂众集，师曰："今日请决疑上座在甚么处？"其僧出众而立。师下禅床，把住曰："大众！这僧有疑。"便与一推，却归方丈。

（玄觉曰："且道与伊决疑否？若决疑，甚么处是决疑？若不与决疑，又道待上堂时与汝决疑？"）

师问饭头[35]："汝在此多少时也？"曰："三年。"师曰："我总不识汝。"饭头罔测，发愤而去[36]。

问："身命急处如何？"师曰："莫种杂种。"曰："将何供养？"师曰："无物者。"

师令供养主[37]抄化[38]，甘行者问："甚处来？"曰："药山来。"甘曰："来作么？"曰："教化。"甘曰："将得药来么？"曰："行者有甚么病？"甘便舍银两铤，意："山中有人，此物却回，无人即休。"[39]主便归，纳疏[40]，师问曰："子归何速？"主曰："问佛法相当得银两铤。"师令举其语，主举已，师曰："速送还他，子著贼了也。"主便送还。甘曰："由来有人。"遂添银施之。

（同安显云："早知行者恁么问，终不道药山来。"）

问僧："见说汝解算[41]，是否？"曰："不敢。"师曰："汝试算老僧看[42]。"僧无对。

（云岩举问洞山："汝作么生？"山曰："请和尚生月。"）

师书"佛"字，问道吾："是甚么字？"吾曰："佛字。"师曰："多口阿师[43]。"

问："己事[44]未明，乞和尚指示。"师良久曰："吾今为汝道一句亦不难，只宜汝于言下便见去，犹较些子。若更入思量，却成吾罪过。不如且各合口，免相累及[45]。"

大众夜参，不点灯，师垂语曰："我有一句子，待特牛[46]生儿，即向你道。"有僧曰："特牛生儿也，只是和尚不道[47]？"师曰："侍者把灯来。"其僧抽身入众。

（云岩举似洞山，山曰："这僧却会，只是不肯礼拜。"）

问僧："甚处来？"曰："南泉来。"师曰："在彼多少时？"曰："粗经冬夏。"师曰："恁么，则成一头水牯牛去也。"曰："虽在彼中，且不曾上他食堂。"师曰："口欬东南风那[48]？"曰："和尚莫错，自有拈匙把筯人在[49]。"

问："达磨未来时，此土还有祖师意否？"师曰："有。"曰："既有，祖师又来作甚么？"师曰："只为有，所以来。"

看经次，僧问："和尚寻常不许人看经，为甚么却自看？"师曰："我只图遮眼。"曰："某甲学和尚还得也无？"师曰："汝若看，牛皮也须穿[50]。"

（长庆云："眼有何过？"玄觉云："且道长庆会药山意，不会药山意？"）

问："平田浅草，麈[51]鹿成群，如何射得麈中主？"师曰："看箭。"僧放身便倒。师曰："侍者！拖出这死汉。"僧便走，师曰："弄泥团汉有甚么限[52]？"

朗州刺史李翱问："师何姓？"师曰："正是时。"李不委[53]，却问院主："某甲适来问和尚姓，和尚曰'正是时'，未审姓甚么？"主曰："恁么则姓韩也。"师闻乃曰："得恁么不识好恶，若是夏时对他，便是姓'热'[54]？"

师一夜登山经行[55]，忽云开见月，大啸一声[56]，应澧阳东九十里许，居民尽谓东家[57]。明晨迭相推问，直至药山。徒众曰："昨夜和尚山顶大啸[58]。"李赠诗曰："选得幽居惬野情，终年无送亦无迎。有时直上孤峰顶，月下披云啸一声[59]。"

太和八年十一月六日临顺世，叫曰："法堂倒！法堂倒！"众皆持柱撑之，师举手曰："子不会我意。"乃告寂。塔于院东隅。唐文宗谥"弘道大师"，塔曰"化城"。

【注释】

[1] 药山：位于湖南省津市市棠华乡岳山村，是著名的佛教圣地，唐高僧惟俨禅师在此住锡四十余年，其再传弟子开创了禅宗五叶之一的曹洞宗，并延传至今。

[2] 希操（732～788年）：俗姓昝（zǎn），原为儒生，籍贯不详。唐代僧人。出家后，住衡山中院掌律度众，凡二十六年。一生度人无数，其弟子中有不少是禅宗大师，因此他与禅宗有不解之缘。柳宗元在《衡山中院大律师塔铭》上说："南岳戒法，坏而复正，由公而大兴，衡岳佛寺毁而再成，由公而丕变。"详见《南岳志》记载。

[3] 大丈夫当离法自净，谁能屑（xiè）屑事细行于布巾邪：大丈夫应当不用戒律约束自己也能自净其意，谁能整天琐碎烦细地忙碌不安，把时间花在那些衣衫布巾之类的小事上呢？屑屑：琐碎烦细，忙碌不安。

[4] 扬眉瞬目：扬眉、瞬目均系禅家示机、应机的特殊动作，泛指禅机作略。又作扬眉动目、瞬目扬眉、扬眉举目等。本书第十三章"琅邪慧觉"条："拈椎竖佛即不问，瞬目扬眉事若何？"本书第十五章"开先善暹"条："一棒一喝，犹是葛藤；瞬目扬眉，拖泥带水。"

[5] 协于心体，布于四肢：契合于内心，传播到四肢。

[6] 将三条篾束取肚皮，随处住山去：用三条竹篾束在腰上，随缘住山去弘化一方。

[7] 宜作舟航，无久住此：应当作众生的舟航，不要长久住在我这里。"作舟航"比喻普渡众生，而旧译本译为"你应当坐船航行"，不符合原意。

［8］上贤：德才超著的人。

［9］造次：轻率，随便。

［10］针札不入：比喻禅机固密，禅法玄妙，有形之物无法契入。札：同"扎"，刺。

［11］石上栽华：与上"针札不入"意义相同。

［12］茗溪：即澧州茗溪道行禅师。

［13］节察：全名为"节度观察留后"，官名。唐代置，宋初沿置，后改承宣使。掌主一方军民政令。

［14］痿（wěi）痿羸（léi）羸：痿：肢体麻木；羸：瘦弱。形容身体瘦弱不堪。

［15］打钟：敲钟作响，以召集僧众，或为报时。

［16］和尚无手来多少时：旧校本标点有误，断句为"和尚无手，来多少时"，产生歧义。

［17］折脚铛（chēng）子：指断脚锅。

［18］园头：管理寺院所属菜园的僧人。

［19］栽即不障汝栽，莫教根生：旧校本作"栽即不障，汝栽莫教根生"有误。

［20］谄曲：为欺瞒他人而故作娇态，曲顺人情。

［21］倾国不换：拿一个国家来也不换。倾国：举国，全国。

［22］经师：佛教经典分为经、律、论三藏，专门研究并讲解佛经的僧人称作经师，研究并讲解佛戒的称作律师，研究并讲解佛论的称作论师。

［23］那个聻：那个呢？那个指假我，这个假我还在吗？挑粪到底为谁挑？聻：句末语气词，相当于"呢""哩"。

［24］替他东西：替他东奔西走。

［25］兀（wù）兀：不动的样子，勤奋刻苦的样子，昏沉的样子。

［26］荆棘林：喻指缠缚真性、障碍悟道的种种情识知见。亦作"荆棘丛林""荆棘"。

［27］二时上堂：晨、午二时上堂吃饭。旧译本译为"第二个时辰上堂"，错。

［28］点茶与这僧，踏州县困：给这僧人泡茶，他穿州过县走累了。

［29］一乘中还著得这个事么：佛说一乘之法还有这个事吗？这个事指外界一切存在。

［30］升合：起床睡觉。

［31］揰（chéng）触：触碰。揰：触碰。旧校本误将"揰"作"振"。

[32] 横身：挺身，置身。

[33] 把将那个来：把那个拿来。

[34] 在宾在主：是站在宾客那一边，还是站在主人这一边？

[35] 饭头：禅宗丛林内之职称。即隶属典座之下，掌理大众粥斋之人。其职责，举凡酌量僧众之人数、检看米谷之精粗、分别水浆之清浊、樽节菜蔬之多寡、顾虑柴薪之有无，乃至炊具之洗涤、馊淹之处理等，皆在职役范围之内。

[36] 饭头罔测，发愤而去：饭头不知道什么意思，很生气地走了。发愤：发泄愤懑，或含恨。

[37] 供养主：劝募供养物者，寺院中从事外出募化的僧人。与化主同。

[38] 抄化：即外出募化。

[39] 甘便舍银两锭，意"山中有人，此物却回，无人即休"：甘行者就施舍银子两锭，他心想："山中如果有高人，看到银子后就会退回来，没有高人就算了。"

[40] 纳疏：报告有关情况，交差。

[41] 解算：懂算命。"算"：宝祐本作"筭"，古同"算"。

[42] 汝试算老僧看：你算算我老僧的命试试看。旧校本作"汝试算，老僧看"有误，"算"与宾语"老僧"隔断了。

[43] 多口阿师：纠缠言语词句的僧人。阿师：僧人。《祖堂集》卷四"药山"："师书一佛字，问道吾：'是什摩字？'吾曰：'是佛字。'师曰：'咄！这多口阿师。'"《禅林僧宝传》卷一六"翠岩芝"："德山棒、临济喝，独出乾坤解横抹。从头谁管乱区分，多口阿师不能说。"《碧岩录》卷五第五〇则："钵里饭、桶里水，多口阿师难下嘴。"（摘自《禅宗大词典》）

[44] 己事：指禅者的本分大事：明心悟性，超越生死。《云门广录》卷中："师或云：'己事若明，始消他供养。作么生是尔明底事？'"《祖堂集》卷四"药山"："问：'己事未明，乞和尚指示。'师沉吟良久曰：'吾今为汝道一句亦不难，只宜汝于言下便见去。'"《禅林僧宝传》卷七"云居齐"："禅师名道齐，生金氏，南昌人也。幼依百丈明照禅师得度。种性猛利，经行燕坐。以未明己事为忧。持一钵遍历丛林，学心不息。"亦作"自己事"。（摘自《禅宗大词典》）

[45] 不如且各合口，免相累及：不如各自闭口，以免相互连累。

[46] 特牛：公牛。

[47] 特牛生儿也，只是和尚不道：公牛生息了，和尚怎么还不说？《景德传灯录》作"特牛生儿也，何以不道"。旧校本标点错误，标点为"特牛生儿，也只是和尚不道"。项楚撰写《〈五灯会元〉点校献疑续补一百例》（《季羡林教授八十

华诞纪念论文集》上册）说："僧语中'也'字属上，'特牛生儿也'为一句，谓特牛已生儿也。"

[48] 口欱（hē）东南风那：那你口里喝的是东南风吗？欱：同"喝"。

[49] 自有拈匙把筯（zhù）人在：自然有拿汤匙把筷子的人在。筯：同"箸"，筷子。

[50] 汝若看，牛皮也须穿：你如果要看，牛皮也要等到看穿。意思你看经没有用，因为牛皮能被看穿吗？

[51] 麈（zhǔ）：古书上指鹿一类的动物，似鹿比鹿大。尾巴可以制拂尘，故称拂尘为麈尾，也简称麈。

[52] 弄泥团汉有甚么限：与"弄泥团汉"有什么区别呢？"弄泥团汉"为禅林用语，乃嘲笑人之语。谓一群俗汉所作之事，如同孩童玩泥。禅林中每以之为蒙昧无知者之贬称。限：指界限、区分。旧译本"用泥团罗汉有什么限制"，翻译出错。

[53] 委：确知。

[54] 得恁么不识好恶，若是夏时对他，便是姓"热"：你怎么这样不识好歹，如果夏天的时候回答他，难道就姓"热"了吗？

[55] 经行：意指在一定的场所中往复回旋之行走。通常在食后、疲倦时，或坐禅昏沉瞌睡时，即起而经行，为一种调剂身心之安静散步。

[56] 大啸一声：《景德传灯录》作"大笑一声"，似应以《景德传灯录》为准。

[57] 应澧阳东九十里许，居民尽谓东家：回声传播到澧阳以东九十里左右，居民都以为是东面邻居的笑声。

[58] 昨夜和尚山顶大啸：《景德传灯录》作"昨夜和尚山顶大笑"。

[59] 月下披云啸一声：《景德传灯录》作"月下披云笑一声"。

【概要】

药山惟俨（751～834年），唐代禅僧。属青原行思之法系。山西绛州（今山西新绛）人，俗姓韩。十七岁依潮阳（广东）西山慧照禅师出家。大历八年（773年）就衡山希澡受具足戒。博通经论，严持戒律。后参谒石头希迁，密领玄旨。次参谒马祖道一，言下契悟，奉侍三年。后复还石头，为其法嗣。不久，至澧州药山，广开法筵，四众云集，大振宗风。一夜，登山经行，忽云开见月，大笑一声，遍于澧阳东九十余里，居民均闻其声。朗州刺史李翱赠诗云"选得幽居惬野情，终年无送亦无迎。有时直上孤峰顶，月下披云笑一声。"禅师的门风孤峻，出言玄微，而格调高雅。虽其博涉经教，但住持药山后，却不许学人看经，认为看读经论反为障道之因缘，"记持言语，多被经论惑"。唐太和八年（834年）示寂，世寿八十四。一说太和二年十二月示寂，世寿七十。敕谥"弘道大师"。

与禅师有关的著名公案有"药山升座"，为药山惟俨禅师升座说法示众之公案。师久不升堂，院主白曰："大众久思和尚示诲。"师曰："打钟著。"众才集，师便下座，归方丈。院主随后问曰："和尚既许为大众说话，为甚么一言不措？"师曰："经有经师，论有论师，争怪得老僧？"此公案说明药山升座说法，虽未垂示一言半语，然当下即示现全身说法之活三昧，故药山随后所说"经有经师，论有论师"之语，亦不外表示经师所说之经、论师所说之论，皆仅为佛法真理之一部分，远不如丝毫不落言语葛藤之"全身说法"；此即为本公案之主旨。

此外还有"惟俨不为"公案，药山惟俨自谓其坐禅乃无所为之坐禅。亦即表示其坐禅乃超越思量分别，以达到绝对真理之坐禅。有一天，惟俨禅师打坐时，石头和尚看见了，就问你在这里干什么？惟俨回答什么都不做。石头和尚说这样的话就是闲坐了。惟俨说如果是闲坐，就是有所作为了。石头和尚便问道："汝道不为，不为个甚么？"惟俨回答："一千个圣人也不知道。"石头和尚就以偈语赞叹他的境界："自古以来大德尚且不知道，轻率的凡流之辈怎么能明白？"

据《景德传灯录》记载，朗州（今湖南常德）刺史李翱向慕惟俨禅师的禅法教化，屡次礼请惟俨下山说法，惟俨均未曾动身，就亲自入山来拜谒。惟俨手拿经书，并不看李翱一眼，侍僧报告："太守在这里。"李翱性情急躁，就说："见面不如闻名。"惟俨便招呼："太守！"李翱答应，惟俨问："为什么贵耳贱目？"李翱便拱手赔罪，并问道："什么是道？"惟俨用手指一指上面与下面，问："领会了吗？"李翱回答没有领会。惟俨说："云在天，水在瓶。"李翱便欣喜地作礼拜谢，并作诗云："练得身形似鹤形，千株松下两函经。我来问道无余说，云在青天水在瓶。"

"云在青天水在瓶"，原来真理就在青天的云上，瓶里的水中。道在一草一木，道在一山一谷，道在宇宙间一切事物当中。南怀瑾先生说："譬如修道见道的境界，药山禅师就讲'云在青天水在瓶'，这是很自然的，天上的云在飘，水在瓶子里，摆在桌上，一个那么高远，一个那么浅近，这就是个境界。"

那么，李翱作诗到底悟了没有？南老也有所评论：

药山禅师讲了这句话（指云在青天水在瓶），李翱就懂了，当时就写了悟道的偈子：

练得身形似鹤形，千株松下两函经。

我来问道无余话，云在青天水在瓶。

"练得身形似鹤形"，由这句诗了解药山禅师人很高很瘦，是脱胎换骨了。"千株松下两函经"，松树下面摆了经书在那儿看，好一幅画面！"我来问道无余话"，药山禅师指上又指下，因为李翱不懂，师父只好在文学方面引导他，"云在青天水在瓶"。我们大家不要给他骗了！药山禅师真的只讲这个意思吗？不完全是这个意思，"云在青天水在瓶"，差不多，还不是那个道。

李翱认为自己悟道了，所以写了这首诗给师父，然后问药山，师父啊，假使悟到这个程度，后面还有事没有？后面还有工夫没有？然后，药山禅师又吩咐李翱两句话，是说下山以后如何修持："高高山顶立，深深海底行。"后世道家认为人身这个海底，究竟是不是禅宗祖师讲的这个海底呢？这是个大问号。禅宗不给你说明，非要你参不可，所谓要自证自肯，那是靠悟得到的，不然没得力量。以普通的道理来讲，"高高山顶立，深深海底行"就是儒家中庸所讲的"极高明而道中庸"。见处要高，可是工夫要踏实，要从做人做起，从戒、定、慧基本做起。这两句话同后世的道家、佛家密宗、显教做工夫有密切的关系，诸位可以自己去研究。引用王阳明的一句诗，"道是无关却有关"，你说是不相关吗？有相关；你说有相关嘛，不一定相关。药山禅师又告诉李翱："闺阁中物舍不得便为渗漏。"换一句话说，男女情欲这一关不过，永远不成功。等于《楞严经》上说，淫根不除要想得道，是像蒸沙成饭一样不可能。

相隔差不多两百年左右，宋朝的张商英悟道了以后，看禅宗的书看到这一段，认为李翱没有大悟，没有得道，所以他写了一首偈子：

云在青天水在瓶，眼光随指落深坑。

溪花不耐风霜苦，说甚深深海底行。

我们讲了半天就是为了引用这一句话，所以费了很多时间。"眼光随指"，眼光跟着指头"落深坑"，落在深深的坑里头，落下地狱去了。张商英的诗很高明，批评李翱没有证道。"云在青天水在瓶"，一般人把这个境界当成与气脉通相等，有人打坐学佛到达这个境界，念头空了，"万里青天无片云"，想永远定下去，以为对了。张商英认为这真是笑话，是"眼光随指落深坑"。

人要死的时候是眼光落地的，因为神散了。修道要神凝气聚，如果神凝不住，气就散了，所以"眼光随指落深坑"，可见神凝不住收不住了。自己神不凝气不住，道没有修成功，就没有办法出来弘道。所以，我经常说修道容易成道难，成道容易行道难，行道容易弘道更难。所以，张商英说"溪花不耐风霜苦"，你经不起那个魔障，像百花碰到秋冬天气，生命就萎缩下去了，你有什么资格说"深深海底行"！

【参考文献】

《全唐文》卷五三六《沣州药山故惟俨大师碑铭并序》；《宋高僧传》卷十七；

《祖堂集》卷四；《景德传灯录》卷十四；《传法正宗记》卷七；《佛祖统纪》卷四十二；《佛祖历代通载》卷二十二。

邓州丹霞天然禅师

邓州丹霞[1]天然禅师，本习儒业，将入长安应举，方宿于逆旅[2]，忽梦白光满室。占者曰："解空之祥也[3]。"

偶禅者，问曰[4]："仁者何往？"曰："选官去。"禅者曰："选官何如选佛？"曰："选佛当往何所？"禅者曰："今江西马大师出世，是选佛之场，仁者可往。"遂直造江西。才见祖，师以手拓幞头额[5]。祖顾视良久，曰："南岳石头是汝师也。"

遽抵石头，还以前意投之。头曰："著槽厂去[6]。"师礼谢，入行者房，随次执爨役[7]，凡三年。

忽一日，石头告众曰："来日划佛殿前草[8]。"至来日，大众、诸童行[9]各备锹镢[10]划草。独师以盆盛水，沐头于石头前，胡跪。头见而笑之，便与剃发。又为说戒，师乃掩耳而出。

再往江西谒马祖。未参礼，便入僧堂内，骑圣僧颈而坐。时大众惊愕，遽报马祖。祖躬入堂，视之曰："我子天然[11]。"师即下地礼拜曰："谢师赐法号。"因名"天然"。

祖问："从甚处来？"师曰："石头。"祖曰："石头路滑，还跶倒[12]汝么？"师曰："若跶倒即不来也。"

乃杖锡观方[13]，居天台华顶峰三年，往余杭径山礼国一禅师。

唐元和中至洛京龙门香山，与伏牛和尚为友。后于慧林寺遇天大寒，取木佛烧火向[14]。院主诃曰："何得烧我木佛？"师以杖子拨灰曰："吾烧取舍利。"主曰："木佛何有舍利？"师曰："既无舍利，更取两尊烧。"主自后眉须堕落。

后谒忠国师，问侍者："国师在否？"曰："在即在，不见客。"师曰："太深远生[15]！"曰："佛眼亦觑不见[16]。"师曰："龙生龙子，凤生凤儿。"国师睡起，侍者以告，国师乃打侍者三十棒，遣出。

师闻曰："不谬为南阳国师。"明日再往礼拜，见国师便展坐具。国师曰："不用！不用！"师退后，国师曰："如是！如是！"师却进前。国师曰："不是！不是！"师绕国师一匝便出，国师曰："去圣时遥，人多懈怠。三十年后，觅此汉也难得。"

访庞居士，见女子灵照洗菜次，师曰："居士在否？"女子放下菜篮，敛手[17]而立。师又问："居士在否？"女子提篮便行，师遂回。

须臾居士归，女子乃举前话，士曰："丹霞在么？"女曰："去也。"士曰："赤土涂牛奶。"

又一日访庞居士，至门首相见。师乃问："居士在否？"士曰："饥不择食。"师曰："庞老在否？"士曰："苍天[18]！苍天！"便入宅去。师曰："苍天！苍天！"便回。

师因去马祖处，路逢一老人与一童子。师问："公住何处？"老人曰："上是天，下是地。"师曰："忽遇天崩地陷，又作么生？"老人曰："苍天！苍天！"童子嘘一声。师曰："非父不生其子。"老人便与童子入山去。

师问庞居士："昨日相见，何似今日？"士曰："如法举昨日事来作个宗眼[19]。"师曰："只如宗眼，还著得庞公么？"士曰："我在你眼里。"师曰："某甲眼窄，何处安身？"士曰："是眼何窄？是身何安？"师休去[20]。士曰："更道取一句，便得此话圆。"师亦不对。士曰："就中[21]这一句无人道得。"

师与庞居士行次，见一泓水，士以手指曰："便与么也还辨不出[22]？"师曰："灼然是辨不出[23]。"士乃戽水[24]，泼师二掬[25]，师曰："莫与么[26]！莫与么！"士曰："须与么！须与么！"师却戽水泼士三掬，师曰："正与么时，堪作甚[27]？"士曰："无外物。"师曰："得便宜者少[28]。"士曰："谁是落便宜者？"

元和三年，于天津桥[29]横卧，会留守[30]郑公出，呵之不起。吏问其故，师徐曰："无事僧。"留守异之，奉束素及衣两袭[31]，日给米面。洛下翕然归信[32]。

至十五年春，告门人曰："吾思林泉终老之所。"时门人齐静卜南阳丹霞山结庵，三年间玄学者至盈三百众，建成大院。

上堂："阿你浑家[33]，切须保护！一灵之物，不是你造作名邈[34]得，更说甚荐与不荐？吾往日见石头，亦只教切须自保护，此事不是你谈话得[35]。阿你浑家！各有一坐具地，更疑甚么[36]？禅可是你解底物？岂有佛可成？佛之一字，永不喜闻。阿你自看，善巧方便[37]，慈悲喜舍[38]，不从外得，不著方寸[39]。善巧是文殊，方便是普贤。你更拟趁逐甚么物[40]？不用经，不落空去[41]！今时学者，纷纷扰扰，皆是参禅问道。吾此间无道可修，无法可证。一饮一啄[42]，各自有分，不用疑虑。在在处处有恁么底。若识得释迦即老凡夫是，阿你须自看取[43]，莫一盲引众盲，相将入火坑。夜里暗双陆，赛彩若为生[44]？无事，珍重！"

有僧到参，于山下见师，便问："丹霞山向甚么处去？"师指山曰："青黯黯[45]处。"曰："莫只这个便是么？"师曰："真师子儿，一拨便转。"

问僧："甚么处宿？"曰："山下宿。"师曰："甚么处吃饭？"曰："山下吃饭。"师曰："将饭与阇黎吃底人，还具眼也无？"僧无对。

（长庆问保福："将饭与人吃，感恩有分，为甚么不具眼？"福云："施者受者，二俱瞎汉[46]。"庆云："尽其机来还成瞎不？"福云："道某甲瞎得么？"玄觉徵云："且道长庆明丹霞意？为复自用家财？"）

长庆四年六月，告门人曰："备汤沐浴，吾欲行矣。"乃戴笠策杖受屦，垂一足，未及地而化。门人建塔，谥"智通禅师"，塔曰"妙觉"。

【注释】

[1] 丹霞：非广东丹霞山，它位于河南南召县城东北十八千米处，山中并有丹霞寺一座。明正统七年（1422年）《重修留山丹霞禅寺记》碑载："南阳郡城北百里许，有山曰留山，又曰丹霞山……唐元和十五年（820年），天然禅师因究生死大事，遍游诸方之末，钟爱兹山之盛，辟创为道场之所。"

[2] 逆旅：客舍，旅店。

[3] 解空之祥也：这是悟解诸法空相的祥兆。

[4] 偶禅者，问曰："偶"是"遇见、碰上"的意思，"偶禅者"后应加逗号。"偶禅者"的主语为丹霞天然禅师，而"问"的主语则是禅者，承上而省。如不点断，易生歧义。参见冯国栋《〈五灯会元〉校点疏失类举》。

[5] 以手拓幞（fú）头额：用手把幞头托在额上。拓：托，《景德传灯录》作"托"。幞头：又名折上巾、软裹，是一种包裹头部的纱罗软巾。

[6] 著槽厂去：安置于僧徒宿舍，系禅院住持僧同意收留行脚僧的习语。著：

安置。槽厂：本义畜棚之类，一谓碓米房，转指僧徒宿舍。《六祖坛经》曰："五祖云：'这獦獠根性大利，汝更勿言，著槽厂去。'慧能退至后院，有一行者，差慧能破柴踏碓。"

[7] 随次执爨（cuàn）役：随后从事烧火做饭等杂务。爨：烧火做饭；灶。

[8] 来日刬（chǎn）佛殿前草：明日铲除佛殿前面的杂草。刬：同"铲"。

[9] 童行：禅宗寺院对于尚未得度之年少行者，称为童行。又称童侍、僧童、道者、行童。行：行者，乃于寺院服杂役者。

[10] 锹（qiāo）镢（jué）：锹和镢头，此指铲草的工具——铁锹与锄头。

[11] 我子天然：我的弟子天然不加雕饰。天然：本指事物不加修饰的本色，此指丹霞禅师已经顿悟自己本来面目——佛性。

[12] 跶（dá）倒：失足跌倒。

[13] 杖锡观方：拄着锡杖云游四方。杖锡：拄着锡杖，谓僧人出行。锡：锡杖，云游僧所持法器。旧译本译为"马祖就赐杖给他，让他去观望四方"，有误。

[14] 烧火向：烧火向火取暖。

[15] 太深远生：太深远了啊。意思是高深不可测。"生"作语气词，无义。

[16] 佛眼亦觑不见：就是佛眼也看不见。

[17] 敛手：拱手，表示态度恭敬。

[18] 苍天：天空啊！暗指一切众生缘有性空，其本性都是空，哪有什么"庞老在否"的提问，故庞居士如此回答。参见本书"苍天"注释。

[19] 宗眼：即正法眼，指某一宗派所具有的代表性观点；又指透彻了解宗旨奥义之明眼。五代僧法眼文益所著《宗门十规论》云："对答不观时节兼无宗眼"，其中"无宗眼"一语即指无本宗之理论特点。同论又谓："凡为宗师，先辨邪正，邪正既辨，更要时节分明，又须语带宗眼，机锋酬对，各不相辜。"

[20] 休去：罢休，歇止，终止。常指领悟禅旨，完成参学大事。

[21] 就中：其中。

[22] 便与么也还辨不出：就是这样也还分辨不出来吗？意思是，水如此清澈，你还看不清底细吗？与么：这么，如此。

[23] 灼然是辨不出：显然是分辨不出来。灼（zhuó）然：明显貌。

[24] 戽（hù）水：指汲水灌田。

[25] 泼师二掬：向禅师泼水两捧。掬：指的是用两手捧水、泥等流性物质的动作。

[26] 莫与么：不要这样。

[27] 正与么时，堪作甚么：正在这个时候，你要怎么样？意思是，别人侵犯

你的这个时候，你如何面对？

[28] 得便宜者少：得到便宜的人很少。意思是，世人都想得便宜，别人没有侵犯我时，都想要侵占别人的，别人侵犯我时那更是要争个你死我活，这样的人表面上得到了便宜，但实际上是没得一点便宜的，因果不爽。

[29] 天津桥：古桥名，故址在河南洛阳市西南。始建于隋，废于元代。初为浮桥，后为石桥。隋唐时，天津桥横跨于穿城而过的洛河上，为连接洛河两岸的交通要道，正西是东都苑，苑东洛河北岸有上阳宫。桥正北是皇城和宫城，殿阁巍峨，桥南为里坊区，十分繁华。

[30] 留守：古代官名。居留下来看管。古时皇帝出巡或亲征，命大臣督守京城，便宜行事，谓之"京城留守"。其陪京和行都则常设留守，多以地方长官兼任。至北魏始为正式命官。唐朝于长安置西京留守，于洛阳置东都留守。此处指东都留守。

[31] 奉束素及衣两袭：敬奉一束绢帛与两套衣服。束素：一束绢帛；犹束帛，用作礼品。袭：量词，指成套的衣服。

[32] 洛下翕然归信：洛阳的百姓都一致来归依信奉禅师。意思是由于留守敬重禅师，带动了一方百姓都来归依信奉佛教。翕然：一致貌。

[33] 阿你浑家：你们大家。阿：语气词，无义。浑家：本指全家，此处指大家。

[34] 名邈：描摹，描述。真如本体、玄妙机锋无法描摹、描述，故禅家否定"名邈"之作略。旧译本译为"这里的每一物不是随便创造个名称、轻易就能得到的"，未理解"名邈"的原意而译错。

[35] 此事不是你谈话得：此事不是你高谈阔论就能得到，意思是悟在自心，必须返观自心才能得到，非从言语而得。

[36] 阿你浑家！各有一坐具地，更疑甚么：你们大家！都有自己的一席之地，还怀疑什么？意思是你们都有佛性，一念南无佛，此心即是佛，还怀疑什么？

[37] 善巧方便：又作方便善巧、善权方便、权巧方便、善方便、巧方便、权方便。或单称为善巧、善权、巧便、方便。即随顺机宜而施设的巧妙智用。

[38] 慈悲喜舍：指四无量心，即慈无量心、悲无量心、喜无量心、舍无量心。与一切众生乐，名慈无量心；拔一切众生苦，名悲无量心；见人行善或离苦得乐，深生欢喜，名喜无量心。如上三心，舍之而不执着，或怨亲平等，不起爱憎，名舍无量心。因此，四心普缘无量众生，引生无量之福，故名无量心。又此四心若依禅定而修，则生色界梵天，故又名四梵行。

[39] 不著方寸：也不要留在心里。方寸：指心。

[40] 你更拟趁逐甚么物：你们还准备追求什么东西？

[41] 不用经，不落空去：宝祐本作"不用经求落空去"，依据《景德传灯录》改。不用佛经，就不会落空。意思是，不执着于经中文字，修行就不会落空。

[42] 一饮一啄：原指鸟类要吃就吃，想喝就喝，生活自由自在，后指人的饮食。佛家常说"一饮一啄，莫非前定"。意思是说我们喝的一杯水，吃的一碗饭，都有前因后果，吃多吃少，不是我们自己能够主宰的。此处禅师说"一饮一啄，各自有分"也是这个意思，即所吃所喝，都有自己固定的分量。

[43] 若识得释迦即老凡夫是，阿你须自看取：如果觉悟释迦牟尼就是一个平凡老人，那么你们就要自己领会。看：禅林用语。本指不出声音之注视，或谓默读，如看经、看书等。于禅宗语录之对话中，常以"看"字为语尾助词，置于动词之后，含有奖励对方之意味。如本书第三章"婺州五泄山灵默禅师"条："汝试下手看。"又，"看取"一词，或作语尾助词，为领会、理解之意。本处"看取"即是这个含义。

[44] 夜里暗双陆，赛彩若为生：黑夜里偷偷玩赌博游戏，赛彩怎么样？双陆：古代一种赌博游戏。赛彩：赌博的彩头。若为：怎样。生：助词，无义。

[45] 黯（àn）黯：光线昏暗；颜色发黑。

[46] 瞎汉：指不明宗旨之人。常用作呵斥语。

【概要】

丹霞天然（739～824 年），唐代禅僧。法号天然，以曾驻锡南阳（河南省）丹霞山，故称"丹霞天然"，或"丹霞禅师"。籍贯不详。原习儒业，应科举途中偶遇禅僧，乃转入佛门。首参马祖，后礼石头，随侍三年，披剃受戒。再往谒马祖，受"天然"之法号。曾驻锡天台山华顶峰三年，其后至余杭径山参礼道钦。唐元和年间（806～821 年）至洛阳龙门香山寺，与伏牛自在结为莫逆之交。后入洛阳慧林寺，遇天大寒，取木佛烧火取暖，名震都下，"丹霞烧佛"成为著名的禅宗公案。返乡居丹霞山，大振法锡，世称"丹霞天然"。禅宗文献中留下不少有关他的逸闻趣事。长庆四年示寂，世寿八十六。敕谥"智通禅师"，塔号"妙觉"。

"丹霞烧佛"是著名的禅宗公案。丹霞天然烧木佛，旨在阐明真正信佛者方为续佛慧命，若视偶像为佛，反损佛之慧命。由"丹霞烧佛"而产生的"眉须堕落"话头，后世禅师常常拈提。凡是言句作略不契宗旨，禅家讥斥为"眉须堕落"。《黄龙语录》："上堂云：'十方佛土中，唯有一乘法。头上是天，脚下是地，作么生说个一乘法？'良久云：'开单展钵，岂不是一乘法？拈匙把箸，岂不是一乘法？'遂拈柱杖云：'这个是什么？若唤作一乘法，眉须堕落！'以柱杖卓禅床，下座。"本书第十九章"保宁仁勇"条："上堂：'若说佛法供养大众，未免眉须堕落。'"由"眉须堕落"由产生"惜取眉毛"等禅家常语。"惜取眉毛"含有两层意思：一是省点精神；二是言句别太多，别违背不立文字语言的禅旨。本书第六章"澧州洛浦山元安禅师"条："问：'法身无为，不堕诸数，是否？'师曰：'惜取眉毛好！'"本书第十三章"曹山光慧"条："问：'古人云：如红炉上一点雪。意旨如何？'师曰：'惜取眉毛好！'""惜取眉毛"来自"不惜眉毛"，意谓不顾惜因使用言辞说教而遭受惩罚。

"丹霞吃饭也未"也是禅宗公案，又作"丹霞问甚处来""丹霞问僧"。此则公案，丹霞天然禅师藉一僧吃饭之事，指引佛法大事。《碧岩录》第七十六则："丹霞问僧：'甚处来？'僧云：'山下来。'霞问：'吃饭了也未？'僧云：'吃饭了。'霞问：'将饭来与汝吃底人，还具眼么？'僧无语。"此处丹霞问"甚处来"，意味父母未生前之处；问"将饭来与汝吃底人，还具眼么"，则表示能施、所施、施物三轮体空之意。

【参考文献】

《宋高僧传》卷十一；《景德传灯录》卷十四；《联灯会要》卷十九；《禅宗颂古联珠通集》卷十四；《碧岩录》第七十六则；《佛祖历代通载》卷十六。

【拓展阅读】

"出家不听戒"与"丹霞烧佛"

（摘自曾琦云著《心经心得》，线装书局 2008 年 1 月出版）

本文记载了两个著名公案，一是丹霞禅师"出家不听戒"，二是"丹霞烧佛"。

先看出家不听戒的丹霞禅师：

忽一日，石头告众曰："来日划佛殿前草。"至来日，大众、诸童行各备锹镢划草。独师（丹霞）以盆盛水，沐头于石头前，胡跪。头见而笑之，便与剃发。又为说戒，师乃掩耳而出。

这个禅宗公案说明了一个什么道理呢？这是写的丹霞禅师的境界，是歌颂丹霞禅师的。有一天石头禅师要大家出去铲草，可这一天丹霞不准备工具去铲草，却独自一个人在那里洗头，跪在石头面前，石头为他剃度。大家要铲草，他却洗头。是什么意思呢？实际是说明草也在心里，若心里没有草，则地上不长草，所以丹霞洗头。洗头是洗头上之草，也暗示出家修行之意，所以石头为他剃度。既然丹霞已经悟了铲除心上的草更重要，所以石头为他说戒，他就掩耳不听。这里并非说明不用守戒了，若能心净，何必再守戒呢？

对于这样一个公案，石头希迁既用一般的修行方式为丹霞剃度，同时也为之说戒。他说戒并非错了，弟子的开悟也不是不守戒就开悟了，而是他的境界与众不同。即使是这样，石头仍旧按照佛教的规矩办事。这就是他接引学人与马祖不同的地方。

六祖慧能说"心平何劳持戒"，反过来说，心不平正要时时守戒，心平是"五蕴皆空"的境界，我们心不平，就经常会犯错误，只有持戒才能止恶行善，得到自性清净心。

再看丹霞烧佛：

唐元和中丹霞禅师到达洛京龙门香山，与伏牛和尚为友。后来禅师有一次住宿于慧林寺，因为天气非常寒冷，就把寺内的佛像拿来烧火取暖。寺院主持怒斥："你真大胆，竟敢烧我庙内佛像！"丹霞用杖子拨开所烧灰烬，很认真地说："我想看看佛像能否烧出舍利子。"主持更加恼怒："木佛怎能烧出舍利子!?""哦……"丹霞不以为然，指着另两尊佛像说，"既然不能烧出舍利子，那么这两尊也拿来烧吧!"自从烧佛以后，这个寺院主持的眉须就掉了。

从上面的这个故事看，烧佛的丹霞没有得到报应，反而是怒斥丹霞的主持得了报应。为什么呢？自古以来，对于这个禅宗公案有很多的理解。赞扬的，批评的都有，认识程度不同，理解也各有不同。

有僧问其师："丹霞烧木佛，意指如何？"

其师曰："寒即炉边取暖。"

僧问："他这样做有无过错？"

师曰："热即竹下乘凉。"

这个回答显然是已经从心佛众生的平等性来看问题，显然是最高明的回答。如来法身遍一切时遍一切处，并非木头佛。如《金刚经》所说，若见诸相非相即见如来。

有人说丹霞这样作，是凡事只求顺其自然。这种说法显然太简单，众生顺其自然，那就可以为所欲为了，什么坏事都可以做出来，佛家还要那么多戒律干什么？虽然，丹霞烧佛是他的天真本性的流露，然而只有丹霞这样的人才能露出这种天真的本性。因为只有他才知道心佛众生三无差别，那么木佛仅仅是木头的组合，它是没有自性的。所谓泥菩萨过河自身难保，又怎么能够保佑众生呢？但对于凡人来说，佛像和三宝是清净的象征，若毁佛像三宝则是五逆大罪。佛像三宝是为众生修福报的，所以造像功德无量。既然造像功德无量，那么毁佛也罪过无穷。

《安士全书》上面有一个故事：

武功县西边有一座寺庙，庙内积有毁坏废弃的大藏经。康对山年少时，曾经和五个同学在庙里读书。当时正是寒冬，四个人用废经烧火取暖，一个人用废经烧洗面水。康对山在心里指责他们，但口里不敢说。当天晚上，康梦见三官上堂，大骂烧经的人，判四人灭尽全家，判烧水洗面的人考试不中。又指责康说："你为什么不说话？"康回答说："我年纪最小，虽然知道他们的做法不对，但是口里不敢讲。"官员说："一句话劝解，这五个人就可以免罪了，因为你没有参与，就免除你的过错算了。"康醒来后，把这件事记录在书的后面。没有几年，那四个人全家得瘟疫，都死光了，烧水洗面的书生，多次考试都考不中，最后以教童生而告终。

安士先生评论说："世上的废书，都可以烧毁，唯独佛经不能烧毁。因为佛书给人的福慧，远远胜过世上一切书籍啊！同样是一个字，俗书和佛书相比，它们之间的轻重就相隔天远。圣典圣旨，绝对不能和平常的小说同等看待。把不识字的人和识字的人比较，那么博古通今的人就强多了。世上的书籍，只能说尽天下事，不能知道天上天外的事。如果博览佛书，那么龙宫海藏的神奇，前劫后劫的旷远，十方世界的浩繁，就能知道大概了，将远远胜过一般人。向不识字的人讲唐虞三代的情况、尧舜周孔的名字，他一定会感到非常吃惊。向只读世上俗书的人，告诉他三藏十二部的内容、四十九年所说的佛法，他一定以为不可捉摸难找根据。形成了定势，习气就难改了啊！何况改恶修善的因缘、教外别传的宗旨，都来源于佛经，怎么可以说烧毁它们没有罪过吗？又何况亵渎的程度到了烧炕烧洗面水呢？这些人将会永远堕落地狱，无数岁月受苦，再也没有出来的希望了！全家死尽，穷困潦倒，怎么能抵偿他们的罪过呢？有人问：'完整的佛经，当然不能烧化。如果是破坏不全的，该如何处理？'回答是：'已经破坏，如果烧化，那么遗留下来的灰，应当用干净的布包裹起来，再送到大江大海中去就可以了。至于卍字是如来的心印，特别注意不要亵渎。'"

现在，我们对比一下，精雕细刻的木佛像，丹霞烧了没有罪过，毁坏废弃的大藏经，四个书生烧了立刻得到报应。这是说明了什么道理呢？所以，这个公案是值得我们深思的！

禅宗到了清朝，顿根上智者基本上没有了，禅宗渐渐走向衰落，在这个时候如果再呵佛骂祖已经是不可能了。所以，清朝雍正皇帝禁止呵佛骂祖。为了禁止呵佛骂祖，雍正在编选语录中，指出一些著名的禅师不能入选，即"如傅大士、如大珠海、如丹霞天然、如灵云勤、如德山鉴、如兴化奖、如长庆棱、如风穴沼、如汾阳昭、如端师子、如大慧果、如弘觉范、如高峰妙，皆宗门中历代推为提持后学之宗匠，奈其机缘示语，无一可入选者。"并对这些人分别作了批判，其中抨击丹霞天然和德山宣鉴最为激烈。对于天然，他说：

如丹霞烧木佛，观其语录见地，只止无心，实为狂参妄作。据丹霞之见，木佛之外，别有佛耶？若此，则子孙焚烧祖先牌，臣工毁弃帝王位，可乎？

他对德山宣鉴的呵佛骂祖，更是痛斥不绝，连曾收录宣鉴言论的性音也不放过："如德山鉴，平生语句，都无可取，一味狂见恣肆。乃性音选《宗统一线》采其二条内，一条截去前后语言，专录其辱骂佛祖不堪之词，如市井无赖小人诟谇，实令人不解是何心行。"又说："释子既以佛祖为祖父，岂得信口讥诃？譬如家之逆子，国之逆臣，岂有不人天共嫉，天地不容者？"

杜继文先生的《中国禅宗通史》中评价：

从这里可以看出，雍正对于"禅"实在是隔膜得很，他把禅宗追求精神的超脱，如"无心"之类，视作"狂参妄作"，把禅宗要求摆脱的种种道德伦理观念，视为天经地义、不可逆背的圣教，所以他要把天然、宣鉴等斥之为"逆子""逆臣"了。

因此，禅宗到了这种时候，徒有形式而没有内容了，在这个末法时代，谁又能再回到不增不减的如来佛性之中去呢？因此，雍正批判是对的，但是过去的祖师的也是对的，任何评价都离不开具体的时间和空间。

潭州大川禅师

潭州[1]大川禅师，亦曰"大湖"。

江陵僧参，师问："几时发足江陵？"僧提起坐具，师曰："谢子远来，下去！"僧绕禅床一匝，便出。

师曰："若不恁么，争知眼目端的[2]？"僧拊掌曰："苦杀人，洎合错判诸方[3]！"师曰："甚得禅宗道理。"

（僧举似丹霞，霞曰："于大川法道即得，我这里不然。"曰："未审此间作么生？"霞曰："犹较大川三步在。"僧礼拜，霞曰："错判诸方者多。"洞山云："不是丹霞，难分玉石。"）

【注释】

[1] 潭州：今湖南长沙。

[2] 争知眼目端的：怎么知道见识底细？眼目：见识，眼力。端的：多见于早期白话，真实，确实，究竟，底细。

[3] 洎（jì）合错判诸方：《景德传灯录》作"几错判诸方老宿"。几乎误会了各方景仰的大德。洎合：几乎。老宿：老成宿德之人。此指大川禅师。《〈景德传灯

录〉译注》译为"几乎误会了各方高僧大德"，不符原意。

【概要】

大川禅师，唐代禅僧。也称"大湖禅师"。攸县（今属湖南）人，俗姓名不祥，于南岳石头和尚门下得法后回攸县，在攸县北皇图岭山区修禅，开创大川山道场，故名大川禅师。攸县现有"慈云寺"坐落在皇图岭镇荫泉村一处山坡间，同治版《攸县志》载："慈云寺在北乡天都。即唐大川山梼树祖师飞舃（xì）于此建寺。洪武二十六年（1393年）僧无瑕重修。乾隆戊戌（1778年）都人重修佛殿。嘉庆丁丑（1817年）监生陈方，王文钦，贡生刘世理，职员陈世传，倡众姓捐资，尽更新之，寺后建观音堂。道光年间（1821～1850年），都人合建三圣殿、仓圣殿。有碑。"

攸县政府官方网站"寺观卷——攸县慈云寺"："慈云寺，原名大川寺，唐广德间（763～765年），由梼树禅师于大川山建寺。曾有'唐大川千秋一色，宋慈云古今同揆'对联，所谓'唐名大川，宋改慈云'即指此。日本国绘制的《湖南地方禅宗の地图》（唐五代），记有大川山名，该寺香火延至民国末年。宋代普济和尚所著《五灯会元》一书，曾提及大川禅师。大川系六祖三代孙，福建人。他的法嗣有两个，即仙天禅师和福州普光禅师。他是从南岳希迁大师处开悟后来到大川山建寺的。民间传闻，梼树祖师初来大川山时，只在一棵大梼树下参禅。某日去异地传法，将衣钵寄于梼树洞穴中，七日后归来，取出衣钵，半钵饭仍未馊，祖师认为此地吉祥灵异，即于此搭建茅庵。"

潮州灵山大颠宝通禅师

潮州灵山大颠宝通禅师，初参石头，头问："那个是汝心？"师曰："见言语者是。"头便喝出。经旬日，师却问："前者既不是，除此外何者是心？"头曰："除却扬眉瞬目[1]，将心来。"师曰："无心可将来。"头曰："元来有心，何言无心？无心尽同谤。"师于言下大悟。

异日，侍立次，头问："汝是参禅僧，是州县白蹋僧[2]？"师曰："是参禅僧。"头曰："何者是禅？"师曰："扬眉瞬目。"头曰："除却扬眉瞬目外，将你本来面目呈看。"师曰："请和尚除却扬眉瞬目外鉴。"头曰："我除竟。"师曰："将呈了也。"头曰："汝既将呈我心如何？"师曰："不异和尚。"头曰："不关汝事。"师曰："本无物。"头曰："汝亦无物。"师曰："既无物，即真物。"头曰："真物不可得，汝心见量意旨如此也，大须护持。[3]"

师住后，学者四集。上堂："夫学道人须识自家本心，将心相示，方可见道。多见时辈只认扬眉瞬目，一语一默，蓦头印可，以为心要，此实未了。吾今为你诸人分明说出，各须听受。但除却一切妄运想念，见量即汝真心。[4]此心与尘境，及守认静默时全无交涉。即心是佛，不待修治。何以故？应机随照，泠泠自用[5]。穷其用处，了不可得。唤作妙用[6]，乃是本心。大须护持，不可容易[7]。"

僧问："其中人相见时如何？"师曰："早不其中也[8]。"曰："其中者如何[9]？"师曰："不作个问[10]。"

韩文公[11]一日相访，问师："春秋多少？"师提起数珠，曰："会么？"公曰："不会。"师曰："昼夜一百八。"公不晓，遂回。

次日再来，至门前见首座，举前话问意旨如何。座扣齿三下。及见师，理前问，师亦扣齿三下。公曰："元来佛法无两般。"师曰："是何道理？"公曰："适来问首座亦如是。"师乃召首座："是汝如此对否？"座曰："是。"师便打趁[12]出院。

文公又一日白师曰："弟子军州事繁，佛法省要处，乞师一语。"师良久，公罔措。时三平为侍者，乃敲禅床三下。师曰："作么？"平曰："先以定动，后以智拔[13]。"公乃曰："和尚门风高峻，弟子于侍者边得个入处。"

僧问："苦海波深，以何为船筏？"师曰："以木为船筏。"曰："恁么即得度也。"师曰："盲者依前盲，哑者依前哑。"

一日，将痒和子廊下行[14]，逢一僧问讯次，师以痒和子蓦口打[15]，曰："会么？"曰："不会。"师曰："大颠老野狐，不曾孤负人。"

【注释】

[1] 除却扬眉瞬目：这是指对祖师所显现的特别行动，即扬眉瞬目等动作，不要用知解来赋予任何意义。扬眉瞬目指祖师用特殊的动作语言来开示佛法真谛，而这种动作不是世间语言所能解释的，求知求解不能参禅。黄檗曰："我此禅宗，从上相承已来，不曾教人求知求解。"根据圭峰密宗禅师《中华传心地禅门师资承袭图》的描述："洪州意者，起心动念，弹指动目，所作所为，皆是佛性全体之用，更无别用。"这就是说，洪州禅（马祖）将人的一切动作、行为乃至遭遇，都看作

佛性的显现，"扬眉瞬目"自然也包括在内。

[2] 汝是参禅僧，是州县白蹋（tà）僧：你是参禅僧，还是穿州走县徒劳奔走的行脚僧？白蹋：即白踏，东奔西走，白跑一场。

[3] 汝心见量意旨如此也，大须护持：你心中现量的意旨就是这样，要好好地护持。此处旧校本标点无误，但另有人标点为："汝心见量，意旨如此，也大须护持。"乃不知"见量"之词所误也。见量：即现量，三量之一。三量指现量、比量、圣教量。现量是在根境相对时，用不着意识思索就能够直觉亲证到的，如眼耳鼻舌身前五识去了别色声香味触五尘的时候是；比量是比度而知，如远见烟就知道彼处有火，听到隔壁有说话的声音，就知道里面有人是；圣教量又名圣言量，是因为有圣人的文教才知道的意思。

[4] 但除却一切妄运想念、见量，即汝真心：只要抛弃了一切妄动的杂念，现量就是你的真心。

[5] 应机随照，泠（líng）泠自用：随一切外在机缘而照见一切，心中清清楚楚而随缘发挥作用。意思是，此心如明镜，随缘照见一切，但是物来而不攀缘（动心），物去而不留痕迹，来去清清楚楚。并非闭目不见就是明心见性，昏沉更不能见性。泠泠：清白、洁白貌，此处指清净而没有污染。用：是与体相对的用。凡是性体所表现出来的，都叫作用。就其能力上说，叫作力用；就其功业上说，叫作功用；就其活动上说，叫作作用。

[6] 妙用：指佛家的"用"，诸佛菩萨以此妙用普度众生，虽度无量众生而不作有度之相，其中妙用无穷，故佛力不可思议。

[7] 不可容易：不可疏忽。容易，指疏忽、糊涂。

[8] 早不其中也：早就不是其中的人了。因为僧人所问的其中人是指觉悟了的人，僧人问他们有所见时如何，既然有所见就不是觉悟了的人。

[9] 其中者如何：其中的人是什么人？

[10] 不作个问：不要这样问。作个：疑问代词，怎么，为何。

[11] 韩文公：即韩愈（768～824 年），唐文学家、哲学家。字退之，河南河阳（今河南孟州南）人。自谓郡望昌黎，世称韩昌黎。贞元进士。任监察御史，以事贬为阳山令。赦还后，曾任国子博士、刑部侍郎等职。参与平定淮西之役。又因谏阻宪宗迎佛骨，贬为潮州刺史。后官至吏部侍郎。卒谥文，世称韩文公。

[12] 趁：逐。常与"打"连在一起。

[13] 先以定动，后以智拔：出自《大般涅槃经》。先以禅定控制妄动，即心中的妄念；然后用智慧去观照自性，不为外境而动心，不随六道而轮回，拔出生死苦海，最后觉悟成佛。

[14] 将痒和子廊下行：带着痒和子在廊下行走。痒和子：抓痒的工具。

[15] 师以痒和子蓦口打：禅师用痒和子当面就打。蓦口：对准嘴巴。蓦：对，当。

【概要】

大颠宝通（732～824年），唐代禅僧。颖川人，俗姓陈（一说杨）。法号宝通，自号"大颠和尚"。据《潮州府志》载，大历年中，与药山惟俨并师事惠照于西山。复与之游南岳，参谒石头希迁，大悟宗旨，得曹溪之绪。于潮州西幽岭下创建灵山禅院，出入有猛虎相随，门人传法者千余人。韩愈被谪贬潮州时，闻大颠之名，召至，留十余日，谓其能外形骸，以理自胜，因与师往来相交，过从甚密。长庆四年，师辞众而逝，世寿九十三。著有《般若波罗蜜多心经》及《金刚经》释义。又尝自书《金刚经》千五百遍、《法华》《维摩经》各三十部。其墓塔筑于寺侧。唐末有贼发其塔，骨髓尽化，唯舌根犹存如生，复瘗（yì，埋葬）之，号"瘗舌冢"。宋至道年中，乡人复挖视之，唯见舌镜而已，乃叠石藏之，号"舌镜塔"。

潮州大颠和尚刚参见石头时，大概也受了马祖洪州禅的影响，所以把"扬眉瞬目"直接看作是禅的显现，是人的"本来面目"的显现。禅的目的就是恢复人的本性，而其顿悟不立文字，言语道断，因此，不以文字为工具的"扬眉瞬目"便可以直接显示人的本来面目而与禅心相通。正如马祖的弟子大珠慧海评价"扬眉动目等势"的作用时所说："无有性外事，用妙者，动寂俱妙；心真者，语默皆真；会道者，行住坐卧是道。"此外，"扬眉瞬目"那种无言的认可的方式，最能得拈花微笑的神髓，师徒眉目之间的顾盼，可化为"心有灵犀一点通"的默契。

对照各种语录、灯史的记载来看，的确自马祖之后，"弹指动目"或"扬眉瞬目"成为洪州禅一系非常著名的特点，沩仰宗的作势，临济宗的棒喝，"动身动手，点眼吐舌瞪视"的行为随处可见。而这些行为，可以从"皆是佛性全体之用"中找到理论根据。不可否认的是，"扬眉瞬目"的极端发展，日变为神秘怪诞、故弄玄虚的行为，并日渐成为与心灵脱节的、外在的、程式化的符号。

正是在这样的情况下，石头希迁对"扬眉瞬目"表示了相当的担忧与不满。他要求大颠和尚能抛开这一禅门流行的动作呈现自己的本来面目。大颠反过来要求石头在"扬眉瞬目"之外做出呈现本来面目的示范。最后，大颠终于理解石头的禅学真谛，就在于心中"本来无一物"。而故作表情的"扬眉瞬目"反倒是心中有所挂记了。

大颠觉悟后，到潮州灵山隐居，面对四方而来的学者，他继承了石头对洪州禅的批判："多见时辈只认扬眉动目，一语一默，蓦然印可，以为心要，此实未了。"

事实上，后来石头希迁的禅系，不仅对"扬眉瞬目"一势，而且对马祖的"作用即性"的观念都多有批评。

韩愈被贬潮州时与大颠和尚有交往，公案"大颠良久机缘"即出自这里。韩愈从三平义忠侍者处闻知"先以定动，后以智拔"而得到参悟的入门途径。此公案说明"省要之处"非求于外边他处可得，韩愈不解此理，而向大颠乞请，故大颠沉默良久，然韩愈依然不解。三平乃敲禅床三下，表示"要处"即在文公自家之脚下；即谓在自家脚下修学定慧等，才是身心脱落之要处。

这个公案，南怀瑾先生有过讲述，他说：

《大涅槃经》云："定慧等学，明见佛性"。又云："先以定动，后以智拔。"

要想明心见性成佛，除了修定修慧，没有第二条路可走，这是佛在《大涅槃经》告诉我们的话。

"先以定动，后以智拔"。学佛为什么要先修定？好比修定为什么要先打坐，打坐并不是修定，也不是真正修道，只是开始练习修定。定并不一定打坐，你看阿弥陀佛是站着的，站着也能定；跳舞姿势一摆也可以定；讲话、走路也可以定，无往而不定。不要以为打坐闭眼才叫定，如果只有打坐才叫定，我劝你别修了，拿一块泥巴捏一个泥人坐着，几千年也不会动。大家要把定的道理搞清楚。

"先以定动"，为什么定要用个"动"字？动者，动摇习气的根本。在思想领域中，烦恼、妄想污浊蠢动，先用定把它净化，转化习气，使习气动摇，所以叫"定动"。那么如何才能跳出三界外，不在五行中呢？靠智慧，定到极点，智慧成就，业根拔掉。此乃"先以定动，后以智拔"。这八个字在中国佛教禅宗史上有一段有名的公案。唐宪宗信佛，但是不懂佛法，只是宗教情绪的迷信，耗费无以数计的人力、财力，从印度迎佛舍利供养。韩愈站在儒家立场批驳，为了一个死了的老和尚的一块骨头而动员国力浪费公帑，如果把那些钱用来替国家作社会福利，可以办多少事啊！韩愈反对得并没有错！然而唐宪宗听不进去，把韩愈贬到边疆，其实他规规矩矩并不反对佛，只是反对当时的佛教与和尚。韩愈到了潮州，与悟了道的大和尚来往，并且供养和尚三件衣服。两人为友，不谈佛法。一日韩愈向大和尚求道，大和尚默而不语。韩愈不明其意，小沙弥三平看韩愈年纪大蛮可怜，为他解惑，在禅床敲三下，韩愈仍不懂，三平便告诉他："先以定动，后以智拔"。韩愈感谢不止，说在小和尚处得了一点好处。师父一听，拿起棍子要打徒弟，骂他多嘴，怪他讲得不好，因为这个是理，到底韩愈未悟入，讲理没有用。

【参考文献】

《景德传灯录》卷十四；《联灯会要》卷二十；《传灯录》十四；《祖庭事苑》

卷四。

潭州长髭旷禅师

潭州长髭[1]旷禅师，曹溪礼祖塔回，参石头。头问："甚么处来？"曰："岭南来。"头曰："大庾岭头一铺功德成就也未[2]？"师曰："成就久矣，只欠点眼[3]在。"头曰："莫要点眼么？"师曰："便请。"头乃垂下一足[4]，师礼拜。头曰："汝见个甚么道理便礼拜？"师曰："据某甲所见，如红炉上一点雪[5]。"

（玄觉云："且道长髭具眼祗对，不具眼祗对？若具眼，为甚么请他点眼？若不具眼，又道成就久矣，具作么生商量？"法灯代云："和尚可谓眼昏。"）

僧参，绕禅床一匝，卓然而立[6]。师曰："若是石头法席，一点也用不着。"僧又绕禅床一匝。师曰："却是怎么时，不易道个来处。"僧便出去。师乃唤，僧不顾。师曰："这汉犹少教诏[7]在。"僧却回曰："有一人不从人得，不受教诏[8]，不落阶级，师还许么？"师曰："逢之不逢，逢必有事。"僧乃退身三步，师却绕禅床一匝。僧曰："不唯宗眼[9]分明，亦乃师承有据。"师乃打三棒。

问僧："甚处来？"曰："九华山控石庵。"师曰："庵主是甚么人？"曰："马祖下尊宿[10]。"师曰："名甚么？"曰："不委他法号。"师曰："他不委，你不委？"曰："尊宿眼在甚处？"师曰："若是庵主亲来，今日也须吃棒。"曰："赖遇和尚，放过某甲。"师曰："百年后讨个师僧[11]也难得。"

庞居士到，师升座，众集定。士出曰："各请自捡好[12]。"却于禅床右立。时有僧问："不触主人翁[13]，请师答话。"师曰："识庞公么？"曰："不识。"士便搊[14]住曰："苦哉！苦哉！"僧无对，士便拓开[15]。师少间却问："适来这僧还吃棒否？"士曰："待伊甘始得[16]。"师曰："居士只见锥头利，不见凿头方。"士曰："怎么说话，某甲即得；外人闻之，要且不好[17]。"师曰："不好个甚么？"士曰："阿师只见锥头尖，不见凿头利[18]。"

李行婆[19]来，师乃问："忆得在绛州时事么？"婆曰："非师不委[20]。"师曰："多虚少实在[21]。"婆曰："有甚讳处[22]？"师曰："念你是女人，放你拄杖。"婆曰："某甲终不见尊宿过。"师曰："老僧过在甚么处？"婆曰："和尚无过，婆岂有过？"师曰："无过底人作么生[23]？"婆乃竖拳曰："与么[24]，总成颠倒。"师曰："实无讳处。"

师见僧，乃擒住曰："师子儿？野干属[25]？"僧以手作拨眉势，师曰："虽然如此，犹欠哮吼在。"僧擒住师曰："偏爱行此一机。"师与一掴，僧拍手三下。师曰："若见同风，汝甘与么否[26]？"曰："终不由别人。"师作拨眉势，僧曰："犹欠哮吼在。"师曰："想料[27]不由别人。"

师见僧问讯次，师曰："步步是汝证明处，汝还知么？"曰："某甲不知。"师曰："汝若知，我堪作甚么？"僧礼拜，师曰："我不堪[28]，汝却好！"

【注释】

[1] 髭（zī）：嘴边长而浓密的胡须。

[2] 大庾岭头一铺功德成就也未：大庾岭一尊佛像完成了没有？《景德传灯录》作"岭头一尊功德成就也未"。岭头：即大庾岭，为通往岭南的五条要道之一。位于江西大庾县南，广东南雄县北。古称塞上。唐玄宗时，六祖慧能从五祖弘忍处领受心印，携密传之佛衣、佛钵，彻夜南走。同门惠明闻之，即率数十人追夺，至大庾岭，慧能遂将衣钵掷向磐石，自己隐藏于茅草中而言："此衣表信，可力争耶？"惠明捧之而衣钵不动，逮双方问答数回后，惠明始豁然大悟，下山而去。后慧能继至广州法性寺，发扬南顿之宗风，未久归曹溪示寂。一铺：用于塑像或壁画，犹言一尊、一壁。功德：代指佛像。此处表面上是说"大庾岭一尊佛像完成了没有"，实际上是指参禅悟道。旧译本译为"大庾岭头的一件功德完成了吗"，作为直译亦有误，"一铺功德"指"一尊佛像"，而非"一件功德"。

[3] 点眼：佛像开光仪式。拿一支笔去点眼睛，表示佛的法眼开了，可以洞察一切了。这实际上是一种功利心理。佛眼无时不开，哪能靠凡人点眼才开吗？而禅宗是打倒偶像的，要点佛眼，先要点自己心中的慧眼，自己的慧眼开了，佛眼也就开了。

[4] 头乃垂下一足：《景德传灯录》作"石头乃翘一足"。

[5] 红炉上一点雪：红炉指火势很旺盛的炉子，《景德传灯录》作"洪炉"。红炉上不可能有一点雪，这是禅家所谓之"奇特语"。隐指除尽分别情识，明悟真如本性。《圆悟语录》卷一三："且道，向什么处安身立命？到此须是有生机一路

始得。若不如是，尔若道佛则著佛，尔若道祖则著祖。直须红炉一点雪相似始得。"《宏智广录》卷四："上堂，举，石头问长髭：'甚么处来？'髭云：'岭中来。'……头云：'尔见甚么，便礼拜？'髭云：'如红炉一点雪相似。'师云：'岭头功德眼，倦足等闲垂。红炉一点雪，直下廓亡依。'"

［6］卓然而立：超然而立，不同凡响的意思。卓然：卓越貌。

［7］教诏：教诲，教训。

［8］有一人不从人得，不受教诏：旧校本标点为"有一人不从，人得不受教诏"有误。

［9］宗眼：即正法眼，指某一宗派所具有的代表性观点；又指透彻了解宗旨奥义之明眼。五代僧法眼文益所著《宗门十规论》云："对答不观时节兼无宗眼"，其中"无宗眼"一语即指无本宗之理论特点。同论又谓："凡为宗师，先辨邪正，邪正既辨，更要时节分明，又须语带宗眼，机锋酬对，各不相辜。"

［10］尊宿：德尊年长者。

［11］师僧：堪为人师之僧。又为众僧之敬称。

［12］各请自捡好：请各自清理好。捡：察看，清理。

［13］不触主人翁：不冒犯主人翁。

［14］搊（zǒu）：抓，揪。

［15］拓开：张开，此指庞居士放开那僧人。

［16］待伊甘始得：等他甘心吃棒才行。

［17］恁么说话，某甲即得；外人闻之，要且不好：禅师如此说话，我听到了不要紧；要是让外人听到了，恐怕就不好了。旧校本标点有误，参见项楚《〈五灯会元〉点校献疑三百例》。

［18］只见锥头尖，不见凿头利：锥子末就是针尖那么大，尖才锋利。凿头虽是方的，但刀刃依旧锋利，其凿孔效率更高。意思是你只看见小的而忽略了更重要的。

［19］行婆：指信佛修行之老妇。

［20］非师不委：不是师父说起就不知道。不委：不知。委：悉也。

［21］多虚少实在：又作"多虚不如少实"。大量虚妄之言不如少量真实有用之事。指参习佛法，领悟禅理不可过于注意外在的他人的言辞。本书第十五章"云门文偃禅师"条："若是初心后学，直须摆动精神，莫空记人说处，多虚不如少实，向后只是自赚。"

［22］有甚讳处：有什么忌讳不能说的地方吗？讳：避忌，有顾忌不敢说或不愿说。

[23] 无过底人作么生：无过错的人怎么样？

[24] 与么：这么，如此。

[25] 师子儿，野干属：是狮子的儿子？还是狐狸的眷属？野干：兽名。《一切经音义》卷二七："梵云悉伽罗，此言野干。色青黄，如狗群行，夜鸣声如狼。"常与狮子对称，衬托宗师说法、大机大用的威力。野干鸣，《佛光大辞典》："野干，梵语。音译悉伽罗。狐之一种。'狮子吼'之对称。即比喻修行未臻成熟而妄说真理。"旧译本没有弄清楚原意，标点与翻译均有误。

[26] 若见同风，汝甘与么否：如果看见同道，你还甘心这样吗？同风：格调、风格相同，此指同门师兄。

[27] 想料：料想。

[28] 不堪：不可；不能。极坏；糟糕。

【概要】

长髭旷禅师（740～830年），俗姓旷，因留长须而名，潭州（湖南长沙）攸县人，是唐朝湘东地区的著名禅师。曾参石头希迁。于天宝十年（751年）从石头和尚学法后，回攸县深山修持，开创圣寿山道场。长髭旷禅师在攸县弘禅，吸引大批僧人前来参学，庞居士、李行婆也来拜谒参禅。云岩昙晟曾受药山惟俨指示，于唐元和十年（815年）来攸县依长髭旷学法。长髭旷禅师法嗣有石室善道等。1985年，攸县宝宁寺发现长髭旷禅师墓塔。

当初，长髭旷禅师前往曹溪礼拜六祖墓塔后，回来参拜石头和尚。石头和尚问从什么地方来的？长髭师回答从岭南来。石头和尚问："大庾岭一尊佛像完成了没有？"长髭回答："完成很久了，只欠点眼。"石头和尚问："你莫非要我点眼么？"长髭说："便请。"于是，石头和尚把盘着的脚放下一只。长髭立即礼拜。石头和尚问："你见到了什么样的道理便礼拜我呢？"长髭说："我所看到的，如同天上的一片雪花，落在烧得通红的火炉上——早就无踪无影了。"

"红炉上一点雪"这个公案有历代禅师评论：玄觉禅师说："暂且说说看，长髭禅师的应答是具备了法眼，还是没有具备法眼？如果是具备了法眼，为什么要请他点眼？如果没有具备法眼，又为什么说完成很久了？该作什么解释呢？"法灯禅师代替回答道："和尚可说是老眼昏花。"

片雪投入烧得通红的火炉中，立刻熔化，无影无踪。佛教用以比喻般若空慧能够当下消除一切执着之见和虚妄之情。所谓空慧，即观察一切事物缘起性空的智慧。相传佛、菩萨在地狱中开示缘生性空的道理，无数地狱众生听法后，地狱之相即刻化为乌有，如片雪入红炉中，由此而得到解脱。

【参考文献】

《景德传灯录》卷十四；《祖堂集》卷五；《联灯会要》卷十九；《禅林类聚》卷二。

【拓展阅读】

昙晟俗姓王，钟陵建昌人（今江西永修县），少年出家，在百丈山怀海名下学佛 20 年，后投湖南澧县药山的惟俨禅师。唐元和十年（815 年），昙晟受惟俨指示，来攸县依旷长髭学法，《祖堂集》《景德传灯录》等史籍都有"师（指昙晟）禀承药山，后止攸县，大弘法化"之语。所谓"后止攸县"，即后来依攸县旷长髭学法大悟，禅宗初创时，禅师多以住山或住地代名字，如："药山"代惟俨，"长沙"代景岑，"赵州"代从谂……旷长髭是攸县人，又在攸县住山，当时长髭所住乌井冲后山尚未有名，所以"攸县"也成了长髭的代名词。昙晟在攸县学法得法后，后住醴陵的云岩山，称名"云岩昙晟"，昙晟的弟子洞山良价，后来开创了曹洞宗。良价是曹洞宗鼻祖，云岩寺成为曹洞祖庭。而作为昙晟和洞山良价亲承旷长髭及其高徒石室善道法乳地的宝宁寺，却很少有人知道它是实际意义的曹洞祖庭之一。直到 1983 年，日本国驹泽大学（曹洞宗）一批佛教学者和曹洞宗行者来湖南寻根礼祖，所带礼祖名单就有"长髭旷，潭州攸"的记载。因为县以上有关部门尚不了解宝宁寺就是一千多年前旷长髭开创的祖庭，日本友人只好抱憾而归。但长髭旷禅师作为曹洞师祖，远在日本曹洞宗的徒子徒孙均已认可，岂可在中国不予承认。寻找旷长髭当年在攸县的开茔地，成为迫在眉睫的事。1985 年，攸县宝宁寺发现开山祖师旷长髭墓塔。省、市有关部门经过勘查，证实了宝宁寺就是旷长髭开辟的道场。原湖南省政协秘书长，中国佛教文化研究所所长吴立明先生立即题词："宝宁寺及旷长髭墓足称国宝"。并宣称古宝宁禅寺为曹洞祖庭。在此以前，当代著名学者南怀瑾先生，根据史料，将云岩昙晟列入旷长髭法嗣，纠正了《五灯会元》将云岩昙晟只列入药山门下的错漏。至此，尘封一千余年的旷长髭禅师的法系以及宝宁寺为曹洞祖庭的问题得以大白。（摘自谭特立《不二法门第一山》，《湘东文化》杂志网，株洲历史文化研究会主办）

京兆府尸利禅师

京兆[1]府尸利禅师问石头："如何是学人本分事？"头曰："汝何从吾觅？"曰："不从师觅，如何即得？"石头曰："汝还曾失么？"师乃契会厥旨。

【注释】

[1] 京兆：今陕西西安。

【概要】

尸利禅师，唐代禅僧，石头希迁禅师之法嗣，生平不详。

他问石头大师：“什么是弟子的本分事？”石头大师回答：“你为什么向我这里寻找？”尸利问：“不向师父这里寻找，怎么能够得到？”石头大师反问：“你还曾丢失过吗？”尸利方才领会了其中的道理。

学道之人首要明白本分事，可既是本分事，自然不从他人得。但一般人信不及，总企望能从大德高僧处得个什么。石头和尚的回答，既截断了尸利禅师从他求得之心，同时又截断其有所得心。既不从他，又无所得，当然真正本自具足了。

【参考文献】

《景德传灯录》卷十四；《禅宗正脉》卷三；《教外别传》卷十四。

潭州招提寺慧朗禅师

潭州[1]招提寺慧朗禅师，始兴曲江人也。

初参马祖，祖问：“汝来何求？”曰：“求佛知见。”祖曰：“佛无知见，知见乃魔耳。汝自何来？”曰：“南岳来。”祖曰：“汝从南岳来，未识曹溪心要。汝速归彼，不宜他往。”

师归石头，便问：“如何是佛？”头曰：“汝无佛性。”师曰：“蠢动含灵[2]，又作么生？”头曰：“蠢动含灵，却有佛性。”曰：“慧朗为甚么却无？”头曰：“为汝不肯承当。”师于言下信入。

住后，凡学者至，皆曰：“去！去！汝无佛性！”其接机大约如此。（时谓大朗。）

【注释】

[1] 潭州：今湖南长沙。

[2] 蠢动含灵：犹言一切众生。蠢动：蠕蠕而动，泛指动物。含灵：含灵魂

者，同于含识，含生，有情等。旧译本将此译为"动物含有灵性"，有误。

【概要】

慧朗禅师，唐代禅僧。始兴曲江（今广东韶关）人，俗姓欧阳。慧朗十三岁时，归依邓林寺摸禅师披剃。他十七岁时，云游到了南岳。到了二十岁，在南岳寺受具足戒。随后，慧朗去虔州（今江西赣州）龚公山拜谒马祖大寂禅师，马祖问你到这里来寻求什么？慧朗回答："来求佛的知识见解。"马祖说道："佛没有知识见解，有知识见解即是魔。你从南岳而来，没有认识曹溪六祖佛法心要。你应当回去，不宜去其他地方。"

慧朗就领命回到了南岳，参拜石头和尚，并问什么是佛？石头和尚回答："你没有佛性。"慧朗再问："其他一切众生，又将怎么样呢？"石头和尚回答："一切众生，却具有佛性。"慧朗便问："那慧朗为什么却没有？"石头和尚说："因为你不肯承当。"慧朗于石头言下顿悟。

后居潭州（今湖南长沙）招提寺，足不出户达三十余年，凡是有参学的人来到，都说："去！去！你没有佛性。"时人称他为"大朗禅师"。

【参考文献】

《景德传灯录》卷十四；《联灯会要》卷十九；《禅宗正脉》卷三。

长沙兴国寺振朗禅师

长沙兴国寺振朗禅师，初参石头，便问："如何是祖师西来意？"头曰："问取露柱。"曰："振朗不会。"头曰："我更不会。"师俄省悟。

住后，有僧来参，师召："上座！"僧应诺[1]，师曰："孤负去也。"曰："师何不鉴？"师乃拭目而视之，僧无语。

（时谓小朗。）

【注释】

[1] 师召："上座！"僧应诺：旧校本作"师召上座，僧应诺"有误。

【概要】

振朗禅师，唐代禅僧。起初，参拜石头和尚时问什么是祖师西来的意旨？石头和尚说："问露柱去。"振朗很快就省悟了。时人称为"小朗禅师"。

【参考文献】

《景德传灯录》卷十四；《联灯会要》卷十九；《禅宗正脉》卷三。

汾州[1]石楼禅师

上堂，僧问："未识本来性，乞师方便指。"师曰："石楼无耳朵。"曰："某甲自知非。"师曰："老僧还有过。"曰："和尚过在甚么处？"师曰："过在汝非处。"僧礼拜，师便打。

问僧："近离甚处？"曰："汉国。"师曰："汉国主人还重佛法么？"曰："苦哉！赖遇[2]问着某甲；若问别人，即祸生。"师曰："作么生？"曰："人尚不见，有何佛法可重？"师曰："汝受戒得多少夏？"曰："三十夏。"师曰："大好不见有人。[3]"便打。

【注释】

[1] 汾州：今山西汾阳。

[2] 赖遇：幸好，幸亏。又作"怎奈、可惜"解释，表示遗憾、怨恨语气。本书第十五章"云门文偃禅师"条："问：'如何是学人自己？'师曰：'游山玩水。'曰：'如何是和尚自己？'师曰：'赖遇维那不在！'"（意谓维那若在，拖出责打。）

[3] 大好不见有人：好一个不见有人。旧校本标点有误，参见项楚《〈五灯会元〉点校献疑三百例》。

凤翔府法门寺佛陀禅师

凤翔府[1]法门寺[2]佛陀禅师，寻常持一串数珠[3]，念三种名号，曰："一释迦，二元和[4]，三佛陀，自余是甚么碗趃丘[5]？"乃过一珠，终而复始。事迹异常，时人莫测。

【注释】

[1] 凤翔府：今属陕西。

[2] 法门寺：位于陕西扶风之北的崇正镇。以收藏佛骨著称。创立年代不详。初称阿育王寺。北魏以来住有僧徒数百，周武法难曾遭破坏，隋大业末年又遭兵

火，全部化为灰烬。唐贞观五年（631年）重建，于魏周所建之处得古碑二座及佛舍利，京邑内外日有数万人集此礼拜，遂成当代之名刹。显庆四年（659年），复得舍利八粒，帝并自此屡迎佛骨至宫中供养、瞻礼。元和十四年（819年）正月，复敕迎佛骨入宫中三日，时刑部侍郎韩愈上"佛骨表"谏其非，帝怒，贬为潮州刺史；同年三月，翰林学士张仲素，奉敕于本寺撰"佛骨碑"。20世纪80年代，法门寺地宫出土佛骨舍利。

〔3〕数珠：指以线贯串一定数量的珠子，用以计算称名或持咒次数的法具。又称念珠、咒珠或诵珠。

〔4〕元和：天地造化。

〔5〕碗趿丘：一个模子脱出来的孔丘。碗趿，亦作"椀趿"（本书第十六章"舒州投子修颙证悟禅师"条作"椀趿丘"），即"碗脱"，亦写作"椀脱"。谓如出于同一模型之碗，个个如此。又因以碗为模子脱出，不仅多而且贱。《新唐书·刘子玄传》："今群臣无功，遭遇辄迁，至都下有'车载斗量，杷椎椀脱'之谚。"宋洪迈《容斋四笔·张鷟讥武后滥官》："武后革命，滥授人官，故张鷟为谚以讥之曰：'补阙连车载，拾遗平斗量，杷推侍御史，椀脱校书郎。'"此处形容那些愚昧无知的读书人多如牛毛，自以为贵，实则贱如牛毛。旧校本标点有误，"椀趿"是修饰"丘"的，不能与"丘"一起下画线当作人名。

水空和尚

水空和尚，一日廊下见一僧，乃问："时中事[1]作么生？"僧良久。师曰："只恁便得么？"曰："头上安头[2]。"师打曰："去！去！已后惑乱人家男女[3]在。"

【注释】

〔1〕时中事：即"十二时中那事"，见下文"澧州大同济禅师"注释。

〔2〕头上安头：禅林用语。比喻事之重复多遍而无必要。与"雪上加霜""锦上铺花"同义。

〔3〕男女：即儿女，此为僧人的贱称。

澧州大同济禅师

米胡领众来，才欲相见，师便拽转禅床，面壁而坐。米于背后立，少时却回客位。师曰："是即是，若不验破，已后遭人贬剥。"令侍者请米来，却拽转禅床便坐。师乃绕禅床一匝，便归方丈。米却拽倒禅床，领众便出。

师访庞居士，士曰："忆在母胎时，有一则语，举似阿师，切不得作道理主持[1]。"师曰："犹是隔生[2]也。"士曰："向道不得作道理。"师曰："惊人之句，争得不怕？"士曰："如师见解，可谓惊人。"师曰："不作道理，却成作道理。"士曰："不但隔一生，两生[3]。"师曰："粥饭底僧[4]，一任检责[5]。"士鸣指三下。

师一日见庞居士来，便掩却门曰："多知老翁，莫与相见。"士曰："独坐独语，过在阿谁？"师便开门，才出被士把住曰："师多知，我多知[6]？"师曰："多知且置，闭门开门，卷之与舒，相较几许[7]？"士曰："只此一问，气急杀人！"师默然，士曰："弄巧成拙。"

僧问："此个法门，如何继绍[8]？"师曰："冬寒夏热，人自委知[9]。"曰："恁么则蒙分付去也！"师曰："顽嚚[10]少智，劻勷[11]多痴。"

问："十二时中如何合道？"师曰："汝还识十二时么？"曰："如何是十二时？"师曰："子丑寅卯。"僧礼拜。

师示颂曰："十二时中那事别，子丑寅卯吾今说。若会唯心万法空，释迦、弥勒从兹决。"

【注释】

[1] 有一则语，举似阿师，切不得作道理主持：有一句话，奉告禅师，千万不要当作道理来主张。主持：犹主张，主意。

[2] 隔生：相隔一生。佛门常说"隔生即忘"，指缺乏德行之一般凡夫，或菩萨中阶位较低者，于降生时即忘失前生之事，称为隔生即忘。

[3] 不但隔一生，两生：不只是隔一生，隔两生。

[4] 粥饭底僧：即"粥饭僧"。本书第十五章"云门文偃禅师"条作"粥饭气"。斥责只会吃饭的僧人，相当于今人骂"饭桶"。丁福保《佛学大辞典》"粥饭僧"条："言但吃粥饭无有一用之僧也。《南部新书》曰：'清泰朝李专美除北院，甚有舟楫之叹。时韩伯嵚已登庸。因赐之诗曰：伯嵚登庸汝未登，凤池鸡池冷如冰，如何且作宣徽使，免被人呼粥饭僧。'《五代史·李愚传》曰：'废帝谓愚等无所事，常目宰相曰：此粥饭僧耳，以为饱食终日而无所用心也。'"

[5] 一任检责：听凭检查。

［6］师多知，我多知？：禅师你聪明，还是我聪明？

［7］多知且置，闭门开门，卷之与舒，相较几许：谁聪明先放一边，关门与开门，收缩与舒展，比较起来有多大差别？

［8］继绍：继承。

［9］委知：确实知道。

［10］顽嚚（yín）：亦作"顽嚣"。愚妄奸诈。语出《书·尧典》："嚚子，父顽，母嚚，象傲。"《左传·文公十八年》："昔帝鸿氏有不才子，掩义隐贼，好行凶德，丑类恶物，顽嚚不友，是与比周。"陆德明释文："心不则德义之经为顽，口不道忠信之言为嚚。"

［11］勔（miǎn）腺（xiàn）：肥胖。

【拓展阅读】

关于米胡领众参访澧州大同济禅师的公案，古德有评论（《宗门拈古汇集》卷十四）：

广胤标云："反古者不可非，循礼者何足多？此二老一期相见，直是眼便手亲光前耀后。然仔细看来，翻成特地，何也？谁谓含愁独不见，更教明月照流黄。"

白岩符云："偷天之作，入地之谋，在二老互擅其长，主宾相见固足观瞻。若论古佛家风，且各与他三尺覆面布子。"

《水月斋指月录》卷九对禅师有补充：

一日问庞居士："是个语言古今少人避得，只如庞公还避得么？"曰："诺。"师再举前话。士曰："甚么去处来？"师曰："非但如今，古人亦有此语。"士作舞而出去。师曰："疯癫老！疯癫老！自过教谁检？"士来访，提起笊篱唤曰："大同师！大同师！"师不顾。士曰："石头一宗瓦解冰消。"师曰："若不得庞公辈，灼然如此！"士抛下笊篱曰："宁教不值一文钱！"师曰："钱虽不值，欠他又争得？"士作舞而退。师乃提起笊篱曰："庞公！庞公！"士曰："你要我笊篱，我要你木杓。"师作舞而退，抚掌笑曰："归去来！归去来！"

第四节　青原下三世

药山俨禅师法嗣

潭州道吾山宗智禅师

潭州道吾山宗智禅师，豫章海昏张氏子。幼依槃和尚受教登戒，预药山法会，密契心印。

一日，山问："子去何处来？"师曰："游山来。"山曰："不离此室，速道将来。"师曰："山上乌儿头似雪，涧底游鱼忙不彻[1]。"

师离药山见南泉，泉问："阇黎名甚么？"师曰："宗智。"泉曰："智不到处，作么生宗[2]？师曰："切忌道着[3]。"泉曰："灼然，道着即头角生[4]。"

三日后，师与云岩在后架把针。泉见乃问："智头陀前日道，智不到处切忌道着，道着即头角生，合作么生行履[5]？"师便抽身入僧堂，泉便归方丈。

师又来把针，岩曰："师弟适来为甚不祗对和尚？"师曰："你不妨灵利！"

岩不荐，却问南泉："适来智头陀为甚不祗对和尚，某甲不会，乞师垂示。"泉曰："他却是异类中行[6]。"岩曰："如何是异类中行？"泉曰："不见道：'智不到处切忌道着，道着即头角生。'直须向异类中行？"岩亦不会。

师知云岩不荐，乃曰："此人因缘不在此。"却同回药山，山问："汝回何速？"岩曰："只为因缘不契。"山曰："有何因缘？"岩举前话，山曰："子作么生会他，这个时节便回？"岩无对，山乃大笑。岩便问："如何是异类中行？"山曰："吾今日困倦，且待别时来。"岩曰："某甲特为此事归来。"山曰："且去！"岩便出。

师在方丈外，闻岩不荐，不觉咬得指头血出。师却下来问岩："师兄去问和尚那因缘作么生？"岩曰："和尚不与某甲说。"师便低头。

（僧问云居："切忌道着，意作么生？"居云："此语最毒。"云："如何是最毒底语？居云："一棒打杀龙蛇。"）

云岩临迁化，遣书辞师。师览书了，谓洞山、密师伯曰："云岩不知有我，悔当时不向伊道。虽然如是，要且不违药山之子[7]。"

（玄觉云："古人恁么道，还知有也未？"又云："云岩当时不会，且道甚么处是伊不会处？"）

药山上堂曰："我有一句子，未曾说向人。"师出曰："相随来也。"

僧问："药山一句子如何说？"山曰："非言说。"师曰："早言说了也。"

师一日提笠出，云岩指笠曰："用这个作甚么？"师曰："有用处。"岩曰："忽遇黑风猛雨来时如何？"师曰："盖覆着。"岩曰："他还受盖覆么？"师曰："虽然如是，且无渗漏。"

沩山问云岩："菩提以何为座？"岩曰："以无为为座。"岩却问沩山，山曰："以诸法空为座。"又问："师作么生？"师曰："坐也听伊坐，卧也听伊卧，有一人不坐不卧，速道！速道！"山休去。

沩山问师："甚么处去来？"师曰："看病来。"山曰："有几人病？"师曰："有病底，有不病底。"山曰："不病底莫是智头陀么？"师曰："病与不病，总不干他事，速道！速道！"山曰："道得也与他没交涉。"

僧问："万里无云未是本来天，如何是本来天？"师曰："今日好晒麦。"

云岩问："师弟家风近日如何？"师曰："教师兄指点，堪作甚么？"岩曰："无这个来多少时也？"师曰："牙根犹带生涩在。"

僧问："如何是今时著力处？"师曰："千人万人唤不回头，方有少分相应。"曰："忽然火起时如何？"师曰："能烧大地。"师却问僧："除却星与焰，那个是火[8]？"曰："不是火。"别一僧却问："师还见火么？"师曰："见。"曰："见从何起？"师曰："除却行住坐卧，别请一问。"

有施主施裈[9]，药山提起示众曰："法身还具四大也无？有人道得，与他一腰裈[10]。"师曰："性地非空，空非性地。此是地大，三大亦然。"山曰："与汝一腰裈。"

师指佛桑花问僧曰："这个何似那个？"曰："直得寒毛卓竖[11]。"师曰："毕竟如何？"曰："道吾门下底[12]。"师曰："十里大王。"

云岩不安，师乃谓曰："离此壳漏子[13]，向甚么处相见？"岩曰："不生不灭处相见。"师曰："何不道非不生不灭处，亦不求相见？"

云岩补鞋次，师问："作甚么？"岩曰："将败坏补败坏[14]。"师曰："何不道即败坏非败坏？"

师闻僧念《维摩经》云："八千菩萨、五百声闻，皆欲随从文殊师利。"师问曰："甚么处去？"其僧无对，师便打。

（后僧问禾山，山曰："给侍者方谐。"）

师到五峰，峰问："还识药山老宿否？"师曰："不识。"峰曰："为甚么不识？"师曰："不识不识[15]！"

问："如何是祖师西来意？"师曰："东土不曾逢。"

因设先师斋，僧问："未审先师还来也无？"师曰："汝诸人用设斋作甚么？"

石霜问："和尚一片骨，敲着似铜鸣，向甚么处去也？"师唤侍者，者应诺，师曰："驴年[16]去！"

唐太和九年九月示疾，有苦，僧众慰问体候，师曰："有受非偿，子知之乎[17]？"众皆愀然。

越十日将行，谓众曰："吾当西迈，理无东移[18]。"言讫告寂。

阇维得灵骨数片，建塔"道吾"。后雷[19]，迁于石霜山之阳[20]。

【注释】

[1] 忙不彻：忙不完，忙不停。彻：尽。

[2] 智不到处，作么生宗：智慧不到的地方，怎么能是宗？

[3] 切忌道着：千万不能说出来。切忌：务必避免，儆戒之辞。

[4] 灼然，道着即头角生：显然，说出来就会有烦恼。灼然：明显貌。头角：指烦恼之念。又凡夫起有所得之心，称为头角生。旧译本将"灼然"译为"明显地说出"，没有理解原意。

[5] 行履：行者进退，履者实践。指日常一切行为，即行住坐卧，语默动静，

吃茶吃饭屙屎送尿。衲僧行履，佛祖不能规，外魔不能乱，头头物物，举足下足，都是道之现成。此古德之言也。禅林指机用作为、实践（禅法），亦作"行李"。

[6] 异类中行：指行于异类之中。发愿利生之菩萨，于悟道后，为救度众生，不住涅槃菩提之本城，而出入生死之迷界，自愿处于六道众生之中，以济度一切有情。本书第三章"池州南泉普愿禅师"条："上堂：'道个如如，早是变了也。今时师僧须向异类中行。'归宗曰：'虽行畜生行，不得畜生报。'"异类：指属于佛果位以外之因位，如菩萨、众生之类。

[7] 云岩不知有我，悔当时不向伊道。虽然如是，要且不违药山之子：云岩不知有我在旁边，我后悔当时不向他说出来。虽然如是，他仍旧是真正的药山弟子。不违：符合。旧校本标点为："云岩不知有，我悔当时不向伊道。虽然如是，要且不违药山之子。"有误。

[8] 除却星与焰，那个是火：除了火星与火焰，哪个是火？

[9] 裈（kūn）：裤子。

[10] 有人道得，与他一腰裈：有人说得出来，就给他一条裤子。腰：量词，条。旧译本"我就送他一条腰裈"，没有弄清"腰"的意义。旧校本标点有误，参见项楚《〈五灯会元〉点校献疑三百例》）。

[11] 寒毛卓竖：汗毛都竖立起来。形容非常恐怖，或心情特别紧张害怕。寒毛：人体皮肤上的细毛。

[12] 道吾门下底：道吾门下的。道吾：潭州道吾山宗智禅师。

[13] 壳漏子：又作可漏子。可壳唐音相近，故假用。壳者卵之皮甲，漏者漏泄污物之义，子者指物之语，此譬人之身体也。

[14] 将败坏补败坏：用破旧的材料补破处。前一个"败坏"，指过去的破鞋，用它的材料来补现在的鞋子。

[15] 不识不识：此处若两个不识中间标点，则不成为参禅之语，中间不能标点。意思是，不认识"不识"，即连"不识"也不认识，扫荡一空，无言可说。旧译本在此译错。

[16] 驴年：禅林用语。十二地支中各有所属之生肖，其中无驴，即无驴年，故以之譬喻永无可期之日。

[17] 有受非偿，子知之乎：虽然受痛苦，但并非偿还宿债，你们知道吗？

[18] 吾当西迈，理无东移：我应当西去了，理当不再回人世。西迈：指去世。东移，指回到人世。旧译本"我应当向西前进，不应向东移动"，望文生义，不符合原意。

[19] 后雷：后遭雷击。

［20］阳：南面。

【概要】

潭州道吾山宗智禅师（769～835 年），唐代禅僧。豫章（江西）海昏人，俗姓张。世称道吾圆智，《景德传灯录》作"圆智"，但《五灯会元》称之为宗智。幼时依涅槃和尚出家，后投药山惟俨门下，得其心印而嗣其法。历访诸山，至潭州（今湖南长沙）道吾山，大振禅风。唐太和九年示寂，世寿六十七。谥号"修一大师"。

与禅师有关的公案有：

道吾得裈

有施主施裈，药山提起示众曰："法身还具四大也无？有人道得，与他一腰裈。"师曰："性地非空，空非性地。此是地大，三大亦然。"山曰："与汝一腰裈。"盖法身与四大（地、水、火、风），立于平等门则同，立于差别门则异，此语乃立于差别门而言者。《景德传灯录》卷十四谓此公案乃南泉普愿与道吾问答之公案。

道吾五峰

为道吾宗智与百丈怀海之法嗣五峰常观问答之公案。师到五峰，峰问："还识药山老宿否？"师曰："不识。"峰曰："为什么不识？"师曰："不识不识！"最后两个"不识"中间若标点，则不成为参禅之语，中间不能标点。意思是，不认识"不识"，即连"不识"也不认识，扫荡一空。

道吾看病

为百丈怀海之法嗣沩山灵祐与道吾宗智之问答。沩山问师："甚么处去来？"师曰："看病来。"山曰："有几人病？"师曰："有病底，有不病底。"山曰："不病底莫是智头陀么？"师曰："病与不病，总不干他事，速道！速道！"山曰："道得也与他没交涉。"此则公案之重点在"病与不病，总不干他事"一语，此即本来面目之意。沩山问道吾从何处来，道吾知其要求本来面目，遂答以如上之语，意谓"本来面目非求而能得，若欲求得本来面目，即是病根"。

道吾相见

为道吾宗智与云岩昙晟之问答。云岩不安，师乃谓曰："离此壳漏子，向甚么处相见？"

岩曰："不生不灭处相见。"师曰："何不道非不生不灭处，亦不求相见？"道吾探云岩之病时问其"死后变什么"，云岩告以"死就是随顺不生不灭之道理而已"。此答过于直实，故道吾反问其"何不说不生不灭之道理以外，无论如何亦不能随顺"。

道吾起拜（与本书第四章"襄州关南道吾和尚"条内容相同）

为道吾宗智表示其禅旨真髓之公案。《景德传灯录》卷十四："问：'如何是和尚家风？'师下禅床，作女人拜曰：'谢子远来，都无祇待。'"家风即指道吾禅旨之真髓。作女人拜，即尊重之礼拜。无祇待，即无言可说。道吾作女人拜而谓都无祇待，此系表示道吾之禅旨不能以言语分别来表现，唯于现实生活中如法生活以外，别无一物可言。

道吾同道者方知

为道吾宗智与某僧就无神通菩萨之踪迹而往来问答之公案。《联灯会要》卷十九："僧问：'无神通菩萨为甚么足迹难寻？'师云：'同道者方知。'云：'和尚还知么？'师云：'不知。'云：'为甚么不知？'师云：'去！汝不会我语。'"僧问无神通菩萨之踪迹，道吾答以"同道者方知"，意即亲自为无神通菩萨始能知其踪迹。僧又问"和尚知否"，答"不知"。再追问"为何不知"，道吾乃斥责之。盖无神通菩萨之踪迹乃非思量分别所能了知之对象，除非亲自成为无神通菩萨，否则分毫无从得知。

道吾装鬼

《禅苑蒙求》卷上："三圣到道吾，吾预知，以绯抹额，持神杖于门下立，圣曰：'小心祇候！'吾应喏。圣参堂了，再上人事，吾具威仪方丈内坐。圣才近前，吾曰：'有事相借问，得么？'圣曰：'也是适来野狐精，出去！'"鬼，指山门之守护神。道吾因预知素以机锋俊敏而闻名之三圣慧然将上山来，故装扮成山门之守护神（鬼）在门前应对，因三圣态度谨慎，故允许其入门。三圣参堂之后，入方丈拜见道吾，道吾本欲询问其所悟之旨，反被三圣识破，而被戏称为"野狐精"，机锋顿失。

【参考文献】

《祖堂集》卷五；《联灯会要》卷十九；《景德传灯录》卷十四；《禅苑蒙求》卷上。

潭州云岩昙晟禅师

潭州云岩昙晟禅师，钟陵建昌王氏子。少出家于石门，参百丈海禅师二十年，因缘不契。

后造药山，山问："甚处来？"曰："百丈来。"山曰："百丈有何言句示徒？"师曰："寻常道：我有一句子，百味具足。"山曰："咸则咸味，淡则淡味，不咸不淡是常味。作么生是百味具足底句？"师无对。

山曰："争奈目前生死何！"师曰："目前无生死。"

山曰："在百丈多少时？"师曰："二十年。"山曰："二十年在百丈，俗气也不除。"

他日侍立次，山又问："百丈更说甚么法？"师曰："有时道：三句外省去，六句内会取。"山曰："三千里外，且喜没交涉[1]。"

山又问："更说甚么法？"师曰："有时上堂，大众立定，以拄杖一时趁散。复召大众，众回首，丈曰：'是甚么？'"

山曰："何不早恁么道，今日因子得见海兄。"师于言下顿省，便礼拜。

一日山问："汝除在百丈，更到甚么处来？"师曰："曾到广南来。"曰："见说广州城东门外有一片石，被州主[2]移去，是否？"师曰："非但州主，阖国[3]人移亦不动。"

山又问："闻汝解弄师子[4]，是否？"师曰："是。"曰："弄得几出[5]？"师曰："弄得六出。"曰："我亦弄得。"师曰："和尚弄得几出？"曰："我弄得一出。"师曰："一即六，六即一。"

后到沩山，沩问："承闻长老在药山弄师子，是否？"师曰："是。"曰："长弄？有置时？[6]"师曰："要弄即弄，要置即置。"曰："置时师子在甚么处？"师曰："置也，置也！"

僧问："从上诸圣甚么处去？"师良久曰："作么？作么？"

问："暂时不在，如同死人时如何？"师曰："好埋却。"

问："大保任[7]底人，与那个是一是二？"师曰："一机之绢，是一段是两段？"

（洞山代云："如人接树。"）

师煎茶次，道吾问："煎与阿谁？"师曰："有一人要。"曰："何不教伊自煎？"师曰："幸有某甲在。"

师问石霜："甚么处来？"曰："沩山来。"师曰："在彼中得多少时？"曰："粗经冬夏[8]。"师曰："恁么即成山长[9]也。"曰："虽在彼中却不知。"师曰："他家亦非知非识。"霜无对。

（道吾闻云：“得恁么无佛法身心。”）

住后，上堂示众曰：“有个人家儿子，问着无有道不得底。”洞山出问曰：“他屋里有多少典籍？”师曰：“一字也无。”曰：“争得恁么多知？”师曰：“日夜不曾眠。”

山曰：“问一段事还得否？”师曰：“道得却不道。”

问僧：“甚处来？”曰：“添香来。”师曰：“还见佛否？”曰：“见。”师曰：“甚么处见？”曰：“下界[10]见。”师曰：“古佛，古佛！”

道吾问：“大悲千手眼，那个是正眼？”师曰：“如人夜间背手摸枕子。”吾曰：“我会也。”师曰：“作么生会？”吾曰：“遍身是手眼。”师曰：“道也太煞道，只道得八成[11]。”吾曰：“师兄作么生？”师曰：“通身是手眼。”

扫地次，道吾曰：“太区区生[12]！”师曰：“须知有不区区者。”吾曰：“恁么则有第二月[13]也。”师竖起扫帚曰：“是第几月？”吾便行。

（玄沙闻云：“正是第二月。”）

问僧：“甚处来？”曰：“石上语话来。”师曰：“石还点头也无？”僧无对。师自代曰：“未语话时却点头。”

师作草鞋次，洞山近前曰：“乞师眼睛得么？”师曰：“汝底与阿谁去也？”曰：“良价无。”师曰：“设有，汝向甚么处著？”山无语。师曰：“乞眼睛底是眼否？”山曰：“非眼。”师便喝出。

尼僧礼拜，师问：“汝爷[14]在否？”曰：“在。”师曰：“年多少？”曰：“年八十。”师曰：“汝有个爷不年八十，还知否？”曰：“莫是恁么来者！”师曰：“恁么来者，犹是儿孙。”

（洞山代云：“直是不恁么来者，亦是儿孙。”）

僧问：“一念瞥起便落魔界时如何？”师曰：“汝因甚么却从佛界来？”僧无对。师曰：“会么？”曰：“不会。”师曰：“莫道体不得，设使体得，也只是左之右之。”

院主游石室回，师问：“汝去入到石室里许，为只恁么便回？”主无对[15]。

洞山代曰：“彼中已有人占了也。”师曰：“汝更去作甚？”山曰：“不可人情断绝去也。”

会昌元年辛酉十月二十六日示疾，命澡身竟，唤主事令备斋，来日有上座发去[16]。至二十七夜归寂，荼毗得舍利一千余粒。瘗于石塔，谥"无住大师"。

【注释】

[1] 且喜没交涉：意谓与禅法毫无关系，根本不符合禅法，是禅家习用批评语。亦作"且得没交涉"。

[2] 州主：指刺史或州府长官。

[3] 阖（hé）国：全国。阖：全，总共。

[4] 闻汝解弄师子：听说你知道舞狮子。弄：古代百戏乐舞中指扮演角色或表演节目。

[5] 出：量词。演出一个段落，一个独立的剧目或节目。

[6] 长弄？有置时？：长弄不止？还是有弃置的时候？这是选择问句，要加问号。旧校本标点有误，没加问号，也没断句。参见项楚《〈五灯会元〉点校献疑三百例》。

[7] 大保任：大，即"太"。保任：《汉语大词典》如此解释："佛教语。禅宗谓涵养真性而运用之。"吕澂《中国佛学源流略讲·禅宗》："禅家这种态度的修养，是经过相当努力而有几个阶段的。粗浅些说，至少可分三层次第：最初要有迫切的寻求，其次凑泊（凝合，聚合）悟解，发明心地，再次是'保任'和'行解相应'。"《〈景德传灯录〉译注》将"保任"解释为"保持，护守"，无根据。

[8] 粗经冬夏：才过了一个冬夏。粗：刚，才。副词。旧译本"粗略地过了个冬夏"，翻译有误。

[9] 山长：唐、五代时对山居讲学者的敬称。又，隐者之称。

[10] 下界：人界也。对于天上界而言。

[11] 道也太煞道，只道得八成：一般如此标点，前面第五章（潭州云岩昙晟禅师）已经出现这句话。但"道也太煞道"，后面的"道"似乎多余。如果将"道"理解为语气助词（古汉语中一般用在句首或句中作语气助词），无意义，则"道也太煞道"这样标点亦无碍。"道也太煞"就是"说得太过分了"的意思，"太煞"，方言，过分。如果将"道"放入后文，"道只道得八成"，即"说也只是说出来八成"。这样标点也可。两句话可翻译为："说得太过分了，说也只说出来八成"。

[12] 太区区生：太忙碌了。区区：匆忙，急忙。区：通"驱"。《景德传灯

录》作"驱驱"，奔走辛劳的意思。生：语气助词。

[13] 第二月：泛指似有非有之事物。犹如眼翳之人，望真月时，幻见二月，即以为天上有二个月。与"空中花"等为同类用语。于佛教教理中，诸法皆无实体，而迷执之众生每每妄认地、水等四大为"自身相"，复以相续相、执取相等六粗之相为"自心相"，如是则犹如眼翳之人误认有空中花、第二月等。《楞严经》卷二："此见虽非妙精明心，如第二月，非是月影。"

[14] 爷：父亲。

[15] 主无对：宝祐本作"师无对"，依据上下文，此处应为"院主无对"。查其他典籍亦作"主无对"，故更正。

[16] 来日有上座发去：来日有位上坐要离开。暗示自己去世之日。

【概要】

昙晟禅师（782～841年），唐代禅僧。属青原行思之法系。钟陵建昌（江西永修）人，俗姓王。少于石门出家，初参百丈怀海，历二十余年，未悟玄旨。怀海示寂后，参谒澧州药山惟俨，并嗣其法，后住于潭州（湖南长沙）云岩山大扬宗风，故又称云岩昙晟。武宗会昌元年（一说文宗太和三年）示寂，世寿六十。谥号"无住（一说无相）大师"。其法嗣有洞山良价、神山僧密、杏山鉴洪、幽溪等。

参见本章"潭州长髭旷禅师"条，有史料显示昙晟禅师为长髭旷禅师法嗣。

与禅师有关的公案有：

云岩大悲手眼

又作云岩遍身手眼、云岩问道吾手眼、云岩摸枕、云岩大悲。本则公案乃云岩昙晟与道吾就"大悲菩萨之千手千眼有何作用"所作之机缘问答。道吾问："大悲千手眼，那个是正眼？"师曰："如人夜间背手摸枕子。"吾曰："我会也。"师曰："作么生会？"吾曰："遍身是手眼。"师曰："道也太煞道，只道得八成。"吾曰："师兄怎么生？"大悲菩萨即观世音菩萨。对于此菩萨之千手千眼如何使用之问题，云岩答以遍身是手眼；道吾答以通身是手眼。二者之意同为身体全部皆是手眼，遍身与通身亦无优劣之分，故二师皆意指自己乃观世音菩萨。

云岩竖起扫帚

又作云岩扫地、云岩拂地。本则公案记述云岩昙晟接化道吾圆（宗）智，令其觉醒本来面目之因缘。扫地次，道吾曰："太区区生！"师曰："须知有不区区者。"吾曰："恁么则有第二月也。"师竖起扫帚曰："是第几月？"上引之中，云岩将扫帚竖起，问道吾"这个是第几月"，意谓除自己本来面目之外，是否尚有另外一个自己，旨在令道吾觉醒"本来之自己"。或谓此则公案亦显示云岩忙中有闲之生活情致；盖凡悟道之人，无论扫地捣米、搬柴运水，当下即是所行所事之三昧，忙中有闲，悠悠其境，既不干涉任何其他之景物、心念，然又含摄森罗万象于此一当下三昧中。

【参考文献】

《宋高僧传》卷十一；《景德传灯录》卷十四；《联灯会要》卷十九；《佛祖历代通载》卷十六；《释氏稽古略》卷三；《五灯严统》卷五。

秀州华亭船子德诚禅师

秀州[1]华亭船子[2]德诚禅师，节操高邈，度量不群。自印心于药山，与道吾、云岩为同道交。

洎离药山，乃谓二同志曰："公等应各据一方，建立药山宗旨。予率性疏野，唯好山水，乐情自遣，无所能也。他后知我所止之处，若遇灵利座主，指一人来，或堪雕琢，将授生平所得，以报先师之恩。"

遂分携[3]，至秀州华亭，泛一小舟，随缘度日，以接四方往来之者。时人莫知其高蹈，因号"船子和尚"。

一日，泊船岸边闲坐，有官人问："如何是和尚日用事？"师竖桡子[4]曰："会么？"官人曰："不会。"师曰："棹拨清波，金鳞罕遇[5]。"

师有偈曰[6]：

三十年来坐钓台，钩头往往得黄能[7]。金鳞不遇空劳力，收取丝纶[8]归去来。

千尺丝纶直下垂，一波才动万波随。夜静水寒鱼不食，满船空载月明归。

三十年来海上游，水清鱼现不吞钩。钓竿斫尽重栽竹，不计功程得便休。

有一鱼兮伟莫裁[9]，混融[10]包纳信奇哉。能变化，吐风雷，下线何曾钓得来？

别人只看采芙蓉，香气长粘绕指风。两岸映，一船红，何曾解染得虚空？

问我生涯只是船，子孙各自赌机缘。不由地，不由天，除却蓑衣无可传。

道吾后到京口，遇夹山上堂。僧问："如何是法身？"山曰："法身无相。"曰："如何是法眼？"山曰："法眼无瑕。"道吾不觉失笑。

山便下座，请问道吾："某甲适来祇对这僧话必有不是，致令上座失笑，望上座不吝慈悲！"吾曰："和尚一等是出世，未有师在[11]。"山曰："某甲甚处不是？望为说破。"吾曰："某甲终不说，请和尚却往华亭船子处去。"山曰："此人如何？"吾曰："此人上无片瓦，下无卓锥。和尚若去，须易服而往。"

山乃散众束装，直造华亭。船子才见，便问："大德住甚么寺？"山曰："寺即不住，住即不似。"师曰："'不似'，似个甚么？"山曰："不是目前法。"师曰："甚处学得来？"山曰："非耳目之所到。"师曰："一句合头语，万劫系驴橛[12]。"师又问："垂丝千尺，意在深潭。离钩三寸，子何不道？"山拟开口，被师一桡[13]打落水中。

山才上船，师又曰："道！道！"山拟开口，师又打。山豁然大悟，乃点头三下。师曰："竿头丝线从君弄，不犯清波意自殊[14]。"山遂问："抛纶掷钓，师意如何？"师曰："丝悬渌水[15]，浮定有无之意。"山曰："语带玄而无路，舌头谈而不谈[16]。"师曰："钓尽江波，金鳞始遇。"山乃掩耳。师曰："如是！如是！"遂嘱曰："汝向去直须藏身处没踪迹，没踪迹处莫藏身。吾三十年在药山，只明斯事。汝今既得，他后莫住城隍聚落[17]，但向深山里、钁头[18]边，觅取一个半个接续，无令断绝。"

山乃辞行，频频回顾，师遂唤"阇黎"！山乃回首，师竖起桡子曰："汝将谓别有？"乃覆船入水而逝。

【注释】

[1] 秀州：州名。包括旧嘉兴府（除海宁外的今嘉兴地区）与旧松江府（上海直辖市的吴淞江以南部分）。原来是唐代苏州府的一部分，五代后梁开平初改属杭州，天福五年（940年），钱元璙于嘉兴县置秀州，为吴越国所辖十三州之一。

[2] 船子：船夫。

[3] 分携（xié）：离别。

[4] 桡（ráo）子：船桨。

[5] 棹（zhào）拨清波，金鳞罕遇：桨儿拨动清波，难遇金鳞鱼。棹：划船的一种工具，形状和桨差不多。又，划船。金鳞：传说中的神鱼，可以幻化成龙。

诗云："金鳞岂是池中物，一遇风云便化龙；九霄龙吟惊天变，风云际会潜水游。"

[6] 师有偈曰：下面共有六首偈，须分开标点，旧校本混在一起，有误。

[7] 黄能：即黄熊。南朝梁·任昉《述异记》卷上："尧使鲧治洪水，不胜其任，遂诛鲧于羽山，化为黄能，入于羽泉，今会稽祭禹庙不用熊，曰黄能，即黄熊也。陆居曰熊，水居曰能。"

[8] 丝纶：钓丝。

[9] 有一鱼兮伟莫裁：有一条鱼巨大无法估量。裁：判断，估量。

[10] 混融：混合融合。

[11] 和尚一等是出世，未有师在：和尚！同样是出世教化众生，你这里没有明师出现。

[12] 一句合头语，万劫系驴橛（jué）：一句契合本来面目的话，就是万劫捆住你的拴驴桩。合头：谓契合本来面目，即了解、体会之意。驴橛：系驴的木桩。旧译本"一句糊涂话，万劫变成驴"，译文不符合原意。

[13] 桡：桨，楫。

[14] 不犯清波意自殊：不被清波扰犯，杂念自然消除（意念自然清净）。殊：断绝。旧译本"清波不动，意图自然不同"，译错。

[15] 渌水：清澈的水。汉代张衡《东京赋》："于东则洪池清籞，渌水澹澹。"

[16] 语带玄而无路，舌头谈而不谈：话语中带有玄机，而实际上却没有路可走，说了那么多话，却其实并没有说。意思是，无法可说，是为说法。

[17] 城隍聚落：闹市村落。城隍：泛指城池。聚落：村落，人们聚居的地方。

[18] 钁（jué）头：挖土工具。钁：方言，一种形似镐的刨土农具。

【概要】

船子德诚（约 9 世纪上半叶前后在世），唐代禅僧。唐末遂州（今四川省遂宁市）人。俗家姓氏、生卒年不详。六祖慧能四世法嗣。出家后师从青原行思下药山惟俨法脉，随侍药山惟俨三十年，获得开悟，为其法嗣。后来隐居华亭（今上海市松江县）吴江边上，因为常用小船为人摆渡，所以人称"船子和尚"。后来，僧人夹山善会向他学习佛法，传法予夹山善会禅师后，乃覆舟而逝。唐咸通十一年（870 年），夹山善会为纪念德诚，在覆舟岸边创建法忍寺，故朱泾（今属上海金山朱泾镇）法忍寺素称船子道场。著有拔棹歌三十九首。《法苑珠林》和《艺林伐山》诸书引有他的歌词，并集有《船子机缘诗》一卷。宋代吕益柔刻石于枫泾海会寺。其诗句法类于唐诗人张志和的《渔父词》，内容多吟咏渔夫生活而寓以释家玄理。元、明间均有刻本，1987 年，由上海文献丛书编委会出版，施蛰存为之序。

船子和尚节操高洁，度量不群。受法于澧州药山弘道俨禅师。尽道三十年。离药山后，飘然一舟，泛于朱泾、松江之间，接送四方来者，纶钓舞棹，随缘度世，时人莫测其高深。一日与夹山禅师（善会）相遇于朱泾，一问一答，言语投机，船子高兴地说："钓尽江波，金鳞始遇"。有关师传法夹山善会之因缘，禅林中称为"船子得鳞"。鳞，指有金色鳞之鱼，比喻众中之大力者。船子和尚虽得药山之法，然以性好山水，而致日久仍无嗣法之弟子以报师恩，终于与夹山善会相遇，被船子和尚打下水而开悟，因而感叹"钓尽江波，金鳞始遇"，蒙印可成为嗣法弟子。

夹山见船子是禅林动人心魄的一幕好戏。船子才见，便问："大德！住什么寺？"山曰："寺是不能住的，住就不似了。"潜在的意思是说，应无所住生其心（出自《金刚经》）。师曰："它不似什么？"因为六祖云"本来无一物"，船子此问引导夹山而彻悟自性。山曰："不是眼前所见到的。"师曰："那你从哪里学来的啊？"山曰："不是耳目能得到的。"意思是离见闻觉知（心识接触外境之总称）。师曰："一句契合本来面目的话，就是万劫捆住你的拴驴桩。"意思是，那些觉悟空性的理论虽然好，你也知道要无所住而用心，要离开见闻觉知去悟自性，那么当你执着于这个"空"时则离真理还有一步。故师又问："你这千尺丝线，意在深潭之中的大鱼，想要钓的东西已经离钩子只有三寸了，眼看就够着了，你为什么不说出来？"意思是，你努力了那么久，眼看就要看破了，再努力一下说出来吧。夹山刚要开口，被船子和尚一浆打下水里了。夹山刚从水里上来，船子和尚喊："你说啊！你说啊！"夹山刚要开口，船子又打，夹山恍然大悟，于是点了三下头。船子要夹山说，实际上是让夹山无话可说，说空说有，都不是自性，到了不能说处，才算真悟。船子和尚说："杆子上的丝线啊，任你摆弄，不被水波扰犯，杂念自然消除。"夹山问："线和钓具都扔了，师父意思如何啊？"师曰："线飘在水波上，不沉不浮，非有非无。无法无我，不生不灭。"山曰："师父你话语中带有玄机，而实际上却没有路可走，说了那么多话，却其实并没有说。"意思是，无法可说，是为说法。师曰："钓尽江波，金鳞始遇。"山乃掩耳。师曰："如是！如是！"然后嘱咐他："你走后，去的地方，能藏身之处就不能有踪迹，但没有踪迹的地方就不要藏身。我追随药山禅师三十年，只明白了这个道理（空有不二）。你现在已经得到了，以后不要住在闹市村落，只是隐居在深山里，自耕自食，或许在锄头边（指农禅生活）找到一个半个弟子，把正法传下去，别让它断了。"夹山告辞，频频回头。师唤："阿阇黎！"山乃回首，师竖起船浆曰："汝将谓别有？"乃覆船入水而逝。

"覆船入水而逝"，一般理解为船子和尚自己打翻船只，跳进水中死了。为什么就死了？一般认为既然已经找到传人，大事已毕，就不必再留在世上了。还有一种说法，依据《景德传灯录》记载"师当下弃舟而逝，莫知所终"，那么，就是船子和尚当即丢弃船只，跳进水中不见了，没有人知道他后来的情况。

对于这个公案，我们是否可以再作另外一种理解：因为夹山与船子告别之际，频频回头，为什么回头？因为遇到名师指点，对师父恋恋不舍，不忍离开师父，而船子以死亡告诉夹山，你面对的师父不是真正的师父，真正见到我，不能以色见我，故以毁去色身而消除夹山最后一丝羁绊，达到五蕴皆空的境界。故船子所说"汝将谓别有"（你以为还有别的吗），是为断绝弟子的后路，使夹山彻底悟见本来面目，"覆舟而逝"表现了船子和尚为法献身的精神。

船子所说"一句合头语，千古系驴橛"如何理解？合头，即了解、体会之意。"合头语"是直指本面面目的言语，这个非常正确地道破自性的语言，但若是执着于它而不与修行实践结合起来，那么就会变成捆住自己的口头禅，如同"万劫系驴橛"。这句话的意思是，本来一句很好的话，如果因此让人执着于此，让人拘泥于这个道理，反而会成为人的束缚，如栓驴的橛子。

南怀瑾在《老子他说》中云："古人说：'一句合头语，千古系驴橛。'说一句话，一个道理，就好比你打了一个固定的桩在那里，以为拴宝贵东西所用。但用来用去用惯了，无论是驴或是鹰犬，也都可以拴挂上去。那是事所必至，理有固然的。"

南师在讲解《成唯识论》又说："真的禅宗大祖师讲一句话，你绝不懂，但是它包括了全体。什么道理？'一句合头语，千古系驴橛'，合头是唐宋时的土语，客家话里也许有，闽南古话里有没有不知道。合头即指固定、死定的话。万古以来系驴橛，这个橛本身有没有不知道，大概过去台北的路上有，现在修的马路上没有了。乡下的古路，走了几里就有一个石头打在地上，上面有一个洞，北方更多，西南也有。骑马、骑驴过来的要休息，这里有一个亭子，还有石头，给你的马栓在上面。木头做的叫橛，石头的有些叫桩，一个桩埋在那里，给你栓牛、栓马，栓绳子用，栓住就不能动了，这个叫橛，打一个桩在那里。'一句合头语'，比如六祖讲了一句合头语：'无念为宗'。完了，所以后世修禅宗的拼命求无念，这一句话就是合头语。'千古系驴橛'，我们这些都是驴子，驴子是最穷的，穷的无比，就把自己栓在上面，打坐啊，拼命求无念，六祖讲的无念不是这个意思，你翻开六祖的《坛经》看看，'无者无妄想，念者念真如'他晓得自己打了一个桩，出了毛病，赶紧又来拔，但后世的人都是驴子。所以，禅宗祖师骂人：'你要这样去悟道啊，驴年去！'你看禅宗的语录：'你啊，想悟道啊？驴年去！'怎么叫驴年？哪一年是驴年？十二生肖里子年是老鼠，丑年是牛，寅年是老虎，辰年是龙，十二生肖里没得驴，所以你要这样去悟道，驴年去！就是一辈子都没有希望了，哪里一个驴年呢？没有这个年。这就是禅宗祖师的骂人，骂人骂的高明极了，到死躺在棺材里才想起来，原来挨了骂。再就是：'你这个人皮下无血。'我们听了也不生气，皮下无血大概蛮健康的，皮下无血是凉血动物，那是低等的低等，毫无智慧的动物，你看这些祖师千百年前就懂了。'这个家伙皮下无血，杀他一刀流不出血来，不知道痛，不知道痒的。'像这些'一句合头语，千古系驴橛'。所以，佛经里般若讲一个空，已经变成合头语，大家打坐去求一个空！你想想看既然空，你何必去修呢？还是你能空得了的？打起坐来：我要空啊空！你在那里累死了，你都是在修有嘛，既然空，何必要你去修，空会来空你，不是你去空它。结果，你把它空得了，那就不是空了，这个逻辑还不懂啊！所以，般若讲一个空，大家去求空。所以，弥勒菩萨、无着菩萨看到这些好奇的众生，这样修道啊，驴年去。"（"和头语"应为"合头语"，疑为记录者笔误）

【参考文献】

《景德传灯录》卷十四；《祖堂集》卷五；《景德传灯录》卷十四；《释氏稽古略》卷三。

宣州[1]椑树慧省禅师

洞山参，师问："来作甚么？"山曰："来亲近和尚。"师曰："若是亲近，用动这两片皮作么？"山无对。

（曹山云："一子亲得[2]。"）

僧问："如何是佛？"师曰："猫儿上露柱。"曰："学人不会。"师曰："问取露柱去[3]！"

【注释】

[1] 宣州：今安徽宣城。

[2] 一子亲得："一子地菩萨"亲近一切众生。一子：谓菩萨修慈悲行，视诸众生犹如一子。若见众生修习善业，胜进圣道，心则欢喜；若见众生造作恶业，流转生死，心则愁恼。譬如父母见子安隐，心则欢喜；见子遇患，心则苦恼。经云："视诸众生，同于一子。"一子地：菩萨阶位之一，全称极爱一子地。指菩萨证得化他之果，以平等、慈悲心怜悯一切众生一如己子之阶位。"一子亲得"是曹山代替洞山回答的话，这样就解除了洞山的困境。但《〈景德传灯录〉译注》译为"有一些亲近得"，将"一子"注释为"一些"，有误。

[3] 问取露柱去：问露柱去。露柱：露在外面之柱，指法堂或佛殿外正面之圆

柱。与瓦砾、墙壁、灯笼等俱属无生命之物，禅宗用以表示无情、非情等意。

【概要】

慧省禅师，唐代禅僧。参药山惟俨得法，出居宣州（今安徽宣城）椑树院。有僧问："如何是佛？"答曰："猫儿上露柱。"

【参考文献】

《景德传灯录》卷十四；《联灯会要》卷十九；《教外别传》卷十四。

鄂州[1]百岩明哲禅师

药山看经次，师曰："和尚休猱[2]人好！"山置经曰："日头早晚也？"师曰："正当午。"山曰："犹有文彩[3]在。"师曰："某甲无亦无。"山曰："汝太煞聪明。"师曰："某甲只恁么，和尚作么生？"山曰："跛跛挈挈[4]，百丑千拙，且恁么过。"

洞山与密师伯到参，师问："二上座甚处来？"山曰："湖南。"师曰："观察使姓甚么？"曰："不得姓。"师曰："名甚么？"曰："不得名。"师曰："还治事也无？"曰："自有郎幕[5]在。"师曰："还出入也无？"曰："不出入。"师曰："岂不出入？"山拂袖便出。

师次早入堂，召二上座曰："昨日老僧对阇黎一转语不相契，一夜不安。今请阇黎别下一转语[6]。若惬老僧意，便开粥相伴过夏。"山曰："请和尚问。"师曰："岂不出入？"山曰："太尊贵生！"师乃开粥，同共过夏。

【注释】

[1] 鄂州：今湖北武汉。

[2] 休猱（náo）：不要戏耍。休：休要，不要。猱：戏耍。

[3] 文彩：艳丽而错杂的色彩。

[4] 跛（bǒ）跛挈（qiè）挈：指众生每天为名利劳碌奔波，不择手段，丑态百出。跛：腿或脚有毛病，走起路来身体不平衡。挈挈：急切貌，孤独的样子。

[5] 郎幕：指手下幕僚官员。

[6] 转语：禅宗谓拨转心机，使之恍然大悟的机锋话语。如云门三转语、赵州

三转语等。

【概要】

明哲禅师，唐代禅僧。师事药山惟俨禅师，嗣其法，出居鄂州（今湖北武昌）百岩，负盛名于一方。

【参考文献】

《景德传灯录》卷十四；《联灯会要》卷五；《教外别传》卷十四。

澧州高沙弥

澧州高沙弥[1]初参药山，山问："甚处来？"师曰："南岳来。"山曰："何处去？"师曰："江陵受戒去。"山曰："受戒图甚么？"师曰："图免生死。"山曰："有一人不受戒，亦无生死可免，汝还知否？"师曰："恁么则佛戒何用？"山曰："这沙弥犹挂唇齿在[2]。"师礼拜而退。

道吾来侍立，山曰："适来有个跛脚沙弥，却有些子气息[3]。"吾曰："未可全信，更须勘过始得。"

至晚，山上堂，召曰："早来沙弥在甚么处？"师出众立，山问："我闻长安甚闹，你还知否？"师曰："我国晏然[4]。"

（法眼别云："见谁说？"）

山曰："汝从看经得，请益得[5]？"师曰："不从看经得，亦不从请益得。"山曰："大有人不看经，不请益，为甚么不得？"师曰："不道他不得，只是不肯承当。"山顾道吾、云岩曰："不信道[6]？"

师一日辞药山，山问："甚么处去？"师曰："某甲在，众有妨，且往路边卓个草庵，接待往来茶汤去[7]。"山曰："生死事大，何不受戒去？"师曰："知是般事便休，更唤甚么作戒[8]？"山曰："汝既如是，不得离吾左右，时复要与子相见。"

师住庵后，一日归来，值雨，山曰："你来也。"师曰："是。"山曰："可煞湿[9]。"师曰："不打这个鼓笛。"云岩曰："皮也无，打甚么鼓？"道吾曰："鼓也无，打甚么皮？"山曰："今日大好一场曲调。"

僧问："一句子还有该不得处否？"师曰："不顺世[10]。"

药山斋时，自打鼓，师捧钵作舞入堂。山便掷下鼓槌曰："是第几和?"师曰："是第二和。"山曰："如何是第一和?"师就桶舀一杓饭便出。

【注释】

[1] 沙弥：初出家的僧人。译为息慈。谓息世染之情，以慈济群生也。盖出家之人，初入佛法，多存俗情，故须息恶行慈，是名沙弥。

[2] 这沙弥犹挂唇齿在：这沙弥还只能说别人说过的话。话中还暗示：这个沙弥虽然要如别人一样受戒，但他时常想着戒律，以此约束自己，也是一般人做不到的地方。有这个意思在，才有药山下文的赞许："却有些子气息!"（还是有一点儿出息的样子）唇齿：此处指语言。旧译本"这沙弥还拘泥于言辞"，如此翻译则不能很好地表达原意。

[3] 却有些子气息：还是有一点儿出息的样子。些子：一点儿，少许。

[4] 我国晏然：我内心平静。意思是，师父您说长安很热闹，但只要我内心平静，外界的热闹还能影响我吗？晏然：安宁，安定。

[5] 汝从看经得，请益得：你这颗平静的心是从看经得到的，还是请教别人学到的？请益：即学人请师示诲之意。本为《礼记》《论语》中之用语。礼记："请业则起，请益则起。"于禅林中，多指学人受教后，就尚未透彻明白之处，再进一步请教之意。有关请益之法，禅林有详细规定。

[6] 不信道：不相信吗？"道"作助词，无实义。旧译本"他不信道法"，望文生义，有误。"不信道"是反问语气，药山反问道吾、云岩，你们还不相信我前面说的吗？

[7] 往路边卓个草庵，接待往来茶汤去：我到路边建个草庵，以茶水接待往来行人休息。卓：建立，竖立。

[8] 知是般事便休，更唤甚么作戒：知道这回事（指自性）就罢了，还叫什么受戒？《景德传灯录》作"知是这般事，唤什么作戒"。

[9] 可煞湿：（你身上）太湿了。可煞：亦作"可杀""可晒""可杀"，表示极甚之辞，犹言非常。

[10] 顺世：佛教称僧徒逝世。

【概要】

这位高沙弥，是药山禅师座下的弟子。他虽然不受戒，一直是沙弥，也就没有成为受戒的大和尚，但能够彻悟自性，受戒对他还有什么作用呢？

有一天他向药山辞行，药山问他干嘛去。他说，我暂且到路边建个草庵（小庙），以茶水接待往来行人休息。这茶水，并非只是饮用的茶水，而是禅法也。其意思是，可方便接引一些有缘人，以入禅法之门。

药山禅师说："慢着！你还是未受大戒的沙弥。生死事大，我看你还是先去受大戒，再说吧！"前面一段话记述高沙弥自己提出要受戒去，药山并不赞许，而是希望他向上追求，若顿悟自性，则还会犯比丘戒吗？而此时高沙弥自觉自己不到这个资格，所以就回答："如果人人都不受戒，这戒律还有什么作用呢？"

这次，高沙弥却说："知是般事便休，还得受什么戒呢？"知道这回事（指自性）就罢了，还叫什么受戒？

药山说："你既然如此，但还不得离我左右，我且还经常要与你相见。"

"你既然如此"是印可高沙弥的境界，但"不得离我左右"，并不是不许他离开，这个我是真正的我，并非师父的色身，要时常警醒自己，不要失去了真正的我。"我且还经常要与你相见"，则一语双关，一是你不要失去真我，二是我要你常回来见我，检查你有没有失去真我。

六祖惠能说"心平何劳持戒"，有大境界的人，心中平静，不受外界干扰，还用什么持戒呢？高沙弥曾经回答药山"师父您说长安很热闹，但只要我内心平静，外界的热闹还能影响我吗？"可见高沙弥的境界已经属于不持戒的境界。

但对于三毒（贪嗔痴）炽盛的众生来说，他们什么都放不下，放不下贪嗔痴故，才会违法犯戒。所以，正因为不能守戒，才需要受戒。若不会违法犯戒，当然也就不用授什么戒，去守什么戒。这种境界初学者能做到吗？故狂禅者以六祖所说"心平何劳持戒"为借口，大做违法犯戒的事，这样的人能没有因果报应吗？

【参考文献】

《景德传灯录》卷十四；《祖庭事苑》卷五；《佛祖纲目》卷三十二。

鼎州李翱刺史

鼎州李翱刺史，向药山玄化，屡请不赴，乃躬谒之。山执经卷不顾。侍者曰："太守在此。"守性褊急[1]，乃曰："见面不如闻名。"拂袖便出。

山曰："太守何得贵耳贱目？"守回拱谢，问曰："如何是道？"山以手指上下，曰："会么？"守曰："不会。"山曰："云在青天水在瓶。"守忻惬[2]作礼，而述偈曰："炼得身形似鹤形，千株松下两函经。我来问道无余说，云在青天水在瓶。"

（玄觉云："且道李太守是赞他语，明他语？须是行脚眼[3]始得。"）

守又问："如何是戒定慧？"山曰："贫道这里无此闲家具。"守莫测玄旨。山曰："太守欲得保任，此事直须向高高山顶立，深深海底行，闺阁中物舍不得，便为渗漏[4]。"

守见老宿独坐，问曰："端居丈室，当何所务[5]？"宿曰："法身凝寂[6]，无去无来。"

（法眼别云："汝作甚么来？"法灯别云："非公境界。"）

【注释】

[1] 守性褊急：李翱性情急躁。守：太守，即李翱。褊急：气量狭隘，性情急躁。"守性褊急"这句描述性的话，旧校本作为侍者的话引用，即如此标点：侍者曰："太守在此，守性褊急。"显然是点校错误。

[2] 忻（xīn）惬（qiè）：高兴畅快。忻：同"欣"。惬：满足，畅快。

[3] 行脚眼：久有参悟的高僧法眼。行脚：谓僧人为寻师求法而游食四方。

[4] 太守欲得保任，此事直须向高高山顶立，深深海底行，闺阁中物舍不得，便为渗漏：旧校本标点有错误，项楚撰写《〈五灯会元〉点校献疑续补一百例》说："首句的'此事'属下，'太守欲得保任'为一句，这个'保任'指保重爱护身体。末句的'舍不得'属上，'闺阁中物舍不得'即不能摒除女色之意。794页引及药山此语前三句，797页引及药山此语后两句，断句亦应据此改正。"项先生更正了标点错误，连同后文引用都予以更正。但此处"保任"指保重爱护身体，亦待商榷。《汉语大词典》（上海辞书出版社1986年版）说："保任：佛教语。禅宗谓涵养真性而运用之。"吕澄《中国佛学源流略讲·禅宗》："禅家这种态度的修养，是经过相当努力而有几个阶段的。粗浅些说，至少可分三层次第：最初要有迫切的寻求，其次凑泊悟解，发明心地，再次是'保任'和'行解相应'。"吕澄《中国佛学源流略讲·禅宗》："禅家从悟解把握到践行的本源以后，还须注意保任功夫。"可见，"保任"是禅宗修行的一种境界。所谓"涵养真性而运用之"，涵养真性，已经很不错了，能够知道真性是什么并且能够保持它不遗失，至少也是阿罗汉的境界了，如果能够再发大乘心，就是"运用之"的大乘菩萨了。也就是"行解相应"了，"行"是履行、实践，"解"是理论上的理解，行解相应相似于知行合一。"高高山顶立，深深海底行"也可理解为"行解相应"，所谓"高高山顶立"指禅宗的担当精神，敢于当下承认自己就是佛，不依赖任何外在的东西，决不心外求佛。菩提本无树，明镜亦非台，就是"见处要高"。南怀瑾先师说："'高高山顶

立，深深海底行'就是儒家《中庸》所讲的'极高明而道中庸'。见处要高，可是工夫要踏实，要从做人做起，从戒、定、慧基本做起。"你只是懂几句口头禅就了不起了？就可以佛来佛斩，酒肉穿肠过了？所以"深深海底行"也就是脚踏实地修行，持戒，修定，才能开慧。所以，药山禅师说"闺阁中物（女色）舍不得，便为渗漏"，这是指淫欲是修行人最大的障碍，若对美色动心，总是在六道中轮回。南怀瑾先生说："药山禅师又告诉李翱：'闺阁中物舍不得便为渗漏。'换一句话说，男女情欲这一关不过，永远不成功。等于《楞严经》上说，淫根不除要想得道，是像蒸沙成饭一样不可能。""渗漏"，本指水渗透滴漏。此处指太守若沉迷声色，修行就会有漏。佛教修行摆脱轮回，其最高神通叫"漏尽通"。

[5] 端居丈室，当何所务：端身正坐于方丈室中，您做些什么？旧译本"端坐于方丈中，应当做什么"，有误。

[6] 凝寂：端庄镇定。

【概要】

李翱（772～841年），唐代居士。字习之，陇西成纪（治今甘肃秦安西北）人，一说赵郡（今河北赵县）人。西凉李暠后裔，北魏李冲十世孙。自幼学儒，博雅好古。贞元年间（798年）进士，历任国子博士、史馆修撰、考功员外郎、礼部郎中、中书舍人、桂州刺史、山南东道节度使等职。李翱为唐代儒学大师，与韩愈、柳宗元关系甚密，是韩、柳倡导的古文运动的积极参与者。

李翱因为性格急躁刚直，常发议论，得罪权贵。元和十年（820年）出为郎州（今湖南常德）刺史。其晚年大部分时间于郎州度过。其思想始与韩愈相同，主张反佛，撰《去佛斋》一文，认为佛法所说的，除列子、庄子所述者外，皆是戎狄之道。但自仕途"蹭蹬"、贬官外地后，其思想发生了转变，多与禅僧广泛交往。如西堂智藏、鹅湖大义、药山惟俨、紫玉通道等大师皆为其禅师禅友，尤与药山惟俨过从频繁，由此深入佛理，探玄究旨。故其虽一直倡导儒学，然而又援佛入儒，儒表佛里，以沟通儒佛两家思想。如其哲学著作《复性书》中，系统地阐述了性和情的关系。他认为人性本善，但为情所惑，故使善性不得彰明，唯有通过"无虑无思""寂然不动"的"正思"才能去情复性。此实际即是佛性论的翻版。佛教将清净佛性视作人的本性，世人因无明而不知其本有佛性，所以主张用禅定等方法破除无明，恢复本来佛性。李翱所说之性，即相当于"佛性"；所说之情，即相当于"无明"；所说之正思，则相当于"禅定"。因此，宋代名僧赞宁曾直言不讳指出李翱著《复性论》"上、下二篇，大抵谓本性明白，为六情玷污，迷而不返。今牵复之，犹地雷之复见天地之心矣，即内教（佛家自指其教为内教，以他教为外教）之返本还原也"。《复性书》接受禅宗"见性成佛"观点，提出人性皆善，因情所惑，故有凡、圣之分。主张"正思"，使心达到至诚，灭绝情欲，以复其性。其说对后代理学深有影响，开宋明理学引禅入儒之先声。

有关李翱与药山禅师的交往，可参见本书有关药山的章节。

【参考文献】

《旧唐书》卷一六〇；《新唐书》卷一七七；《宋高僧传》卷十七。

丹霞然禅师法嗣

京兆府翠微无学禅师

京兆[1]府翠微[2]无学禅师，初问丹霞："如何是诸佛师？"霞咄曰："幸自可怜生！须要执巾帚作么？"师退身三步，霞曰："错！"师进前，霞曰："错！错！"师翘一足，旋身一转而出，霞曰："得即得，孤[3]他诸佛。"师由是领旨。

住后，投子问："未审二祖初见达磨，有何所得？"师曰："汝今见吾，复何所得？"投子顿悟玄旨。

一日，师在法堂内行，投子进前接礼，问曰："西来密旨，和尚如何示人？"师驻步少时，子曰："乞师垂示！"师曰："更要第二杓恶水那[4]？"子便礼谢，师曰："莫操根[5]。"子曰："时至根苗自生[6]。"

师因供养罗汉，僧问："丹霞烧木佛，和尚为甚么供养罗汉？"师曰："烧也不烧着，供养亦一任供养。"曰："供养罗汉，罗汉还来也无？"师曰："汝每日还吃饭么？"僧无语，师曰："少有灵利底[7]！"

【注释】

［1］京兆：今陕西西安。

［2］翠微：位于陕西西安南方约二十九千米处之终南山。又称永庆寺。原为唐高祖于武德八年（625 年）所设之太和宫，后废。贞观二十一年（647 年），太宗予以复兴，名为翠微宫。元和年中（806～820 年），改为寺，称翠微寺。丹霞天然之法嗣无学得法后曾住此。宋代太平兴国三年（978 年），改称永庆寺。（出自《大

清一统志》卷一七九）

[3] 孤：古同"辜"，辜负。

[4] 更要第二杓（sháo）恶水那：还要我向你泼第二勺脏水吗？意思是，第一次沉默不回答你，已经向你泼了第一勺脏水，现在再问，还不自知吗？杓：同"勺"。恶水：污水，脏水。恶水，比喻投子所问不究竟的佛法。

[5] 莫揬根：不要把根摇动了。揬（duǒ）：摇动。旧译本"莫要堆着根"，将"揬"理解为"堆"，有误。

[6] 时至根苗自生：时节一到根苗自然会生长出来。旧译本"时节到了，野草自然会生长出来"，有误。

[7] 少有灵利底：很少有聪明伶俐的。灵利：伶俐。

【概要】

无学禅师，唐代禅僧。师事丹霞天然禅师，顿悟玄旨，通彻心源。后居终南山翠微寺。

无学禅师在供养罗汉时，有僧人问："丹霞和尚烧木佛，和尚为什么还要供养罗汉呢？"无学回答："烧也烧不了，供养也听凭供养。"那僧人又问："供养罗汉，那罗汉还会来吗？"无学反问道："你每天还吃饭吗？"那僧人无语应答，无学便说："聪明伶俐的（有悟性的）太少了！"

【参考文献】

《景德传灯录》卷十四；《联灯会要》卷十九；《禅宗正脉》卷三。

吉州孝义寺性空禅师

僧参，师乃展手示之。僧近前，却退后。师曰："父母俱丧，略不惨颜[1]。"僧呵呵大笑，师曰："少间与阇黎举哀[2]。"僧打筋斗而出，师曰："苍天！苍天！"

僧参，人事毕[3]，师曰："与么[4]下去，还有佛法道理也无？"曰："某甲结舌有分[5]。"师曰："老僧又作么生？"曰："素非好手。"师便仰身合掌，僧亦合掌。师乃拊掌三下，僧拂袖便出。师曰："乌不前，兔不后，几人于此茫然走？只有阇黎达本源，结舌何曾著空有？"

【注释】

[1] 略不惨颜：一点也没有悲痛的样子。

［2］少间与阇黎举哀：一会儿就给您阿阇黎发丧哀悼。

［3］僧参，人事毕：旧校本标点有误，"僧参"与"人事"要点开，人事指人与人之间交往的礼节，馈赠礼物等。

［4］与么：犹这么，如此。唐代慧能《坛经·自序品》："不思善，不思恶，正与么时，那个是明上座本来面目。"

［5］某甲结舌有分：我只有闭嘴不说话的份。结舌：不敢讲话。

米仓和尚

新到参，绕师三匝，敲禅床曰："不见主人公，终不下参众[1]。"师曰："甚么处情识去来？"曰："果然不在。"师便打一拄杖，僧曰："几落情识[2]。"师曰："村草步头逢着一个，有甚么话处？"曰："且参众去！"

【注释】

［1］不见主人公，终不下参众：看不见主人公，决不下去参见众人。主人公：禅林用语，指人人本具之佛性。

［2］甚么处情识去来：你哪里来的见识？情识：才情与识见。

［3］几落情识：差点儿落入凡夫之见。

［4］村草步头逢着一个，有甚么话处：荒村野草的渡口，遇到你这么一个人，还有什么话要说？步头：即埠头，水边停船处或渡口。步：用同"埠"。旧译本"乡村小路上碰着一个"，"步头"理解为"小路"，有误。

丹霞山义安禅师

僧问："如何是佛？"师曰："如何是上座？"曰："恁么即无异去也。"师曰："谁向汝道？"

本童禅师

因僧写师真呈，师曰："此若是我，更呈阿谁[1]？"曰："岂可分外也[2]。"师曰："若不分外，汝却收取[3]。"僧拟收，师打曰："正是分外强为[4]。"曰："若恁么即须呈于师也。"师曰："收取！收取！"

【注释】

[1] 此若是我，更呈阿谁：如果画的像就是我，我已经有我了，你又何必把这幅像交给我呢？旧译本与《〈景德传灯录〉译注》都没有理解原意而译错。

[2] 岂可分外也：怎么能把您老和画像分成两个呢？外：即外面还有一个。《〈景德传灯录〉译注》"难道有分外之人吗"，译错。

[3] 若不分外，汝却收取：如果没有把我分为两个，那你也没有另外一个，你和我都是一样的，那你把这幅画收起来吧。旧译本与《〈景德传灯录〉译注》都没有理解原意而译错。

[4] 正是分外强为：你这不是故意把我分成你和我两个了吗？《〈景德传灯录〉译注》"这正是分外勉强作为了"，译文不通，不知所云。

【概要】

有个僧人给本童禅师画了一幅画像，呈交给他时，本童禅师却说："如果画的像就是我，我已经有我了，你又何必把这幅像交给我呢？"那个和尚说："怎么能把您老和画像分成两个呢？"本童禅师说："如果没有把我分为两个，那你也没有另外一个，你和我都是一样的，那你把这幅画收起来吧"这个和尚也认为是这么回事，正准备收，本童禅师却打他说："你这不是故意把我分成你和我两个了吗？"这个和尚说："如果这样，那还是由您师父收起来吧。"本童禅师说："好，好！还是该我来收取才对。"

理上，一切众生本为一体，没有差别，但是，在相上，因果不同，那么就有六道众生相，而每一道上的众生又千差万别。若能做到心、佛、众生三无差别，那么僧人与禅师谁来收藏画像，都没有区别。

本公案最后由本童禅师把画像收起来，说明了要把小我与大我融为一体的道理，不再有凡夫的我，那就如一滴水汇入了汪洋大海而拥有无穷的力量。

大川禅师法嗣

仙天禅师

新罗僧参，方展坐具，拟礼拜，师捉住云："未发本国时，道取一句[1]？"僧无语，师便推出曰："问伊一句，便道两句。"

僧参，展坐具，师曰："这里会得，孤负平生去也[2]。"曰："不向这里会得，又作么生？"师曰："不向这里会，更向那里会？"便打出。

僧参，才展坐具，师曰："不用通时暄，还我文彩未生时道理来[3]！"曰："某甲有口，哑却即闲，若死觅个腊月扇子作么[4]？"师拈棒作打势，僧把住曰："还我未拈棒时道理。"师曰："随我者，随之南北；不随我者，死住东西[5]。"曰："随与不随且置，请师指出东西南北。"师便打。

披云和尚来，才入方丈，师便问："未见东越[6]老人时，作么生为物？"云曰："只见云生碧嶂，焉知月落寒潭？"师曰："只与么也难得。"曰："莫是未见时么？"师便喝，云展两手，师曰："错怪人者，有甚么限？"云掩耳而出，师曰："死却这汉平生也[7]！"

洛瓶和尚参，师问："甚处来？"瓶曰："南溪。"师曰："还将南溪消息来么？"曰："消即消已，息即未息。"师曰："最苦是未息。"瓶曰："且道未息个甚么？"师曰："一回见面，千载忘名。"瓶拂袖便出，师曰："弄死蛇手，有甚么限？"

僧参，拟礼拜，师曰："野狐儿！见甚么了便礼拜？"曰："老秃奴[8]！见甚么了便恁么问？"师曰："苦哉！若哉！仙天今日忘前失后。"曰："要且得时，终不补失[9]。"师曰："争不如此[10]？"曰："谁甘[11]？"师呵呵大笑曰："远之远矣。"僧四顾便出。

【注释】

[1] 未发本国时，道取一句：在本国尚未出发时怎么样？说一句。

[2] 这里会得，孤负平生去也：这里领会，就辜负一生努力了。

[3] 不用通时暄，还我文彩未生时道理来：不用顺应时宜寒暄，还我文彩还没有出来时的道理。通时暄：顺应时宜寒暄。

[4] 某甲有口，哑却即闲，若死觅个腊月扇子作么：我有口，成哑巴就安静了，还死死找个腊月的扇子干嘛？寒冬腊月是不需要扇子的，僧人说的意思是：我也不是哑巴，该说话就说话，该闭嘴就闭嘴，不该说话时，我难道不懂吗？就如在冬天去找个扇子，我会这么做吗？

[5] 随我者，随之南北；不随我者，死住东西：随从我的，就能随我走南闯北；不随我的，就死在东西。

[6] 东越：指闽东或浙东地区。

［7］死却这汉平生也：这汉子一生完了。

［8］老秃奴：对僧人的蔑称。

［9］要且得时，终不补失：却是当得到的时候，最终不能弥补失去的。要且：却是，表示转折语气。《〈景德传灯录〉译注》"况且得到时，终究不能弥补失去的"，将"要且"理解为"况且"，有误。

［10］争不如此：怎能不这样呢？争：同"怎"。

［11］谁甘：谁甘心呢？意思是，得到的比不上失去的，即失去的更多，谁甘心呢？甘：甘心，情愿。《〈景德传灯录〉译注》译为"是谁"，有误。

福州普光禅师

僧侍立次，师以手开胸曰："还委[1]老僧事么？"曰："犹有这个在。"师却掩胸曰："不妨[2]太显。"曰："有甚么避处？"师曰："的是无避处。"曰："即今作么生？"师便打。

【注释】

［1］委：确知，知悉。

［2］不妨：也许，大概。本书常指很、非常的意思。本书第三章"韶州乳源和尚"条："西来的的意不妨难道，众中莫有道得者？出来试道看。"本书第十章"瑞鹿本先禅师"条："若是求出三界修行底人，闻这个言语，不妨狐疑，不妨惊恒。"

大颠通禅师法嗣

漳州三平义忠禅师

漳州三平义忠禅师，福州杨氏子。初参石巩，巩常张弓架箭接机。师诣法席，巩曰："看箭！"师乃拨开胸曰："此是杀人箭，活人箭又作么生？"巩弹弓弦三下，师乃礼拜。巩曰："三十年张弓架箭，只射得半个圣人。"遂拗折弓箭。

后参大颠，举前话，颠曰："既是活人箭，为甚么向弓弦上辨？"平无对，颠曰："三十年后，要人举此话也难得。"师问大颠："不用指东划西，便请直指。"颠曰："幽州江口石人蹲。"师曰："犹是指东划西。"颠曰："若是凤凰儿，不向那边讨。"师作礼，颠曰："若不得后句，前话也难圆。"

师住三平，上堂曰："今时人出来，尽学驰求走作[1]，将当自己眼目[2]，有甚么相当？阿汝欲学么？不要诸余，汝等各有本分事，何不体取？作么心愤愤，口悱悱[3]，有甚么利益？分明向汝说，若要修行路及诸圣建立化门[4]，自有大藏教文在。若是宗门中事宜，汝切不得错用心。"

僧问："宗门中还有学路也无？"师曰："有一路滑如苔。"曰："学人还蹑得否？"师曰："不拟心，汝自看[5]。"

问："黑豆未生芽时如何？"师曰："佛亦不知。"

讲僧问："三乘十二分教，某甲不疑，如何是祖师西来意？"师曰："龟毛拂子，兔角拄杖，大德藏向甚么处[6]？"曰："龟毛兔角岂是有邪？"师曰："肉重千斤，智无铢两[7]。"

上堂："诸人若未曾见知识即不可，若曾见作者来，便合体取些子意度[8]，向岩谷间木食草衣[9]，恁么去方有少分相应。若驰求知解义句，即万里望乡关去[10]也。珍重！"

问侍者："姓甚么？"者曰："与和尚同姓。"师曰："你道三平姓甚么？"者曰："问头[11]何在？"师曰："几时问汝？"者曰："问姓者谁？"师曰："念汝初机，放汝三十棒。"

师有偈曰："即此见闻非见闻，无余声色可呈君。个中若了全无事，体用何妨分不分。"

升座次，有道士出众，从东过西，一僧从西过东。师曰："适来道士却有见处，师僧未在[12]。"士出作体曰："谢师接引。"师便打。僧出作礼曰："乞师指示。"师亦打，复谓众曰："此两件公案作么生断？还有人断得么？"如是三问，众无对。师曰："既无人断得，老僧为断去。"乃掷下拄杖，归方丈。

【注释】

[1] 驰求走作：向外追求，终日放逸。驰求：奔走向外追求。明王守仁《传习录》卷上："世儒惟不知此，舍心逐物，将格物之学错看了，终日驰求于外，只

做得个义袭而取。"走作：越规，放逸。《朱子语类》卷一二六："言释氏之徒为学精专，曰：便是某常说，吾儒这边难得如此，看他下工夫，直是自日至夜，无一念走作别处去。"

[2] 眼目：譬物之主要而言。《圆觉经》曰："是经十二部经，清净眼目。"

[3] 心愤愤，口悱（fěi）悱：心里想要理解却总是找不到答案（此指学人心里胡思乱想），心里的疑团越来越大想说又说不出来。愤愤：心求通而未得貌，又指烦闷不舒貌。悱悱：抑郁于心而未能表达貌，形容想说而说不出的样子。《论语·述而》"不悱不发"何晏集解引汉郑玄曰："孔子与人言，必待人心愤愤，口悱悱，乃后启发为说之。"旧译本将"心愤愤，口悱悱"译为"心头愤懑，口头郁结"，有误。

[4] 化门：又作"建化门"。佛祖建立的教化法门。禅家认为建化门并非顿悟妙法，只是适宜于多数中下根器的方便法门。

[5] 不拟心，汝自看：在你还没动心的时候，你去看看你自己在哪里？不拟心：不生分别执着心。拟心，即刚刚一动心，就有分别执着，然后就会因外境而攀缘。禅师说"不拟心，汝自看"，就是你还没动心的时候，你去观察自己的心在哪里，也是寻找那颗不攀缘的心——自性（真如）。自看，自己参究，自己留神。如敦煌本《坛经》："五祖忽一日唤门人尽来，门人已集，五祖曰：'……汝等总且回房自看，有智惠者，自取本性般若之知，各作一偈呈吾。吾看汝偈，若悟大意者，付汝衣法，禀为六代。火急急！'"旧译本"不用思考，你自己注意"以及《〈景德传灯录〉译注》"不用心思考，你自己察看"，不知所云，两种书的翻译均没有理解禅师的原意。

[6] 龟毛拂子，兔角拄杖，大德藏向甚么处：龟毛做的拂子，兔角做的拄杖，大德您藏到哪里去了？龟毛兔角：佛典中常见之譬喻，指现实中全然不存在之事物。龟本无毛，然龟游水中时，身沾水藻，人视之，乃有误认水藻为龟毛者。又，兔亦无角，然直竖之长耳亦有被误认为兔角之时。经论中常用以比喻凡夫之妄执实我实法。盖凡夫常将因缘所成之假有法，妄执为实有之故。

[7] 肉重千斤，智无铢（zhū）两：骂人的话，骂他如猪一样愚蠢。身体的肉重达千斤，但智慧却连一两都没有。铢两：一铢一两，引申为极轻的分量。铢：古代重量单位，二十四铢等于旧制一两（亦有其他说法，标准不一）。

[8] 若曾见作者来，便合体取些子意度：如果曾经遇见了行家里手（指高僧大德），就应当体会他们一点点识见。作者：指行家里手、高手。体取：体会。些子：少许，一点儿。意度：识见与气度，意境与风格。

[9] 木食草衣：以树木果实充饥，编草为衣。木食：以山中野树果实充饥，形

容隐逸之士远离世事。草衣：编草为衣，指隐者的衣着。

[10] 万里望乡关：离开悟的境界越来越远。万里之外，遥望家乡。比喻离开禅法极远。乡关：故乡，比喻终极目标。《碧岩录》卷六第五一则："垂示云：'才有是非，纷然失心。不落阶级，又无摸索。且道放行即是，把住即是？到这里若有一丝毫解路，犹滞言诠，尚拘机境，尽是依草附木。直饶便到独脱处，未免万里望乡关。还构得么？'"

[11] 问头：问题。

[12] 适来道士却有见处，师僧未在：刚才的道士是有见识的，但师僧却没有见识。师僧：堪为人师之僧，又为众僧之敬称。未在：并非"僧人不在"之义，而是与道士对比，僧人没有见地，"在"为语气助词。旧校本将"师僧未在"放在引号之外，理解为"僧人不在"。

【概要】

义忠禅师（781～872 年），唐代僧禅。福州人（又作陕西高陵人），俗姓杨。初参石巩，石巩张弓架箭接机，问答契合，石巩赞曰："三十年张弓架箭，只射得半个圣人。"后参大颠宝通，得悟奥旨。宝历二年（826 年），出居于漳州（今福建漳浦）三平山创建三平寺，接化后学，化缘盛极，为一方表率，世称"三平祖师"。禅师精通三藏，并以医术高超著称，热心治病救民，受宣宗敕号"广济大师"。禅师于咸通十三年示寂，年寿九十二。三平山三平寺后因武宗灭佛，寺院被毁，而于咸通七年（866 年）再建。其后，寺院几度兴废，现存建筑为清末所重建。

禅师住在三平寺上堂开示说："现在的僧人出来参学，全是向外追求，终日放逸，把这些当作自己修行的宗旨，能与佛相应吗？你们想要参学吗？不要学其他任何东西，你们自己的本分，为什么不去领悟呢？为什么整天东想西想，想说又说不出来，这样有什么利益呢？我向你们说得很清楚了，如果想要了解修行路径以及诸圣建立的教化法门，自有大藏经三藏教文在。如果想要了解禅宗法门中的道理，你们千万不能用错了心。"

【参考文献】

《祖堂集》卷五；《景德传灯录》卷十四；《联灯会要》卷二十。

马颊山本空禅师

上堂："只这施为动转[1]，还合得本来祖翁么？若合得，十二时中无虚弃底道理[2]。若合不得，吃茶说话往往唤作茶话在[3]。"

僧便问："如何免得不成茶话去[4]？"师曰："你识得口也未？"曰："如何是口？"师曰："两片皮也不识。"曰："如何是本来祖翁？"师曰："大众前不要牵爷恃娘。"曰："大众忻然[5]去也。"师曰："你试点大众性看！"僧作礼。师曰："伊往往道一性一切性在。"僧欲进语，师曰："孤负平生行脚眼[6]。"

问："去却即今言句，请师直指本来性[7]。"师曰："你迷源来得多少时[8]？"曰："即今蒙和尚指示。"师曰："若指示你，我即迷源。"曰："如何即是。"师示颂曰："心是性体，性是心用。心性一如，谁别谁共？妄外迷源，只者难洞[9]。古今凡圣，如幻如梦。"

【注释】

[1] 施为动转：一切行为活动。施为：作为，行动。动转：活动，行动。旧译本"布施动转"，没明白原意，其中将"施为"译为"布施"，有误。

[2] 若合得，十二时中无虚弃底道理：如果能够相应，那么一天十二时辰中就没有虚度的道理。意思是，如果一切行动都与祖师意旨吻合，都是本来佛性的表现，那么每天匆匆忙忙为生活奔波就不是白白浪费时间了。

[3] 若合不得，吃茶说话往往唤作茶话在：如果不相应，那么吃茶说话常常被叫作茶话。"茶话"本是一种日常生活的行为，但从赵州禅师倡导"吃茶去""茶禅一味"的说法产生，谓茶道之精神与禅之精神相互一致。如此看来，日常行为却能够显示人的自性。

[4] 如何免得不成茶话去：怎样才能避免不叫茶话？意思是，吃茶不成为世俗人吃茶的闲聊，而是通过吃茶这种平常的行为去领悟佛法的真谛。

[5] 忻然：喜悦貌，愉快貌。

[6] 孤负平生行脚眼：违背了平生四方参学的宗旨。孤负：违背，对不住。行脚：禅僧为了寻师访友及求证佛法而到处旅行。眼：指事物的关键精要处。

[7] 去却即今言句，请师直指本来性：不使用今天的语言文字，请师父直指本来佛性。去却：即除却，表示所说的不算在内。

[8] 你迷源来得多少时：你迷失本性至今已经多久了？

[9] 只者难洞：这种人难以知悉。洞：指通晓、知悉。

【概要】

本空禅师提出了一个问题，人的一切外在行为是否与西来祖师意旨相应？如果相应的话，那么芸芸众生一天十二时辰都不是虚度了。如果不相应，为什么祖师又常常说吃茶去？这吃茶说话不就是日常最普通的行为吗？这实际上告诉我们，所有的一切行为，如果进入了修行的境界，那么吃茶担水，无不是禅，无不是顿悟的契机。芸芸众生之所以不能觉悟，那是他的一切行为都是向外攀缘，为自己而活，为欲望而活，整天奔波，都是为了名利。天下熙熙，皆为利来；天下壤壤，皆为利往。其身口意一切作为均积累为"业"，因为业力的牵引而六道轮回。这就是圣凡行为的区别。圣人所作，不为自己，不为私欲，他把一切行为都当作放下小我走向大我的途径，所以他就能够觉悟。凡人则相反，他被私欲蒙蔽了眼睛，所以虽然整天忙忙碌碌，但无论如何操劳，最后总是为自己，为了满足自己的私欲，所以他越操劳，业也越多，最后只能堕落于恶道而不能自拔。

本生禅师

本生禅师拈拄杖示众曰："我若拈起，你便向未拈起时作道理。我若不拈起，你便向拈起时作主宰。且道老僧为人在甚处[1]？"时有僧出曰："不敢妄生节目[2]。"师曰："也知阇黎不分外[3]。"曰："低低处平之有余，高高处观之不足[4]。"师曰："节目上更生节目。"僧无语，师曰："掩鼻偷香，空招罪犯。"

【注释】

[1] 且道老僧为人在甚处：且说我老僧要在什么地方才能教化接引大众？为人：一般指做人处世接物，但佛教有"为人悉檀"，四悉檀之一。佛化导众生之教法可分四个范畴（即四悉檀），为人悉檀乃佛应众生之根机与能力不同，而说各种出世实践法，令众生生起善根，故又称生善悉檀。

[2] 节目：犹枝节，麻烦。

[3] 也知阇黎不分外：我也知道阿阇黎您不会搞特殊。分外：格外，特别。

[4] 低低处平之有余，高高处观之不足：从低处看更低的地方我评论水平绰绰有余，从高处看更高的地方我的观察水平就略显不足。也就是比上不足，比下有余。平：通"评"，评论。

【概要】

本生禅师拿起拄杖开示大众说："我如果拿起这拄杖，你们就思考没有拿起时的道理（暗指心未动时我在哪里）。我如果不拿起这拄杖，你们就会思考拿起时到底是谁在主宰（暗指心已动后谁在指挥它）。且说我老僧要在哪里才能教化接引大众呢？"

拿也不是，不拿也不是，因为众生总在妄心境界，无法体悟无我境界。修行人如果做到拿得起，放得下，那么也就能够随缘度众，这样也就能经过渐修走到顿悟境界。可这种人又有多少呢？

这个时候就有僧人站出来说："不敢妄生枝节。"禅师说："我也知道阿阇黎您不会搞特殊，节外生枝。"僧人就说："从低处看更低的地方我评论水平绰绰有余，从高处看更高的地方我的观察水平就略显不足。"

这个僧人好像理解了禅师的话，他就站出来说，我们不给您师父找麻烦的，节外生枝，故意找茬。师父也说我是相信你们，你们不会节外生枝的。这时僧人就说，我的水平比上不足，比下有余。

实际上他一说这话就落相对境界了，这么比较他就什么也不是了。所以，禅师就开始批评他"节目上更生节目"。你不是说不生枝节吗？你这是节外生枝，枝外又生节了。

僧人不能理解，沉默不语，禅师就说："掩住鼻子却偷窃香气，不是白白地找罪受吗？"

长髭旷禅师法嗣

潭州石室善道禅师

潭州石室善道禅师作沙弥时，长髭遣令受戒，谓之曰："汝回日须到石头和尚处礼拜。"师受戒后，乃参石头。

一日随头游山次，头曰："汝与我斫却面前树子，免碍我。"师曰："不将刀来。"头乃抽刀倒与，师曰："何不过那头来？"头曰："你用那头作甚么？"师即大悟，便归长髭。

髭问："汝到石头否？"师曰："到即到，只是不通号[1]。"髭曰："从谁受戒？"师曰："不依他。"髭曰："在彼即恁么，来我这里作么生？"师曰："不违背。"髭曰："太切切生[2]！"师曰："舌头未曾点着在。"髭喝曰："沙弥出去！"师便出，髭曰："争得不遇于人[3]？"

师寻值沙汰[4]，乃作行者，居于石室。每见僧，便竖起杖子曰："三世诸佛尽由这个。"对者少得冥契。长沙[5]闻，乃曰："我若见即令放下挂杖，别通个消息。"三圣[6]将此语祗对，被师认破是长沙语。杏山[7]闻三圣失机，乃亲到石室。师见杏山僧众相随，潜入碓坊碓米[8]。杏曰："行者接待不易，贫道难消。"师曰："开心碗子盛将来，无盖盘子合取去，说甚么难消？"杏便休。

仰山问："佛之与道，相去几何？"师曰："道如展手，佛似握拳。"曰："毕竟如何的当[9]，可信可依？"师以手拨空三下曰："无恁么事，无恁么事。"曰："还假看教否[10]？"师曰："三乘十二分教是分外[11]事。若与他作对，即是心境两法。能所双行，便有种种见解，亦是狂慧，未足为道。若不与他作对，一事也无。所以，祖师道：'本来无一物。'汝不见小儿出胎时，可道我解看教、不解看教？当恁么时，亦不知有佛性义、无佛性义。及至长大，便学种种知解出来，便道我能我解，不知总是客尘烦恼。十六行[12]中，婴儿行为最。哆哆和和时[13]，喻学道之人离分别取舍心，故赞叹婴儿，可况喻取之[14]。若谓婴儿是道，今时人错会。"

师一夕与仰山玩月，山问："这个月尖时，圆相甚么处去？圆时，尖相又甚么处去？"师曰："尖时圆相隐，圆时尖相在。"

（云岩云："尖时圆相在，圆时无尖相"。道吾云："尖时亦不尖，圆时亦不圆。"）

仰山辞，师送出门，乃召曰："阇黎！"山应诺，师曰："莫一向去，却回这边来。"

僧问："曾到五台否？"师曰："曾到。"曰："还见文殊么？"师曰："见。"曰："文殊向行者道甚？"师曰："文殊道，你生身父母在深草里。"

【注释】

[1] 只是不通号：只是没有通姓名，即没有向石头和尚通报自己的姓名。

[2] 太忉忉生：太啰唆了。生：词尾后缀。

[3] 争得不遇于人：怎么就遇不到想要的人呢？争：怎么。意思是，自己的弟子那么多，却遇不到一个有慧根的。实际上，善道禅师已经开悟，但在师父面前仍旧韬光养晦，不露痕迹。

[4] 师寻值沙汰。禅师不久就遇到朝廷淘汰、整顿僧尼。沙汰：即淘汰、整顿

之意，指强令部分僧尼还俗。唐代会昌法难时，朝廷沙汰僧尼。

  ［5］长沙：指长沙景岑禅师，见本书第四章"长沙景岑禅师"注释。

  ［6］三圣：指三圣慧然禅师，见本书第十一章"三圣慧然禅师"注释。

  ［7］杏山：指杏山鉴洪禅师，见本章"杏山鉴洪禅师"注释。

  ［8］师见杏山僧众相随，潜入碓（duì）坊（fāng）碓米：禅师看见杏山与僧众相随而来，自己就偷偷一个人去碓房捣米了。旧译本则译为"禅师在众僧相伴随下迎接杏山，杏山却偷偷地到堆房捣米去了"，这样翻译把客人说成去堆房劳动了，不符合原意。这是禅师亲自捣米，说明对来客的重视，亦说明众生平等的道理。看下面的对话就知道了。杏曰："行者接待不易，贫道难消。"杏山对禅师说："行者（指石室善道禅师）您接待我太不容易了，竟然亲自下碓房捣米，这叫贫道我如何能够消受得了！"碓坊：舂米作坊。碓米：舂米，捣米。用于去掉稻壳的脚踏驱动的倾斜的锤子，落下时砸在石臼中，去掉稻谷的皮。

  ［9］的当：恰当，稳妥，非常合适。

  ［10］还假看教否：还要利用读经吗？意思是禅宗直指自性，那么还需要通过读经理解教义来开悟吗？假：借用，利用。旧译本"可以借教义来看看吗"，不符合原意。

  ［11］分外：另外。

  ［12］十六行：部派佛教的修证理论。指观四谛（小乘佛教苦集灭道四谛）之境时所产生的十六种行相。又称十六行相、十六行观、十六行相观、十六圣行、十六谛、四谛十六行相。谓行者在观四谛时，内心于四谛各具四种行相以解了之。苦谛下四行：一无常、二苦、三空、四无我。集谛下四行：一集、二因、三缘、四生。灭谛下四行：一尽、二灭、三妙、四离。道谛下四行：一道、二正、三迹、四乘。

  ［13］婴儿行为最。哆（duō）哆和和时：旧校本这两段话没有标点，连在一起，"婴儿行为最"应加句号，下文则说明为什么"婴儿行为最"，因为能最好地比喻无分别心的状态。哆哆和和：象声词，表达不清的样子，指孩子咿呀学语的样子。项楚撰写《〈五灯会元〉点校献疑续补一百例》亦指出了这个问题。

  ［14］可况喻取之：可以作为比喻来理解。《景德传灯录》作"何况喻取之"。

【概要】

  善道禅师，唐代禅僧。为唐代青原行思系统下之僧人，承嗣潭州攸县长髭旷禅师之法。初依长髭旷禅师做沙弥，受戒后，谒石头希迁得法，寻值沙汰，乃作行者，居潭州（今湖南长沙）石室，四方参谒者众，诲人不倦，世称"石室道""石室行者"。

某天，石室善道禅师与石头希迁禅师一起游山，两人走了一段路后，石头希迁禅师忽然说："你把前面的这棵树给砍了，免得碍我事。"石室善道禅师就说："我没带斧头来。"石头希迁禅师立即从腰间抽出一把斧头给他，石室善道禅师问："您为什么不把斧柄的那一头给我，而是把有刀锋的这头给我呢？"石头希迁禅师就问："你用那头做什么？"石室善道禅师于是在言下大悟。

悟了什么呢？据有关记载，石头希迁禅师回答石室善道禅师："直接递斧头给你，可以砍自己；若是斧柄给你，你会砍别人。"石室善道禅师回答："自己要砍，别人也要砍，通通都砍了，不是更好吗？"

这是告诉我们，自性清净，本来就没有什么荆棘或树木可以挡住自己，可众生不去寻找自性清净心，总是攀缘外境，被外境诱惑，所以心中的荆棘就会越来越多。如果知道直接砍去自己心中的荆棘，那么外面的荆棘也没有了。这就是石头希迁禅师把斧子"倒与"的道理。石室善道禅师言下大悟，他悟到要砍自己，也要砍别人，即自心不被外境所牵引，才能做到自性清净。两边同时用功，那么就进步更快了。

石室善道禅师得法以后回到长髭禅师那里，他没有向师父报告自己开悟了，在师父面前仍旧韬光养晦，不露痕迹。这就是禅师的无我境界。

唐文宗大和九年，石室善道禅师遭逢翰林学士李训奏请沙汰僧尼之法难，不得已改穿俗服为行者（留发修行），隐居在献花岩等处，栖身于捣米的磨坊中。石室善道禅师虽然在碓坊中捣米，然而并不忘弘扬佛法，所以禅林间都以"石室行者"称之。

当时，江西、河北等地僧人，都慕名来到石室参学。石室善道禅师每见有僧人前来，就竖起拄杖子，说："三世诸佛尽由这个。"但是应对的很少有契机者。当时，沩山灵祐禅师听说石室善道禅师在献花岩，大扬石头希迁禅师"理事不二"的禅风，曾经命弟子仰山慧寂到献花岩前来问法。

【参考文献】

《景德传灯录》卷十四；《宗鉴法林》卷五十八；《佛祖纲目》卷三十三

第五节　青原下四世

道吾智禅师法嗣

潭州石霜山庆诸禅师

潭州石霜山庆诸禅师，庐陵新淦陈氏子。依洪井西山绍銮禅师落发，诣洛下学毗尼[1]教。虽知听制，终为渐宗[2]。回抵沩山，为米头[3]。

一日筛米次，沩曰："施主物，莫抛撒。"师曰："不抛撒。"沩于地上拾得一粒曰："汝道不抛撒，这个是甚么？"师无对。沩又曰："莫轻这一粒，百千粒尽从这一粒生。"师曰："百千粒从这一粒生，未审这一粒从甚么处生？"沩呵呵大笑，归方丈。沩至晚，上堂曰："大众！米里有虫，诸人好看[4]。"

后参道吾，问："如何是触目菩提[5]？"吾唤："沙弥！"弥应诺，吾曰："添净瓶水着。"良久却问师："汝适来问甚么？"师拟举，吾便起去，师于此有省。

吾将顺世，垂语曰："我心中有一物，久而为患，谁能为我除之？"师曰："心物俱非，除之益患[6]。"吾曰："贤哉！贤哉！"

师后避世，混俗于长沙浏阳陶家坊，朝游夕处，人莫能识。

后因僧自洞山来，师问："和尚有何言句示徒？"曰："解夏[7]上堂云：'秋初夏末，兄弟或东去西去，直须向万里无寸草[8]处去。'良久曰：'只如万里无寸草处作么生去？'"师曰："有人下语否？"曰："无。"师曰："何不道'出门便是草'？"

僧回，举似洞山，山曰："此是一千五百人善知识语[9]。"因兹囊锥始露，果熟香飘，众命住持[10]。

上堂："汝等诸人自有本分事，不用驰求，无你是非处，无你咬嚼处。一代时教整理时人脚手[11]。凡有其由，皆落今时。直至法身非身，此是教家极则[12]。我辈沙门全无肯路[13]，若分则差，不分则坐着泥水，但由心意妄说见闻。"[14]

僧问："如何是西来意？"师曰："空中一片石。"僧礼拜，师曰："会么？"曰："不会。"师曰："赖汝不会，若会即打破汝头。"

问："如何是和尚本分事？"师曰："石头还汗出么？"

问："到这里，为甚么却道不得。"师曰："脚底著口[15]。"

问："真身[16]还出世也无？"师曰："不出世。"曰："争奈真身何[17]？"师曰："琉璃瓶子口。"

问："如何是和尚深深处？"师曰："无须锁子两头摇。"

师在方丈内，僧在窗外问："咫尺之间为甚么不睹师颜？"师曰："遍界不曾藏。"僧举[18]："问雪峰：'遍界不曾藏，意旨如何？'峰曰：'甚么处不是石霜。'"师闻曰："这老汉著甚么死急[19]！"峰闻曰："老僧罪过。"

（东禅齐云："只如雪峰是会石霜意不会石霜意？若会，他为甚么道死急？若不会，雪峰作么不会？然法且无异，奈以师承不同，解之差别。他云'遍界不曾藏'，也须曾学来始得会，乱说即不可。"）

裴相公来，师拈起裴笏[20]问："在天子手中为珪[21]，在官人手中为笏，在老僧手中且道唤作甚么？"裴无对，师乃留下笏。

示众："初机未觑大事，先须识取头，其尾自至[22]。"疏山仁参，问："如何是头？"师曰："直须知有。"曰："如何是尾？"师曰："尽却今时[23]。"曰："有头无尾时如何？"师曰："吐得黄金堪作甚么？"曰："有尾无头时如何？"师曰："犹有依倚在。"曰："直得头尾相称时如何？"师曰："渠不作个解，会亦未许渠在[24]。"

僧辞，师问："船去陆去？"曰："遇船即船，遇陆即陆。"师曰："我道半途稍难。"僧无对。

僧问："三千里外，远闻石霜有个不顾。"师曰："是。"曰："只如万象历然，是顾不顾？"师曰："我道不惊众。"曰："不惊众是与万象合，如何是不顾？"师曰："遍界不曾藏。"

问："如何是祖师西来意？"师乃咬齿示之，僧不会，后问九峰曰：

"先师咬齿，意旨如何？"峰曰："我宁可截舌，不犯国讳[25]。"又问云盖，盖曰："我与先师有甚么冤雠？"

问僧："近离甚处？"曰："审道[26]。"师于面前画一画曰："汝刺脚[27]与么来，还审得这个么？"曰："审不得。"师曰："汝衲衣与么厚，为甚却审这个不得？"曰："某甲衲衣虽厚，争奈审这个不得。"师曰："与么，则七佛出世也救你不得。"曰："说甚七佛，千佛出世也救某甲不得。"师曰："太懵懂生！"曰："争奈蕈？"师曰："参堂去[28]！"僧："喏！喏！"

问："童子不坐白云床时如何？"师曰："不打水，鱼自惊。"

洞山问："向前一个童子甚了事[29]，如今向甚处去也？"师曰："火焰上泊不得，却归清凉世界去也。"

问："佛性如虚空，是否？"师曰："卧时即有，坐时即无。"

问："忘收一足时如何[30]？"师曰："不共汝同盘[31]。"

问："风生浪起时如何？"师曰："湖南城里太煞闹，有人不肯过江西。"

问："如何是佛法大意？"师曰："落花随水去。"曰："意旨如何？"师曰："修竹[32]引风来。"

问："如何是尘劫来事[33]？"师曰："冬天则有，夏天则无。"

师颂洞山五位王子：

《诞生》曰："天然贵胤本非功，德合乾坤育势隆。始末一朝无杂种，分宫六宅不他宗。上和下睦阴阳顺，共气连枝器量同。欲识诞生王子父，鹤冲霄汉出银笼。"

《朝生》曰："苦学论情世莫群，出来凡事已超伦。诗成五字三冬雪，笔落分毫四海云。万卷积功彰圣代，一心忠孝辅明君。盐梅不是生知得，金榜何劳显至勋？"

《末生》曰："久栖岩壑用工夫，草榻柴扉守志孤。十载见闻心自委，一身冬夏衣缣无。澄凝含笑三秋思，清苦高名上哲图。业就高科酬志极，比来臣相不当途。"

《化生》曰："傍分帝位为传持，万里山河布政威。红影日轮凝下界，碧油风冷暑炎时。高低岂废尊卑奉？五袴苏途远近知[34]。妙印手持烟塞静，当阳那肯露纤机。"

《内生》曰："九重密处复何宣，挂弊由来显妙传。只奉一人天地贵，从他诸道自分权。紫罗帐[35]合君臣隔，黄阁帘垂禁制全。为汝方隅宫属恋，遂将黄叶止啼钱。"

师居石霜山二十年间，学众有长坐不卧，屹若株杌[36]，天下谓之"枯木众"也。唐僖宗闻师道誉，赐紫衣，师牢辞不受。光启四年示疾告寂，葬于院之西北隅，谥"普会大师"。

【注释】

[1] 毗尼：梵语，新云毗奈耶，旧云毗尼，经律论三藏之律藏。《楞严经》曰："严净毗尼，弘范三界。"即戒律清净，就能在三界作表率。

[2] 虽知听制，终为渐宗：虽然知道了听教与制教，但其修行途径也是渐教。听制：即制教与听教。佛所制定而必当持守之教法，称为制教；反之，方便融通，听其随意持行之法，则称听教。如律藏为制教，经论二藏为听教。故制法若不实行必有罪，听法不实行不为罪。渐宗：又称渐教，由浅入深的教法，如先说小乘然后才说大乘。

[3] 米头：管理米谷事务的僧人。

[4] 好看：留意，注意。

[5] 触目菩提：目光所及都是悟道之机。眼目所见都是菩提智慧，是省悟者达到的境界。

[6] 心物俱非，除之益患：心与物都不是真实的，想要除去就更加有害了。

[7] 解夏：又作夏竟、夏满、夏解。自印度以来，僧团于每年雨季时举行夏安居；而于雨季停止后，安居亦结束，称为解夏，意指解除夏安居之制。解夏之日，根据旧律所载，谓七月十五日；新律则谓八月十五日。此日亦称自恣日，即于此日，众僧群集，自行发露于安居期间所犯之过。

[8] 万里无寸草：喻处处有禅，头头是道。草：喻尘俗烦恼，情识分别。此处引用的公案禅林称"洞山无草"。自性妙境，其大无垠，本来清净，超出色界，故云："万里无寸草"。又恐怕众人落在"死句下"，故云："只如万里无寸草处且作么生去？"不在知此去处，而在贵能到此去处。石霜庆诸云："出门便是草"，谓色界与空界为一体，"出门"便落草。后世多见拈说。《从容庵录》六·第八十九则《洞山无草》评唱："出门是草，人皆易知，亦易回互。不出门亦是草，人难知，难转身。所以道，平地上死人无数，过得荆棘林，是好手。"

[9] 此是一千五百人善知识语：这是可作一千五百人善知识的大德开示语。善知识：能教众生远离恶法修行善法的人。旧译本"这是一千五百人中最有见地的话语"，与原意有出入。

[10] 因兹囊锥始露，果熟香飘，众命住持：因此，犹如袋子里的锥子开始露出锋芒，又如果子熟透了向四方飘散香气，大众拥护他做了一方住持。旧校本在"果熟香飘"后作句号，致使前面两句比喻没有着落，标点错误。

[11] 一代时教，整理时人脚手：释迦牟尼的一代教法，是为了整顿、治理一代人的行动。一代时教：指释尊自成道至灭度之一生中所说之教法，包括三藏、十二部经、八万四千法门等。又作一代教、一代诸教、一代教门。整理：整顿，治理。时人：当时的人，同时代的人。脚手：指行动。旧译本"现在的禅宗教法，只是让今人的手脚受苦"，翻译全错。

[12] 凡有其由，皆落今时，直至法身非身，此是教家极则：所有一切教法都有它的来源，都要与现今时代相应，直到法身非色身的境界（《金刚经》说"若以色见我，以音声求我，是人行邪道，不能见如来"），这是一代时教的最高准则。旧译本"一切有什么来由的话，都归于现在的参悟，直至法身非身，这是禅道的最高准则"，如此翻译，背离原意。

[13] 我辈沙门全无肯路：我们这些出家人都没有一条明确的道路。肯：肯定明确。

[14] 若分则差，不分则坐着泥水，但由心意妄说见闻：如果有分辨能力还算不错，如果没有分辨能力就直接坐到泥水里面去了，只是跟着自己的妄心不分好歹乱说见闻。此承接上文"我们这些出家人都没有一条明确的道路"来说的，因为不知道自己走什么路，前方是正道还是邪道分辨不清楚，如果他有一定的分辨能力还不会掉入泥坑，如果没有分辨能力就直接堕落了，他不知道自己所见所闻都是妄心所现。"若分则差"：这个"分"，是"分辨"，不是"分别"，更不是"分别心"；这个"差"，是"大致还可以"，不是"错误"，不是"偏差"。旧译本"如果要分别就是偏差了"，《〈景德传灯录〉译注》"如果有分别就错了"，这都把意思弄错了，如此翻译违背原意。

[15] 脚底著口：嘴巴长到脚底下了。

[16] 真身：亦即诸佛之法身、报身之谓。《大智度论》卷三十说："佛身有二种，一者真身，二者化身。众生见佛真身，无愿不满。佛真身者，遍于虚空，光明遍照十方，说法音声亦遍十方无量恒河沙等世界，满中大众皆共听法，说法不息。"

[17] 争奈真身何：那怎么才能知道真身呢？

[18] 僧举：僧人举（师与雪峰的机锋对话）。旧校本标点有误。本书凡是

"僧举""某人举"或禅师上堂"举"，一般都是他们举示话头公案等，或举例禅林其他机锋对话，以求得师父的开示或者禅师上堂通过这些举示开导学人。旧校本往往在这里标点混乱。

[19] 这老汉著甚么死急：这老汉为什么这样着急？死：极，甚。

[20] 笏（hù）：古代大臣上朝拿着的手板，用玉、象牙或竹片制成，上面可以记事。

[21] 珪（guī）：同"圭"。中国古代贵族朝聘、祭祀、丧葬时以为礼器。依其大小，以别尊卑。

[22] 初机未觏（gòu）大事，先须识取头，其尾自至：初学之人未见本来面目，先要看清它的头，那么它的后面自然就来了。初机：初学之人，此指刚学佛参禅的人。觏：见。大事：学佛修行出生死轮回的大事，禅宗以见本来面目为极致。这句话旧译本译为"初发心机时，在没有遇到大事之前，必须先认识其头，其尾自然会到来"，有错，特别是"初机"一词翻译完全错误。

[23] 尽却今时：谓于今时当即除尽种种分别情见，顿悟道法。禅家强调，禅法就在眼前目下，不须向他时他处寻求。《续传灯录》卷一七"智通景深禅师"条："遂往宝峰求入室。峰曰：'直须断起灭念，向空劫已前扫除玄路，不涉正偏，尽却今时，全身放下，放尽还放，方有自由分。'师闻，顿领厥旨。"

[24] 渠不作个解，会亦未许渠在：他不作这样解释，领会也不会赞同他。渠：他。个：如此，这般，这样。旧校本标点为"渠不作个解会，亦未许渠在"，故旧译本随此错误标点翻译为"他不去解知领会，也未必有他在"。这里至少错了两个地方。第一，"解会"标点错误，使整句意思不清楚。第二，"会亦未许渠在"的"在"是语气助词，不要翻译，旧译本却附会为动词"存在"。

[25] 国讳：指皇帝的名讳。名讳，旧指尊长或所尊敬之人的名字。旧时生前曰名，死后曰讳。

[26] 审道：领悟禅理。

[27] 剌（lá）脚：拉脚。剌：同"拉"。宝祐本作"剌脚"，但旧校本均改作"刺脚"，未找到根据，存疑。

[28] 参堂去：参堂去吧！参堂：禅林之语。新戒之沙弥，初参入僧堂也。沙弥新加入为僧堂之一员，称为参堂，意即"初入堂"。此处为禅师对弟子的训斥，意思是，你的资格就够初入堂。旧译本将"参堂去"译为"到参堂去"，将参堂理解为一个地点，有误。

[29] 了事：明白事理，精明能干。

[30] 忘收一足时如何：忘记收回一只脚时怎么样？

[31] 不共汝同盘：不与你一起盘坐。

[32] 修竹：长长的竹子。

[33] 如何是尘劫来事：如何理解尘劫以来之事？尘劫：尘点劫的简称。尘：指微尘；劫：为极大之时限。尘点劫，为譬喻时间甚长久远之词。略称尘劫。《法华经》卷三化城喻品说三千尘点劫，谓大通智胜如来之入灭，系久远以前之事。譬如将三千大千世界磨为微尘，东方经过千国土，方掉落一微尘；再经过千国土，掉落第二微尘；待全部微尘落尽，而所经之国土皆悉碎为微尘。如是之一微尘为一劫，即有三千尘点劫。

[34] 五袴（kù）苏途远近知：旧校本作"玉袴苏途远近知"，依据宝祐本更正。五袴：典故名，亦作"五绔"。典出《后汉书》卷三十一《廉范传》，廉范做蜀郡太守，废除禁止百姓夜间点灯做事的制度，老百姓用《五绔歌》来歌颂他的功绩，后遂用"五绔"作为称颂地方官吏施行善政之词。

[35] 紫罗帐：禅林用语。原指用紫色薄绢所作之罗帐，垂挂于高官贵人之居处。于禅林中，转指向上之一关，用以表示主人公、君主之所在。《碧岩录》第十则："兴化未曾向紫罗帐里撒真珠，与尔诸人在，只管胡喝乱喝作什么？"（摘自《佛光大辞典》）

[36] 株杌（wù）：光秃秃的树干。株：树根。杌：树没有枝。《〈景德传灯录〉译注》将"株杌"注释为"木凳"。但既然是"枯木禅"，理应是以枯木为比喻，枯木则是已经死了的没有枝叶的树干，而不能是木凳。据《宋高僧传》卷十二庆诸传载，堂中老宿长坐不卧，屹若橶杌，天下谓之石霜枯木众。橶：直立着的枯木。

【概要】

庆诸（807~888年），唐代青原派僧第四世，世称石霜庆诸。吉州（江西省）新淦人，俗姓陈。十三岁，投洪州（江西省南昌县）西山绍銮禅师落发。二十三岁，于嵩山受具足戒，学戒律。不久，以嵩山之学为渐宗，而师之志趣在于禅，遂至沩山灵祐之下，担任米头之职。为众服劳，精勤不懈。又至潭州道吾山参谒道吾（圆智）和尚，得其心要。后为避世，乃混俗于浏阳（湖南长沙），人皆不识，故又称浏阳叟。后以曹洞宗祖师洞山良价遣僧访寻，师始露面，遂住石霜山，始为人所知。其后，圆智和尚以师为嫡嗣，亲至石霜山，庆诸乃执以师礼。及圆智和尚示寂，学徒云集石霜山达五百人，师避之不得，遂止住二十年，晨夕与学侣扣击问答。学众中有人长坐不卧，犹如一根光秃秃的树干，世称"石霜枯木众"。唐僖宗闻师之道誉，欲赐紫衣，师坚辞不受。光启四年二月二十日示寂，世寿八十二，法腊五十九。谥号"普会大师"。

【参考文献】

《宋高僧传》卷十二；《景德传灯录》卷十五；《禅林僧宝传》卷五；《宗门统要续集》卷十四；《释氏稽古略》卷三；忽滑谷快天《禅学思想史》第三编。

潭州渐源仲兴禅师

潭州[1]渐源仲兴禅师，在道吾为侍者。因过茶与吾，吾提起盏曰："是邪？是正？"师叉手近前，目视吾。吾曰："邪则总邪，正则总正。"师曰："某甲不恁么道。"吾曰："汝作么生？"师夺盏子提起曰："是邪？是正？"吾曰："汝不虚为吾侍者！"师便礼拜。

一日，侍吾往檀越家吊慰[2]，师拊棺曰："生邪死邪？"吾曰："生也不道，死也不道。"师曰："为甚么不道。"吾曰："不道！不道！"归至中路，师曰："和尚今日须与某甲道，若不道，打和尚去也。"吾曰："打即任打，道即不道。"师便打。吾归院曰："汝宜离此去，恐知事[3]得知，不便。"

师乃礼辞，隐于村院。经三年后，忽闻童子念《观音经》，至"应以比丘身得度者即现比丘身"，忽然大省，遂焚香遥礼曰："信知先师遗言，终不虚发。自是我不会，却怨先师。先师既没，唯石霜是嫡嗣，必为证明。"

乃造石霜，霜见便问："离道吾后到甚处来？"师曰："只在村院寄足。"霜曰："前来打先师因缘会也未？"师起身进前曰："却请和尚道一转语。"霜曰："不见道'生也不道，死也不道'[4]？"师乃述在村院得底因缘，遂礼拜石霜，设斋忏悔。

他日，持锹复到石霜，于法堂上从东过西，从西过东。霜曰："作么？"师曰："觅先师灵骨。"霜曰："洪波浩渺，白浪滔天，觅甚先师灵骨？"师曰："正好著力。"霜曰："这里针劄[5]不入，著甚么力。"源持锹肩上便出。

（太原孚上座代云："先师灵骨犹在。"）

师后住渐源。一日在纸帐内坐，有僧来拨开帐曰："不审[6]。"师以目视之，良久曰："会么？"曰："不会。"师曰："七佛已前事，为甚么不会？"僧举似[7]石霜，霜曰："如人解射，箭不虚发。"

一日，宝盖和尚来访，师便卷起帘子，在方丈内坐。盖一见，乃下却帘，便归客位[8]。师令侍者传语："长老远来不易，犹隔津[9]在。"盖擒住侍者，与一掌。者曰："不用打某甲，有堂头和尚在。"盖曰："为有堂头老汉，所以打你。"者回举似师，师曰："犹隔津在。"

【注释】

[1] 潭州：今属湖南长沙。

[2] 吊慰：至丧家祭奠死者并慰问其家属。

[3] 知事：寺庙管理者总名。禅刹内外僧事有六种僧职，即都寺、监寺、副寺、典座、维那、直岁。

[4] 不见道"生也不道，死也不道"：不听见你师父说了吗？生也不说，死也不说。

[5] 劄（zhā）：同"扎"。针刺。

[6] 不审：见面问候语。

[7] 举似：告诉，奉告。全书经常出现"举似"，但旧校本这里却作"举以"，显然是错误，宝祐本也不是"举以"。

[8] 乃下却帘，便归客位：就拉下帘子，回到客堂。

[9] 隔津：还在渡口处没到彼岸，隔着一条河。津：渡口。此处指宝盖和尚还离彼岸（即真理）很远，没有开悟。

【概要】

仲兴禅师，唐代禅僧。为道吾宗智侍者，一日问法次，竟打宗智。事后宗智挥之去，潜居人间三载。宗智寂后，忽悟前缘，乃就石霜求正，并设斋供养石霜而忏悔自己的过错。后居潭州（今湖南长沙）渐源。

有一次仲兴禅师端茶给道吾禅师，道吾禅师指着茶杯问他："是邪？是正？"仲兴禅师叉手近前，看着道吾禅师一句话也不说，道吾禅师就说："邪则总邪，正则总正。"仲兴禅师说："我不这样说。"道吾禅师问："你怎么说？"仲兴禅师夺过茶杯端起来问："是邪？是正？"道吾禅师说："你没有白做我的侍者！"

这个公案以茶杯的正偏来看世间的善恶，仲兴禅师认识到了是没有一个统一的答案的。《论语·子路》篇中，子贡问孔子；"如果一乡的人都说这个人好，您认为这个人怎么样？"孔子说："不一定就好。"子贡又说："如果一乡的人都讨厌他，这个人怎么样呢？"孔子回答："不一定就坏"。那么，到底怎么辨别好人与坏人呢？孔子说："一乡人中好人都喜欢他，坏人都厌恶他。"如此来看，真理也不一定掌握在大多数人手里，好坏的标准也不是大多数人说了就算的，它是没有一个统一的标准答案的。

因此，当道吾禅师问杯子的正邪时，仲兴禅师并不回答。因为杯子作为一种外在的表象并不能体现它的本质，外表上看来很正的事物，其内心不一定就正。先有心正才有身正，我们不能被外表迷惑了眼睛。道吾禅师见仲兴禅师不说，便代替他回答："邪总是邪的，正总是正的。"意思是真的假不了，假的真不了。仲兴禅师表示反对，并且夺过茶杯反问："是邪？是正？"这个时候，徒弟转为师父了，说法的对象正好相反了。仲兴禅师之意在反问，如果我作为徒弟，我的心是正的，你能说我讲的法是假的吗？当我这个真徒弟变成假师父的时候，你怎么看我呢？这是告诉我们，真假也不在外表，正如禅师说："邪人说正法，正法悉皆邪；正人说邪法，邪法悉皆正。"这就是道吾禅师被夺了杯子，反而赞叹仲兴禅师的地方。

关于生死不能说，也是仲兴禅师与道吾禅师之间引发的一则公案。

某日，跟随道吾禅师去一位居士家里面吊丧，仲兴禅师用手扶着棺材说："生耶？死耶？"道吾说："生也不道，死也不道。"（不能说生，也不能说死）仲兴问："为什么不说？"道吾回答："不道，不道。"（不可说，不可说）吊丧结束后，两人一起回来，仲兴禅师说："和尚今天必须给我说，如果不说，我就打你了！"道吾禅师回答："打就任你打，说却不能说。"仲兴禅师就把道吾禅师打了一顿。回到寺院后，道吾对他说："你赶快离开此处，如果寺院的知事看见我的伤势，就会打你。"

仲兴禅师于是礼拜辞谢道吾和尚，躲到一个乡村的破庙隐居起来。这一隐居就是三年，就在这三年中，道吾和尚圆寂了，仲兴禅师再也没有机会回到老和尚身边请益了。

三年后的某一天，仲兴禅师在破庙里，突然听到一位童子念《观音经》（观世音菩萨普门品），当念到"应以比丘身得度者即现比丘身"时，仲兴禅师恍然大悟。顿时明白当年道吾禅师宁愿挨打也不愿意为他说破的原因了，心里既追悔，又感念。于是，他对着师父在世的方向，焚香礼拜说："先师在世说话没有一句虚发，只是我不领会，反而怨恨先师而打伤您了！"因此，仲兴禅师就找嫡嗣石霜，证明所悟，并设斋供养石霜而忏悔自己的过错。

为什么生死不能说呢？因为生死之心都来自众生的妄心，无论善恶，都在六道生死轮回。众生本性不生不死，但要不生不死，心中就不能动念，所以道吾禅师说："不可说，不可说！"因为一说就是错，无论善恶，都是六道轮回的前因。

为什么一直等了三年，当仲兴禅师听到一个童子念经念到"应以比丘身得度者即现比丘身"时就顿悟了呢？他悟到了什么呢？参禅的境界需要借一定缘才能开悟，通过三年苦修，仲兴禅师妄心渐渐消失，真心渐渐显现，当听到童子念到这句经文时，就忽然显现师父被打的身影。师父不正是现身说法吗？师父宁可被打到受伤也不说，不正是在说生死之身不是我的真身，真身是没有生死的，你打不着的。至此，仲兴禅师进入一念不生的境界，当从定中出来时，不禁悲从中来，于是遥向先师焚香顶礼。

【参考文献】

《景德传灯录》卷十五；《宗鉴法林》卷六十；《联灯会要》卷二十。

渌清禅师

僧问渌清禅师："不落道吾机，请师道。"师曰："庭前红莧树，生叶不生华。"僧良久，师曰："会么？"曰："不会。"师曰："正是道吾机，因甚么不会？"僧礼拜，师打曰："须是老僧打你始得。"

问："如何是无相？"师曰："山青水绿。"

僧参，师以目视之。僧曰："是个机关于某甲分上用不着[1]。"师弹指三下，僧绕禅床一匝，依位立。师曰："参堂去[2]。"僧始出，师便喝，僧却以目视之。师曰："灼然[3]用不着。"僧礼拜。

【注释】

[1] 是个机关于某甲分上用不着：这个机关在我身上用不着。机关：禅林用语。指师家为令学人得悟，而顺应其根机所设之机法。亦即所谓之公案、话头，或棒喝等。禅门之师家常以古则公案、一喝一棒接化学人，称为机关。

[2] 参堂去：参堂去吧！参堂：禅林之语。新戒之沙弥，初参入僧堂也。沙弥新加入为僧堂之一员，称为参堂，意即"初入堂"。此处为禅师对弟子的训斥，意思是，你的资格就够初入堂。旧译本将"参堂去"译为"到参堂去"，将参堂理解为一个地点，错。

[3] 灼（zhuó）然：明显貌。显然。

云岩晟禅师法嗣

涿州杏山鉴洪禅师

临济问："如何是露地白牛[1]？"师曰："吽吽[2]！"济曰："哑却杏山口。"师曰："老兄作么生？"济曰："这畜生！"师便休。

示灭后荼毗[3]，收五色舍利建塔。

【注释】

[1] 露地白牛：置于露天的白牛。《法华经·譬喻品》中用以比喻大乘教法，禅宗著作中多以比喻微妙禅法。本书第十五章"北禅智贤"条："岁夜小参曰：'年穷岁尽，无可与诸人分岁。老僧烹一头露地白牛，炊黍米饭，煮野菜羹，烧榾柮火，大家吃了，唱《村田乐》。'"

[2] 吽吽：吽，原为牛、虎之叫声，一般多用于密教，表示摧破、恐怖之声；于禅林中，吽吽二字连用，即表示无法用文字言句诠释之无分别境。

[3] 荼毗：僧人火化。

【概要】

鉴洪禅师，唐代禅僧。住涿州（今属河北）杏山，师事云岩昙晟禅师得法。著有《五咏十秀》之作，全都畅说玄妙之风。鉴洪圆寂后火化，留下很多五色舍利，弟子们收集起来建塔纪念。

【参考文献】

《景德传灯录》卷十五；《联灯会要》卷二十；《五灯严统》卷三；《教外别传》卷十四。

潭州神山僧密禅师

僧密禅师在南泉打罗次，泉问："作甚么？"师曰："打罗。"曰："手打脚打？"师曰："却请和尚道。"泉曰："分明记取，向后遇明眼作家，但恁么举似[1]。"

（云岩代云："无手脚者始解打。"）

师与洞山渡水，山曰："莫错下脚。"师曰："错即过不得也。"山曰："不错底事作么生？"师曰："共长老过水。"

一日，与洞山锄茶园，山掷下镢头曰："我今日一点气力也无。"师曰："若无气力，争解恁么道[2]？"山曰："汝将谓有气力底是[3]？"

裴大夫问僧："供养佛，佛还吃否？"僧曰："如大夫祭家神[4]。"大夫举似云岩，岩曰："这僧未出家在。"曰："和尚又如何？"岩曰："有几般饭食？但一时下来[5]。"岩却问师："一时下来又作么生？"师曰："合取钵盂[6]。"岩肯之。

问："一地不见二地时如何[7]？"师曰："汝莫错否？汝是何地？"

问："生死事，乞师一言。"师曰："汝何时死去来。"曰："某甲不会，请师说。"师曰："不会须死一场始得。"

师与洞山行次，忽见白兔走过，师曰："俊哉！"洞曰："作么生？"师曰："大似白衣拜相[8]。"洞曰："老老大大，作这个说话[9]？"师曰："你作么生？"洞曰："积代簪缨，暂时落魄[10]。"

师把针次，洞山问曰："作甚么？"师曰："把针。"洞曰："把针事作么生？"师曰："针针相似。"洞曰："二十年同行，作这个语话，岂有与么工夫[11]？"师曰："长老又作么生？"洞曰："如大地火发底道理[12]。"

师问洞山："智识所通，莫不游践[13]，径截处乞师一言[14]。"洞曰："师伯意何得取功？"

师因斯顿觉，下语非常[15]。后与洞山过独木桥，洞先过了，拈起木桥曰："过来！"师唤"价阇黎[16]"，洞乃放下桥木。

【注释】

[1] 分明记取，向后遇明眼作家，但恁么举似：你要清楚地记住，以后遇到明眼高手，只需这样告诉他就行了。

[2] 若无气力，争解恁么道：如果没有力气，怎么解释还能这样说话？争：怎么。恁么：这样，如此。旧译本"如果没有力气，怎么解释这样的道"，如此译文前后语义无法连贯。

[3] 汝将谓有气力底是：你原认为有力气的？将谓：只说是，原以为。唐代刘商《胡笳十八拍·第一拍》："纱窗对镜未经事，将谓珠帘能蔽身。"

［4］祭家神：祭祀家里的祖先。

［5］有几般饭食，但一时下来：有多少饭食？只管一起送来。几般：多少。

［6］合取钵盂：把钵盂（僧人吃饭的碗）闭上。谁受供养呢？本性是无，本来就没有谁受供养，那么还要饭碗做什么？当一口吞下宇宙，那么就不再需要用钵盂吃饭了。"合取钵盂"这句话与"合取口"（闭上你的嘴巴）相似，把钵盂闭上了，也就是不要吃饭了。对于这样的句式，旧译本与《〈景德传灯录〉译注》都没有弄清楚，如旧译本在此译为"该取钵盂"，《〈景德传灯录〉译注》译为"应该取钵盂"，都没有弄懂原意。

［7］一地不见二地时如何：一地看不见，二地怎么样呢？地，菩萨所证之地位，表示不断上升的十个等级。大乘佛教菩萨乘有十地，包括欢喜地、离垢地、发光地、焰慧地、极难胜地、现前地、远行地、不动地、善慧地、法云地。此十地是菩萨五十二位修行中的第五个十位，在此十地，渐开佛眼，成一切种智，已属圣位。《〈景德传灯录〉译注》将"一地"注释为："佛教以地譬喻众生之佛性，即一切草木种子皆依地而生，而一切善根皆依一佛性而生。"那么"二地"呢？显然，《〈景德传灯录〉译注》不符合原意。

［8］白衣拜相：禅林用语。白衣：于佛教中多指在家人，然此处则泛指一般无位无官之在野平民。白衣拜相，意思是本无任何地位官职之一介平民，忽然被封任为宰相；于禅林中乃转指豁然顿悟、转凡入圣之意。旧译本"很像白衣书生拜相"，译文有误。

［9］老老大大，作这个说话：一大把年纪了，还说出这个话。老老大大：对年老者的讥刺语，隐含偌大年纪，犹不明悟之义。讥讽他一大把年纪的老修行，说话也只有这个水平，说不到点子上。旧译本"你这么老成，还说这样的话"，不符合原意。

［10］积代簪缨，暂时落魄：世代显贵人家，只是暂时穷困失意。积代：累世，世代。簪缨：古代官吏的冠饰，比喻显贵。落魄：穷困失意。

［11］二十年同行，作这个语话，岂有与么工夫：二十年同修，说出这样的语，难道就只有这么一点工夫？

［12］如大地火发底道理：如火烧大地的道理。一把火大地上寸草不留，比喻烧尽妄想，顿悟自性即空，比你一针一针不分别去完成缝补（比喻渐修消除分别心），岂不更快？

［13］智识所通，莫不游践：大智大识无所不通，莫不来自亲身实践。智识：智力，识见。

［14］径截处乞师一言：便捷之处请师父一句说出来。径截：便捷。

[15] 师因斯顿觉，下语非常：禅师因此顿悟，从此说话非同平常。

[16] 价阇黎：洞山良价阿阇黎。价：洞山悟本大师，名良价。阿阇黎：梵语，一般作"阿阇梨"，简称"阇梨"。译为轨范师、正行、悦众、应可行、应供养、教授、智贤、传授。意即教授弟子，使之行为端正合宜，而自身又堪为弟子楷模之师，故又称导师。

【概要】

僧密禅师，唐代禅僧。师事云岩昙晟禅师得法，出居潭州（今湖南长沙）神山，讲说课徒，寒暑不停。

出自僧密禅师的公案有"僧密打锣"。僧密禅师在南泉普愿和尚那里打锣时，南泉和尚问："你在干什么？"僧密回答打锣，南泉和尚问："你是用手打还是用脚打？"僧密说："还是请和尚说。"南泉和尚说："你要清楚地记住，以后遇到明眼高手，只需这样告诉他就行了。"

对于这个公案，云岩和尚代为回答："没有手脚的人才懂打锣。"什么是没有手脚的人？就是父母还没有生的人，也就是退回去寻找自己的本来面目，才知道自性本来具足一切，天籁之音不需要用手去打，最优美的音乐就是没有音乐。《庄子·齐物论》提出：天籁是自然界的声音，物自然而然发出的声音；地籁是风吹各种空窍所发出的声音；人籁是人吹丝竹管弦等乐器发出的声音。以参禅的境界来看，自然之音才最美妙，不靠人力，来自天然，出自纯真，而无妄想。

【参考文献】

《景德传灯录》卷十五；《禅宗颂古通集目录》卷二十四；《宗门拈古汇集》卷二十五；《联灯会要》卷二十；《指月录》卷十五。

幽溪和尚

僧问："大用现前，不存轨则时如何[1]？"师起，绕禅床一匝而坐。僧拟进语，师与一蹋[2]。僧归位而立。师曰："汝恁么，我不恁么；汝不恁么，我却恁么。"僧再拟进语，师又与一蹋，曰："三十年后，吾道大行。"

问："如何是祖师禅？"师曰："泥牛步步出人前[3]。"

问："处处该不得时如何？"师曰："夜半石人无影像，纵横不辨往来源。"

【注释】

[1] 大用现前，不存轨则时如何：种种应化众生的妙用出现在面前了，世间法的准则也不适用了，这种境界怎么样？大用：本体的妙用称为大用。"用"与"体"是佛法紧密相连的两个概念。真如法身（诸佛法身）为体，现象应身（变化身）为用，体用就是由诸佛法身之体所生起的种种应化众生的妙用。轨则：规则，准则。此处指正规的修行必须守戒，但佛菩萨神通度化众生就不必如此了。济公度化众生如一破戒僧人，酒肉穿肠过，疯疯癫癫，全无比丘威严，但他妙用现前，以疯癫的形象掩盖了菩萨行的本质，使很多众生得到了他的救度。旧译本与《〈景德传灯录〉译注》全没有领会这个"用"是什么意思，分别译为"多多地利用现在的能力，没有以前的经验教训时怎么样""最大的作用出现于眼前，不存在轨则时怎么样"，如此翻译，完全没有理解佛法特有的"体用"关系，也就是不明白"用"的真正含义，以致译文全部错了。

[2] 师与一蹋（tà）：禅师踢了他一脚。蹋：踢。

[3] 泥牛步步出人前：与"泥牛入海"之义相反。禅林常用泥牛入海，比喻绝踪迹、断消息，即一去不返之意。"泥牛"一词，比喻思虑分别之作用。故以"泥牛入海"比喻正与偏、平等与差别之交互掺杂；又以泥牛入于大海之中即全然溶化，失其形状，故亦用以比喻人、物之一去不返，毫无消息。

【概要】

有僧人问幽溪和尚："种种应化众生的妙用出现在面前了，世间法的准则也不适用了，这种境界怎么样？"幽溪和尚站了起来，绕着禅床走了一圈后坐下。那僧人想要上前再问，幽溪和尚踢了他一脚。僧人就回到了原来的位置站立。幽溪和尚说道："你要这样，我就不这样；你不要这样，我却要这样。"那僧人再次准备上前说话，幽溪和尚又给了他一脚，说："三十年后，我的道法将盛行于世。"

关于这个公案，《应庵昙华禅师语录》有评论："师云：'善射者箭不虚发。若是个汉，何处更有幽溪？虽然，只如最初一踏，何似末后一踏？试检点看。"

应庵昙华禅师说："善射箭的人每一箭都不会虚发。如果是一个汉子，还到哪里去寻找幽溪的捷径呢？"

禅师开示我们，真正的汉子，就应当顶天立地，承认自己当下就是佛，怎么还到幽溪和尚这里去寻找成佛的捷径呢？因为，此僧人所问，已经是佛祖的境界。佛菩萨的妙用，凡夫怎能明白？只有当下承认自己就是佛，那么自己就与佛无二，佛菩萨的"大用"，自己本来就已经具足。而此僧人心外求法，所以被幽溪和尚踢了两脚。

船子诚禅师法嗣

夹山善会禅师

澧州夹山善会禅师，广州廖氏子。幼岁出家，依年受戒，听习经论，该练三学[1]。出住润州鹤林，因道吾劝发，往见船子，由是师资道契，微朕不留[2]（语见船子章）。恭禀遗命，遁世忘机[3]。寻以学者交凑，庐室星布，晓夕参依[4]。咸通庚寅[5]，海众卜于夹山[6]，遂成院宇。

上堂："有祖以来，时人错会，相承至今，以佛祖言句为人师范[7]。若或如此，却成狂人、无智人去[8]。他只指示汝：无法本是道，道无一法，无佛可成，无道可得，无法可取，无法可舍。所以，老僧道，目前无法，意在目前，他不是目前法[9]。若向佛祖边学，此人未具眼[10]在。何故？皆属所依，不得自在[11]。本只为生死茫茫，识性无自由分[12]。千里万里求善知识，须具正眼，求脱虚谬之见，定取目前生死为复实有？为复实无？若有人定得，许汝出头。上根之人，言下明道。中下根器，波波浪走[13]。何不向生死中定当取[14]？何处更疑佛疑祖？替汝生死？有智人笑汝。汝若不会，更听一颂：'劳持生死法，唯向佛边求。目前迷正理，拨火觅浮沤[15]。'"

僧问："从上立祖意教意，和尚为甚么却言无？"师曰："三年不吃饭，目前无饥人[16]。"曰："既是无饥人，某甲为甚么不悟？"师曰："只为悟迷却阇黎[17]。"复示偈曰："明明无悟法，悟法却迷人。长舒两脚睡，无伪亦无真。"

问："十二分教[18]及祖意，和尚为甚么不许人问？"师曰："是老僧坐具。"曰："和尚以何法示人？"师曰："虚空无挂针之路，子虚徒捻线之功[19]。"又曰："会么？"曰："不会。"师曰："金粟之苗裔，舍利之真身，罔象之玄谈，是野孤之窟宅[20]。"

上堂："不知天晓，悟不由师。龙门跃鳞，不堕渔人之手。但意不寄私缘，舌不亲玄旨，正好知音，此名'俱生'话[21]。若向玄旨疑去，赚杀[22]阇黎。困鱼止泺，钝鸟栖芦[23]。云水非阇黎，阇黎非云水[24]。老僧于云水而得自在，阇黎又作么生？”

西川座主罢讲，遍参到襄州华严和尚处，问曰：“祖意教意，是同是别？”严曰：“如车二轮，如鸟二翼。”主曰：“将为禅门别有长处，元来无。”遂归蜀。

后闻师道播诸方，令小师持此语问，师曰：“雕砂无镂玉之谈，结草乖道人之意[25]。”主闻举，遥礼曰：“元来禅门中别有长处。”

上堂：“闻中生解，意下丹青。目前即美，久蕴成病[26]。青山与白云，从来不相到[27]。机丝不挂梭头事，文彩纵横意自殊[28]。嘉祥一路，智者知疏[29]。瑞草无根，贤者不贵[30]。”

问：“如何是道？”师曰：“太阳溢目，万里不挂片云[31]。”曰：“不会。”师曰：“清清之水，游鱼自迷。”

问：“如何是本？”师曰：“饮水不迷源。”

问：“古人布发掩泥，当为何事[32]？”师曰：“九乌射尽[33]，一翳犹存。一箭堕地，天下黯黑。”

问：“祖意教意是同是别？”师曰：“风吹荷叶满池青，十里行人较一程[34]。”

问：“拨尘见佛时如何？”师曰：“直须挥剑，若不挥剑，渔父栖巢[35]。”

僧后问石霜：“拨尘见佛时如何？”霜曰：“渠无国土，甚处逢渠[36]？”

僧回举似师，师上堂举了[37]，乃曰：“门庭施设，不如老僧。入理深谈，犹较石霜百步[38]。”

问：“两镜相照时如何？”师曰：“蚌呈无价宝，龙吐腹中珠。”

问：“如何是寂默中事？”师曰：“寝殿无人。”

师吃茶了，自烹一碗，过与侍者。者拟接，师乃缩手，曰：“是甚么？”者无对。

座主问：“若是教意，某甲即不疑，只如禅门中事如何？”师曰：“老僧只解变生为熟。”

问：“如何是实际之理？”师曰：“石上无根树，山含不动云。”

问："如何是出窟师子？"师曰："虚空无影像，足下野云生。"

师在沩山作典座，沩问："今日吃甚菜？"师曰："二年同一春。"沩曰："好好修事着。"师曰："龙宿凤巢。"

问："如何识得家中宝？"师曰："忙中争得作闲人？"

问："如何是相似句？"师曰："荷叶团团团似镜，菱角尖尖尖似锥。"复曰："会么？"曰："不会。"师曰："风吹柳絮毛球走，雨打梨花蛱蝶[39]飞。"

问："如何是一老一不老？"师曰："青山元不动，涧水镇长流[40]。手执夜明符，几个知天晓[41]。"

上堂："金乌玉兔[42]，交互争辉。坐却日头，天下黯黑[43]。上唇与下唇从来不相识，明明向君道，莫令眼顾着[44]。何也？日月未足为明，天地未足为大。空中不运斤，巧匠不遗踪[45]。见性不留佛，悟道不存师。寻常老僧道，目睹瞿昙，犹如黄叶，一大藏教是老僧坐具，祖师玄旨是破草鞋，宁可赤脚不着最好。"

僧问："如何是佛？"师曰："此间无宾主[46]。"曰："寻常与甚么人对谈？"师曰："文殊与吾携水去，普贤犹未折花来。"

上堂："我二十年住此山，未曾举着宗门中事。"

有僧问："承和尚有言'二十年住此山，未曾举着宗门中事[47]'，是否？"师曰："是。"僧便掀倒禅床，师休去。至明日普请，掘一坑，令侍者请昨日僧至，曰："老僧二十年说无义语，今日请上座打杀老僧，埋向坑里。便请！便请！若不打杀老僧，上座自着打杀，埋在坑中始得。"其僧归堂，束装潜去。

上堂："百草头荐取老僧，闹市里识取天子[48]。"

虎头上座参，师问："甚处来？"曰："湖南来。"师曰："曾到石霜么？"曰："要路经过，争得不到[49]？"师曰："闻石霜有毬子话[50]，是否？"曰："和尚也须急着眼始得[51]。"师曰："作么生是毬子？"曰："跳不出。"师曰："作么生是毬杖？"曰："没手足。"师曰："且去！老僧未举阇黎相见[52]。"

明日升坐，师曰："昨日新到阇黎在么？"头出应诺，师曰："目前无法，意在目前，不是目前法，非耳目之所到[53]。"头曰："今日虽问，要且不是[54]。"师曰："片月难明，非关天地[55]。"头曰："莫屪沸[56]。"便作掀禅床势，师曰："且缓缓！亏着上座甚么处？"头竖起拳曰："目前还着得这个么[57]？"师曰："作家[58]！作家！"头又作掀禅床势，师曰："大众看这一员战将！若是门庭布列，山僧不如他；若据入理之谈，也较山僧一级地。"[59]

上堂："眼不挂户，意不停玄，直得灵草不生，犹是五天之位。珠光月魄，不是出头时。此间无老僧，五路头无阇黎[60]。"

问："如何是夹山境？"师曰："猿抱子归青嶂[61]里，鸟衔华落碧岩前。"

（法眼云："我二十年只作境话会[62]。"）

师问僧："甚么处来？"曰："洞山来。"师曰："洞山有何言句示徒？"曰："寻常教学人三路学。"师曰："何者三路？"曰："玄路、鸟道、展手[63]。"师曰："实有此语否？"曰："实有。"师曰："轨持千里钞[64]，林下道人悲。"

师再阐玄枢[65]，迨于一纪[66]。唐中和元年十一月七日，召主事曰："吾与众僧话道累岁，佛法深旨，各应自知。吾今幻质，时尽即去。汝等善保护，如吾在日。勿得雷同世人，辄生惆怅。"言讫奄然而逝，塔于本山。谥"传明大师"。

【注释】

[1] 该练三学：博通熟习戒学、定学、慧学。该练：博通熟习。三学：戒学、定学、慧学。

[2] 师资道契，微联（zhèn）不留：禅师天资与佛道默契，一点缝隙也没有。联：缝隙，本义为舟缝。《〈景德传灯录〉译注》注释"联"为"失意的眼神"，与原意不符。

[3] 恭禀遗命，遁世忘机：遵守师父的遗嘱，避世隐居，过着淡泊的生活，与世无争。忘机：原为道家语，意为消除机巧之心。后常用以指甘于淡泊，忘掉世俗，与世无争。旧译本与《〈景德传灯录〉译注》均将"忘机"译为"忘却机锋"，违背原意。

[4] 寻以学者交凑，庐室星布，晓夕参依：不久很多参学之人交相聚集到禅师隐居之地，所建茅蓬如星罗棋布，早晚依止禅师参学。交凑：汇合。庐室：房舍，

此指简陋的茅蓬。

[5] 咸通庚寅：唐朝咸通年间的庚寅年，即870年。

[6] 海众卜于夹山：大众选择到夹山居住。海众：僧众。僧众集于丛林，称大海众、清净大海众。任何姓氏种族出家皆称释氏，恰如百川入海。卜：卜居，占卜选择居住的地方。

[7] 师范：效法，学习。

[8] 若或如此，却成狂人、无智人去：如果这样的话，就成了骗子、无智慧的人。《景德传灯录》作"如此却成诳人、无智人去"，"狂"亦通"诳"，欺骗，故"狂人"可作"诳人"理解。旧校本将这段话标点为"若或如此，却成狂人。无智人去，他只指示汝：……"，标点错误。

[9] 所以，老僧道，目前无法，意在目前，他不是目前法：所以，老僧说，眼前无法（眼前的一切境界都是虚假不实的，法指一切存在的现象），佛法意旨（自性）就在当下，但它不是当前的境界（心外之法）。

[10] 具眼：对事物具有特殊之见识，或指具有特殊见识之人。又作具眼睛。禅林中，对能透见宇宙之原则及一切现象之实相者，称具眼者（参见《佛光大辞典》）。旧译本将"具眼"译为"没长眼睛"，有误。

[11] 皆属所依，不得自在：都属于有所依赖外在之法（心外求法），所以就不能获得大自在（不自在，指不能摆脱生死轮回，受业力牵引而在六道中轮回）。旧译本与《〈景德传灯录〉译注》的译文均与原意有出入。

[12] 本只为生死茫茫，识性无自由分：本来只是为摆脱生死轮回，不再前路茫茫无有解脱之日，但妄识随境而转，致使自己迷失真心，永远都得不到真正的自由。

[13] 波波浪走：行脚四方，胡乱奔走，徒劳无益。波波：奔波。浪走：四处奔走，胡乱奔走。

[14] 何不向生死中定当取：为什么不向摆脱生死轮回的道路辨明呢？定当：辨识，判明。当，后缀，助词。本书第十三章"曹山本寂禅师"条："问：'古德道：尽大地唯有此人。未审是甚么人？'师曰：'不可有第二月也。'曰：'如何是第二月？'师曰：'也要老兄定当。'曰：'作么生是第一月？'师曰：'险。'"

[15] 拨火觅浮沤（ōu）：拨开火去寻找水泡。浮沤：水上的泡沫。

[16] 三年不吃饭，目前无饥人：三年不吃饭，到现在也不会出现一个饥饿的人。吃饭者指世俗的人，不饥不饿者指自己的真性，它是不生不灭的，所以也是永远不会饥饿的。

[17] 只为悟迷却阇黎：只因为追求悟就把您阇黎迷惑了。迷却：迷失，失掉。

《〈景德传灯录〉译注》译为"只因为省悟迷惑了阇黎"，使人不知所云。

[18] 十二分教：佛典依文体与内容类别为十二种，称为十二分教，或译为十二部经、十二分圣教。这十二种分别是：契经、祇夜、记别、讽颂、自说、因缘、譬喻、本事、本生、方广、未曾有法、论议。

[19] 虚空无挂针之路，子虚徒捻（niǎn）线之功：虚空中找不到挂针的道路，你捻线的功夫也都是徒劳无益的。

[20] 金粟之苗裔，舍利之真身，罔象之玄谈，是野孤之窟宅：金粟如来的后身，诸佛舍利的真身，虚无的玄谈，都只是野孤栖止的洞穴。金粟：维摩居士之前身为金粟如来。苗裔：子孙后代。罔象：虚无。窟宅：动物栖止的洞穴。

[21] 意不寄私缘，舌不亲玄旨，正好知音，此名"俱生"话：心意不在私人感情，口里不谈玄妙宗旨，正好遇到了知音，这就是名叫"俱生"的话头。俱生起，略作俱生，与"分别起"对称。烦恼（心之迷惑）生起时有两种形态，即"俱生起（与生俱来之先天性烦恼）"与"分别起（因邪教、邪师等外部势力，或自己不当之推理分别所起之后天性烦恼）"。后者之性质强烈，但容易断除，而前者性质微细，反而极难断。"分别起"之惑当为佛道实践第一阶段之见道所断，故称见惑。"俱生起"之惑为第二阶段之修道断除，故称修惑。我执，亦分"俱生我执"与"分别我执"两种。话头：佛教禅宗启发语句，即参禅的公案，参禅者可研究之问题。因为不理解"俱生"与"话"，故旧译本等译注将这段话全部译错。

[22] 赚杀：亦作"赚煞"，欺骗。

[23] 困鱼止泺（pō），钝乌栖芦：受困的鱼只能游止在湖泊，愚钝的鸟只能栖息在芦苇。"泺"：同"泊"，湖泊。"止泺"：就是"止泊"。求大海而止于湖泊，比喻识见浅短，少得为足。佛家指求道修法的具体方式要根据自身的情况来定，找一个自适应的合适的环境进行。《从容录》卷四"第六十六则九峰头尾"解释说："夫进修之由，中有万途。困鱼止泊，钝乌栖芦。其二者不识于大海，不识于丛林。人趣乎小道，其义亦然。"亦作"病鸟栖芦，困鱼止泊"或"困鱼止泊，病鸟栖芦"，如《祖堂集·卷十一·潮山和尚》："僧问：'和尚是咸通前住，咸通后住？'师云：'嘎。'学人再申问，师乃云：'病鸟栖芦，困鱼止泊。'"旧译本将此译为"困顿鱼游到温泉，笨拙的鸟飞落芦苇"，有误。

[24] 云水非阇黎，阇黎非云水：行脚僧不一定是您阿阇黎，阿阇黎不一定是行脚僧。云水：行脚僧，四处参学的禅僧，以其居无定所，悠然自在，如行云流水，故以云水喻之。阿阇黎：简称阇黎，译为教授，或轨范正行，或悦众，即是矫正弟子们行为的比丘。这句话的意思是，行脚僧并非就是能做大众言行的师父，大众的老师并非一定就是行脚僧。旧译本"云和水不是你们，你们也不是云和水"，

将"云水"与"阇黎"理解错误而误译。

[25] 雕砂无镂玉之谈，结草乖道人之意：雕琢砂器不能与镂刻玉器相提并论，结草为庐违背了有道者的意愿。雕琢砂器：指依教而行，通过漫长的道路还是很难觉悟。镂刻玉器：指承认当下就是佛，承认自己就是佛，只因妄想执着而不能成佛，这样敢于担当就起点高，那么通过参学，开悟也就指日可待。结草：建造简陋的茅屋，此处指隐居修苦行，而佛陀早就指出无益苦行当远离，并非离开世俗就能开悟，所以不要以为结草为庐就是参禅人的修行的方式，内心的寂静才能走向觉悟。旧译本将"结草"译为"编结的草"没有理解"结草"的含义。

[26] 闻中生解，意下丹青。目前即美，久蕴成病：从听闻中生起见解，将思想变成著作（丹青本为颜料，此处代指变成文字的书籍），在眼前倒是一件美事，日久之后恐怕会酝酿成祸害（病）。言下之意，一味要把自己的观点表达出来，执着为个人名利而著书，即使著作等身，也仅仅是个人一己之见。若作为众人修行的指南，则只会成为祸害。旧译本从这段话开始至"贤者不贵"，能翻译的地方则全部译错，有些词句不理解就干脆不翻译了。

[27] 青山与白云，从来不相到：青山与白云，从来就没有意思相互来往。意思是，青山与白云从来都相隔一段距离，遥遥相见也只是雾里看花，都看不清彼此。个人注疏经典也是如此，由于自己眼光有限，看不清经文的真实含义，其所著述也只是雾里看花。

[28] 机丝不挂梭头事，文彩纵横意自殊：织布机上的丝线，从来都不会缠绕在机梭上，文章（文彩）虽然能纵横天下，然而每个人的想法（意）都不一样。意思是，文字不能真正体现如来佛性，不同的观点仁者见仁，智者见智，致使众人莫衷一是，不知道谁说得对。

[29] 嘉祥一路，智者知疏：嘉祥大师那一套论疏，再有智慧，知道的也稀少。嘉祥，即吉藏（549～623年）隋代三论宗的集大成者，一生著作等身，住会稽秦望山嘉祥寺弘传佛法，从他受学者多至千余人，后来学者即因他所住的寺号称他为嘉祥大师。但有人不知道佛教有高僧嘉祥大师，将此"嘉祥"理解为儒家宗圣曾子的故乡，故将此文译为"都是儒家（嘉祥）那一套，再有智慧，知道的也不多"。

[30] 瑞草无根，贤者不贵：瑞草虽然被众人观赏，但是其根短浅，贤圣之辈都不会以它为贵。

[31] 太阳溢目，万里不挂片云：满目都是阳光，万里天空不挂一片云彩。溢目：满眼，满目，目不暇接。

[32] 古人布发掩泥，当为何事：古人布发掩泥，是为了什么事？布发掩泥是指释迦牟尼前世修行供养然灯古佛的故事。那时释迦牟尼是一个名叫善慧的童子，

看见然灯古佛走过来了，他在等着顶礼接驾，一看地上有泥巴，他就把衣服脱下来掩盖污泥，还有一点点掩盖不住，他身上也没有东西可掩盖了，这时佛已经走近他了，他马上毫不犹豫把头上的头发打开，掩盖那一点点的污泥，这就是布发掩泥的公案。当时他爬在地下，要佛踏着他的身体过去，让佛双脚清净无染，不去踏到污泥，但愿以此小小的身心供养，仰仗佛陀的威神，消灭自己的业障。然灯古佛即满其愿，并给他授记，说："从今天起，再过九十一劫，你就成佛，名叫释迦牟尼佛。"可见，释迦牟尼前世将全部身心奉献出来，这就是了却生死轮回的大事。但旧译本不知道这个典故，望文生义，将此文译为"古人用布包发，用土掩埋，应该是怎样"，如此翻译则闹出笑话。

[33] 九乌射尽：传说远古之时，天空出现了十个太阳，大地出现了严重的旱灾。为了拯救人类，后羿张弓搭箭，向其中九个太阳射去。只见天空出现爆裂的火球，坠下一个个三脚的乌鸦。最后，天上只留下一个太阳。

[34] 风吹荷叶满池青，十里行人较一程：风吹荷叶满池塘都是青绿色，十里行程胜出一程。较：对比着显得更进一层的。旧译本将"较"理解为"差"，把意思弄反了。

[35] 直须挥剑，若不挥剑，渔父栖巢：直接挥剑斩断一切，如果不直接挥剑，那就只能如渔父一样住到了山巢。离开了江湖，渔父的功夫也不起作用了。这是针对僧人"拨开尘土见佛"的问题而说的。禅师希望僧人当下承当，挥剑斩贼，佛性即能出现。旧译本未理解此文，译为"只需舞剑，如果不舞剑，渔父就得栖在巢穴"，不知所云。

[36] 渠无国土，甚处逢渠：佛没有国土（因为佛的法身遍十方），你在什么地方去遇见他呢？石霜禅师针对"拨开尘土见佛"的问题，作了与夹山禅师不同的回答，即心外无佛，佛就在你心中。渠：他，此处指佛。

[37] 师上堂举了：禅师上堂开示前将僧人与石霜的对话陈述清楚。

[38] 门庭施设，不如老僧。入理深谈，犹较石霜百步：门户设施，不如我老僧。入理深谈，我也胜出石霜百步。较：对比着显得更进一层的。旧译本将"较"理解为"差"，把意思弄反了。

[39] 蛱（jiá）蝶：蝴蝶。南朝梁·何逊《石头答庾郎丹》："黄鹂隐叶飞，蛱蝶萦空戏。"

[40] 涧水镇长流：涧水静长流。镇：静。涧水：山谷中的溪水。

[41] 手执夜明符，几个知天晓：手里拿着夜明符，还有几个人知道什么时候天亮。夜明符：能保持夜间也有光明的符箓。符：符箓，旧时道士用来驱鬼召神或治病延年的神秘文书。此处以夜明符暗指人人皆有的佛性，人人都有这个光明的佛

性，可习以为常了，就不知道什么时候是天亮了。

[42] 金乌玉兔：太阳与月亮。

[43] 坐却日头，天下黯黑：因为失去了太阳，天下就一片漆黑。坐：因为。却：失却。

[44] 上唇与下唇从来不相识，明明向君道，莫令眼顾着：上唇与下唇从来不相识，明明正在向你说话，却不能使你的眼睛看见它。暗指佛性随时随地都在我们心中，可我们却看不见它。

[45] 日月未足为明，天地未足为大。空中不运斤，巧匠不遗踪：日月还不能足够光明，天地还不足够广大。空中不挥动斧子，能工巧匠就不会留下踪迹。意思是，如果日月光明照十方界无所障碍，那么还有日月争辉吗？如果天地无边无际，太阳还会落山吗？这是说佛无妄念，所以其光明照十方界无所障碍，其净土遍十方界无边无际。因为妄念一动，就如空中挥动了斧头，于是各种能工巧匠就工作。众生就是因为被外界所惑，身口意造善恶之业，于是就在六道中轮回。

[46] 此间无宾主：我这里没有宾客与主人之分，一切平等。旧校本作"此问无宾主"，校对错误。

[47] 未曾举着宗门中事：从来没有说过禅宗门中事。

[48] 百草头荐取老僧，闹市里识取天子：在万事万物中去识别我老僧，在熙熙攘攘的闹市中去识别天子。百草：万事万物，一切的存在的现象。禅林有"百草头上"语，指通过凡俗世界，平常事为看见佛性的显现。头：语气助词，加强语气。荐取：认识，醒悟。意思是，佛性就在万事万物之中，只是我们不能识别。佛性犹如天子，住在深宫大殿之内不被人识，但是我们就要透过事物的表象去认识事物的本质。旧译本将"荐取"译错。

[49] 要路经过，争得不到：必须路过他那里，怎么能不到他那里？

[50] 毬（qiú）子话："球"的话头。毬：同"球"，古代泛称游戏用球类。话头：佛教禅宗启发语句，即参禅的公案，参禅者可研究之问题。旧译本又没有理解"话"的含义，故又译错。

[51] 和尚也须急着眼始得：和尚您也须赶紧看清楚才能领会。

[52] 老僧未举阇黎相见：我老僧不会谈论与你阇黎见过面。

[53] 目前无法，意在目前，不是目前法，非耳目之所到：眼前一切境界都是虚幻不实的，虽然祖师意旨不离眼前，但不是眼前所看见的境界，诸法实相不是眼睛所能看见的，耳朵所能听到的。这段话旧译本翻译不符合原意。

[54] 今日虽问，要且不是：我今天虽然有问题想要问，但你说的不是我需要的。

[55] 片月难明，非关天地：缺了一边的月，不会明亮，但这不关天地的事。

[56] 莫屎（zhuó）沸：不要拉屎拉尿。骂人的话。屎：同"豚"，亦即豚（zhuó），就是臀。"屎沸"，似指大小便。旧译本"不要胡说"，不符合原意。

[57] 目前还着得这个么：眼前你还受得这个吗？意思是用拳头打人。

[58] 作家：佛教禅宗对善用机锋者之称，指行家、高手。有些人译注不理解"作家"，胡乱翻译。

[59] 若是门庭布列，山僧不如他；若据入理之谈，也较山僧一级地：如果是门庭排列次序，我山僧不如他；如果是理论上的探讨，也胜出我山僧一席之地。旧译本将"较"理解为"差"，把意思弄反了。

[60] 眼不挂户，意不停玄，直得灵草不生，犹是五天之位。珠光月魄，不是出头时。此间无老僧，五路头无阇黎：眼睛不顾盼门外世界，心中不追求玄妙境界，一直到灵草也不生长，其果报也在五净居天之位。有宝珠的光芒，有月亮的光芒，也不是出头之时。这中间不是我老僧停留的地方，西天取经的路上也没有阇黎。灵草：对某些植物的美称，此处"灵草不生"暗指妄念不生，连善念也不执着。五天：五净居天，为佛教声闻乘四种果报中第三果（阿那含）所生之处，其处共有五天，即无烦天（无一切的烦杂）、无热天（无一切的热恼）、善现天（能现一切的胜法）、善见天（能见一切的胜法）、色究竟天（色天最胜之处）。月魄：泛指月亮，月光。五路：五天竺路，即前往印度（西天）取经的路，东西南北中五方之天竺，即五印度之境。旧译本不能理解这段话，翻译出错。

[61] 青幛（zhàng）：如屏障的青山。

[62] 我二十年只作境话会：我二十年来只作"境"的话头领会。境：心所游履和攀缘的境界，如色为眼识所游履，叫作色境，法为意识所游履，叫作法境。诸法实相之理，为妙智游履之所，亦称为境，此属于前之法境。旧译本又没有理解"话"的含义以及其他词语含义，译为"我二十年只是在造境界话缘会"，译文不通，不知所云。

[63] 玄路、鸟道、展手：禅林称为"洞山三路"，为接引学人而设之三种手段。鸟道，鸟飞空中，其迹不存，取无踪迹、断消息，往来空寂处之意。玄路，玄玄微妙之路。取离言语文字之意。展手，以展手之动作表示诱引接化之意，亦即化益众生之方便作法。

[64] 轨持千里钞：求法千里也只能死记硬背师父的原话。轨持：即法的意义。轨者轨范，使人生起领解心，持者维持，维持其体不混乱他体。钞：《丁福保佛学大辞典》"钞者有二义：一采摘义，二包摄义。"

[65] 玄枢：指把握道的奥义的枢纽。

[66] 迫于一纪：过了十二年。迫：达到。一纪：岁星（木星）绕地球一周约需十二年，故古称十二年为一纪。

【概要】

夹山善会禅师（805～881年），唐代禅僧。广州岘亭人，俗姓廖。九岁于潭州（湖南长沙）龙牙山剃度，二十岁受具足戒。未久往江陵，专研经论，又至禅会处参学。初住润州（江苏镇江）京口之鹤林寺，时值道吾从襄州关南来，与之相互问答，大有所得。后依道吾之劝，赴浙中（江苏）华亭县，参谒船子德诚，师资道契，遂嗣其法。唐懿宗咸通十一年（870年），于澧州（今湖南澧县东南）夹山立大同院居之，大扬禅风，禅侣闻名云集。僖宗中和元年十一月七日示寂，世寿七十七，法腊五十七。敕谥"传明大师"。遗骸葬于夹山，塔号"永济"。门弟众多，知名者有乐普山元安、上蓝令超、郓州四禅、逍遥山怀忠、盘龙山可文等二十二人。

夹山善会禅师是船子和尚唯一的法嗣。有关船子和尚本章有记载，他节操高洁，度量不群，受法于澧州药山弘道俨禅师。离药山后，飘然一舟，泛于朱泾、松江之间，接送四方来者，时人莫测其高深。一日与夹山善会禅师相遇于朱泾，一问一答，言语投机，船子高兴地说："钓尽江波，金鳞始遇"。有关师传法夹山善会之因缘，禅林中称为"船子得鳞"。鳞，指有金色鳞之鱼，比喻众中之大力者。

夹山位于湖南省岳州府澧州石门县（今属湖南省常德市）东南约十七千米。唐懿宗咸通十一年（870年），船子和尚法嗣善会（805～881年）禅师住在夹山举扬禅风，名震一时，故世称夹山善会禅师，或仅以"夹山"代称之。

"夹山挥剑"是著名禅宗公案名。夹山善会禅师以般若利剑，斩破一切执着。僧问夹山："拨尘见佛时如何？"夹山禅师回答："直须挥剑，若不挥剑，渔父栖巢。"直接挥剑斩断一切，如果不直接挥剑，那就只能如渔父一样住到了山巢。离开了江湖，渔父的功夫也不起作用了。这是夹山禅师针对僧人"拨开尘土见佛"的问题而说的。禅师希望僧人当下承当，挥剑斩贼，佛性即能出现。即为打破执着，佛亦可斩，若不斩，则如渔父处于山巢，失去禅之活用；纵令与佛相见，然因执着未破，反堕毒海，折损慧命。

同一问题，在夹山禅师这里挥剑而破，但到石霜禅师那里，回答就不同了。石霜对僧人说："渠无国土，甚处逢渠？"意思是，佛没有国土（因为佛的法身遍十方），你在什么地方去遇见他呢？石霜禅师针对"拨开尘土见佛"的问题，作了与夹山禅师不同的回答，即心外无佛，佛就在你心中。渠：他，此处指佛。

石霜与夹山回答不同，可见出两人的风格不同。

禅林出现"杀人刀、活人剑"这个说法最早也来自夹山禅师，《景德传灯录》卷十六"岩头全豁"条有记载。夹山善会禅师门下有一个禅僧到石霜庆诸禅师那里去参学磨砺，他刚一见到石霜禅师，就说："我什么都不知道。"石霜禅师说："不必多说。"那位禅僧说："那么则彼此珍重。"他又到岩头禅师那儿去；一见到岩头禅师也说，"我什么都不知道。"岩头禅师没有理他，只是用嘴嘘了一嘘。那位禅僧又说："那么彼此珍重。"当他回头离开岩头禅师时，岩头禅师说："你虽然年轻不懂事，但还是可以学好的。"这禅僧回到夹山，把情况对老师作了汇报。过了一天，夹山禅师上堂说法，先让那禅僧出来介绍了他参学的过程，然后问大家："你们中有没有悟到的人？"但没有人敢站出来，夹山禅师说："若是没有人能说出其中的道理，还是我来说吧。石霜禅师那里虽有杀人刀，可惜没有活人剑。但岩头禅师那里既有杀人刀，也有活人剑。"

　　故"杀人刀、活人剑"此语初见于夹山禅师评论石霜禅师、岩头禅师两家之禅法时的开示。其他"杀人刀、活人剑"之说，如宋代脚悟禅师曰："杀人须是杀人刀，活人须是活人剑。既杀得人，须活得人；既活得人，须杀得人。"因为佛教认为妄想分别即是生死轮回的根本，所以禅门诸多机锋、话头，无非是为了消除学人的各种妄想分别执着，即所谓"打念头"。为此，禅门又指出学道之人必须"大死一番"，也即须脱胎换骨才行。《碧岩录》第四一则评唱："大死底人都无佛法道理、玄妙得失、是非长短。到这里，只怎么休去。"所谓"休去，歇去，一条白练去，冷湫湫地去，枯木寒灰去"，即是此意。此"打念头"的机用，喻如"杀人刀"，让人"大死一番"。但人们如果片面理解"杀人刀"，一味"沉空滞寂"，也为大病。因为执着"断灭空"者，必然否定因果。而佛教所谓"空"，只是空去一切妄想分别执着，而显出"真性（佛性）"的无穷妙用。"打得念头死，救得法身活"，即是"活人剑"的大机大用。佛教以"剑"喻智慧，以智慧之利剑斩除一切妄想分别，以复活"真性（佛性）"之妙用，即谓之"活人剑"。此一刀一剑，能杀能活，充分体现出禅家息妄显真之宗风。

　　故"杀人刀"是禅宗对斩断妄想活动所采用的方法和譬喻，指杀活自在之方法。在临济禅师那里又叫"金刚王宝剑"，在云门禅师那里又叫"截断众流句"，在禅宗内如"鸟巢吹布毛""俱胝一指禅""赵州茶""禾山鼓""德山棒""临济喝"等，都是用于斩断修行者思维意识活动的种种方法。

　　总之，"杀人刀、活人剑"，即以刀剑比喻师家指导学人之自由权巧运作之方法。于禅宗，师家接化学人时，用强夺、不许之方式，喻为杀人刀；给与、允容之方式，则喻为活人剑。不偏于任何一方，而能自由运用之方法，即称为"杀人刀、活人剑"。

此外，还有"目前无法""不著破草鞋""打杀埋却"等脍炙人口的话头公案均出自夹山禅师。

【参考文献】

《景德传灯录》卷十五；《联灯会要》卷二十一；《佛祖历代通载》卷十七、卷二十四；《释氏稽古略》卷三；《五灯严统》卷五；《宗门统要续集》卷十四。

翠微学禅师法嗣

清平令遵禅师

鄂州清平山安乐院令遵禅师，东平人也。初参翠微，便问："如何是西来的的[1]意？"微曰："待无人即向汝说。"师良久，曰："无人也，请和尚说。"微下禅床，引师入竹园。师又曰："无人也，请和尚说。"微指竹曰："这竿得恁么长，那竿得恁么短？"师虽领其微言，犹未彻其玄旨。

出住大通，上堂，举初见翠微机缘谓众曰："先师入泥入水为我，自是我不识好恶[2]。"师自此化导，次迁清平。

上堂："诸上座，夫出家人须会佛意始得。若会佛意，不在僧俗、男女、贵贱，但随家丰俭安乐便得。诸上座尽是久处丛林，遍参尊宿，且作么生会佛意？试出来大家商量，莫空气高[3]，至后一事无成，一生空度。若未会佛意，直饶[4]头上出水，足下出火，烧身炼臂[5]，聪慧多辩。聚徒一千二千，说法如云如雨，讲得天华乱坠[6]，只成个邪说，争竞是非[7]，去佛法大远在。诸人幸值色身安健，不值诸难，何妨近前著些工夫，体取佛意好[8]！"

僧问："如何是大乘？"师曰："井索[9]。"曰："如何是小乘？"师曰："钱贯[10]。"

问："如何是清平家风？"师曰："一斗面作三个蒸饼。"

问："如何是禅？"师曰："猢狲上树尾连颠。"

问："如何是有漏？"师曰："笊篱[11]。"曰："如何是无漏？"师曰："木杓[12]。"曰："觌面相呈[13]时如何？"师曰："分付与典座[14]。"

自余逗机[15]方便，靡徇时情[16]，逆顺卷舒，语超格量[17]。

天祐十六年，终于本山。谥"法喜禅师"。

【注释】

[1] 的（dí）的（dí）：的确，实在，真实，确实。

[2] 先师入泥入水为我，自是我不识好恶：我的师父走进泥水中引导我，只是我却不识好歹。

[3] 莫空气高：不要只是自视甚高。

[4] 直饶：纵使，即使。

[5] 烧身炼臂：苦行。烧灼身体以供养诸佛菩萨，如八指头陀因为烧灼二指供佛而只剩下八指。

[6] 天华乱坠：传说梁武帝时，云光法师讲经，感动上天，香花从空中纷纷落下。形容说法动听感人。

[7] 争竞是非：争论是是非非，说是说非。

[8] 何妨近前著些工夫，体取佛意好：不妨现在多下些功夫，去领会佛的意旨更好。

[9] 井索：水井提水的大绳子。《景德传灯录》作"麻索"，即大麻绳的意思。禅师在这里将"大乘"谐音为"大绳"。

[10] 钱贯：穿铜钱的小绳子，禅师在这里将"小乘"谐音为"小绳"。

[11] 笊（zhào）篱（lí）：用竹篾或铁丝、柳条编成蛛网状供捞物沥水的器具。

[12] 木杓（sháo）：木制可以舀（yǎo）东西的器具。

[13] 觌（dí）面相呈：指当面承接禅机。觌面：见面，当面。

[14] 分付与典座：吩咐给典座。典座：禅林中负责大众斋粥之职称。旧校本将"分付与典座"后面的文字亦引入，标点错误。

[15] 逗机：与对手之机根相应。逗：投合之义。即师家之机与学人之机相契合，为大悟彻底、契合佛祖之要机。禅林多用"投机"一语。又为度化钝根之权巧方便。

[16] 靡徇时情：不顺从世俗之见。靡徇：不顺从、曲从。

[17] 逆顺卷舒，语超格量：无论逆顺进退，出语非凡。格量：品格器量。

【概要】

令遵禅师（845～919年），五代禅僧。俗姓王，东平（今山东泰安）人。少时依本州北菩提寺落发出家，后诣滑州（今河南滑县）开元寺受具足戒，并专攻律学。参翠微无学禅师得法，出居大通，迁鄂州（今湖北武昌）清平山安乐院。天祐十六年（919年），令遵禅师圆寂，春秋七十有五。后敕谥"法喜禅师"。

令遵禅师谓同流曰："夫沙门应决彻死生，玄通（精通）佛理。若乃孜孜卷轴，役役拘文（沉溺于书本，执着于文字），悉数海沙，徒劳片心（就是把海里沙子数完，也是徒劳无益）！"于是，便放弃了律学，远走他方，参礼禅德。

后至江陵白马寺，在僧堂里遇到一位老宿，名叫慧勤。令遵禅师于是亲近慧勤禅师，咨请佛法奥义。慧勤禅师告诉他说："吾久侍丹霞，今既垂老，倦于提诱。汝可往谒翠微，彼即吾同参也。"令遵禅师于是礼辞慧勤禅师，前往翠微参学。

初参翠微后，当时，他还谈不上彻悟，后来他自己经过长时间的参学和磨砺，方得无有滞碍。

文德元年（888年），令遵禅师来到上蔡（今河南境内）。当时蔡州守将崇重佛法，特地创建了大通禅苑，请令遵禅师入住主法，阐扬宗要。令遵禅师初上堂时，曾自举初参翠微无学禅师之因缘，谓众曰："我的师父走进泥水中引导我，只是我却不识好歹。"言下良多感慨。

令遵禅师驻锡大通禅苑，化众近十年。光化年间，令遵禅师带领徒众百余人，南游鄂州，后应节度使杜洪之邀请，入居清平山安乐院，开法化众。

【参考文献】

《景德传灯录》卷十五；《十国春秋》卷十四。

投子大同禅师

舒州投子山大同禅师，本州怀宁刘氏子。幼岁依洛下保唐满禅师出家。初习安般观[1]，次阅华严教，发明性海[2]。复谒翠微，顿悟宗旨（语见翠微章）。由是放意周游，后旋故土，隐投子山，结茅而居。

一日，赵州和尚至桐城县，师亦出山，途中相遇。乃逆而问曰[3]："莫是投子山主么？"师曰："茶盐钱布施我。"州先归庵中坐[4]，师后携一瓶油归。州曰："久向投子，及乎到来，只见个卖油翁。"师曰："汝只识卖油翁，且不识投子。"州曰："如何是投子？"师提起油瓶曰："油！油！"州问："大死底人却活时如何？"师曰："不许夜行，投明[5]须到。"州曰："我早侯白，伊更侯黑[6]。"

上堂："汝诸人来这里，拟觅新鲜语句，攒华四六，图口里有可道[7]。我老儿气力稍劣，本舌迟钝，亦无闲言语与汝。汝若问我，便随汝答，也无玄妙可及于汝，亦不教汝垛根[8]。终不说向上向下[9]、有佛有法、有凡有圣。亦不存坐系缚[10]。汝诸人变现千般，总是汝自生见解，担带将来，自作自受。我这里无可与汝，也无表无里[11]，说似诸人。有疑便问。"僧问："表里不收时如何[12]？"师曰："汝拟向这里垛根？"便下座。

问："大藏教[13]中还有奇特事也无？"师曰："演出大藏教。"

问："如何是眼未开时事？"师曰："目净修广如青莲[14]。"

问："'一切诸佛及诸佛法，皆从此经出。'如何是此经[15]？"师曰："以是名字，汝当奉持。"

问："枯木中还有龙吟也无？"师曰："我道髑髅里有师子吼。"

问："一法普润一切群生，如何是一法？"师曰："雨下也。"

问："一尘含法界时如何？"师曰："早是数尘也。"

问："金锁未开时如何？"师曰："开也。"

问："学人拟欲修行时如何？"师曰："虚空不曾烂坏。"

巨荣禅客参次，师曰："老僧未曾有一言半句挂诸方唇齿[16]，何用要见老僧？"荣曰："到这里不施三拜，要且不甘[17]。"师曰："出家儿得恁么没碑记[18]？"荣乃绕禅床一匝而去。师曰："有眼无耳朵，六月火边坐。"

问："一切声是佛声，是不？"师曰："是。"曰："和尚！莫屎沸盌鸣声[19]？"师便打。

问："粗言及细语，皆归第一义，是不？"师曰："是。"曰："唤和尚作头驴，得么？"师便打。

问："如何是十身调御[20]？"师下禅床立。

师指庵前一片石，谓雪峰曰："三世诸佛总在里许。"峰曰："须知有不在里许者。"师曰："不快漆桶[21]？"

师与雪峰游龙眠，有两路，峰问："那个是龙眠路[22]？"师以杖指之，峰曰："东去西去？"师曰："不快漆桶！"

问："一槌便就时如何[23]？"师曰："不是性燥汉[24]。"曰："不假一槌时如何？"师曰："不快漆桶！"

峰问："此间还有人参也无？"师将镢头抛向峰面前，峰曰："恁么则当处掘去也[25]。"师曰："不快漆桶！"峰辞，师送出门，召曰："道者。"峰回首应诺，师曰："途中善为[26]。"

问："故岁已去，新岁到来，还有不涉二途者也无[27]？"师曰："有。"曰："如何是不涉二途者？"师曰："元正启祚，万物咸新[28]。"

问："依稀似半月，仿佛若三星。乾坤收不得，师于何处明[29]？"师曰："道甚么？"曰："想师只有湛水之波，且无滔天之浪。"师曰："闲言语[30]。"

问："类中来时如何？"师曰："人类中来，马类中来？"

问："祖祖相传，传个甚么？"师曰："老僧不解妄语[31]。"

问："如何是出门不见佛？"师曰："无所睹。"曰："如何是入室别爷娘？"师曰："无所生。"

问："如何是火焰里身？"师曰："有甚么掩处？"曰："如何是炭库里藏身？"师曰："我道汝黑似漆。"

问："的的不明时如何[32]？"师曰："明也。"

问："如何是末后一句[33]？"师曰："最初明不得。"

问："从苗辨地，因语识人，未审将何辨识[34]？"师曰："引不着[35]。"

问："院中有三百人，还有不在数者也无？"师曰："一百年前，五十年后看取[36]。"

问僧："久向疏山姜头，莫便是否[37]？"僧无对。

（法眼代云："向重和尚日久。"）

问："抱璞投师，请师雕琢[38]。"师曰："不为栋梁材。"曰："恁么则卞和无出身处也[39]。"师曰："担带即玲珊辛苦[40]。"曰："不担带时如何[41]？"师曰："不教汝'抱璞投师，请师雕琢'。"

问："那吒析骨还父，析肉还母，如何是那吒本来身[42]？"师放下拂子，叉手。

问："佛法二字，如何辨得清浊？"师曰："佛法清浊。"曰："学人不会。"师曰："汝适来问个甚么？"

问："一等是水，为甚么海咸河淡？"师曰："天上星，地下水。"

（法眼别云：“大似相违。”）

问：“如何是祖师意？”师曰：“弥勒觅个受记处不得。”问：“不断烦恼而入涅槃时如何？”师作色曰：“这个师僧，好发业杀人。”

问：“和尚自住此山，有何境界？”师曰：“丫角女子白头丝[43]。”

问：“如何是无情说法？”师曰：“恶[44]。”

问：“如何是毗卢？”师曰：“已有名字。”曰：“如何是毗卢师？”师曰：“未有毗卢时会取[45]。”

问：“历落一句[46]，请师道。”师曰：“好。”

问：“四山相逼[47]时如何？”师曰：“五蕴皆空。”

问：“一念未生时如何？”师曰：“真个谩语[48]！”

问：“凡圣相去几何？”师下禅床立。

问：“学人一问即和尚答，忽若千问万问时如何？”师曰：“如鸡抱卵。”

问：“天上天下，唯我独尊，如何是我[49]？”师曰：“推倒这老胡[50]，有甚么罪过。”

问：“如何是和尚师？”师曰：“迎之不见其首，随之罔眺其后[51]。”

问：“铸像未成，身在甚么处？”师曰：“莫造作[52]。”曰：“争奈现不现何[53]？”师曰：“隐在甚么处[54]？”

问：“无目底人如何进步？”师曰：“遍十方。”曰：“无目为甚么遍十方？”师曰：“还更着得目也无[55]？”

问：“如何是西来意？”师曰：“不讳[56]。”

问：“月未圆时如何？”师曰：“吞却三个四个。”曰：“圆后如何？”师曰：“吐却七个八个。”

问：“日月未明，佛与众生在甚么处？”师曰：“见老僧嗔便道嗔，见老僧喜便道喜[57]。”

问僧：“甚么处来？”曰：“东西山礼祖师来。”师曰：“祖师不在东西山。”僧无语。

（法眼代云：“和尚识祖师。”）

问：“如何是玄中的[58]？”师曰：“不到汝口里道。”

问：“牛头未见四祖时如何？”师曰：“与人为师。”曰：“见后如何？”

师曰："不与人为师。"

问："诸佛出世为一大事因缘，和尚出世当为何事？"师曰："尹司空请老僧开堂[59]。"

问："如何是佛？"师曰："幻不可求。"

问："千里投师，乞师一接。"师曰："今日老僧腰痛。"

菜头请益，师曰："且去，待无人时来。"头明日伺得无人，又来。师曰："近前来！"头近前，师曰："辄不得举似于人。"

问："并却咽喉唇吻，请师道[60]。"师曰："汝只要我道不得[61]。"

问："达磨未来时如何？"师曰："遍天遍地。"曰："来后如何？"师曰："盖覆不得[62]。"

问："如何是无情说法？"师曰："莫恶口[63]。"

问："和尚未见先师时如何？"师曰："通身不奈何[64]。"曰："见后如何？"师曰："通身扑不碎。"曰："还从师得也无？"师曰："终不相孤负。"曰："恁么则从师得也[65]。"师曰："得个甚么？"曰："恁么则孤负先师也。"师曰："非但孤负先师，亦乃孤负老僧。"

问："七佛是文殊弟子，文殊还有师也无？"师曰："适来恁么道，也大似屈己推人[66]。"

问："金鸡未鸣时如何？"师曰："无这个音响。"曰："鸣后如何？"师曰："各自知时。"

问："师子是兽中之王，为甚么被六尘吞[67]？"师曰："不作大，无人我[68]。"

师居投子山三十余载，往来激发，请益者常盈于室。纵以无畏之辩，随问遽答，啐啄同时[69]，微言颇多，今录少分而已。

中和中，巢寇暴起[70]，天下丧乱，有狂徒持刃问师曰："住此何为？"师乃随宜说法，渠魁[71]闻而拜伏，脱身服，施之而去。

乾化四年四月六日示微疾，大众请医，师谓众曰："四大动作，聚散常程[72]，汝等勿虑，吾自保矣。"言讫跏趺而寂。谥"慈济大师"。

【注释】

[1] 安般观：梵语为"阿那波那"，又作安那般那、阿那阿波那，略称安般。阿那波那，即数息观，乃数入息、出息以静心之观法。《俱舍论》卷二十二："言

阿那者，谓持息入，是引外风令入身义；阿波那者，谓持息出，是引内风令出身义。"意思是，通过数自己呼吸的次数，以达到禅定入静的目的，故称数息观。旧校本"安般观"有书名号，把它当作一本书，标点错误。

[2] 发明性海：启发了自己的悟性。发明：阐明，启发。性海：真如的理性深广如海，即佛性深广如海。

[3] 乃逆而问曰：赵州和尚于是迎上前去问道。

[4] "茶盐钱布施我。"州先归庵中坐：旧校本将"州先归庵中坐"引入禅师的说话中，标点错误。

[5] 投明：破晓。

[6] 我早侯白，伊更侯黑：我早以为自己是侯白，没想到他就是侯黑了。意思是强中更有强中手，遇到了高人，比我厉害多了。侯白与侯黑是两个人名，北宋秦观《二侯说》有说明。福建有个人叫侯白，擅长于用计坑人，四里八乡的人都非常憎恨并且害怕他，没有敢与他较量的。有一天，他在路上遇到了女子侯黑，她站在井旁，装作好像丢了什么似的。侯白很奇怪，就问她怎么了。侯黑说："不幸把耳坠掉到井里了，大概值一百两金子。如果谁能捞上来，我将分一半来表示感谢。您难道不愿意干这事吗？"侯白琢磨了好久，然后在井旁脱了衣服，接着就下了井。侯黑估量着侯白已经到了井的水面，就把侯白的衣服全部抱了去，不知道去向了。无恶不作的侯白终于被侯黑算计，所以现在的福建人称呼那些互相算计的人说："我就已经像侯白了，他更像侯黑。"旧校本将"侯"写成"候"，校对错误。旧译本不知道这个典故，译为"我早就等侯白天，你还在等晚上"，闹出笑话。更有人不懂典故，说："侯白、侯黑，是中国古代两个身手高超的劫贼，一个专好白天打劫，一个专好晚上打劫。'我早侯白，伊更侯黑'，这句话的意思是，生死、明暗等二边均须打破。"

[7] 攒（zǎn）华四六，图口里有可道：积累华丽的四六骈句，以图自己今后口里有话可说。攒：积聚，积蓄。华四六：华丽的四六骈句。四六：文体名。骈文的一体。因以四字六字为对偶，故名。骈文以四六对偶者，形成于南朝，盛行于唐宋。

[8] 垛根：意谓定止、陷埋于虚妄境界，执着、拘泥于言解分别。"垛根"的作法为禅家所批评，故亦常用作呵斥之词。《密庵语录》："达磨不会接手句，少林空坐冷啾啾。叵耐云门垛根汉，复于头上更安头。"又写作"跺根""挅根""堕根"等。（摘自《禅宗大词典》）

[9] 向上向下："向上"与"向下"相对，禅宗以自迷境直入悟境、上求菩提之工夫，称为向上门；如形容至极之大道、大悟之境界，称为向上一路、向上道；

探求佛道之至极奥理，称为向上极则事、向上关捩子、向上事。

[10] 亦不存坐系缚：我这里也没有观想、坐禅等束缚。存：观察、审察，此作观想，通过反省心中妄念而净化心灵。系缚：束缚。旧译本"也不存在戒律法规的约束"，翻译错误。《〈景德传灯录〉译注》将"存"注释为"蹲"，"存坐"即"蹲坐"，也就是"打坐"的意思，没有根据。后文"坐"就是"打坐"的意思。

[11] 无表无里：没有浅层的，也没有深层的。

[12] 表里不收时如何：浅层的、深层的都不接受时怎么办？

[13] 大藏教：即一大藏教。指以释迦佛所说之经、律、论三藏教法，为全佛教之教说，故称一大藏教。

[14] 目净修广如青莲：眼睛清净修长如青莲。青莲喻佛眼。北周庾信《秦州天水郡麦积崖佛龛铭序》："从容满月，照耀青莲。"《维摩经》曰："目净修广如青莲，心净已度诸禅定。"佛三十二相之一，目广青莲花相。因佛生生世世以慈心慈眼布施众生，故感得如此妙相。

[15] 如何是此经：问和答皆出于《金刚经》。

[16] 老僧未曾有一言半句挂诸方唇齿：老僧未曾有一言半句挂在外面各方大德口边。诸方：指各地禅院、各地禅师。

[17] 到这里不施三拜，要且不甘：到这里就是要找说不出的东西，所以不拜三拜，我不甘心。上文禅师说，我又没有说什么，为什么要来参拜我。巨荣正是你没有说什么，所以要来参拜你。

[18] 出家儿得恁么没碑记：出家人这样拜来拜去，此生成就不了。或者也可以说，无碑可记，就成就了。旧译本"出家人怎么这样没有记性"，翻译有错。

[19] 莫屎沸盌鸣声：莫非拉屎拉尿碗鸣声都是佛声吗？"屎沸"参见"夹山善会禅师"条注释。

[20] 十身调御：《华严经》谓十地之第八不动地菩萨知诸众生心之所乐，即以众生身、国土身、业报身、声闻身、独觉身、菩萨身、如来身、智身、法身、虚空身作自身。调御丈夫是佛的十名号之一，即能调御修正道的大丈夫。师下禅床立，谓十身尽在己身，故可调御之。

[21] 不快漆桶：对愚暗不悟者的詈称，斥其心中、眼前一片漆黑。不快，此指禅机不敏捷，太笨。漆桶，又作黑漆桶。众生痴暗愚昧，如处"无明暗室"或"无明长夜"，见不到智慧的阳光。"黑漆桶"就如"无明暗室"或"无明长夜"。禅宗用"漆桶底脱"表示智光透入，豁然大悟的境界。对愚暗不悟者的詈称"漆桶"，斥其心中、眼前一片漆黑。旧译本没理解原意，翻译为"不称心的漆桶"，望文生义，全错。

[22] 那个是龙眠路：投子山是龙眠山余脉，在龙眠山东麓。投子以杖指之，意思已明白。雪峰居然领会不了，故斥之为"不快漆桶"。

[23] 一槌便就时如何：一棒打下去就领悟怎么样？

[24] 不是性燥汉：不要做性子太急的人。过于强调顿门，或引起躁急之火。

[25] 恁么则当处掘去也：如此就应当挖地去了。

[26] 善为：指路途中保重，留心。对临行者的叮嘱语。

[27] 还有不涉二途者也无：还有不辞旧迎新的吗？二途：指走过旧岁，迎来新年。人人都是这样走来的，所以就没有人不涉及二途。

[28] 元正启祚（zuò），万物咸新：正月初一发祥，万物皆新。元正：正月第一天。启祚：发祥。意思是，过去已经过去了，新的生命就活在当下，那么这种人就是一个崭新的人，他没有过去、现在、未来，不停在时间的表象上，超越时空。实际上这是顿悟的一种境界。故这种人就不涉及二途。

[29] 依俙似半月，仿佛若三星。乾坤收不得，师于何处明：前面两句打一字谜，即"心"字，半月加三点（三星）。这个"心"可大可小，大到宇宙也放不下，那么禅师您能去证明它在哪里吗？

[30] 闲言语：多余、无用的话语。后亦指古宿言句。有时用作动词，谓说多余之语。（参见《禅宗大词典》）

[31] 老僧不解妄语：我老僧不解释妄语。禅宗以心印心，无话可说，认为祖师有确定的秘诀可传，即是妄语（虚假不真实的话）。但旧译本与《〈景德传灯录〉译注》将"妄语"理解为"狂妄之语"，不符合原意。

[32] 的的不明时如何：祖师真实意旨不明时怎么办？禅林常以"祖师的的意"为话头，故此"的的"为省略词语。旧译本则没有理解，译文不符原意。

[33] 末后一句：即末后之句。乃述佛道极妙境地之语句。谓到达彻底大悟之极处所言之至极语，更无其他语句能超越者。

[34] 从苗辨地，因语识人，未审将何辨识：从禾苗来辨别土地，因语言来认识人，不知道要怎么去辨别认识？

[35] 引不着：禅师认为你靠外面的表象（禾苗、语言等）来认识事物的本质，是不靠谱的。"引"是通过这些现象把需要的东西引出来，这种做法不靠谱。因为很多现象都是虚幻不实的，真正认识事物的本质需要顿悟，到那时一切迹象你都可以看见事物的本质。如"青青翠竹皆是法身，郁郁黄花无非般若"，即是开悟了的境界。旧译本与《〈景德传灯录〉译注》都译为"接引不了"，不符合原意。

[36] 一百年前，五十年后看取：向一百年前、五十年以后领会。这是针对前面"院中三百人还有不在数的吗"这一问题而说的。在一百年前，这三百人就没一

人在，在五十年后，这三百人也大部分不在了。如此领会，则人的存在，都是无常的。所谓三百人一时集合点名，只是暂时罢了，因为人的存在只是暂时的。只有摆脱生死轮回，才能知道永恒的存在。看取，为领会、理解之意。旧译本与《〈景德传灯录〉译注》都译为"一百年前、或五十年以后就知道了"，人都不存在了，还怎么知道呢？如此翻译脱离原意。

[37] 久向疏山姜头，莫便是否：很久以来就景仰疏山姜头，莫非您就是吗？疏山姜头疑为一个人。本书有疏山匡仁，洞山弟子，事迹见本书第十三章"疏山匡仁禅师"注释。"姜头"疑为禅宗丛林里的一种职位，如菜头是专门管理菜蔬之人，那么姜头是不是专门管姜之人，待考。因此，旧校本"久向疏山、姜头"这样标点就有误，其中顿号应删去。"疏山姜头"，即指疏山的姜头，应该是一个人，而不是两个人。

[38] 抱璞投师，请师雕琢：携带璞玉来投奔师父，请师父雕琢成才。典故出自《韩非子·和氏》记载，卞和于荆山上伐薪偶尔得一璞玉，先后献于楚厉王、楚武王，却遭楚厉王、楚武王分别给予膑刑惩罚，后"泣玉"于荆山之下，始得楚文王识宝，雕琢成举世闻名的"和氏璧"。本书禅师用先秦卞和献玉之典，意思是请求老师鉴别，我是否值得雕琢？此外，又指璞玉不是真正的玉，不是自家珍。又可比喻自家本有的佛性，不雕琢就显不出来

[39] 怎么则卞和无出身处也：禅师直接回答你不是好材料，于是僧人就说，要是师父不赏识，那么我就没有出路了。出身：指出路、前途。

[40] 担带即玲（líng）瓶（pīng）辛苦：有所系累就会孤单辛苦。意思是，你有所牵挂，有所期望，追求出路与前途，那正是你的苦因。《心经》："无挂碍故，无有恐怖。"担带：提挈，关照，牵带，关系，此指心有外物放不下。玲瓶：孤单貌。《法华经·信解品》："此是我子，我之所生，于某城中，舍吾逃走，玲瓶辛苦五十余年。"

[41] 不担带时如何：怎样才能消除挂碍呢？禅师回答"不教汝抱璞投师，请师雕琢。"不再把自己当作卞和，消除怀才不遇的思想，不要有一切世俗的牵挂，一切皆空。

[42] 那（né）吒（zhā）析骨还父，析肉还母，如何是那吒本来身：那吒把身体内骨头析出还给父亲，把肉析出还给母亲，那么什么才是那吒的本来身呢？意思是，那吒把自己的骨肉都还给父母了，那他的身体到底在哪里呢？那吒为佛教护法神，曾析肉还母，析骨还父，后现本身，运大神通，为父母说法。

[43] 丫角女子白头丝：从扎辫子的小女孩变成了白发苍苍的老太婆。意思是，你要是问住山境界，则寒来暑往，我这个人已经垂垂老矣。可这些都是外在的变

化，人的真性哪有变化？丫角：小女孩的发式。

[44] 恶：哑了。此为回答"无情说法"，法无可说，如同哑巴。查《古尊宿语录》卷三十六《投子（大同）语录》此字作"哑"，以当时方言观之，两字音近。"哑"者，不说话也，此即无情说法。故旧译本译为"可恶"，不符合原意。

[45] 未有毗卢时会取：在还没有毗卢这个名字出现时领会。取：作助词，无义。

[46] 历落一句：与众不同的一句话。历落：形容孤高寡合，与众不同。

[47] 四山相逼："四山"用以表示人身无常，必受生、老、病、死等四相逼迫之譬喻。谓人身无常，常为生、老、病、死四苦所逼迫，而无所逃逸。南本《涅槃经》卷二十七："有四大山，从四方来，欲害人民……四大山者，即生老病死也。"然别译《杂阿含》卷四，则以四山比喻老、病、死、衰耗四相。此外，《增一阿含经》卷二十六"四意断品"，以四山比喻老、病、死及无常。

[48] 真个谩语：真的是骗人的话。谩语：说谎话。真个：真的，确实。此回答"一念未生时"。因为如果"一念未生时"还能说话，那不正是说假话吗？

[49] 天上天下，唯我独尊，如何是我：天上天下，唯我独尊，这个"我"是谁？"天上天下，唯我独尊"是佛陀刚刚出生时说的话，他一手指天，一手指地，说"天上天下，唯我独尊"。

[50] 推倒这老胡：推倒这西天的佛祖。老胡：指释迦牟尼佛，因在西域皆称胡国，故把释迦牟尼称为老胡。为什么连佛祖都可以推倒呢？因为如果认为肉身的"我"就是佛祖，那么这个佛祖就不是真正的佛祖，推倒他不仅无罪而且有功。可要达到这个境界，只有觉悟"色即是空"才行。旧译本将"老胡"译为"达磨祖师"，虽然达磨祖师也是胡人，但这里"天上天下，唯我独尊"不是他说的话，故翻译不符合原意。

[51] 迎之不见其首，随之罔眺其后：出自《老子》十四章之语："迎之不见其首，随之不见其后。"

[52] 莫造作：不要去制作它，法身无相。这是回答"佛像还没有造成的时候，佛身在什么地方"的问题。

[53] 争奈现不现何：那佛不现身怎么办？禅师回答不制作，不制作就看不见佛了，所以提出此问。

[54] 隐在甚么处：佛隐藏在什么地方？佛的法身遍一切处，只是你肉眼凡胎看不见。

[55] 还更着得目也无：能够走遍十方的人还要长个眼睛吗？这回答上文"没有眼睛的人怎么进步（向前行步）"的问题。

[56] 不讳：不隐讳。把自己的心全部袒露出来，直心是道场。这就是祖师西来意。旧译本与《〈景德传灯录〉译注》都译为"不避讳"，不符合原意。

[57] 见老僧嗔便道嗔，见老僧喜便道喜：看见我老僧生气就说生气，看见我老僧高兴就说高兴。没有掩饰的童贞世界，这就是众生最早发源的地方，也就是诸佛法身寄存之处，诸佛净土不再需要日月光明。

[58] 玄中的：玄中玄的境界。临济三玄之一。的：目的，境地。临济义玄接引学人之方法有三玄：体中玄，指语句全无修饰，乃依据所有事物之真相与道理而表现之语句。句中玄，指不涉及分别情识之实语，即不拘泥于言语而能悟其玄奥。玄中玄，又作用中玄，指离于一切相待之论理与语句等桎梏之玄妙句。旧译本与《〈景德传灯录〉译注》没有弄清这个佛教术语，都译为"玄妙的旨意"，不符合原意。

[59] 尹司空请老僧开堂：我是应尹司空邀请，不得已才出来讲法的。司空：古代官名。

[60] 并却咽喉唇吻，请师道：不用咽喉唇嘴，请师父说。

[61] 汝只要我道不得：你却是要我说不出来。因为菜头说不用咽喉唇嘴，那么用什么说呢？没地方可说，所以说不出来。实际上，当到了没地方可说，说不出来的时候，也就是开悟了。

[62] 盖覆不得：没法转过去。盖覆：本指掩盖、遮瞒。本书常指用话头转过来，把前面的翻过去。

[63] 莫恶口：什么是无情说法的问题，本文出现两次，前面禅师回答"恶"，"哑"的意思，即法无可说，哑口。这里重提这个问题，禅师回答"莫恶口"，疑为"莫哑口"的意思，那就是有话可说了，与前面完全相反。意思是，无情没口说法，正好像有无数口在说法，因为无处无时不在说法，岂是我们凡夫的嘴能说出来的？旧译本译为"不要脏了嘴巴"，有误。

[64] 通身不奈何：全身都不舒服。

[65] 怎么则从师得也：如此看来您是跟从师父而有所得。

[66] 适来怎么道，也大似屈己推人：你刚才这么一说，好像是委屈了自己，抬高了别人。屈己推人：委屈了自己，抬高了别人。因为文殊菩萨当了七佛的老师，最后七个弟子都成佛了，而他自己还是菩萨，这不是委屈了自己，抬高了别人吗？

[67] 师子是兽中之王，为甚么被六尘吞：狮子是兽中之王，为什么最后还是被六尘吞（即还是会死）？六尘：指色、声、香、味、触、法。

[68] 不作大，无人我：如果不妄自尊大，不自封为王，无我相，无人相，那

么就不会被六尘吞没。意思是，如此就会摆脱生死轮回，成为佛陀一样的狮子吼，去普度众生。

[69] 啐（cuì）啄（zhuó）同时：鸡子孵化时，小鸡将出，即在壳内吮声，谓之"啐"；母鸡为助其出而同时啮壳，称为"啄"。佛家因以"啐啄同时"比喻机缘相投或两相吻合。

[70] 中和中，巢寇暴起：中和为唐僖宗年号，在881年至884年，其时发生了黄巢起义。

[71] 渠魁：大头目，首领。

[72] 四大动作，聚散常程：人身为四大（地水火风）聚合而活动，有聚有散，是必然规律。

【概要】

投子大同（819～914年）禅师，唐代禅僧。属青原派下，翠微无学的法嗣。舒州（安徽省）怀宁人，俗姓刘。幼时出家，初阅《华严经》，发明性海，后谒翠微，顿悟玄旨。其后，周游四方，不久，归故土，隐栖于投子山三十余载，故后世多称之为"投子大同"。时请益者常盈其室，师均以无畏辩才随问遽答。乾化四年坐化，世寿九十六，谥号"慈济大师"。

禅师举手投足，均能直指自性，阐"真空妙有"之微妙境界。

如有僧人问："那吒析骨还父，析肉还母，如何是那吒本来身？"师放下拂子，叉手。

那吒为佛教护法神，曾析肉还母，析骨还父，后现本身，运大神通，为父母说法。

僧人在这里提问，那吒把自己的骨肉都还给父母了，那他的身体到底在哪里呢？

这个问题已经涉及诸法实相，禅宗则直指本来面目。肉身没有了，则能成就诸佛法身。所以，那吒析骨还父，析肉还母，正在为了脱胎换骨，返还本来面目。那么当他的肉身没有了，他的本来面目又在哪里呢？

禅师没有回答，他放下拂子，叉手。禅师以这个简单动作说明放下一切之后，成就了佛的法身，那么就有无量化身，这些化身还是回到人间做一个平凡的人，在平凡中与众生为伴，与众生打成一片，时刻为众生着相，普度无量众生却不作有度之相。这就如《牧牛图》之最后景象"入廛垂手"。《十牛图》的最后一图为"入廛垂手"，即进入闹市之中，垂手为众生说法，使他们趋向于善，成就佛道。这才是真正的"空中有我"的境界，即"真空妙有"。禅的最高境界也就在于此，它的积极意义也完全体现在这里。

"卖油翁"公案，说的是唐代赵州从谂见投子大同的故事，由此"卖油翁"成了投子和尚之外号。《宏智广录》卷七："死活路岐非异道，虚而灵兮空而妙。赵州曾问卖油翁，不许夜行投晓到。诸禅德，若向者里会得，先天地生而不为早，后天地生而不为老。识取天台把帚人，寒岩有雪无人扫。"

【参考文献】

《宋高僧传》卷十三；《祖堂集》卷六；《景德传灯录》卷十五；《释氏稽古略》卷三；《联灯会要》卷二十一。

安吉州道场山[1]如讷禅师

僧问："如何是教意？"师曰："汝自看。"僧礼拜。师曰："明月铺霄汉[2]，山川势自分。"

问："如何得闻性[3]不随缘去？"师曰："汝听看。"僧礼拜，师曰："聋人也唱胡笳[4]调，好恶高低自不闻。"曰："恁么则闻性宛然[5]也。"师曰："石从空里立，火向水中焚。"

问："虚空还有边际否？"师曰："汝也太多知。"僧礼拜。师曰："三尺杖头挑日月，一尘飞起任遮天。"

问："如何是道人？"师曰："行运无踪迹，起坐绝人知。"曰："如何即是？"师曰："三炉力尽无烟焰，万顷平田水不流。"

问："一念不生时如何？"师曰："堪作甚么？"僧无语。师又曰："透出龙门云雨合，山川大地入无踪。"

师目有重瞳[6]，手垂过膝，自翠微受诀，止于此山。剃草卓[7]庵，学徒四至。广阐法化，遂成丛社焉。

【注释】

[1] 道场山：位于浙江省湖州市城南五千米。

[2] 霄汉：天河，亦借指天空。

[3] 闻性：听闻的本性。听闻是有生灭的，而闻性是没有生灭的，不会随着声音的消失而消失。详细阐述见《楞严经》。

[4] 胡笳：我国古代北方民族的管乐器，传说由汉代张骞从西域传入，汉、魏

鼓吹乐中常用之。

[5] 宛然：真切貌，清晰貌。

[6] 重瞳：一个眼睛里有两个瞳孔，是一种异相、贵相，古籍记载有重瞳的人一般都是圣人。

[7] 卓：建立，如此处"卓庵"。又指打击、敲击，如禅师用拄杖"卓一下"，即拄杖往地下敲一下，往往是禅师上堂开示后最后的动作。还有"竖立"的意思，如本书"水中卓红旗"。又，指直立，如"卓地"。

【概要】

如讷禅师，五代禅僧。目有重瞳，手垂过膝，师事翠微无学禅师，受法后止于安吉（今浙江安吉北）道场山，学徒四至，广阐法化，遂成丛林。相传如讷禅师曾与虎同居岩穴，因尊为"伏虎祖师"。

有僧人问道场山如讷禅师："什么是教意？"如讷回答你自己看。那僧人便礼拜，如讷就说："明月光洒天空，山川之势自然分明。"（一切境界都在心中，好比明月光照天地，一切可以自己清晰看到）

有僧人问："怎样才能使闻性不随着尘缘而去？"如讷禅师回答你听听看。那僧人便礼拜，如讷就说："聋子也唱胡笳曲调，音色好坏、音调高低，他自然听不到。"那僧人说："这样的话，闻性依稀就在眼前了。"如讷说："石头在虚空中竖立，火焰在水底下燃烧。"（听闻是有生灭的，而闻性是没有生灭的，若追求不可得的闻性，如火焰可在水底下燃烧）

有僧人问："虚空还有没有边际？"如讷禅师说："你想要知道的太多了。"那僧人便礼拜，如讷就说："三尺杖头挑起了日月，一尘飞起任从遮天。"（时空都是假象，大小都是人为的）

有僧人问："什么是得道之人？"如讷禅师回答，他的行动没有踪迹，起来坐下没有人知道。那僧人问："怎样才是呢？"如讷回答："三炉火力烧完，没有了烟焰；万顷平田，水不能流动。"（有所追求则不能成为真道人）

有僧人问："一个念头都不产生时怎么样？"如讷禅师反问："可以做什么？"那僧人无言以对。如讷又说："跳过龙门云雨齐聚集，一旦潜入山川大地便无踪迹。"（表面说龙，实际上说真空妙有）

如讷禅师的眼睛中有两个瞳仁，垂下双手超过膝盖，自从在翠微和尚那里接受了禅法以后，就居住在道场山。他除草建庵，学徒从四方而至。禅师广阐佛法，教化一方，其住地很快就成为当时的大丛林。

【参考文献】

《景德传灯录》卷十五；《宗鉴法林》卷六十一；《禅宗正脉》卷三。

建州[1]白云山约禅师

僧问："不坐偏空[2]堂，不居无学[3]位，此人合向甚么处安置？"师曰："青天无电影[4]。"

韶国师参，师问："甚么处来？"韶曰："江北来。"师曰："船来陆来？"曰："船来。"师曰："还逢见鱼鳖么？"曰："往往遇之。"师曰："遇时作么生？"韶曰："咄！"缩头去[5]，师大笑。

【注释】

[1] 建州：今福建建瓯。

[2] 偏空：指小乘所谈之空理。以其所说之理偏于空之一边，故称为偏空。旧校本作"遍空"，校对错误。

[3] 无学：在声闻乘四果中，前三果为有学，第四果阿罗汉为无学。有学是还要上进修学的意思，无学就是学道圆满不更修学的意思。虽然阿罗汉已经居无学之位，但因为其未发大乘心，仍旧不能圆满如佛，故需转小为大，作大乘菩萨。

[4] 青天无电影：晴天没有闪电的影子。

[5] "咄！"缩头去：此句旧校本标点标点均有误，"咄"是韶国师说的话，加引号，而"缩头去"是韶国师的动作，不能加引号。"去"为语气助词。

【概要】

白云山约禅师，曾经主持过江州（今江西九江）东禅院。有僧人问他："不坐在偏空之堂，不居于无学之位，这样的人应该安置在什么地方？"约禅师回答："晴天没有闪电的影子。"

韶国师来参见，约禅师问："从什么地方来的？"韶国师回答江北来的。约禅师问："坐船来的？从陆路来的？"韶国师回答坐船来的。约禅师问："还碰见过鱼鳖吗？"韶国师回答："常常碰见。"约禅师问："碰见时怎么办？"韶国师回答："咄！"然后缩头，约禅师大笑。

有关韶国师与约禅师的对话，《建州弘释录》（《卍新续藏》第八十六册）有评论："国师如鹏，搏白云如太空；国师如龙，骧白云如大海。观者徒知赏国师之骏逸，而不知其被白云活埋，迨今犹未起在。”

【参考文献】

《景德传灯录》卷十五；《宗鉴法林》卷六十一；《禅宗正脉》卷三。

孝义性空禅师法嗣

歙州[1]茂源禅师

因平田参，欲起身，田乃把住曰：“开口即失，闭口即丧，去此二途，请师速道。”师以手掩耳，田放手曰：“一步易，两步难。”师曰：“有甚么死急？”田曰：“若非此个，师不免诸方点检[2]。”师不对。

【注释】

[1] 歙（shè）州：即徽州，位于安徽省南部、新安江上游。
[2] 点检：评论，指摘。又指禅林中茶头行者巡查寺门中之火盗，或化主等交点检阅关牒书信乃至茶汤粥饭等。

【概要】

因平田参见，茂源禅师想要起身迎接，平田就把住他说：“开口即失，闭口即丧，离开这两者，请师速说。”禅师以手掩耳。平田就放手说：“一步易，两步难。”禅师说：“要这么性急吗？”平田说：“若非如此，禅师不免被诸方大德批评。”禅师不回答。

《禅宗颂古联珠通集》（《卍新续藏》第六十五册）评论说：

主山高与案山低，几见云开又合时。仿佛暮楼堪对处，两峰相峙绝高低。（绝像鉴）

厮攃欣逢是对头，拳来踢去两相酬。中间手面交加处，鹘眼鹰睛莫可求。（竹屋简）

枣山光仁禅师

上堂众集，于座前谓众曰：“不负平生行脚眼目[1]，致个问来，还有么？"众无对。师曰："若无，即升座[2]去也。"便登座。僧出礼拜，师曰："负我且从大众，何也？"便归方丈。

翌日，有僧请辨前语意旨如何，师曰："斋时有饭与汝吃，夜后有床与汝眠，一向煎迫[3]我，作甚么？"僧礼拜，师曰："苦！苦！"僧曰："请师直指。"师乃垂足曰："舒缩一任老僧。"

【注释】

[1] 不负平生行脚眼目：不要辜负平生四方行脚的见识。眼目：眼力，见识。

[2] 升座：禅林用语，即升高座之意。系指师家登高座说法。据古制，升座与上堂同义，至后世乃有所别。

[3] 煎迫：煎熬逼迫。

【概要】

光仁禅师，唐代禅僧。师事孝义性空禅师得法，出居枣山，世称"枣山仁"。他上堂时众僧聚集完毕，光仁禅师在禅座前对众僧："不要辜负平生四方行脚的见识，给我提个问题，有人提问吗？"众人无以应答。禅师说："如果没有，就升座了。"于是，登上禅座。有个僧人出来礼拜，禅师说："你辜负了我，还辜负了大家，为什么呢？"说完就回方丈了。

【参考文献】

《景德传灯录》卷十五；《禅宗正脉》卷三；《联灯会要》卷二十一。

第六章　青原下五世——青原下七世

慈舟不棹清波上，剑峡徒劳放木鹅。（洛浦元安禅师）

第一节　青原下五世

石霜诸禅师法嗣

大光居诲禅师

潭州大光山居诲禅师，京兆人也。初造石霜，长坐不卧，麻衣草屦[1]，亡身为法。霜遂令主性空塔院。

一日，霜知缘熟，试其所得，问曰：“国家每年放举人及第，朝门[2]还得拜也无？”师曰：“有一人不求进。”霜曰：“凭何？”师曰：“他且不为名。”

石霜又因疾问曰[3]：“除却今日，别更有时也无？”师曰：“他亦不道今日是。”

如是酬问，往复无滞。盘桓二十余祀[4]，众请出世。

僧问：“只如达磨是祖否？”师曰：“不是祖。”曰[5]：“既不是祖，又来作甚么？”师曰：“只为汝不荐[6]。”曰：“荐后如何？”师曰：“方知不是祖。”

问：“混沌[7]未分时如何？”师曰：“时教阿谁叙[8]？”

上堂：“一代时教[9]，只是整理时人手脚，直饶剥尽到底，也只成得个了事人，不可将当衲衣下事[10]。所以，道四十九年明不尽，标不起，到这里合作么生[11]？更若切切，恐成负累[12]。珍重！”

【注释】

　[1] 麻衣草屦（jù）：麻衣草鞋。“屦”指用麻、葛等做成的鞋。

　[2] 朝门：古代专指天子宫殿中的应门（正门）。因由此门入正朝，故称。

　[3] 石霜又因疾问曰：宝祐本只有“霜曰”。查《景德传灯录》作“石霜又因疾问曰”，那么下面问答显然与上文没有关联了。而宝祐本只简单作“霜曰”，容

易使人误会是连接上文问答而来，那么文义理解的错误就难免了。旧译本因此而译错。原意是：石霜和尚因得病而问居诲禅师："除了今天，是否还有其他的时候？"

[4] 盘桓（huán）二十余祀（sì）：逗留了二十多年。盘桓：徘徊，逗留。祀：中国殷代指年。

[5] 师曰："不是祖。"曰：旧校本标点有误，"祖"移出引号变成"祖曰"，致使原句无法解释。

[6] 荐：认识。旧译本译为"祭献"，有误。

[7] 混沌：古代传说中指世界开辟前元气未分、模糊一团的状态。

[8] 时教阿谁叙：一代时教谁来讲述？阿：语气助词。

[9] 一代时教：指释尊自成道至灭度之一生中所说之教法，即三藏、十二部经、八万四千法门等。又作一代教、一代诸教、一代教门。

[10] 只是整理时人手脚，直饶剥尽到底，也只成得个了事人，不可将当衲衣下事：只是规范一代人的行为，即使把它的含义全部揭示出来，也只能成就一个明白事理的人，不可当禅林传衣之事（明悟心地、超脱生死的大事）。直饶：即使。了事人：明白事理的人。衲衣下事，禅林传衣之事。借指明悟心地、超脱生死的禅家大事。禅宗以金襕之大衣为法衣，是为表传法之信之衣，故曰传衣。于上堂升座著之，余时一切不著之。释迦佛坐四十九年，将金缕僧迦梨衣，传与摩诃迦叶。初祖达磨至六祖惠能，皆传衣。自六祖以后不传衣。这段话旧译本没有理解，翻译出错。

[11] 所以道四十九年明不尽，标不起，到这里合作么生：所以释尊说了四十九年法，还是不能使众生悟到底，不能将佛法全部宗旨揭示出来，到不能言说的时候怎么办呢？此处旧译本将"释尊说了四十九年法"误会为"人活了四十九岁"，其他译文亦有误。

[12] 更若忉忉，恐成负累：如果我还要唠叨，恐怕就要变成你们的负担了。忉忉：啰唆，唠叨。意思是，顿悟不可言说，禅宗不立文字，如人饮水，冷暖自知。如果我滔滔不绝说法，只会越说越离谱，反而成为你们的拖累。旧译本没有理解这个意思，翻译错误。

【概要】

居诲禅师，唐代禅僧，俗姓王，洛阳（今属河南）人。师事石霜庆诸禅师，常坐不卧，麻衣草鞋，忘身为法。庆诸令主性空塔院。后出居潭州（今湖南长沙）大光山，禅侣亲依，为世所重。

石霜和尚为考察居诲所得禅法，就询问："国家每年举行科举考试，授予举人或进士及第资格，这种人是否还应该在朝门前行跪拜之礼？"居诲回答："有一人不求进取。"石霜和尚问："凭什么这样呢？"居诲回答："因为不图功名。"

石霜和尚又因为患病而提问："除了今天，是否还有其他的时候？"居诲回答："他也没有说过就是今天。"

像这样的提问经历了多次，而居诲的应答毫无阻滞，很受石霜和尚的赞赏。居诲在那里逗留了二十多年后，有浏阳（今属湖南）信士胡公迎请居诲禅师居住大光山，提唱禅宗要旨。

唐代天复三年癸亥岁（903 年）九月三日，居诲禅师圆寂，终年六十七岁。

【参考文献】

《景德传灯录》卷十六；《宗鉴法林》卷六十四；《禅宗正脉》卷三。

九峰道虔禅师

瑞州[1]九峰道虔禅师，福州人也。尝为石霜侍者，洎霜归寂，众请首座继住持。

师白众曰："须明得先师意，始可。"座曰："先师有甚么意？"师曰："先师道：'休去，歇去，冷湫湫地去，一念万年去，寒灰枯木去，古庙香炉去，一条白练去。'其余则不问，如何是'一条白练去'[2]？"座曰："这个只是明一色边事。"师曰："元来未会先师意在。"座曰："你不肯我那？但装香来，香烟断处，若去不得，即不会先师意。"遂焚香，香烟未断，座已脱去。师拊座背曰："坐脱立亡即不无，先师意未梦见在[3]。"

住后，僧问："无间中人行甚么行[4]？"师曰："畜生行。"曰："畜生复行甚么行？"师曰："无间行[5]。"曰："此犹是长生路上人[6]？"师曰："汝须知有不共命者[7]。"曰："不共甚么命？"师曰："长生气不常。"师乃曰："诸兄弟还识得命么？欲知命，流泉是命，湛寂是身。千波竞涌是文殊境界，一亘晴空是普贤床榻。其次，借一句子是指月，于中事是话月，从上宗门中事，如节度使信旗相似。且如诸方先德，未建许多名目指陈已前，诸兄弟约甚么体格商量？到这里不假三寸试话会看，不假耳试采听看[8]，不假眼试辨白看。所以，道：声前抛不出，句后不藏形。尽乾坤大地都来，是汝当人个体，向甚么处安眼耳鼻舌？莫但向意根下图度作解，尽未来际亦未有休歇分。所以，洞山道：'拟将心意学玄宗，大似西行却向东。'珍重！"

　　问："承古有言：'向外绍则臣位，向内绍则王种[9]。'是否？"师曰："是。"曰："如何是外绍？"师曰："若不知事极头，只得了事，唤作外绍，是为臣种[10]。"曰："如何是内绍？"师曰："知向里许承当担荷，是为内绍[11]。"曰："如何是王种？"师曰："须见无承当底人、无担荷底人，始得同一色。同一色了，所以借为诞生，是为王种[12]。"曰："恁么则内绍亦须得转？"师曰："灼然！有承当担荷，争得不转？汝道内绍便是人王种，你且道如今还有绍底道理么？所以古人道：绍是功，绍了非是功。转功位了，始唤作人王种[13]。"曰："未审外绍还转也无[14]？"师曰："外绍全未知有，且教渠知有[15]。"曰："如何是知有？"师曰："天明不觉晓。"

　　问："如何是外绍？"师曰："不借别人家里事。"曰："如何是内绍。"师曰："推爷向里头[16]。"曰："二语之中，那语最亲？"师曰："臣在门里，王不出门。"曰："恁么则不出门者，不落二边。"师曰："渠也不独坐世界，里绍王种名，外绍王种姓[17]。所以道：绍是功，名臣是偏中正。绍了转功，名君是正中偏[18]。"

　　问："诞生还更知闻也无[19]？"师曰："更知闻阿谁[20]？"曰："恁么则莫便是否[21]？"师曰："若是，古人为甚么道诞生王有父[22]？"曰："既有父，为甚么不知闻？"师曰："同时不识祖[23]。"

　　问："古人云：'直得不恁么来者，犹是儿孙[24]。'意旨如何？"师曰："古人不谩语。"曰："如何是来底儿孙？"师曰："犹守珍御[25]在。"曰："如何是父？"师曰："无家可坐，无世可兴。"

　　问："诸圣间出，只是个传语底人[26]，岂不是和尚语？"师曰："是。"曰："只如世尊生下，一手指天，一手指地，云'天上天下，唯我独尊'，为甚么唤作传语底人？"师曰："为他指天指地，所以唤作传语底人。"僧礼拜而退。

　　问："九重无信，恩赦何来[27]？"师曰："流光虽遍，阃内不周[28]。"曰："流光与阃内相去多少？"师曰："绿水腾波，青山秀色。"

　　问："人人尽言请益，未审师将何拯济？"师曰："汝道巨岳还曾乏寸土也无[29]？"曰："恁么则四海参寻，当为何事？"师曰："演若迷头心自狂[30]。”曰：“还有不狂者么？”师曰：“有。”曰：“如何是不狂者？”师曰：“突晓途中眼不开[31]。”

问：“如何是学人自己？”师曰：“更问阿谁？”曰：“便恁么承当时如何？”师曰：“须弥还更戴须弥[32]？”

问：“祖祖相传，复传何事？”师曰：“释迦悭，迦叶富。”曰：“如何是释迦悭？”师曰：“无物与人。”曰：“如何是迦叶富？”师曰：“国内孟尝君[33]。”曰：“毕竟传底事作么生？”师曰：“同岁老人分夜灯[34]。”

问：“诸佛非我道，如何是我道？”师曰：“我非诸佛。”曰：“既非诸佛，为甚么却立我道[35]？”师曰：“适来暂唤来，如今却遣出[36]。”曰：“为甚么却遣出？”师曰：“若不遣出，眼里尘生。”

问：“一切处觅不得，岂不是圣？”师曰：“是甚么圣？”曰：“牛头未见四祖时，岂不是圣？”师曰：“是圣境未忘。”曰：“二圣相去几何？”师曰：“尘中虽有隐形术，争奈全身入帝乡[37]？”

问：“古人道：‘因真立妄，从妄显真[38]。’是否？”师曰：“是。”曰：“如何是真心？”师曰：“不杂食是。”曰：“如何是妄心？”师曰：“攀缘起倒是。”曰：“离此二途，如何是本体？”师曰：“本体不离。”曰：“为甚么不离？”师曰：“不敬功德天，谁嫌黑暗女[39]？”

问：“尽乾坤都来是个眼[40]，如何是乾坤眼？”师曰：“乾坤在里许。”曰：“乾坤眼何在？”师曰：“正是乾坤眼。”曰：“还照瞩也无[41]？”师曰：“不借三光势[42]。”曰：“既不借三光势，凭何唤作乾坤眼？”师曰：“若不如是，髑髅前见鬼人无数[43]。”

问：“一笔丹青为甚么邈志公真不得[44]？”师曰：“僧繇却许志公[45]。”曰：“未审僧繇得甚么人证旨，却许志公？”师曰：“乌龟稽首须弥柱[46]。”

问：“动容沉古路，身没乃方知[47]，此意如何？”师曰：“偷佛钱买佛香。”曰：“学人不会。”师曰：“不会即烧香供养本爷娘[48]。”

师后住泐潭[49]而终，谥“大觉禅师”。

【注释】

[1] 瑞州：后改为筠州，今江西高安。

[2] 其余则不问，如何是“一条白练去”：前面“休去”一直到“古庙香炉

去"都不问你们，单问最后一个"一条白练去"是什么意思？旧校本标点错误，它在"其余则不"后加句号，将"问"单独作为一个提问，即"问：'如何是一条白练去？'"因为旧校本标点错误，所以旧译本翻译也跟着错误。

[3]坐脱立亡即不无，先师意未梦见在：虽然有坐脱立亡的本事，但是先师的意旨仍旧没有明白。旧校本标点错误，其标点为："坐脱立亡，即不无先师意，未梦见在。"因为旧校本标点错误，所以旧译本翻译也跟着错误。

[4]无间中人行甚么行：无间地狱里面的人修什么行？无间：指无间地狱，痛苦没有间断的地狱。行：指身口意造作。旧译本没明白"无间"的意思，译为"处在没有间隙里的人行走是什么样的行走"，望文生义，不知所云。

[5]无间行：畜生道众生修无间地狱行。无间地狱的人业报结束后就投生到畜生道，因为畜生愚痴不知道如何修善行，所以它继续堕落，其果报又是无间地狱。故可以说畜生道的众生修无间地狱行。旧译本没明白"无间"的意思，译文继续出现同样的错误。

[6]此犹是长生路上人：他们还是长生路上的人吗？长生路，指进入不生不死解脱道路的众生。旧译本将"长生"译为"长生不老"，有误。"长生不老"是仙道中人，非佛教摆脱生死轮回之人。佛教"长生不老"，如佛教极乐净土众生有无量寿，就是这个意思。

[7]汝须知有不共命者：你必须知道还有不共命的众生。共命，如共命鸟，两首一身，果报同，心识别。地狱、畜生道的众生与修念佛往生净土的人是不共命的，命运不同，其果报也不同。

[8]不假耳试采听看：旧校本作"不假耳试辨听看"，校对错误。

[9]向外绍则臣位，向内绍则王种：向外延续则处于臣的地位，向内延续则处于王种地位。

[10]若不知事极头，只得了事，唤作外绍，是为臣种：若不知道事物的最高层次（究竟），只在眼前办事，名叫向外延续，这样只能做臣种。极头：最高品第，第一等。了事：办妥事情，使事情得到结束。

[11]知向里许承当担荷，是为内绍：知道在里面（内心）承担负荷，这样就是向内延续。许：助词，里面，里头。

[12]须见无承当底人，无担荷底人，始得同一色。同一色了，所以借为诞生，是为王种：必须知道那些无承当的人、无负荷的人，才认同一切现象都是客观存在的。只有了悟一切现象都是虚幻不实的，才会知道真正的宝藏在里面，所以就向内用功，靠自己的力量播种而延续新的生命，这就是王种。

[13]绍是功，绍了非是功。转功位了，始唤作人王种：延续是向内用功修行，

只为完成延续不是向内用功修行。以向内延续为起点开始修行，才开始叫作人王种。功：一般理解为功德，但也指修行。禅林有"功之初后"一语，意指修行之过程。旧译本将"功"译为"功德"，则这段话的含义不好理解。

[14] 未审外绍还转也无：不知道向外延续还能转变自己吗？意思是：不修行转变为修行，向外看转变为向内看，从而成为王种。

[15] 外绍全未知有，且教渠知有：外绍全不知道，先教他知道。渠：他。知有：知道，不要理解为"知道有"，就是知道的意思。"有"为助词。

[16] 推爷向里头：把父亲大人向里面推。爷：非爷爷，指父亲，方言常常爷娘并称，即父母。旧译本译为"爷爷"，有误。

[17] 渠也不独坐世界，里绍王种名，外绍王种姓：他也不独坐天下，在里面延续王种名，在外面延续王种姓。这是指导如何向里面用功，向里面用功并非与世隔绝，而是必须与众生打成一片，内有菩提心，外现度生之相，真空妙有，游戏神通。

[18] 绍是功，名臣是偏中正。绍了转功，名君是正中偏：延续是向内用功修行，若叫作臣，那就是偏中之正（现在是臣，但其结果是君）。以向内延续为起点开始修行，虽然叫作君，但还没有真正成为君，所以是正中之偏（现在只是名义上的君，种子变成君还有待时日，故这种叫法出偏了）。

[19] 诞生还更知闻也无：怀孕出生期间人还能听到吗？

[20] 更知闻阿谁：还能听见谁？阿：语气助词。

[21] 怎么则莫便是否：这样的话，什么也不听见，莫非就是我们的本来面目了？旧译本将"便"译为"方便"，译文为"这样就不方便了，是不是"，变成一句与本文毫无关系的话。

[22] 若是，古人为甚么道诞生王有父：如果是的话，那么古人为什么说出生的小王子有父亲？本来面目无父无母，不生不灭，故禅师予以否定。

[23] 同时不识祖：因为他出生的时候忘记了自己的祖宗，这个祖宗指自己的本来面目。旧译本"同一时间不认识祖师"，译错。

[24] 直得不怎么来者，犹是儿孙：就是不这么来的，也是儿孙。出自本书第五章"潭州云岩昙晟禅师"注释。师曰："怎么来者，犹是儿孙。"洞山代云："直是不怎么来者，亦是儿孙。"此处对话就没有父母的来者展开讨论，没有父母那就是我们的本来面目了，但只要有一点执着分别就不是自己的本来面目了。所以，当昙晟禅师说"这样来的，还是儿孙"，而洞山禅师则说"就是不这么来的，也是儿孙"，无论执着"有"，还是执着"无"，都不是自己的本来面目，都是父母所生身，故说是"儿孙"。旧译本"只有不这样来的人，还是儿子孙子的辈分"，译错。

[25] 珍御：供御用（皇帝使用）的珍贵食物。

[26] 诸圣间出，只是个传语底人：各位圣人时而出世，也只是一个传话的人。

[27] 九重无信，恩赦何来：如果帝王没有使者，那么他的大恩大赦怎么传下来呢？信：信使，使者。九重：借指帝王，因为帝王宫殿重重深锁。恩赦：指帝王登基等大庆时，下诏赦免罪犯。

[28] 流光虽遍，阃（kǔn）内不周：如水一样流泻的月光虽然可以照遍大地，但我们的内室它也没法照进来。比喻自己的内心本有的自性不能看见。流光：特指如水般流泻的月光。阃内：旧指家庭、内室。这里比喻自己内心本有的自性。旧译本"太阳光虽然能照遍世界，但是就照不进门坎里的地方"，译文有错。

[29] 汝道巨岳还曾乏寸土也无：你说高大的山峰还缺少那么一点土地吗？

[30] 演若迷头心自狂：演若达多迷失了自己的头，弄得自己发狂。这是一个佛教典故，出自《楞严经》。"演若"，梵语，是一个人的名字，全名"演若达多"，又作延若达多、耶若达多。意译作祠授，因祭祠天而乞得之意。据《大佛顶首楞严经》卷四载，室罗城中演若达多，一日于晨朝以镜照面，于镜中得见己头之眉目而喜，欲返观己头却不见眉目，因生大嗔恨，以为乃魑魅所作，遂无状狂走。此系以自己之本头比喻真性，镜中之头比喻妄相。喜见镜中之头有眉目，比喻妄取幻境为真性而坚执不舍；嗔责己头不见眉目，则比喻迷背真性。"狂"不是狂妄，指精神分裂，但旧译本没有弄清这个典故，其译文"就像演若这样头脑糊涂是非不分的人，他们的本心太狂妄了"，有误。

[31] 突晓途中眼不开：演若达多的疯癫皆因过分相信镜子所见，一旦没有镜子了，就以为自己遗失了头，而四处寻找。如果我们行走途中不被外来的事物所迷惑，走过去就如没有眼睛看见一样，那么最后就觉悟。

[32] 须弥还更戴须弥：须弥山上再放上一个须弥山吗？与"头上安头"一个意思。"头上安头"比喻事情重复多遍而无必要。如人本来已经有头，若在头上再安一个头，那是多余的，无此必要。

[33] 孟尝君：妫姓，田氏，名文，"战国四公子"之一，战国时期齐国贵族，因封袭其父爵于薛（今山东省滕州市官桥镇），又称薛公，号孟尝君。孟尝君依仗父亲留下的丰厚资产，富甲天下，在封地薛邑广招各国人才，门下有食客数千。但最后也身死国灭，家破人亡。

[34] 同岁老人分夜灯：宝祐本作"百岁老人分夜灯"，查阅《景德传灯录》与《祖堂集》均作"同岁老人分夜灯"。

[35] 既非诸佛，为甚么却立我道：你既然不是诸佛，为什么却建立自己的观点？旧译本将"立"理解为"站立"，译为"既然你不是诸佛祖，为什么让我站着

说话呢"，完全不是原文的意思。

[36] 适来暂唤来，如今却遣出：刚才暂时把你喊来，现在却必须把你赶出去。

[37] 尘中虽有隐形术，争奈全身入帝乡：进入红尘中即使有隐身之术，怎能奈何一身已经被帝王之国包围？

[38] 因真立妄，从妄显真：《景德传灯录》作"真心妄心"，禅师则回答"是立真显妄"。即立真心显妄心，两者对比，知道自己修行努力的方向。

[39] 不敬功德天，谁嫌黑暗女：此为两位女神之名，并且是姊妹。功德天：又作吉祥天女。本为婆罗门神，而取入于佛教中。父德叉迦，母鬼子母，毗沙门天之妹。黑暗女：又作黑耳天女。为吉祥天女之妹，其容貌丑陋，所至之处，能令一切功德耗损，乃予人灾祸之神。以吉祥天女生福，黑耳天女生祸，故人若见吉祥天女则喜，若遇黑耳天女则忧；然吉祥、黑耳姊妹常相伴随，故常以"黑耳吉祥"一词比喻善恶、祸福相随逐。

[40] 尽乾坤都来是个眼：整个世界或宇宙都只是我们一只眼睛。这是就法身意义来说的，法身无边无际，无始无终，遍十方界无所障碍，众生的一切悉知悉见，故犹如一只眼睛。但这只眼睛不仅能够看见外面，还能看见你的心里每一念头。众生所想，如来皆知。乾坤：指整个世界或宇宙。旧译本"整个宇宙的物体都全是它的眼睛"，不符合原意。

[41] 还照瞩也无：它是否还能照耀十方呢？照瞩：照耀，闪耀。

[42] 不借三光势：不需要利用日月星的光明。

[43] 若不如是，髑（dú）髅（lóu）前见鬼人无数：如果不是这样，看见髑髅就好像看见了无数鬼魂。因为乾坤眼是诸佛法身，其无量光明来自自性，不从外得。如果还要凭借外在的力量，即使只有一点点，也不是乾坤眼了。只要有一点点凭借，那么就会在尸骨前面看见无数鬼魂（视幻相为真实，还没有达到空的境界，所以需要凭借外来的力量）。髑髅：指死人的头骨。看见死人的头骨就幻现无数鬼魂，实际上只是自己骗自己。就好像《楞严经》所说："瞪发劳相。"人用眼睛直视虚空，看久了，便发生疲劳相，看见眼前金花乱飞。这眼前金花本来就不存在，但看得疲劳了，眼睛出问题了，就出现金花。由看见髑髅幻现鬼魂，其道理也是如此（心理出问题了）。《楞严经宗通》（《卍新续藏》第十六册）说："若有凭借，正是渗漏处。直饶（即使）会得，也是目前见鬼。惟于'乾坤眼何在'一句，觑得透（看得空），始把得定。瞪发劳相，从何而起？"旧译本与《〈景德传灯录〉译注》没有明白"目前见鬼"只是幻现，翻译为"髑髅面前就会出现无数鬼魅"，把虚相当作实相翻译，不符合原意。

[44] 一笔丹青为甚么貌志公真不得：一瓶颜料为什么描绘不了志公的肖像？

传说志公修行修得出神入化，他可以千变万化，不知道哪个像才是他的真像。丹青，指丹砂和青艧，可作颜料。宝志（418～514年），南朝僧。又作宝志、保志、保志。世称宝公、志公和尚。金城（陕西南郑，或江苏句容）人。俗姓朱。年少出家。师事道林寺僧俭，修习禅业。刘宋泰始年间（466～471年），往来于都邑，居无定所，时或赋诗，其言每似谶记，四民遂争就问福祸。齐武帝以其惑众，投之于狱。然日日见师游行于市里，若往狱中检视，却见师犹在狱中。帝闻之，乃迎入华林园供养，禁其出入。而师不为所拘，仍常游访龙光、阛宾、兴皇、净名等诸寺。至梁武帝建国，始解其禁。师每与帝长谈，所言皆经论义。天监十三年十二月示寂，世寿九十六。敕葬钟山独龙阜，于墓侧立开善寺。谥号"广济大师"。貌：描绘，摹写。有版本将"貌"作"邈"，古字相通，意义相同。志公真：指志公的肖像。真：人的肖像。

[45] 僧繇（yóu）却许志公：大画家张僧繇却称赞志公。僧繇：即张僧繇，字号不详，吴郡吴中（今江苏苏州）人。南北朝时期梁朝大臣，著名画家。成语"画龙点睛"的故事即出自有关他的传说。

[46] 乌龟稽首须弥柱：乌龟拜倒在直立高耸的须弥山下。乌龟与须弥相比，一高一矮，是极不协调的事物。平时沉于海下的乌龟，怎么能够看到巍然屹立于大海之上的须弥山呢？即使浮出海面，对于乌龟来说也是遥不可及。禅师这句话，一方面可以看成奇特句（参见本书奇特句注释），另一方面可以把乌龟比喻为凡夫俗子，但是只要他承认自己也有佛性，他归依顶礼三宝（须弥柱比喻佛）就必能成佛。虽然眼前还是凡夫，可最终与佛又有什么区别呢？须弥：梵语。译为"妙高""妙光""安明""善积"等。原为古印度神话中的山名，后为佛教所采用，指一个小世界的中心。山顶为帝释天所居，山腰为四天王所居。四周有七山八海、四大部洲。须弥柱：形容须弥山直立高耸，巍然屹立于大海之上。旧译本"乌龟向须弥山的石柱稽首跪拜"，翻译有误。

[47] 动容沉古路，身没乃方知：一动容就使古路沉没，身体陷进去了自己才知道。

[48] 爷娘：方言，指父母。

[49] 泐（lè）潭：一个潭名，位于江西省高安县洞山。相传唐代禅宗曹洞宗良价禅师与其弟子本寂亦曾居此习禅。

【概要】

道虔禅师（？～921年），石霜庆诸之法嗣。福州侯官（今福建福州）人，俗姓刘氏。道虔四方行脚参学，后来成为石霜禅师的侍者，亲依数年。庆诸归寂，众请道虔继丈席。后迁瑞州（今江西高安）九峰，世称"九峰虔"。晚年住持泐潭，徒众益盛，遂为泐潭第一世住持。龙德元年（921年），道虔安坐而化。谥"大觉禅师"。

道虔禅师善于随机应变点化学人。如僧问："无间中人行甚么行？"师曰："畜生行。"曰："畜生复行甚么行？"师曰："无间行。"禅师通过无间地狱与畜生道众生的身份变化，告诉学人还是珍惜人生吧！无间地狱是痛苦没有间断的地狱，所以还能有什么善行呢？只能受苦。无间地狱的人业报结束后就投生到畜生道，因为畜生愚痴不知道如何修善行，所以它继续堕落，其果报又是无间地狱。故可以说畜生道的众生修无间地狱行。因此，最痛苦与最快乐的地方（天道）都不会真正修行，只有人道，快乐与痛苦并存，觉悟人生无常，发菩提心，才有出轮回的日子。

出自道虔禅师公案有"九峰头尾"。《指月录》卷十五记载：僧问九峰："如何是头？"峰曰："开眼不觉晓。"曰："如何是尾？"峰曰："不坐万年床。"曰："有头无尾时如何？"峰曰："终是不贵。"曰："有尾无头时如何？"峰曰："虽饱无力。"曰："直得头尾相称时如何？"峰曰："儿孙得力，室内不知。"

"九峰"即道虔禅师。借与一僧论头尾之事相，以示道人得真实境界之因缘。头者，见证一切诸法毕竟空寂之意；尾者，更出世间森罗万象，而显现自在之妙用。若有头无尾，则不为贵；有尾无头，则无力；头尾相称，始得完具义。

《楞严经宗通》说："九峰会得石霜意，如一印托出。天童颂云：'规圆矩方，用行舍藏。钝踬栖芦之鸟，进退触藩之羊。吃人家饭，卧自己床。云腾致雨。露结为霜。玉线相投透针鼻，绵丝不断吐梭肠。石女机停兮，夜色向午；木人路转兮，月影移央。'此颂首尾相称，必如此修，如此行，方可与圆顿法门相应。"

【参考文献】

《景德传灯录》卷十六；《宗门拈古汇集》卷二十七；《楞严经宗通》。

涌泉景欣禅师

台州[1]涌泉[2]景欣禅师，泉州人也。自石霜开示而止涌泉。

一日，不披袈裟吃饭，有僧问："莫成俗否？"师曰："即今岂是僧邪？"

强、德二禅客于路次见师骑牛，不识师，忽曰："蹄角甚分明，争奈骑者不鉴[3]？"师骤牛而去[4]，强、德憩于树下煎茶。师回，却下牛问曰："二禅客近离甚处？"强曰："那边。"师曰："那边事作么生？"强提起茶盏，师曰："此犹是这边事，那边事作么生？"强无对，师曰："莫道骑者不鉴好！"

上堂："我四十九年在这里，尚自有时走作[5]，汝等诸人莫开大口。见解人多，行解人万中无一个[6]。见解言语，总要知通[7]。若识不尽，敢道轮回去在[8]？为何如此？盖为识漏[9]未尽。汝但尽却今时，始得成立，亦唤作'立中功'[10]。转功，就他去，亦唤作'就中功'，亲他去[11]。我所以道，亲人不得度，渠不度亲人。恁么譬喻，尚不会荐取[12]，浑仑底，但管取性，乱动舌头[13]，不见洞山道'相续也大难[14]'，汝须知有此事。若不知有，啼哭有日在[15]。"

上堂："拍盲不见佛，开眼遇途人[16]。借问途中事，渠无丈六身。不从五天[17]来，汉地不曾踏。不是张家生，谁云李家子？三人拄一杖、卧一床，似伊不似伊，拈来搭肩上。为他十八儿，论不奈伊何。"

【注释】

[1] 台州：今浙江临海。

[2] 涌泉：寺名。又名延恩寺。一座西晋建造的古刹，位于浙江省临海市涌泉镇外岙村，三面环山，至今一千七百多年，依旧矗立在兰田山脚下。

[3] 蹄角甚分明，争奈骑者不鉴：这牛的蹄角很清楚，怎么骑的人看不见？分明：清楚，清晰。鉴：明察，审查。

[4] 骤（zhòu）牛而去：骑着牛急速跑过去了。骤：急，疾速，快跑。

[5] 走作：出岔子，出纰漏。

[6] 见解人多，行解人万中无一个：说自己见解的人很多，但把理论落实到行动，万人中没有一个。

[7] 见解言语，总要知通：有见解的话，总要有智慧，圆满通达。知通：明智通达。

[8] 若识不尽，敢道轮回去在：如果六识有漏，敢说自己就摆脱轮回了吗？

[9] 识漏：因为六识攀缘外境，被妄想和烦恼左右，怎么能够解脱轮回呢？识有漏，即六根不净而使六识有漏，因妄想执着而不得解脱。旧译本将"识漏"译为"认识有缺漏"，有失偏颇，因此识是佛教专有名词之"识"。

[10] 汝但尽却今时，始得成立，亦唤作"立中功"：你只管放下眼前一切（屏绝一切事物），才开始成就，也名叫"立中功"（放下的结果）。尽却今时，谓于今时当即除尽种种分别情见，顿悟道法。禅家强调，禅法就在眼前目下，不须向

他时他处寻求。如《续景德传灯录》卷一七"智通景深禅师"条："遂往宝峰求入室。峰曰：'直须断起灭念，向空劫已前扫除玄路，不涉正偏，尽却今时，全身放下，放尽还放，方有自由分。'师闻，顿领厥旨。"

［11］转功，就他去，亦唤作"就中功"，亲他去：如果转为放不下，就跟随他去了，被他牵着鼻子走了，这就名叫"就中功"（迁就的结果），亲近他去了。

［12］荐取：认识，醒悟。

［13］浑仑底，但管取性，乱动舌头：昏昏沉沉的，看不清楚，只管随意适性，乱动舌头，说糊涂话。浑仑：浑然不分明，看不清楚，昏昏沉沉。取性：随意适性，任性。

［14］相续也大难：佛法要真正传承下去，也是很困难的事情。相续：指禅宗心印祖祖相传，薪火相承。此处指那些不明心性的人，自己不懂，却好为人师，胡说八道，将假佛法传给众人。

［15］若不知有，啼哭有日在：若不知道有这么回事（指洞山所说"相续也大难"），就在那里乱动舌头，胡说八道，那么总有一天有你哭的时候（恶的果报）。旧译本没有明白这个意思，译错。此外，针对旧校本标点错误，项楚撰写《〈五灯会元〉点校献疑续补一百例》说："此二句第一次印本作一句读，固非；第二次印本于'啼'下点断，亦误。应作：'若不知有，啼哭有日在。'此二句乃承'汝须知有此事'而下，'有'即指'有此事'，'啼哭有日在'是说，将来终有你啼哭的时候。"

［16］拍盲不见佛，开眼遇途人：拍问一下看不见佛的盲人，开眼以后问过来人佛是什么样子。下文均是盲人听到所描述的佛是什么样子。盲人看不见一切，就对一切都没有分别心，一旦开眼以后，他暂时也没有过去的印象，故别人描述什么样子就是什么样子，依然没有分别心。修行人就是要这样，这是禅师开示的意义。

［17］五天：即印度。印度称为五天竺，略称五天。五天竺包括东西南北中五方之天竺，即东天西天南天北天中天。《西域记》曰："五印度之境，周九万四里，三垂大海，北背雪山，北广南狭，形如半月。"

【概要】

景欣禅师，唐代禅僧。石霜庆诸之法嗣，泉州仙游（今属福建）人。师事石霜庆诸禅师得法，出居台州（今浙江临海）涌泉寺。

有一天，景欣禅师没披袈裟吃饭，有僧人问："这不成俗人了吗？"景欣反问："现在穿上难道就是僧人了吗？"这是说明如果心有三宝，那么外面的形式都是次要的。

　　有强、德两位禅客前来参拜，在路上遇见景欣禅师骑着牛经过，但他俩不认识景欣禅师，就说："这牛的蹄角很清楚，怎么骑的人看不见？"景欣禅师骑着牛急速跑过去了。两位禅客就在大树下休息，煎茶喝。景欣禅师回来，从牛背上下来，上前问好，并坐着一起喝茶。景欣禅师问："两位禅客近来离开了哪里？"禅客回答："离开了那边。"景欣禅师问："那边的事怎么样？"一禅客提起了茶杯，景欣说："这还是这边的事，那边的事怎么样？"两位禅客不能应对。景欣禅师说："还是不要说骑牛的人不认识牛为好！"

　　这就是著名的"涌泉骑牛"公案，乃涌泉景欣禅师破除强、德二禅客的分别知见的故事。"蹄角甚分明，争奈骑者不识。"评论骑牛的禅者未见自性。在本公案中，二位禅客自以为是，自认为从蹄角来看，此明明是一头牛（这里牛隐喻自性），怎奈何骑的人不识？显然自我标榜没骑的人定能识得此是牛（能够认识本性）。

　　既然此二人自喻能见牛，景欣禅师就以"禅客近离什么处"的提问来测试一下禅客的悟境，即如果他们回答有来去就有分别心。果然两禅客上当了，回答"离开了那边"（来去已经出现了）。然后景欣禅师继续说"那边的事怎么样"，如果禅客回答"这边那边都是一样"，那还有挽救的余地。遗憾的是禅客端起了茶杯，即这边在喝茶，那边也在喝茶。可见两禅客把"这边事"与"那边事"分开，有来去即就有分别心。可见，两禅客仍旧是没有明心见性的凡夫俗子。

　　通过这样一番对话，禅师知道两位禅客不过是门外汉而已，然后说"还是不要说骑牛的人不认识牛为好"，景欣禅师的话意在隐喻禅客本身就没有见到自性，应当返观自心，来去是否平等，这边那边是否有分别，从而见性成佛，切不可以不悟者的眼光来看待悟道之人。

【参考文献】

《景德传灯录》卷十六；《嘉定赤城志》卷三十五。

潭州云盖山志元圆净禅师

　　志元圆净禅师游方时问云居曰："志元不奈何[1]时如何？"居曰："只为阇黎功力不到。"师不礼拜，直造石霜，亦如前问。霜曰："非但阇黎，老僧亦不奈何！"师曰："和尚为甚么不奈何？"霜曰："老僧若奈何，拈过[2]汝不奈何。"师便礼拜。

　　僧问石霜："万户俱闭即不问，万户俱开时如何？"霜曰："堂中事作么生[3]？"僧无对。经半年，方始下一转语曰："无人接得渠[4]。"霜曰：

"道即太煞道，只道得八成[5]。"曰："和尚又且如何？"霜曰："无人识得渠[6]。"

师知，乃礼拜，乞为举[7]，霜不肯，师乃抱霜上方丈曰："和尚若不道，打和尚去在！"霜曰："得在[8]。"师频礼拜。霜曰："无人识得渠。"师于言下顿省。

住后，僧问："如何是佛？"师曰："黄面底是[9]。"曰："如何是法？"师曰："藏里是[10]。"

问："然灯[11]未出时如何？"师曰："昧不得[12]。"

问："蛇为甚么吞却师[13]？"师曰："通身色不同[14]。"

问："如何是衲僧[15]？"师曰："参寻访道。"

潭州道正表闻马王[16]，乞师论义，王请师上殿相见。茶罢，师就王乞剑。师握剑问道正曰："你本教中道'恍恍惚惚，其中有物'，是何物[17]？'杳杳冥冥，其中有精'，是何精[18]？道得不斩，道不得即斩。"道正茫然，便礼拜忏悔。师谓王曰："还识此人否？"王曰："识。"师曰："是谁？"王曰："道正。"师曰："不是。其道若正，合对得臣僧[19]。此只是个无主孤魂。"因兹，道士更不纷纭[20]。

【注释】

[1] 不奈何：没有办法。

[2] 拈（niān）过：拿过来。拈：用手指搓捏或拿东西。

[3] 堂中事作么生：屋内事做什么？作么生：干吗，做什么。生：语气助词。这句话的意思是，先认识屋内主人公，主人公当下在做什么，那么才知道所有门户打开后的情景（万户俱开时如何）。心净则打开后是净土，心不净则打开后看见的不净的土。旧译本"佛堂里的事怎么样呢"，翻译出错。

[4] 无人接得渠：没有人接到他。看起来这个回答不错，即主人公坐忘了，连人也接不到了，境界很高。

[5] 道也太煞道，只道得八成：一般如此标点，前面第五章"潭州云岩昙晟禅师"条已经出现这句话。但"道也太煞道"，后面的"道"似乎多余。如果将"道"理解为语气助词（古汉语中一般用在句首或句中作语气助词），无意义，则"道也太煞道"这样标点亦无碍。"道也太煞"就是"说得太过分了"的意思，"太煞"，方言，过分。如果将"道"放入后文，"道只道得八成"，即"说也只是说出

来八成"。这样标点也可。两句话可翻译为："说得太过分了，说也只说出来八成"。此处即肯定了僧人努力的方向，但一下子把自己拔得太高了（说得太过分了），并且过分追求坐忘境界，连人也不见了，容易进入"顽空"境界（偏向空的一边，而不能真空妙有）。

[6] 无人识得渠：没有人认识他。这样回答就圆融了，因为人人都有佛性，却没有人认识它，所以把自己的宝藏丢了，还到处到外面寻宝。

[7] 举：①推举，推荐。《大慧宗门武库》："寘首座丛林达士，何不举他首众？"②举说，复述。《祖堂集》卷一三"福先招庆"条："二祖于达磨边承领得个什么事，还有人举得么？若有人举得，出来举看；若无人举得，大众侧聆，待某甲为众举当时事。"《明觉语录》："他后见别处长老，学士不请举向伊。"（不请：请勿。）③禅家语录记载格式，表示举说某则公案。《汾阳语录》卷中："白兆举：'紫胡有犬，上取人头，中取人心，下取人腰。'僧问：'如何是白兆犬？'师云：'不作声。'僧便喝。师便打云：'向道不作声！'"《大慧语录》卷四："示众，举，僧问云门：'如何是超佛越祖之谈？'门云：'糊饼。'师云：'云门直是一枚糊饼，要且无超佛越祖底道理。'"（摘自《禅宗大词典》）

[8] 得在：好吧！得：用在口语中表示同意或禁止。在：语气助词，无义。

[9] 黄面底是：那个黄面的人就是。实际上就是指问者本人，因为中国人都是黄面黄皮肤。

[10] 藏里是：藏在里面的就是。里面就是我们的内心，心具一切法。

[11] 然灯：即然灯佛，又作锭光佛，为释迦牟尼授记的古佛。

[12] 昧不得：不会昏暗。禅师从"然灯"这个名字的意义上来回答僧人提问。意思是，自性世界光明遍十方界无所障碍，难道只是等"然灯"出来才有光明吗？所以，当僧人问"然灯未出时如何"时，禅师回答"不会昏暗"，即一样没有黑暗，光明一样遍十方界无所障碍。昧，此处是昏暗的意思。昧不得，就是不得昏暗，不会昏暗。旧译本没有弄懂原意，译为"蒙昧不开化"，望文生义，不符合原意。

[13] 蛇为甚么吞却师：蛇为什么把那么大的狮子都吞吃了？师：同"狮"，通假字，佛经说"狮子吼"，常写作"师子吼"。旧译本没弄清"师"是通假字，译为"蛇为什么把老师吞掉了"，这样下文禅师回答这个问题就无法解释了，并且接着翻译出错。

[14] 通身色不同：禅师这样回答是在讲佛法。通身：指一切众生佛性相通，一切众生都逃不开自性之海，所以性海可以吞没一切众生。色：即色身，指一切众生个体。虽然大小各有不同，但在性海里都是微尘。蛇的身体比狮子小，但禅师把

它比喻为性海，而狮子虽然比蛇大，但不管它有多大，都逃不开性海的吞没。《楞严经》说"于一毛端现宝王刹，坐微尘里转大法轮"，也就是这个意思。旧译本译为"全身颜色不相同"，不知所云，与原意不搭界。

[15] 衲（nà）僧：和尚，僧人。衲：僧衣，因其常用许多碎布拼缀而成，故称。

[16] 潭州道正表闻马王：潭州道观的住持将志元禅师事迹上表报告给马王。表：下级给上级报告的文体。道正：不是一个道士的名字，是道观职务名称，道观的住持，观主。如佛教"僧正"，亦是僧团的职务，匡正僧尼行为之僧官，僧团中之最高职官。旧校本将"道正"当作一个人的名字，在下画线。旧译本亦跟着错误，当作名字翻译。

[17] 你本教中道恍恍惚惚，其中有物，是何物：你的道教中说"恍恍惚惚，其中有物"，是什么物？"恍恍惚惚，其中有物"出自《老子·道德经·第二十一章》，原文为"恍兮惚兮，其中有物"。这是讲"道之为物，惟恍惟惚"，即"道"这个东西，并非可以说出来的，看得见的，恍恍惚惚，好像看见它了，可这个东西又是虚幻不实的。所以，禅师就问道士"这个物到底是什么物"，这是将禅意与道法融为一体，讲"真空妙有"之理。旧译本没有弄清"恍恍惚惚，其中有物"的出处，更没有明白禅师在这里引出来的含义，所以翻译错误。其译文为"你本门教派中的道理，隐隐约约不可辨认，其中有个物件，那是什么物件"，如此翻译则弄出笑话。

[18] 杳杳冥冥，其中有精，是何精：与上文一样，"杳杳冥冥，其中有精"同样出自《老子·道德经·第二十一章》，原文为"窈兮冥兮，其中有精"，继续在讲"道"的本质是什么。"窈"指幽远，幽暗，深不可测的；"冥"指幽深，深奥。"道"那样深不可测，不可思议，其中却有精的本质。这个精的本质相当于佛教的第八识，这第八识既有凡夫轮回的种子，也有诸佛如来藏性在里面。所以老子接着说"其精甚真，其中有信"，这都是佛性的另外一种表述。真，即真性，不生不灭。信，没有虚假，没有妄念，直心是道场，都是成佛的种子。旧译本没有弄清"杳杳冥冥，其中有精"的出处，也没有明白禅师在这里引出来的含义，所以翻译错误。其译文为"深暗幽远，不可捉摸，其中有精神，那是什么精神"，不符合原意。

[19] 其道若正，合对得臣僧：此处语义双关，用"道正"二字说明问题。是道正吗？如果他的道正确，就应当能够回答我老僧。

[20] 因兹，道士更不纷纭：从此以后，道士再也不与僧人争论。纷纭：纷争，此处指道士们从此哑口了，不敢与僧人争高低了。"因兹，道士更不纷纭"是这场

辩论的结果，描述性的语言，可旧校本放在引号里面，当作志元禅师说的话，标点错误。旧译本亦跟着错误，译错。

【概要】

志元圆净，唐代禅僧。一作志圆。生卒年不详。属青原行思法系。初参云居不契，复谒石霜庆诸，久之得悟，嗣其法。后出住潭州（今湖南长沙）云盖山，大举弘化，名噪一方，故又称"云盖志元"。署号"圆净大师"。

【参考文献】

《祖堂集》卷九；《景德传灯录》卷十六；《联灯会要》卷二十二。

潭州谷山[1]藏禅师

僧问："法尚应舍，何况非法[2]？如何是法尚应舍？"师曰："空里撒醍醐[3]。"曰："如何是非法？"师曰："嵩山道士诈明头[4]。"

问："逼迫出来时如何？"师曰："还曾拶[5]着汝么！"

【注释】

[1] 谷山：位于湖南望城县（今属长沙望城区）星城镇与长沙岳麓区望岳乡交界处。谷山有宝宁寺，为唐代藏禅师所建。20 世纪 50 年代烟火依旧，"文化大革命"中被拆毁。今建为林场，尚存古桂数株，参天耸立，为古寺仅存之物。

[2] 法尚应舍，何况非法：出自《金刚经》："汝等比丘！知我说法，如筏喻者，法尚应舍，何况非法？"因为"法"在佛教里面是一个多义词，在佛典中，法之用例极多而语意不一。简单来说有两种：一是意识形态（形而上）来看，法是认识之标准、规范、法则、道理、教理、教说、真理等。二是从物质层面（形而下）来看，法指一切存在的现象。根据《金刚经》上下语义来看，此"法"显然指佛法，即指第一个意义。故这段话应如此理解：你们诸位比丘，要知道我所说的法，就好像渡去彼岸的一只船，一旦到达彼岸了，这船就不需要了（"指月"就是这个含义）。所以，佛法（出世间法）尚且应当舍弃，何况世间其他法（世间法）还能不舍弃吗？很多高僧解读《金刚经》也是这样理解的。《金刚经》讲的是如来境界，到了如来境界什么都要舍。但有些人就不懂了，以为佛法怎么能舍弃呢？就提出在《入楞伽经》里，佛是怎么解释"法"与"非法"的。却不知道，佛在《入楞伽经》里面解释的意义属于上面所说第二种意义。"法"就色法来说，指所有之

存在，故佛举例"瓶等无常败坏之法"。而"非法"在这里，佛则指认识上的问题，如执着"有"执着"无"都属于非法。所以，在这里的理解就是：一切存在的物质都是无常的，也是虚幻不实的，故应舍弃。非法则是理解上认识上出了问题，执有执无都不是诸法实相，故亦应舍弃。对于《金刚经》所说舍弃佛法，有些人也没全面理解，佛法是一只船，没到彼岸怎么能舍弃呢？旧译本没有弄清"法尚应舍，何况非法"的出处，也没有弄清它的含义，译为"佛法崇尚应受和舍弃"，语句不通，不知所云。

[3] 空里撒醍（tí）醐（hú）：这是针对"法尚应舍"的回答。醍醐：指由牛乳精制而成最精纯之酥酪，乃五味之一，即乳、酪、生酥、熟酥、醍醐五味中之第五种味，故亦称醍醐味。为牛乳中最上之美味，故经典中每以醍醐比喻涅槃、佛性、真实教。禅师说空中撒醍醐，比喻若是舍弃了法，就没有一切执着了，也就达到了人空与法空的境界，这样就好像在"空"中出现了"醍醐"，也就是涅槃了。旧译本没有懂这个意义，译为"在天空中撒酥油"，醍醐可不是酥油，醍醐为五味中最高美味，是成佛的境界。

[4] 嵩山道士诈明头：嵩山道士假冒光头和尚欺骗明白人。这是针对"什么是非法"的回答，"非法"即非佛所说法，世间法与外道所说法都是非法，更有一种"非法"防不胜防，那就是附佛外道，打着佛教的旗号，干着非法的勾当，使一些善男信女上当受骗。所以禅师说，非法就是嵩山道士假冒光头和尚说法。嵩山也是道教名山，所以嵩山肯定出道士，但他们要是也剃光头，穿上袈裟，我们还能识别他是道士吗？诈明头：欺骗明白人。明头：明白人。

[5] 拶（zā）：逼，挤压。

【概要】

谷山藏禅师，石霜庆诸之法嗣，生卒与简历均不详。《传法正宗记》卷七说："其所出法嗣三人：一曰新罗瑞岩和尚者，一曰新罗泊严和尚者，一曰新罗大岭和尚者。"故朝鲜佛教史这三位高僧的师父来自中国。本文主要记载禅师回答僧人所提《金刚经》经文的疑问。

据《景德传灯录》，禅师还有一则对话：僧问："祖意教意，是一是二？"师曰："青天白日，夜半浓霜。"

潭州中云盖山禅师[1]

僧问："和尚开堂[2]，当为何事？"师曰："为汝驴汉！"曰："诸佛出世，当为何事？"师曰："为汝驴汉！"

问："祖佛未出世时如何？"师曰："像不得。"曰："出世后如何？"师曰："阇黎也须侧身始得。"

问："如何是向上一句[3]？"师曰："文殊失却口[4]。"曰："如何是门头一句[5]？"师曰："头上插花子[6]。"

问："如何是超百亿[7]？"师曰："超人不得肯[8]。"

【注释】

[1] 潭州中云盖禅师：此节标题宝祐本作"中云盖山禅师"，旧校本提出疑问"标题似应作'中云山盖禅师'"，此疑问实际上是苏先生理解错误。因为云盖山是山名，没有什么"中云山"。"中"只是一个时间次序，因为本书前面有"云盖志元禅师"，后面有"潭州云盖禅师"，而这位禅师处于两者之中，故称"中云盖山禅师"。云盖山，《佛光大辞典》："位于湖南长沙善化县西约三十五千米处，洞庭湖之南。杨岐派之祖方会禅师晚年尝住此，志元（圆净禅师）、志罕、证觉景等亦曾住此山。"今有云盖寺（海会禅院），位于湖南省望城县五峰乡云坪村石牛塘。针对旧校本的错误，项楚撰写《〈五灯会元〉点校献疑续补一百例》说："按此系标题（指'中云盖山禅师'），原文不误。本章首句校点本作'潭州中云盖禅师'，可知校点者分别以'中云''盖禅师'连读，理解即有乖舛，故以不误为误也。'云盖'乃山名，'云盖山禅师'连读，'云盖禅师'乃'云盖山禅师'之省，云'中'者，乃时间概念，相对于'前''后'而言。本书 307 页有《云盖志元禅师》章，315 页有《潭州云盖禅师》章，本章在二者之间，故云'中云盖山禅师'也。"

[2] 开堂：禅林用语。原为古代译经院之仪式，后转指新任命之住持于入院之时，开法堂宣说大法之仪式。

[3] 向上一句：顿悟之至极一句话。

[4] 文殊失却口：文殊菩萨说漏了嘴。失却口：即失口，指未经考虑脱口而出。因为禅宗不立文字，言语道断，语言文字均不能说出顿悟境界，即使是智慧第一的文殊菩萨，如果他说还有"向上一句"，也只是他当时说漏了嘴。旧译本与《景德录译注》却译为"文殊菩萨失去了嘴巴"，翻译失误。

[5] 门头一句：进入禅门一句话。门头：即禅宗门户。

[6] 头上插花子：头上插花。指打扮得好看，实际上没有用，因为禅宗不立文字，言语道断，怎么还会有"进人禅门一句话"？如果有的话，也是华而不实，如头上插花。

[7] 超百亿：指如来化身之众多，佛经中如来说法，常常有千百亿化身，去各世界为众生说法。

[8] 超人不得肯：超过的不被认可。意思是，如来法身只有一个，如果多出一个就不是如来。肯：承认。

河中府[1]南际山僧一禅师

僧问："幸获亲近，乞师指示。"师曰："我若指示，即屈着汝。"曰："教学人作么生即是？"师曰："切忌是非。"

问："如何是衲僧气息[2]？"师曰："还曾薰着汝也无？"

问："同类即不问，如何是异类？"师曰："要头斫将去[3]！"

问："如何是法身主？"师曰："不过来。"

问："如何是毗卢师？"师曰："不超越。"

师终于长庆[4]，谥"本净大师"。

【注释】

[1] 河中府：唐代设立的行政区。今山西省永济县蒲州镇。唐开元八年（720年），开蒲州升为府，因位于黄河中游而得名河中府。同年又改为蒲州。

[2] 如何是衲僧气息：什么才是出家人的气息？气息，喻出家人所呈现出来的精神面貌。

[3] 要头斫将去：要脑袋就任凭你砍去。

[4] 长庆：即长庆禅院。位于福建闽侯县之怡山。唐咸通初年（860～873年），大安禅师（793～883年）创置，初名怡山禅院。唐末五代间，慧棱禅师（854～932年）任住持时更名为长庆院。至宋代，院势鼎盛。明代改院为寺，崇祯年间（1628～1644年）粤籍之道独禅师（1601～1660年）住持，其后则多为粤僧主其事，在闽中另树一帜。于近代虽号称榕垣五大丛林之一，实已破败不堪，断垣废础，举目皆是。清众数百，皆崇尚瑜伽呗唱，无复禅者气象。（参见《大明一统志》卷七十四、《福建通志》卷二六四）

【概要】

僧一禅师，五代禅僧。参石霜庆诸禅师得法，居河中（今山西永济）南际山，后入闽，终于怡山长庆院。谥号"本净大师"，塔名"无尘"。

【参考文献】

《景德传灯录》卷十六；《宗鉴法林》卷六十五；《禅宗正脉》卷三。

庐山栖贤怀祐禅师

庐山栖贤[1]怀祐禅师，泉州人也。

僧问："如何是五老峰前事[2]？"师曰："万古千秋[3]。"曰："恁么则成绝嗣去也[4]。"师曰："踌躇欲与谁[5]。"

问："自远趋风，请师激发[6]。"师曰："他不凭时。"曰："请师凭时。"师曰："我亦不换。"

问："如何是法法无差[7]？"师曰："雪上更加霜[8]。"

上堂："若会此个事，无有下口处。"

问："如何是祖师西来意？"师曰："井底寒蟾，天中明月[9]。"

【注释】

[1] 栖贤：即栖贤寺。位于江西庐山之南栖贤谷中、石人峰下，左有五老峰，右为汉阳峰，背倚太乙峰，景物幽美，冠于诸方。寺始建于南朝齐（479～502年）。唐代李渤曾读书于此，取名栖贤寺，又称七贤寺，为庐山五大丛林之一。明、清时屡加修建，殿宇塔垣，皆极宏丽。

[2] 如何是五老峰前事：什么是五老峰过去的事（寻找本来面目）？《景德传灯录》作"如何是五老峰前句"，"前句"也就是"向上一句"，即寻找本来面目的一句。

[3] 万古千秋：过去是这样，现在是这样，将来也是这样，所以禅师说万古千秋永远不变，借指诸佛法身不生不灭。

[4] 恁么则成绝嗣去也：这样的话它就没有子嗣了。意思它总是独立，虽然万古千秋，可不能延续自己的后代。此处指如何继承佛法。

[5] 踌躇欲与谁：正在犹豫，想要传给谁。踌躇：犹豫，迟疑不决。旧译本"踌躇满志想交付给什么人"，"踌躇"之意译错。

[6] 自远趋风，请师激发：我从很远的地方过来瞻仰追随您，请求师父引导我悟道。趋风：瞻仰风采，追随仿效。激发：指激之使奋起，此指请求禅师引导而悟道。

[7] 如何是法法无差：如何理解一切法没有差别？法：这里不是指佛法，是一

切的事物的总称。一切的事物，不论大的小的，有形的或是无形的，都叫作法，不过有形的是叫作色法，无形的是叫作心法。佛教认为，世界万事万物森然陈列，都是我们的妄想分别执着而形成的，去除分别心就是平等心，平等看待物与人，则法法无差别。这也就是诸法实相，也就是本来面目。旧译本与《〈景德传灯录〉译注》都将"法"理解为"佛法"，译文变成"什么是佛法与佛法之间没有差别"，译文不通，不符合原意。

[8] 雪上更加霜：即雪上加霜，一般辞书解释为"比喻一再受到灾难，苦上加苦"，《〈景德传灯录〉译注》就采用这个解释。但禅宗使用这个词语，意义上有区别，禅林"雪上加霜"与"头上安头""锦上添花"意义相同。《佛光大辞典》解释"头上安头"时说："禅林用语，比喻事之重复多遍而无必要，与'雪上加霜''锦上铺花'同义。"如《景德传灯录·文偃禅师》："诸和尚子，饶你有什么事，犹是头上着头，雪上加霜。"这里是针对"如何理解一切法没有差别"这个问题的，禅师回答犹如雪上加霜。一切法没有差别就进入了"空"的境界，如果还要加进去什么东西，就不空了，犹如头上安头、雪上加霜。

[9] 井底寒蟾（chán），天中明月：井底的月亮，天上的明月。意思是井底出现的月亮，是天上明月的影子，想要从井底得到月亮是不可能的。也就是水中捞月的意思，费尽功夫也是竹篮打水一场空。这是针对僧人提出"如何是祖师西来意"的回答，这是禅宗常有的提问，而一般禅师是不回答这个问题的，因为最高境界非语言所能说明。故禅师说你想要知道"如何是祖师西来意"，就等于水中捞月。寒蟾：指月亮，传说月中有蟾，故称。旧译本完全没有理解原意，译为"水井里失去生机的蟾蜍，太空中的明月"，连"寒蟾"是月亮代称这个词义也没弄清，更不能前后连贯弄清原意是禅师比喻"水中捞月"。

【概要】

怀祐禅师，唐代禅僧。泉州仙游（今属福建）人。初从九座山（在福建仙游县西北，也称仙游山，仙游县以此而得名）陈禅师受业，不久云游参学，参石霜庆诸禅师，得悟奥旨，退居谢山（江西万载县北七十里，以南朝宋诗人谢灵运而得名），晦迹静修。后入庐山栖贤寺，四方徒众会聚。卒谥"玄悟禅师"。

有僧人说："我从很远的地方过来瞻仰追随您，请求师父引导我悟道。"怀祐禅师回答："也不看看时机。"那僧人说："请师父选择时机。"怀祐禅师道："我也不变换。"

有僧人问道："如何理解一切法没有差别？"怀祐禅师回答："雪上加霜。"

【参考文献】

《景德传灯录》卷十六；《五灯严统》卷六；《五灯全书》卷十一。

福州覆船山洪荐禅师

僧问："如何是本来面目[1]？"师便闭目吐舌，又开目吐舌。曰："本来有许多面目[2]？"师曰："适来见甚么？"僧无语。

问："如何是师子[3]？"师曰："善哮吼。"僧拊掌曰："好手[4]！好手！"师曰："青天白日，却被鬼迷。"僧作掀禅床势，师便打。曰："驴事未去，马事到来[5]。"师曰："灼然作家[6]！"僧拂袖便出。师曰："将瓯盛水，拟比大洋[7]。"

问："如何是玄妙？"师曰："未问已前[8]。"

道吾问："久向和尚会禅[9]，是否？"师曰："苍天！苍天！"吾近前掩师口，曰："低声！低声！"师与一掌，吾曰："苍天！苍天！"师把住曰："得恁么无礼。"吾却与一掌，师曰："老僧罪过！"吾拂袖便行，师呵呵大笑曰："早知如是，不见如是。"

僧参，师便作起势，僧便出。师曰："阇黎且来人事[10]。"僧回，作抽坐具势，师却归方丈。僧曰："苍天！苍天！"师曰："龙头蛇尾[11]。"僧近前叉手立，师曰："败将投王，不存性命[12]。"

问："抱璞投师，师还接否？"师以手拍香台，僧礼拜，师曰："礼拜则不无，其中事作么生？"僧却拍香台，师曰："舌头不出口。"

师将示寂，三日前令侍者唤第一座来。师卧，出气一声。座唤侍者曰："和尚渴，要汤水吃。"师乃面壁而卧。临终令集众，乃展两手出舌示之。时第三座曰："诸人，和尚舌根硬也。"师曰："苦哉！苦哉！诚如第三座所言，舌根硬去也。"言讫而寂。谥"绍隆大师"。

【注释】

[1] 本来面目：禅林用语。乃人人本具，不迷不悟之面目。又作本地风光、本分田地、自己本分、本分事、自性等。即离开了一切烦恼和染污之后，人人本具之心性。什么是本来面目，不是靠说的，而是靠自己参悟的。《六祖坛经》："能云：'不思善、不思恶，正与么时，那个是明上座本来面目？'"旧译本"怎样是人本有

的心性的模样呢"，如此翻译不通顺，本来面目喻指心性或自性，此处"本来面目"作为专有名词不需要翻译。

[2] 本来有许多面目：本面面目有许多样子吗？这是僧人看到禅师闭目、开目不同面貌而提出的询问。禅师做出不同的样子，实际上是拒绝回答这样的问题。禅林中凡是问及本来面目、西来祖师意、向上一句、诸法实相，都是禅师拒绝回答的。上文问及"祖师西来意"，怀祐禅师告诉他"水中捞月"。此处洪荐禅师就做怪样子。

[3] 如何是师子：怎么样才是狮子？师子即狮子，佛教常以狮子比喻佛陀。狮子为百兽之王，佛亦为人中之至尊，称为人中狮子，故用此譬喻。又当佛说法时，菩萨起勇猛心求菩提，因而外道、恶魔生怖畏；犹如狮子吼时，小狮子亦增威，百兽怖伏。此处僧人问怎样才是狮子，即怎样才是佛，与上文"什么是本来面目"意义相同。

[4] 好手：相当于禅林常说的"作家"，指行家、高手。下文禅师说"灼然作家"（显然是作家），与"好手"意义相同。禅者亦以诗文举扬禅旨，为师者若体得真实义，能善巧度众者，亦称为作家。此外，发挥灵活之机法，以接引学人之师家或本分之宗师，称为作家知识（知识即善知识，能教众生远离恶法修行善法的人）。旧译本将"好手"译为"好手艺人"，不通，不符合原意。

[5] 驴事未去，马事到来：一般理解为一事未了，一事又来。但本书真实的意义是，佛法大意非言语所能诠释，如此追究下去，到驴年马月，都是空费心思。有成语"驴年马月"，中国古代是用十二个地支同十二种动物的生肖匹配来记录人的出生年代的。不过，十二生肖中并没有"驴"，因此，"驴年"成为不可知的年岁，所以这才有了"泛指遥遥无期，不可能实现的事情"之语义。"驴事未去，马事到来"可理解为"驴年事未去，马月事到来"，即是说驴年的事未去，马月的事已经到来，都是虚幻不实的，因为"驴年"根本就不存在。因为佛的境界不是言语所说出来的，一说就是错。如果问"什么是佛"或者"如何是佛法大意"等问题，驴年马月也不能知道结果，想要成佛就遥遥无期了。旧译本译为"驴子的事情没有打发掉，马的事情倒来了"，望文生义，没有理解原意。

[6] 灼然作家：显然是大作家。什么叫"作家"，上文已经注释。旧译本没有弄清佛教专有名词"作家"的意义，译为"一个明白透彻有创造力的人"。

[7] 将瓯（ōu）盛水，拟比大洋：拿小瓦盆盛了一盆水，就想要与浩瀚的海洋相比。讽刺提问者（提出"如何是师子"之问题者）的无知。瓯：小盆。

[8] 未问已前：宝祐本作"未问已前"，但续藏本作"未闻已前"，旧校本据此改作"未闻已前"。"未问已前"是禅师针对"如何是玄妙"的回答，宝祐本作

"未问已前"并无错误，正如项楚撰写《〈五灯会元〉点校献疑三百例》说："按原本'问'字是，师意谓玄妙之事，不可言说，方一出口发问，即非玄妙也。"续藏本作"未闻已前"，意思就是"没有听到之前"，其含义亦可。因为玄妙，即不可思议的顿悟境界，如果听到谁说玄妙境界，就不是玄妙境界。

[9] 久向和尚会禅：很久就向往和尚领悟禅法。

[10] 阇黎且来人事：阿阇黎您来也不送点礼物。人事：指赠送的礼品，此暗指明心见性的本事。

[11] 龙头蛇尾：比喻禅机作略有始无终或前是后非。如《黄龙语录》："又僧问明教：'新年头还有佛法也无？'教云：'无。'僧云：'年年是好年，日日是好日。为什么却无？'教云：'张公吃酒李公醉。'僧云：'老老大大，龙头蛇尾。'教云：'老僧今日失利。'"

[12] 败将投王，不存性命：败将向人王投降，就要将性命置之度外。这是对来参僧人的警策之语，指他并未顿悟，却装腔作势，其根本问题就是没有将自己的色身性命置之度外，故不能见到真性。

【概要】

洪荐禅师，五代禅僧。师事石霜庆诸禅师得法，居福州覆船山。有僧问"如何是本来面目？"洪荐便闭目吐舌，又开目吐舌，僧问："本来有许多面目？"洪荐反问："适来见什么？"

洪荐禅师在去世前三天，命令侍者把第一座召来。洪荐禅师躺着，呼出了一声粗气，第一座便招呼侍者道："和尚口渴，要热水喝。"洪荐禅师于是面朝墙壁而卧。洪荐禅师临终时，命令众僧会聚，然后展开两只手，再伸出舌头指示众僧。当时第三座说："众位，和尚的舌根硬了。"洪荐禅师说："苦啊！苦啊！确实如同第三座所说的，我的舌根已硬了。"说后就圆寂了。谥"绍隆大师"，灵塔名"广济"。

【参考文献】

《景德传灯录》卷十六；《禅宗颂古联珠通集》卷二十七；《教外别传》卷十四。

【拓展阅读】

星云法师谈"覆船生死"

（出自《星云禅话·覆船生死》）

有位学僧去参拜雪峰义存禅师。

雪峰禅师问他："你从哪里来?"

学僧回答："我从覆船洪荐禅师那边来。"

雪峰禅师故意说："生死大海还没有渡过去，你为什么就先要覆船呢?"

青年学僧不理解雪峰禅师的幽默，回去便把经过告诉覆船禅师。

覆船禅师就对学僧说："为什么不说'因为已经超越生死苦海，当然就要覆船。'"

于是，学僧又回到雪峰禅师处，雪峰禅师问："既然是覆船，还来做什么?"

学僧胸有成竹地说："因为我已超越生死，不覆船做什么!"

雪峰禅师听了，不客气地说："这句话是你老师教你的，不是你说的。我这里有二十棒，请你带回去，转给你的老师覆船，告诉他另外还有二十棒，我留给自己吃。这一切与你无关。"

这则公案在说什么呢?

禅应该是无言说教，所谓言语道断，不应该在语言上打转，所以雪峰和覆船两人都在卖弄。如果禅可以这样讲那样讲，要讲到什么时候才能相契? 所以，他们要各挨二十棒。这不关学僧的事，在禅者心中，学僧还不够资格挨二十棒。到了学僧真正有资格被打被骂时，那个打骂里，是禅，是教; 是心，是恭敬; 是顶天立地。

我们不要从表面看禅师们的言语行为，在言语行为以外的禅才是他们安身立命最重要的地方。参禅的年轻学者们，要能忍受得了打骂教育，才能领悟得到禅门的微妙。

鼎州[1]德山存德慧空禅师

僧问："如何是一句[2]?"师曰："更请问。"

问："如何是和尚先陀婆[3]?"师曰："昨夜三更见月明。"

【注释】

[1] 鼎州:《景德传灯录》作"朗州"，今属湖南常德市。今有鼎城区隶属于湖南省常德市，那么此处"鼎州"疑与"朗州"是一个地方。

[2] 如何是一句：如何是最高悟境的一句话？即以一句话概括最高的悟境。禅宗常用"一句道得""末后的一句""透关的一句"等语表示般若之空或真理等义。又谓仅用一言一句，即可截断一切分别妄想心之作用，终息千算万计，当下即呈现本体之真相。由于禅宗言语道断，故凡是提出一句的人，都被禅师拒绝回答或者予以批评。此处，慧空禅师不回答，提出更请问（另外提问）。

[3] 先陀婆：梵语。又作仙陀婆、先陀婆、先陀。意译为石盐。即产于印度河畔之盐。依据南本《大般涅槃经》卷九载：如来密语深而难解。譬如诸臣之服侍大王，大王洗时索先陀婆，智臣便奉水；食时索先陀婆，智臣便奉盐；饮时索先陀婆，智臣便奉器；游时索先陀婆，智臣便奉马。如此之智臣，堪称善解大王四种密语之意。故知先陀婆一名，实具盐、器、水、马四义。而以"一名四实"譬喻如来密语之甚深难解。此外，据《法华经科注》卷八载，善解先陀婆密语之人，称为先陀客。

【概要】

慧空禅师，五代禅僧。参石霜庆诸禅师得法，出居鼎州（今湖南常德）德山古德院，以清简名于世。署号"慧空大师"。

【参考文献】

《景德传灯录》卷十六。

吉州崇恩禅师

僧问："祖意教意是同是别？"师曰："少林虽有月，葱岭[1]不穿云。"问："如何是类？"师曰："奈河桥[2]畔嘶声切，剑树[3]林中去复来。"

【注释】

[1] 葱岭：即帕米尔高原，中国古代称葱岭，古丝绸之路在此经过。地处中亚东南部、中国的最西端，横跨塔吉克斯坦、中国和阿富汗。是亚洲多个主要山脉的汇集处，有天山、昆仑山、喀喇昆仑山、兴都库什山等交会。

[2] 奈河桥：《汉语大词典》："佛教传地狱中有奈河，河上有桥名奈河桥。此桥险窄，恶人魂过时堕入河中，便为虫类所食。"丁福保《佛学大辞典》："在第十殿幽冥沃燋石外正东，直对世界五浊之处。贫贱夭死等人，过此桥而投生。"

[3] 剑树：即剑树地狱。丁福保《佛学大辞典》："十六小地狱之一。《长阿

含》第十九地狱品曰：'久受苦已，乃出豺狼地狱，惝惶驰走，求自救护。宿罪所牵，不觉忽至剑树地狱。剑树地狱，纵横五百由旬，罪人入彼剑树林中，有大暴风，起吹剑树叶，堕其身上。着手手绝，着足足绝，身体头面，无不伤坏。'"

【概要】

僧人问吉州崇恩禅师："祖意教意是同是别？"禅师说："同一个月亮，少林虽有月光，但到了葱岭却被云朵遮住了，光线穿不了厚厚的云层。"这是告诉僧人，祖意与教意的本源是一样的，只是他们各自的缘分不同，所以度的众生也不同。

有人问："如何是种类相似的众生？"禅师说："奈河桥边痛苦的哭声多么急切，剑树林中有众生在上面穿来穿去。"这是说明恶人的结果就是变成地狱中同类的人。有的恶人刚死走过奈河桥就堕入河中为虫类所食，故传来痛苦的哭声。有的到了剑树林中穿来穿去，被剑刺穿身体。

石霜山晖禅师

僧问："世尊出世，先度五俱轮[1]；和尚出世，先度何人？"师曰："总不度。"曰："为甚么不度？"师曰："为伊不是五俱轮。"

【注释】

[1] 五俱轮：又作五俱伦、五拘邻、五俱邻。即佛陀成道之初，于鹿野苑最先度化之五比丘。依《法华文句》卷四之三，五比丘依序为憍陈如、额鞞、跋提、十力迦叶、摩男俱利。然"俱伦"一词，其义不详，一说此五人自过去世以来俱为同伦，故称俱伦；或谓"俱伦"乃阿若憍陈如之别译，又作拘邻，五比丘中以俱伦为首，故统称之为五俱伦。（参见《法苑珠林》卷十一、寂照堂《谷响集》卷四）

郢州芭蕉禅师

僧问："从上宗乘，如何举唱[1]？"师曰："已被人冷眼觑破[2]了。"
问："不落诸缘，请师直指[3]。"师曰："有问有答。"
问："如何是和尚为人一句？"师曰："只恐阇黎不问。"
问："如何是向去底人？"师曰："董家稚子声声哭。"
曰："如何是却来底人？"师曰："枯木骊龙露爪牙[4]。"

【注释】

[1] 从上宗乘，如何举唱：从祖师留下来的最高禅法，怎么继承与弘扬？从上宗乘：各宗所弘之宗义。《景德传灯录》卷十八"玄沙师备"条、《敕修百丈清规》卷二"嗣法师忌"条，及日本道元之《普劝坐禅仪》中，均谓一宗之极致为宗乘。此处之"乘"，同于大乘、小乘、一乘、三乘之乘，有导致开悟的乘载物之意。此外，宗乘眼，指对宗乘有独到之见解；宗乘力，指依宗乘所得之学力、得力等。

[2] 觑（qù）破：看破。

[3] 不落诸缘，请师直指：不落入世俗因缘之中，请师父直指本来面目。诸缘：缘，指因缘。诸缘，总称一切现象世界之因缘。色、香等百般之世相，总为我心识之所攀缘者；如舌尝于味，而知苦辣。然依大乘之实义，则诸缘实系心识之所变现。

[4] 枯木骊龙露爪牙：如枯木一样黑的骊龙正露出爪牙。即说此人离死不远了，如枯木一样黑的骊龙正露出爪牙要来吃他了。典故出自《庄子·列御寇》。河上有一个家庭贫穷靠编织苇席为生的人家，他的儿子潜入深渊，得到一枚价值千金的宝珠。父亲对儿子说："快拿石块来锤坏这颗宝珠！价值千金的宝珠必定出自深深的潭底黑龙的下巴下面，你能轻易地获得这颗宝珠，一定正赶上黑龙睡着了。倘若黑龙醒过来，你还想活着回来吗？"

【概要】

有僧人问郢州（今湖北钟祥）芭蕉和尚："从祖师留下来的最高禅法，怎么继承与弘扬？"芭蕉和尚回答："已经被人冷眼看破了。"（当局者迷，旁观者清）

有僧人请求道："不落入世俗因缘之中，请师父直指本来面目。"芭蕉和尚说："有问有答。"（因为不可问，亦不可答）

有僧人问道："什么是和尚接引学人的一句话？"芭蕉和尚说："只怕阿阇黎您不提问。"（一问即是错，最高境界不可言说）

问："如何是快去（快死了）了的人？"师曰："董家刚刚生下不久的孩子正在哭声不断。"（虽然董家的孩子才出生不久，但是他也是走向死亡的人，所以任何人都要时刻记住死亡总是要来的，那么就要珍惜眼下时光，一失人身，万劫不复）

曰："如何是快来（出生）的人？"师曰："如枯木一样黑的骊龙正露出爪牙。"（虽然说此人离死不远了，但是他很快就要投胎了，所以也是快来的人，但到什么地方去，则掌握在自己手里，善恶之报，如影随形）

潭州肥田[1]慧觉伏禅师

僧问："如何是未出世边事？"师曰："髻中珠未解，石女敛双眉[2]。"曰："出世后如何？"师曰："灵龟呈卦兆，失却自家身[3]。"

问："此地名甚么？"师曰："肥田。"曰："宜种甚么？"师便打。

师有偈曰："修多好句枉工夫，返本还源是大愚。祖佛不从修证得，纵行玄路也崎岖。"

【注释】

[1] 肥田：地名，在湖南耒阳县北五十里耒水南岸。

[2] 髻（jì）中珠未解，石女敛双眉：髻中明珠还掩藏在头发里面，石女皱眉露出愁容始终没生下孩子。这是针对"未出世"这一问题的回答，"未出世"就是众生在六道里面轮回，升降不定。这就好比髻中明珠（佛性）还掩藏在头发里面，石女皱眉露出愁容始终没生下孩子（获得新生）。髻：盘在头顶或脑后的发结。髻珠：珍藏在发髻中的明珠，《法华经》等用以比喻"甚深大乘经"。《法华经·安乐行品》：古代转轮圣王把田宅、奴婢等赏赐给作战有功的人，"唯髻中明珠，不以与之"，而只给建立空前大功的人。如佛为大众演说诸经，然而不轻易说《法华经》。石女：阴道生理构造不完全的女人，不能生孩子。禅门机语中，每以石女与木人相对称，乃喻指远离情识，天真无作之妙用。如《普灯录》卷五："石女舞成长寿曲，木人唱起太平歌。"又石女儿，即比喻非有，如言龟毛兔角。《维摩诘所说经》卷中"观众生品"："如空中鸟迹，如石女儿。"

[3] 灵龟呈卦兆，失却自家身：灵龟的背上呈现出卦象与吉凶之兆，但这个时候它自己却已经死了。这是针对"出世后"这一问题的回答，怎么"出世"？必须抛弃此色身，才能重新获得新生。灵龟是人们在动物图腾中发现的一种长寿的动物，因此是长寿的代名词，亦称神龟，古与龙、凤、麒麟并称为四灵，古人谓可以知吉凶，视之为祥瑞。卦兆指卦象和龟兆，即占卜所得的预示吉凶的征象。

【概要】

肥田伏和尚，法号"慧觉大师"。《祖堂集》曰伏和尚法名"慧光"，生平不详。

有僧人问："这地方叫什么名称？"伏和尚回答："肥田。"那僧人问："适合栽种什么呢？"伏和尚就打他。肥田本是一地名，但提问者却加以发挥借指肥沃的田地，所以就说可以种什么。这是不能将"有"与"无"的关系圆融起来，虽然有肥田，实则无肥田，那又怎么能在上面栽种呢？这就是禅师要打他的原因。

潭州鹿苑晖禅师

僧问："不假诸缘，请师道。"师敲火炉曰："会么？"曰："不会。"师曰："瞌睡汉！"

问："牛头未见四祖时如何？"师曰："如月在水。"曰："见后如何？"师曰："如水在月。"

问："祖祖相传，未审传个甚么？"师曰："汝问我，我问汝。"曰："恁么则缁素[1]不分也。"师曰："甚么处去来？"

【注释】

[1] 缁（zī）素：缁与素之并称，指僧人俗人。又称缁白。缁：黑；素：白。出家众通常披着黑衣，故以缁代称；在家者披着素衣，故又称白衣。缁素即出家、在家之并称。意谓道俗、僧俗。旧译本将"缁素"译为"黑白"，不符合原意。

【概要】

僧问潭州（今湖南长沙）鹿苑晖禅师："远离外界各种因缘，请师父说说。"禅师敲打火炉说："知道了吗？"僧人回答："不知道。"禅师说："瞌睡汉！"（《法华经》云："三界无安，犹如火宅，众苦充满，甚可怖畏。"先看看自己当下的心在哪里，否则今后轮回六道，无论到哪里都是火宅，追求各种佛理有用吗？可这僧人还在火边睡觉，所以禅师骂他是"瞌睡汉"）

问："牛头宗祖师法融未见四祖时如何？"师说："如月在水。"问："见后如何？"师说："如水在月。"（未开悟时，水是水，月是月，所以水中可以看见月亮的影子。开悟了以后，水与月已经融合一起了，那么在水中也看不见月亮了，水与月融为一体了）

有人问："祖祖相传，不知道传了什么？"师说："你问我，我问你。"这人说："这样的话就僧俗不分了。"师说："你从什么地方来？"（无法可传，世尊说法四十九年，实则没有说一个字，从这个意义来看，此人一提问就不对。所以，禅师说，你问自己吧。可问者不能反省，反而责怪禅师像个俗人一样，不像个高僧说话，高僧应当出语不凡，可以说得天花乱坠。禅师反问你从什么地方来，你不也是从僧人中来吗？你作为一个出家人都不敢在这里承担，还在这里絮絮叨叨。

潭州宝盖约禅师

僧问："宝盖高高挂，其中事若何？请师言下旨，一句不消多[1]。"

师曰："宝盖挂空中，有路不曾通。傥[2]求言下旨，便是有西东。"

【注释】

[1] 不消多：不必多，不用多。不消：指不用，不必。《〈景德传灯录〉译注》注释为"同'不较多'，差不多的意思"，有误。

[2] 傥（tǎng）：表示假设，相当于"倘若""如果"。

【概要】

有僧人问潭州（今湖南长沙）宝盖山约禅师："宝盖高高地挂着，其中之事是怎么样的？请教禅师言语下有什么意旨，只需一句话不必多。"

约禅师回答："宝盖挂在空中，本来有路却不曾开通。如果想求我言语下的意旨，就等于说东却指向了西边。"

祖师西来意旨都没有一句话可以说出来，你却要问我言语下有什么意旨，这不是明知故问吗？祖师意旨一句话也多了，因为无话可说。如果你问我有什么意旨，就等于说东却指向了西边，如此南辕北辙，不是与道相违吗？

越州云门山拯迷寺[1]海晏禅师

僧问："如何是衲衣[2]下事？"师曰："如咬硬石头。"

问："如何是古寺一炉香？"师曰："历代无人嗅[3]。"曰："嗅者如何？"师曰："六根[4]俱不到。"

问："久向拯迷，到来为甚么不见拯迷[5]？"师曰："阇黎不识拯迷。"

【注释】

[1] 云门山拯迷寺：云门山在浙江绍兴市南三十二里，也名东山。山中有寺，名云门寺，旁有若耶溪，原为东晋晋中书令王献之居宅，义熙三年（407 年），相传有五色祥云现，晋安帝诏建云门寺。南朝僧人智永（王羲之七世孙）居此临书三十年，留有铁门槛、笔冢。隋朝改名水欣寺，唐会昌废佛时寺废，仅存面南一小殿，此后因附益以为寺，名广孝寺。大中六年（852 年），观察使李褒奏再建，名

大中拯迷寺。北宋淳化五年（995年），改名淳化寺。

[2] 衲衣：又作纳衣、粪扫衣、弊衲衣、五衲衣、百衲衣。即以世人所弃之朽坏破碎衣片修补缝缀所制成之法衣。比丘少欲知足，远离世间之荣显，故着此衣。此处代指出家人。

[3] 历代无人嗅：历代以来没人闻到香味。《景德传灯录》作"广大勿人嗅"，其意义则是寺庙空间太广大，香味扩散，没人能闻到了。一个是时间太久不能闻到，一个是空间太大不能闻到，都是说非人间之香，即自性之香。自性之香没有时间与空间的限制，但六根不净则自性之香不能闻到。

[4] 六根：眼、耳、鼻、舌、身、意。

[5] 久向拯迷，到来为甚么不见拯迷：很久就向往拯迷寺了，可我来到后为什么没有看见拯救迷者呢？旧校本标点有误，第二个"拯迷"不能下画线，当作地名。旧译本没有理解"拯迷"是寺庙名，并就这个寺庙名发挥其意义，故译错。其译文为"很久以来就盼望拯迷和尚到来，为什么没有看见拯迷和尚到来"把"拯迷"当成和尚的名字，这个错误本来可以避免，只要一看标题就知道是指"拯迷寺"。后面一句则是具体发挥"拯迷"二字的意义，就不再是名词了，旧译本仍旧把它当作和尚名字。"拯迷"二字，具体指"拯救迷者"的意思，迷者与觉者在佛教意义上是两个对立的名称。《〈景德传灯录〉译注》将"拯迷"译为"拯救迷茫之事"，亦不符合原意。

【概要】

有僧人问越州（今浙江省绍兴市）云门山拯迷寺海晏禅师："什么是出家人的事情？"海晏回答："就像有人用牙齿去咬硬石头。"

有僧人问道："什么是古寺中的一炉香火呢？"海晏禅师回答："历代以来没人闻到香味"那僧人问："能够闻到的人怎么样？"海晏回答："能够闻到的人，不是由六根闻到的。"（自性之香一般人难以闻到，它没有时间与空间的限制，六根清净者则能闻到，所以闻到自性之香不是通过六根来闻到的）

有僧人问道"很久就向往拯迷寺了，可我来到后为什么没有看见拯救迷者呢？"海晏禅师回答："阿阇黎您自己不认识什么是拯迷。"（迷与觉就在一念之间，这个一念之间您阿阇黎怎么能看见呢？所以，拯救迷者不是表面之事。高僧大德都是人类灵魂的工程师，拯救灵魂才能够拯救看得见的身体）

湖南文殊禅师

僧问："僧繇为甚么邈[1]志公真不得？"师曰："非但僧繇，志公也邈不得。"曰："志公为甚么邈不得？"师曰："彩绘不将来[2]。"曰："和尚还邈得也无[3]？"师曰："我亦邈不得。"曰："和尚为甚么邈不得？"师曰："渠不以苟我颜色，教我作么生邈[4]？"

问："如何是密室？"师曰："紧不就。"曰："如何是密室中人？"师曰："不坐上色牛[5]。"

【注释】

[1] 邈（miáo）：旧校本作"貌"，宝祐本作"邈"，故更正。邈：同"描"，用同"貌"，描绘，摹写。

[2] 彩绘不将来：用来描绘的彩色颜料没有带来。查阅《景德传灯录》作"彩缋不将来"，即用来描绘的彩色颜料与画布都没有带来。缋（huì）：布帛的头尾，此指用来画画的绢帛。将来：带来，拿来。旧译本"彩色绘画的技法没带来"，不符合原意。

[3] 和尚还邈得也无：和尚您还能描绘出他的相貌吗？这里是问文殊禅师是否也能描绘出志公的相貌，可旧译本与《景德录译注》都理解错了，分别译为"和尚您是否能把自己画得很像呢""和尚还能描绘出自己的相貌吗"，两者都没有联系上下文义而译错。

[4] 渠不以苟我颜色，教我作么生邈：他不能随便我使用什么颜色，教我怎么描绘呢？

[5] 不坐上色牛：查阅《景德传灯录》作"不坐上牛"，无"色"。

凤翔府石柱禅师

凤翔府石柱禅师，游方时到洞山，时虔和尚垂语曰："有四种人：一人说过佛祖，一步行不得[1]。一人行过佛祖，一句说不得。一人说得行得。一人说不得，行不得。阿那个是其人？"师出众曰："一人说过佛祖行不得者，只是无舌不许行。一人行过佛祖，一句说不得者，只是无足不许说。一人说得行得者，只是函盖相称。一人说不得行不得者，如断命求活，此是石女儿，披枷带锁。"山曰："阇黎分上作么生？"师曰："该通分上，卓卓宁彰[2]。"山曰："只如海上明公秀[3]又作么生？"师曰："幻人[4]相逢，拊掌呵呵。"

【注释】

[1] 一人说过佛祖，一步行不得：一种人说起来超过了佛祖，可他一步也行不了。这种人表面上能言善辩，都是一些冠冕堂皇的空话，他的这些话都是谬论，如果根据他这些谬论去实践就会栽跟头。旧校本标点错误，作"一人说，过佛祖一步行不得"。旧译本跟着翻译错误，译文为"一种人说，经过佛祖身边一步路也不该走"，标点错了，连"说"与"行"也全部理解错误，故后文的翻译都错了。后文译为"第二种人说，经过佛祖身边，一句话都不应说。第三种人说，应该走过就走过。第四种人说，既不应说一句话，也不能走一步路"，全部译错。

[2] 该通分上，卓卓宁彰：博通分上，卓越出众，必定彰显。该通：博通。分上：本分的。卓卓：特立，高超出众。

[3] 海上明公秀：国内明公如您很优秀。明公：旧时对有名位者的尊称。秀：特异，优秀，多指人品德美好。

[4] 幻人：《汉语大词典》："古代对魔术艺人的称呼。"丁福保《佛学大辞典》："能为幻术之人也。后汉书曰：'掸国王献乐及幻人，能吐火自支解易牛马头。'"本书谈到幻人或化人，多指如镜中出现的影像，如皮影的傀儡，都是虚幻不实的。如本书第一章毗婆尸佛偈曰："身从无相中受生，犹如幻出诸形象。幻人心识本来无，罪福皆空无所住。"

【概要】

石柱和尚从众僧中站了出来，说："一种人说起来超过了佛祖，可他一步也行不了，这种人只是因为没有舌头所以不许他行（他没有佛的"广长舌"，他的所谓能言善辩，都是一些冠冕堂皇的空话，他的这些话都是谬论，如果根据他这些谬论去实践就会栽跟头，所以不许他行）。一种人则走到了佛祖前面，却一句话也不能说，这种人只是因为没有脚所以不许他说（他超越现实，妄想一步登天，不能脚踏实地走路，所以要是跟着他说的目标走，就会误入歧途，这种人还能允许他说话吗）。一种人既能够说，也能够行，这种人就如同盒子与盖子相互配合，天衣无缝（说的对，做的也对，知行合一，行解相应，跟这种人就完全跟对了人）。一种人既不能说，也不能行，这种人就如已经死亡却还要求活命，就如石女（不能够生孩子的女人）披着木枷又戴着铁锁（这种人最多，都在六道轮回中）。

河中府栖岩山大通院存寿禅师

河中府[1]栖岩山大通院存寿禅师，初讲经论，后于石霜之室忘筌[2]。

住后，僧问："如何是和尚得力处？"师曰："不居无理位，岂坐白牛车[3]？"

问："莲华未出水时如何？"师曰："汝莫问出水后莲华事么？"僧无语。

师平居罕言，叩之则应。谥"真寂禅师"。

【注释】

[1] 河中府：今山西永济市西蒲州镇。

[2] 忘筌（quán）：此指到达了忘我的境界。原来指忘记了捕鱼的筌。比喻目的达到后就忘记了原来的凭借。语出《庄子·外物》："筌者所以在鱼，得鱼而忘筌；蹄者所以在兔，得兔而忘蹄。"筌，通"筌"。

[3] 不居无理位，岂坐白牛车：不到无话可说的境界（忘筌无我），岂能坐上大白牛车呢？白牛车：即大白牛车。《法华经》以羊车喻声闻乘，鹿车喻缘觉乘，牛车喻菩萨乘，这三乘都是权乘（暂时的佛法，非究竟），大白牛车喻佛乘（究竟的佛法），这一乘才是实乘。

【概要】

存寿禅师，五代禅僧。俗姓梅氏。初讲经论，后慕禅寂，参石霜庆诸禅师得法，居河中（今山西永济）栖岩山大通院。此后，存寿禅师随缘度生，抵达蒲坂（今山西水济市北），僧俗归依甚众。平日罕语，叩之则应。后梁（907～922年）时寂，年九十三，谥"真寂大师"。

有僧人问道："莲花没有长出水面的时候是怎么样的？"存寿禅师反问："你莫非是要问长出水面后的莲花之事吗？"那僧人无话作答（没有生我之时我是谁，其意仍旧在追寻本来面目，追寻本来面目的目的又是为了现在这个我今后如何成佛，所以僧人问莲花未生长时是什么，这不仍旧在向外求佛吗）。

【参考文献】

《宋高僧传》卷十三；《景德传灯录》卷十六。

南岳玄泰禅师

南岳玄泰禅师，沉静寡言，未尝衣帛[1]，时谓之"泰布衲[2]"。始见德山，升于堂矣[3]。后谒石霜，遂入室焉。掌翰[4]二十年，与贯休[5]、齐己[6]为友。

后居兰若，曰"金刚台"，誓不立门徒[7]，四方后进依附，皆用交友之礼。

尝以衡山多被山民斩伐烧畲[8]，为害滋甚，乃作《畲山谣》曰："畲山儿，畲山儿，无所知，年年斫断青山嵋[9]。就中最好衡岳色，杉松利斧摧贞枝[10]。灵禽野鹤无因依，白云回避青烟飞。猿猱路绝岩崖出，芝术[11]失根茅草肥。年年斫罢仍再锄，千秋终是难复初。又道今年种不多，来年更斫当阳[12]坡。国家寿岳[13]尚如此，不知此理如之何！"远迩传播，达于九重[14]，有诏禁止。故岳中兰若无复延燎，师之力也。

将示灭，乃召一僧令备薪蒸[15]，留偈曰："今年六十五，四大将离主。其道自玄玄[16]，个中无佛祖。不用剃头，不须澡浴，一堆猛火，千足万足。"端坐垂一足而逝。阇维收舍利，建塔于迎云亭侧。

【注释】

[1] 未尝衣帛：从来没有穿过丝绸衣服。

[2] 泰布衲：穿大布的衲子。泰布："泰"同"大"，泰布即大布，古指麻制粗布。《左传·闵公二年》："卫文公大布之衣，大帛之冠。"杜预注："大布，粗布。"衲：比丘之粪扫衣谓之纳衣，"纳"俗作"衲"。穿衲衣为苦行之一，由于穿衲衣为僧人，故成为僧侣之称呼。又禅僧多穿衲衣，故称曰衲僧、衲子。

[3] 升于堂矣：升堂了，即"升堂入室"第一步，先升堂，后入室。《论语·先进》："由也升堂矣，未入于室也。"原比喻学习所达到的境地有程度深浅的差别。后用以称赞在学问或技艺上的由浅入深，渐入佳境。

[4] 掌翰：掌管禅院文墨。

[5] 贯休（832～912年）：唐末五代前蜀画僧、诗僧。俗姓姜，字德隐，婺州兰溪（今浙江兰溪市游埠镇仰天田）人。七岁出家和安寺，日读经书千字，过目不忘。唐天复间入蜀，被前蜀主王建封为"禅月大师"，赐以紫衣。

[6] 齐己（863～937年）：出家前俗名胡德生，晚年自号衡岳沙门，湖南长沙宁乡县塔祖乡人，唐朝晚期著名诗僧。齐己的一生经历了唐朝和五代中的三个朝代。

[7] 后居兰若，曰"金刚台"，誓不立门徒：旧校本标点为："后居兰若，曰：'金刚台，誓不立门徒。'"项楚《〈五灯会元〉点校献疑三百例》（《古籍整理出版幅况简报》172期）说："'兰若'为僧人居处的泛称，专名线删。'金刚台'是兰

若的名称，这段文字应为：'后居兰若曰金刚台，誓不立门徒。'"项先生更正，我则将"曰金刚台"作为一句，更加明晰。兰若：阿兰若之略称，僧人所居处也，其义即空净闲静之处。这段话的意思是，后来玄泰禅师住到一个清净闲静之地，名叫"金刚台"，他住在这里发誓不收徒弟。查阅《景德传灯录》"金刚台"作"七宝台"，有可能此台有两个名称。因为旧译本依据旧校本标点而翻译，因此跟着错误，其译文为"禅师后来在兰若禅院住下来，说：'金刚台的门派，发誓不收立门徒。'"这译文完全离开原意，明显的错处有两个：一是将"兰若"理解为禅院的名字，二是将"金刚台"理解为一个佛教门派。

[8] 烧畲 (shē)：烧荒种田。畲田，是一种采用刀耕火种进行耕种田地的方法，即在播种以前将田地中的草木烧去，以灰作肥料。而烧山耕种之法，即被称为"畲山"。

[9] 山嵋：形容山势。

[10] 贞枝：正直之枝。贞：即"正"。

[11] 芝术：灵芝与白术。白术，一种多年生草本植物，紫红色头状花生于茎顶，根状茎可入药。

[12] 当阳：向阳。

[13] 寿岳：南岳是中国五岳之寿山。《辞源》即释"寿岳"为南岳。自汉代起，南岳即有"寿岳"之称。汉之《星经》载：南岳衡山对应星度28宿的轸星，轸星主管人间苍生之寿命，故南岳又称"寿岳"。

[14] 达于九重：传播到了朝廷。九重，指宫禁、朝廷、帝王。

[15] 薪蒸 (zhēng)：薪柴。

[16] 玄玄：即老子所说"玄之又玄"。《老子》曰："道可道，非常道。名可名，非常名。无名，天地之始；有名，万物之母。……此两者，同出而异名，同谓之玄。玄之又玄，众妙之门。"玄之又玄，本谓"道"幽昧深远，不可测知，后泛指事理非常奥妙难懂。

【概要】

玄泰禅师，五代禅僧。沉默寡言，未尝衣帛，时谓之"泰布衲"。初谒德山，后参石霜庆诸，为其掌翰墨二十年，与贯休、齐己为友。居衡山"金刚台"，四方后进依附，皆用交友之礼。见山民斩伐烧畲，作《畲山谣》，远近传播，朝廷闻知，下诏禁止烧畲。六十五岁时说法而化。

衡山的树林多被山民砍伐烧畲而毁掉了，其危害十分严重，玄泰禅师就创作了《畲山谣》一诗进行劝谕，被远近人们所传播，从而远达京城皇宫之内，于是天子下诏禁止砍伐衡山的树林烧荒。因此，南岳衡山中的寺庙不再遭受山民放火烧山的危害，全赖玄泰禅师之力。

《畲山谣》反映了玄泰禅师是一位卓越的环保人士，也给后人以无限警示。星云法师的《佛教与自然生态》（《普门学报》第十三期）诸文即列举玄泰的《畲山谣》为例以示禅师在保护自然生态方面的贡献。一般禅宗史家亦以为玄泰之举，乃是"禅宗在防护生态环境中值得提起的又一事"（杜继文、魏道儒著，《中国禅宗通史》，第334页，江苏古籍出版社，1993年）。

玄泰禅师将要圆寂时，并没有僧人前来，就自己走出门外，招呼一个僧人进门，吩咐他准备焚烧的木柴，又留下偈颂道："我今年六十五岁，四大（佛教认为人由地水火风组合而成）将要离开主人。佛道虽然很玄妙，但其中找不出佛祖。用不着为我剃发，也不必帮我洗澡。有一堆猛烈的大火送我走，就千个知足万个知足了。"玄泰禅师说完了偈颂，就端坐着垂下一只脚而圆寂。火化后，僧人收取了舍利，在坚固禅师塔的左面，再建造了一座小塔放置舍利。

唐代诗人栖蟾作《赠南岳玄泰布衲》，概括了他的一生，其诗曰：

曹溪入室人，终老甚难群。四十余年内，青山与白云。

松和巢鹤看，果共野猿分。海外僧来说，名高自小闻。

【参考文献】

《宋高僧传》卷十七；《五灯严统》卷六；《禅宗正脉》卷三；杜继文、魏道儒《中国禅宗通史》。

潭州云盖禅师

僧问潭州云盖禅师："佛未出世时如何[1]？"师曰："月中藏玉兔[2]。"曰："出后如何？"师曰："日里背金乌[3]。"

问："不可以情测时如何？"师曰："无舌童儿机智尽。"

风穴参，师问："石角穿云路，携筇意若何？"穴曰："红霞笼玉象，拥嶂照川源。"师曰："相随来也[4]。"穴曰："和尚也须低声。"师曰："且坐吃茶。"

【注释】

[1] 佛未出世时如何：指佛陀还没有诞生的时候是一个什么样子。旧译本将"未出世""没有到达超凡入圣的境界"，译错，与这个意义完全没有联系。

[2] 月中藏玉兔：静静的月亮里面却隐藏着跑动的玉兔。这是针对"佛未出世时如何"这个问题而回答的，意思是说，不管佛陀有没有出世，众生的佛性都是存在的。就好像静静的月亮里面却孕育着玉兔，月亮就佛性，玉兔就是众生，它虽然由月亮（佛）孕育而诞生，生长在月亮（佛）的怀抱里，但因为月亮（佛）太广大，它就感觉不到月亮（佛）的存在。

[3] 日里背金乌：金乌背着太阳飞过来，早上从东边出发，晚上飞到西边。古人认为，月亮里有玉兔，太阳里有三足金乌。金乌背着太阳跑，这是针对"佛出世后如何"这个问题而回答的，意思是说，佛陀出世了，他来教化众生，但他并非能把佛性赐给每一个众生，表面上佛陀有如金乌能背负众生到解脱的彼岸，但实际上仍旧是太阳的力量，因为金乌是太阳之精，是由太阳诞生的。也就是一切众生都有佛性，都能成佛，佛陀出世只是教化众生觉悟自性，然后就能诞生自性的金乌。金乌背着众生到达解脱的彼岸，实际上仍旧是自己的力量，所以说心外求佛并非能够得到解脱。

[4] 相随来也：我跟随你来了。旧译本"跟着来就行了"，不符合原意。

【概要】

本章记载了前中后三位潭州云盖禅师，这是后云盖禅师。前面中云盖禅师，旧校本因为没有弄清标题"中云盖山禅师"，要将标题改为"中云山禅师"，这个问题我已经在前面解释清楚。

这里记载了后云盖禅师与三位僧人的对话，其中一位问到佛出世前后的情况。古人说："天不生仲尼，万古如长夜。"这里禅师没有说，如果上天不诞生佛陀，那么众生就永远走在黑暗中。他告诉僧人，佛陀没有诞生的时候，众生没有佛陀的时候，他的佛性一样存在，只是众生不能发现而觉悟，所以永远都在六道轮回之中。等到佛陀诞生以后，虽然众生迎来了救星，但实际上要想解脱轮回之苦最终还是靠自己，佛只是把我们不知道的真理告诉我们，然后让我们激发自己的佛性，觉悟成佛。这就让我们想到一句歌词："从来就没有什么救世主，也不靠神仙皇帝，要创造人类的幸福全靠我们自己。"佛教不正是如此吗？

邵武军龙湖普闻禅师

邵武军[1]龙湖普闻禅师，唐僖宗太子也。幼不茹荤，长无经世意。僖宗钟爱之，然百计陶写[2]，终不能回。中和初，僖宗幸蜀，师断发逸游，人无知者。

造石霜，问曰："祖师别传事，肯以相付乎？"霜曰："莫谤祖师。"师曰："天下宗旨盛大，岂妄为之邪？"霜曰："是实事那？"师曰："师意如何？"霜曰："待案山[3]点头，即向汝道。"师于言下顿省。

辞去至邵武城外，见山郁然深秀，遂拨草，至烟起处，有一苦行居焉。苦行见师至，乃曰："上人当兴此。"长揖而去。师居十余年。

一日，有一老人拜谒，师问："住在何处？至此何求？"老人曰："住在此山，然非人，龙也。行雨不职[4]，上天有罚当死，愿垂救护。"师曰："汝得罪上帝，我何能致力？虽然，可易形来。"俄失老人所在，视坐傍有一小蛇，延缘入袖[5]。至暮雷电震山，风雨交作。师危坐不倾[6]，达旦晴霁[7]，垂袖，蛇堕地而去。有顷，老人拜而泣曰："自非大士慈悲，为血腥秽此山矣！"念何以报斯恩，即穴岩下为泉，曰："此泉为他日多众之设。"今号"龙湖"[8]。邦人闻其事，施财施力，相与建寺，衲子云趋。

师阐化三十余年，临示寂，声钟集众，说偈曰："我逃世难来出家，宗师指示个歇处。住山聚众三十年，寻常不欲轻分付。今日分明说似君，我敛目时齐听取。"安然而逝。塔于本山，谥"圆觉禅师"。

【注释】

[1] 邵武军：北宋时期福建的行政区划名叫福建路（相当于明清的省），雍熙二年（985年）改两浙西南路置。初设六个州、两个军，即福州、建州、泉州、南剑州、汀州、漳州、邵武军、兴化军，范围大致相当于今福建省。军：中国宋代行政区划名，与府、州、监同属于路。

[2] 陶写：谓怡悦情性，消愁解闷。

[3] 案山：堪舆用语。指穴地近前的山。堪舆家谓"案山"有助于蓄聚穴山之气，对人的命运有重要作用。至明清时，更加注重"风水"。风水理论要求皇家陵寝，须前有照山，后有靠山，两山之间、陵寝近前有案山；不但坟墓前要有案山，房子前也要有案山。唐杨益杨筠松《疑龙经批注校补》卷中："只要案山逆水转，不爱顺流随水势。"明徐善继、徐善述《地理人子须知·砂法总论》："凡穴前低小之山名曰案山。"

[4] 行雨不职：在下雨这个岗位上没有履行好自己的职责。

[5] 延缘入袖：缓慢移行进入了禅师的袖子里面。延缘：缓慢移行。

[6] 危坐不倾：正襟危坐，身子没有一点歪斜。危坐：古人以两膝着地，耸起上身为"危坐"，即正身而跪，表示严肃恭敬。后泛指正身而坐。

[7] 达旦晴霁（jì）：直到第二天早晨天气晴朗。达旦：直到第二天早晨。晴霁：晴朗。霁，雨止。

[8] 今号"龙湖"：旧校本标点错误，"今号'龙湖'"被引入龙说话的言语，应当移出引号外，"今"指作者撰写此书之时，即"穴岩为泉"的当时未有此名，后才叫作"龙湖"。所以，"今号龙湖"是说明性语言，不是对话内容。旧译本随从旧校本标点，故翻译亦错误。

【概要】

普闻禅师，唐代临济宗僧。生卒年不详。为唐僖宗之太子。自幼茹素，不沾荤腥，生性恬淡，不喜经世揽权之事。黄巢乱起，僖宗出奔蜀地，师遂落发出家，四处逸游。后得参谒石霜楚圆，于言谈间得省。复至福建邵武，喜其山郁翁秀，乃栖止其地。相传一日龙求避雷殛，师将之纳入袖中，龙甚感师之德，遂穴于山岩之下而为泉。后邑人建寺，乃因之命名为龙湖寺。师居此三十余年，弘扬佛法。世寿不详。谥号"圆觉禅师"。

【参考文献】

虚云禅师辑《增订佛祖道影》卷二。

张拙秀才

张拙秀才[1]因禅月大师指参石霜，霜问："秀才何姓？"曰："姓张名拙。"霜曰："觅巧尚不可得，拙自何来[2]？"公忽有省，乃呈偈曰："光明寂照[3]遍河沙[4]，凡圣含灵[5]共我家。一念不生全体现，六根才动被云遮。断除烦恼重增病，趣向真如亦是邪。随顺世缘无偏碍，涅槃生死等空花。"

【注释】

[1] 秀才：汉时开始与孝廉并为举士的科名，东汉时避光武帝讳改称"茂才"。唐初曾与明经、进士并设为举士科目，旋停废。后唐、宋间凡应举者皆称秀才，明、清则称入府州县学生员为秀才。此外，元、明以来用以称书生、读书人。

[2] 觅巧尚不可得，拙自何来：寻找灵敏尚且找不到，笨拙从哪里来？在佛的

境界里，一切平等，所谓聪明与愚蠢都相对的。

[3] 寂照：寂：寂静之意；照：照鉴之意。真理之体云寂，真智之用云照。智之本体为空寂，有观照之作用。

[4] 河沙：恒河沙。恒河是印度大河，两岸多细沙，佛说法时，每以恒河之细沙喻最多之数。

[5] 含灵：含有灵性的动物，指一切众生。

【拓展阅读】

《禅宗颂古联珠通集》有诗赞曰：

老倒石霜无忌讳，当头一句曾提起。只因当日老婆心，千古寥寥挂唇齿。（佛鉴懃）

胪传不羡擅嘉声，错认山河作眼睛。巧拙一时俱裂破，断除烦恼病重增。（笑翁堪）

进前峭壁三千丈，退后悬崖几万重。珍重大唐张拙老，铁锤无孔舞春风。（宝叶源）

夹山会禅师法嗣

洛浦元安禅师

澧州洛浦山元安禅师，凤翔麟游人也。卯年[1]出家，具戒通经论。问道临济，后为侍者。济尝对众美之曰："临济门下一只箭，谁敢当锋！"师蒙印可，自谓已足[2]。

一日侍立次，有座主参济。济问："有一人于三乘十二分教明得，有一人不于三乘十二分教明得，且道此二人是同是别？"主曰："明得即同，明不得即别。"师曰："这里是甚么所在？说同说别？"济顾师曰："汝又作么生？"师便喝。济送座主回，问师："汝岂不是适来喝老僧者？"师曰："是。"济便打。

师后辞济，济问："甚么处去？"师曰："南方去。"济以拄杖画一画，曰："过得这个便去。"师乃喝，济便打。师作礼而去。

济明日升堂曰："临济门下有个赤梢鲤鱼，摇头摆尾，向南方去，不知向谁家齑瓮[3]里淹杀？”

师游历罢，直往夹山卓庵，经年不访夹山。山乃修书，令僧驰往。师接得便坐却，再展手索，僧无对[4]。师便打，曰："归去举似和尚。"僧回举似。山曰："这僧若开书，三日内必来；若不开书，斯人救不得也。"[5]师果三日后至，见夹山不礼拜，乃当面叉手而立。山曰："鸡栖凤巢，非其同类，出去！"师曰："自远趋风，请师一接。"山曰："目前无阇黎，此间无老僧。"师便喝，山曰："住！住！且莫草草匆匆[6]。云月是同，溪山各异。截断天下人舌头，即不无阇黎，争教无舌人解语[7]？"师伫思，山便打，因兹服膺。

（兴化代云："但知作佛，莫愁众生。"）

一日问山："佛魔不到处如何体会？"山曰："烛明千里像，阁室老僧迷。"又问："朝阳已升，夜月不现时如何？"山曰："龙衔海珠，游鱼不顾[8]。"

山将示灭，垂语曰："石头一枝，看看即灭矣。"师曰："不然。"山曰："何也？"师曰："他家自有青山在。"山曰："苟如是，即吾宗不坠矣。"

暨夹山顺世，师抵于涔阳，遇故人因话武陵事[9]。问曰："倏忽数年，何处逃难？"师曰："只在阛阓[10]中。"曰："何不向无人处去？"师曰："无人处有何难？"曰："阛阓中如何逃避？"师曰："虽在阛阓中，要且人不识。"故人罔测。又问："佛佛相应，祖祖相传，彼此不垂曲时如何[11]？"师曰："野老门前，不话朝堂之事。"曰："合谭何事？"师曰："未逢别者，终不开拳[12]。"曰："有人不从朝堂来，相逢还话会否？"师曰："量外之机，徒劳目击[13]。"

师寻之澧阳洛浦山卜筑宴处，后迁止朗州苏溪[14]。四方玄侣，憧憧奔凑。

上堂："末后一句，始到牢关[15]。锁断要津[16]，不通凡圣。寻常向诸人道，任从天下乐欣欣，我独不肯。欲知上流之士，不将佛祖言教贴在额头上。如龟负图[17]，自取丧身之兆[18]。凤萦金网，趋霄汉以何期[19]？直须旨外明宗，莫向言中取则。是以，石人机似汝，也解唱巴歌；汝若似石人，雪曲也应和[20]。指南一路，智者知疏。"

僧问："瞥然便见时如何[21]？"师曰："晓星分曙色，争似太阳辉[22]？"又问："恁么来不立，恁么去不泯时如何[23]？"师曰："鬻薪樵子贵，衣锦道人轻[24]。"

问："供养百千诸佛，不如供养一个无心道人，未审百千诸佛有何过？无心道人有何德？"师曰："一片白云横谷口，几多归鸟尽迷巢。"

问："日未出时如何？"师曰："水竭沧溟龙尚隐，云腾碧汉凤犹飞[25]。"

问："如何是本来事？"师曰："一粒在荒田，不耘苗自秀。"曰："若也不耘，莫被草埋却也无？"师曰："肌骨异刍荛，稊稗终难隐[26]。"

问："不伤物命者如何？"师曰："眼花山影转，迷者谩彷徨[27]。"

问："不谭今古时如何？"师曰："灵龟无卦兆，空壳不劳钻[28]。"曰："争奈空壳何？"师曰："见尽无机所，邪正不可立[29]。"曰："恁么则无栖泊处也[30]。"师曰："玄象始于未形，虚劳烦于饰彩[31]。"

问："龙机不吐，雾滋益，事如何[32]？"师曰："道本无名，不存明暗[33]。"曰："不挂明暗底事又作么生[34]？"师曰："言中易举，意外难提[35]。"

问："不生如来家，不坐华王座时如何[36]？"师曰："汝道火炉重多少[37]？"

问："祖意教意，是同是别[38]？"师曰："师子窟中无异兽，象王行处绝狐踪[39]。"

问："一时举来时如何[40]？"师曰："献璞不知机，徒劳招刖足[41]。"

问僧："近离甚处？"曰："荆南。"师曰："有一人与么去，还逢么？"曰："不逢。"师曰："为甚不逢？"曰："若逢即头粉碎。"师曰："阇黎三寸甚密[42]。"云门于江西见其僧，乃问："还有此语否？"曰："是。"门曰："洛浦倒退三千里[43]。"

问："行不思议处如何？"师曰："青山常举足，白日不移轮[44]。"

问："枯尽荒田独立事如何[45]？"师曰："鹭倚雪巢犹可辨，乌投漆立事难分[46]。"

问："如何是主中宾[47]？"师曰："逢人常问路，足下镇长迷[48]。"曰："如何是宾主双举？"师曰："枯树无横枝，鸟来难措足。"

问："终日朦胧时如何？"师曰："掷宝混沙中，识者天然异。"曰："恁么则展手不逢师也。"师曰："莫将鹤唳误作莺啼。"

问："圆伊三点人皆会，洛浦家风事若何[49]？"师曰："雷霆一震，布鼓声销[50]。"

问："正当亭午[51]时如何？"师曰："亭午犹亏半，乌沈始得圆。要会个中意，牛头尾上安[52]。"

问："如何是祖师西来意？"师曰："飒飒[53]当轩竹，经霜不自寒。"僧拟进语，师曰："只闻风击响，知是几千竿。"

上堂："孙膑收铺去也，有卜者出来[54]。"僧曰："请和尚卜。"师曰："汝家爷死[55]。"僧无对。

（法眼代拊掌三下）

问："如何是西来意？"师以拂子击禅床曰："会么？"曰："不会。"师曰："天上忽雷惊宇宙，井底虾蟆不举头。"

问："如何是佛法大意？"师曰："雪覆孤峰峰不白，雨滋石笋笋须生[56]。"

问："法身无为，不堕诸数[57]，是否？"师曰："惜取眉毛好[58]！"曰："如何免得斯咎？"师曰："泥龟任你千年，终不解随云鹤[59]。"曰："直是孙膑，也遭贬剥[60]。"师曰："不穿鼻孔底牛，有甚御处[61]？"僧便作牛吼，师曰："这畜生！"僧便喝，师曰："掩尾露牙，终非好手。[62]"

问："万丈悬崖撒手[63]去，如何免得丧于身时如何？"师曰："须弥系藕丝[64]。"曰："是何境界？"师曰："刹竿[65]头上仰莲心。"曰："恁么则湛湛澄澄[66]去也。"师曰："须弥顶上再翻身。"曰："恁么则兢兢切切[67]去也。"师曰："空随媒鸽走，虚丧网罗身[68]。"曰："如何得不随去？"师曰："罂鹅瓶项小，拟透望天飞[69]。"

问："露不垂群木时如何[70]？"师曰："有虎鸦须噪，无人鸟不惊[71]。"

问："拨乱乾坤底人来，师还接否[72]？"师竖拂子[73]，僧曰："恁么则得遇明君去也。"师曰："依稀似曲才堪听，又被风吹别调中[74]。"

问："佛魔不到处，如何辨得？"师曰："演若头非失[75]，镜中认取乖。"

问："如何是救离生死？"师曰："执水苟延生，不闻天乐妙[76]。"

问："四大从何而有？"师曰："湛水无波，沤因风激[77]。"曰："沤灭归水时如何？"师曰："不浑不浊，鱼龙任跃。"

问："如何离得生死去？"师曰："一念忘机，太虚无玷[78]。"

问："如何是道？"师曰："存机犹滞迹，去机却通途[79]。"

问："如何是一大藏教收不得者？"师曰："雨滋三草[80]秀，片玉本来辉。"

问："一毫吞尽巨海，于中更复何言？"师曰："家有白泽之图，必无如是妖怪[81]。"

（保福别云："家无白泽之图，亦无如是妖怪。"）

问："凝然[82]时如何？"师曰："时雷应节，震岳惊蛰[83]。"曰："千般运动不异个凝然时如何[84]？"师曰："灵鹤翥空外，钝鸟不离巢[85]。"曰："如何？"师曰："白首拜少年，举世人难信。"

问："诸圣怎么来，将何供养？"师曰："土宿虽持锡，不是婆罗门[86]。"

问："祖意教意，是同是别？"师曰："日月并轮辉，谁家别有路。"曰："恁么则显晦殊途，事非一概。"师曰："但自不亡羊，何须泣岐路[87]。"

问："学人拟归乡时如何[88]？"师曰："家破人亡，子归何处？"曰："恁么则不归去也。"师曰："庭前残雪日轮消，室内游尘遣谁扫[89]？"乃有偈曰："决志归乡去，乘船渡五湖。举篙星月隐，停棹日轮孤[90]。解缆离邪岸，张帆出正途[91]。到来家荡尽，免作屋中愚[92]。"

问："动是法王[93]苗，寂是法王根。根苗即不问，如何是法王？"师举拂子。僧曰："此犹是法王苗[94]。"师曰："龙不出洞，谁人奈何[95]？"

侍者谓师曰："肇法师制得四论[96]，甚奇怪。"师曰："肇公甚奇怪，要且不见祖师[97]。"者无对。

（法灯代云："和尚甚么处是。"云居锡云："甚么处是肇公不见祖师处？莫是有许多言语么？"又云："肇公有多少言语。"）

问："如何是生机[98]一路？"师曰："敲空有响，击木无声[99]。"

师两山开法，语播诸方。光化元年八月，诚主事曰："出家之法，长物不留[100]。播种之时，切宜减省。缔构[101]之务，悉从废停。流光迅速，大道玄深。苟或因循[102]，曷由体悟？"虽激励恳切，众以为常，略不相儆[103]。至冬示微疾，亦不倦参请。

十二月一日告众曰："吾非明即后也，今有一事问汝等。若道这个是，即头上安头；若道不是，即斩头求活[104]。"

第一座对曰："青山不举足，日下不挑灯[105]。"师曰："是甚么时节，作这个语话？"

时有彦从上座对曰："离此二途，请和尚不问。"师曰："未在，更道[106]。"曰："彦从道不尽。"师曰："我不管汝尽不尽。"曰："彦从无侍者祇对和尚。"师便休。

至夜令侍者唤从问曰："阇黎今日祇对，甚有道理，汝合体得先师意。先师道'目前无法，意在目前，不是目前法，非耳目之所到[107]'，且道那句是宾，那句是主？若择得出，分付钵袋子。"曰："彦从不会。"师曰："汝合会。"曰："彦从实不会。"师喝出，乃曰："苦！苦！"

（玄觉云："且道从上座实不会，是怕见钵袋子粘着伊？"）

二日午时，别僧举前话问师，师曰："慈舟不棹清波上，剑峡徒劳放水鹅[108]。"便告寂。

【注释】

[1] 丱（guàn）年：幼年。丱：古代儿童束的上翘的两只角辫，此指年幼。

[2] 师蒙印可，自谓已足：禅师蒙临济印可，自以为自己修行已经差不多了。

[3] 菹（jī）瓮：腌咸菜的缸。菹：咸菜或酱菜，如"三百瓮菹"，指长期以咸菜度日，生活清贫。

[4] 师接得便坐却，再展手索，僧无对：此处旧校本点校错误，项楚《〈五灯会元〉点校献疑三百例》说："'却'属上，'坐却'谓将书置于臀下，而坐于其上。'却'是用在动词后的语助词。"更正标点后，其译文为"禅师接到书信后就把它放在屁股下坐着，然后展开手向送信的僧人再索信件，僧人无话对答"。旧译本因为旧校本标点错误，亦跟着翻译错误，其译文为"禅师接到书信就坐下来，却第二次展开手索要书信，那僧人无话作答"，把原意完全误解了。

[5] 僧回举似。山曰："这僧若开书，三日内必来，若不开书，斯人救不得

也"：此处旧校本标点有误，作"僧回举似山曰"，中间不点开。项楚《〈五灯会元〉点校献疑三百例》说："'僧回举似'下加句号，'举似'的宾语虽然是'山'，但是省略了。'山曰'另作一句，盖'曰'的主语是'山'，若依原断句，则似'僧'了，非是。"这段话的意思是：送信的僧人回来后把情况报告了夹山，夹山说："这僧（指元安禅师）如果打开信看了，三天内一定到我这里来；如果不打开信，此人就没法救了。"旧译本因旧校本标点错误，翻译亦跟着错误。

[6] 草草匆匆：十分匆忙仓促的样子，随便、潦草。

[7] 截断天下人舌头，即不无阇黎，争教无舌人解语：旧校本标点作"截断天下人舌头即不无，阇黎争教无舌人解语"，有些人讲解时也这样断句，显然有误。南怀瑾先生讲这段话时，其断句也是"截断天下人舌头，即不无阇黎，争教无舌人解语"（南怀瑾《如何修证佛法》第十三讲）。截断天下人舌头，是临济一喝的作风，即大喝一声截断别人的话，也就截断别人的妄想。学人带着疑问到禅师那里提问，或者自以为有一肚子佛法正滔滔不绝往外倒，突然遇到这么一喝，这一瞬间是什么状态？这一瞬间惊愕就什么念头都没有了，同时什么烦恼妄想也没了。这就是"截断天下人舌头"。元安禅师在临济那里虽然学得"一喝"，但却没有领会精神，还没学到家，在夹山禅师这里不管用。夹山禅师说："截断天下人舌头，虽然不能没有您阿阇黎（即不无阇黎），可是怎么教无舌人会说话呢（争教无舌人解语）？"解语，即会说话的意思，《〈景德传灯录〉译注》注释为"理解话语中的禅机"，此处没这样复杂。这个意思就是，你会教众生断除妄想，可是断除妄念以后怎么办呢？断除妄想是空，但"空"了以后，仍旧不能断绝"有"，真空妙有，元安禅师你怎么做？这就使元安禅师看到了自己的不足，也就知道他在临济禅师那里学"喝"，为什么学错了。

[8] 龙衔海珠，游鱼不顾：南怀瑾先生说："夹山说：'龙衔海珠，游鱼不顾。'师于言下大悟。这一下洛浦大彻大悟了，这里头有东西，在内外一片光明境界里头，像一条龙在海里游动，嘴里衔着明珠，这颗明珠就是龙的命根，旁边鱼虾游来游去，龙的眼睛斜都不斜一下，看都不看一眼。"（南怀瑾《如何修证佛法》第十三讲）借龙不顾一切的忘我境界，说明要离开一切外缘，不受一切干扰，一心系念在禅定之境。"龙衔海珠，游鱼不顾"是指龙生怕丢了口中的宝珠，因为那是他的命根，所以怕丢这颗宝珠，他对于身边游来游去的鱼视而不见。《〈景德传灯录〉译注》译为"龙口衔着大海珠，游动的鱼并不回头观看"，不符合原意，本来是龙对游鱼视而不见，如此翻译则变成游鱼不看龙了。

[9] 武陵事：指武陵战乱之事。武陵：古郡名，治所在今湖南常德，境内少数民族与汉族杂居，称武陵蛮，也称五溪蛮。唐末、五代时期，武陵蛮乘中原混战，

多次举兵侵掠湖南一带州县。

［10］阛（huán）阓（huì）：街市，闹市。

［11］佛佛相应，祖祖相传，彼此不垂曲时如何：佛佛相应，祖祖相传，如果彼此不降下意旨怎么办？垂曲：即曲垂，敬词，用于称君上的颁赐，犹言俯赐、俯降。旧译本没弄清"垂曲"的意义，译为"彼此之间不降低身份向下弯曲的情形怎么样呢"，错。

［12］开拳：此指化拳为掌，合十施礼。

［13］量外之机，徒劳目击：预料之外的机缘，看见也是徒劳。

［14］师寻之澧阳洛浦山卜筑宴处，后迁止朗州苏溪：禅师不久就到了澧阳（今湖南澧县）洛浦山择地建筑禅室，后来又迁移到朗州苏溪（今湖南新化县北）。卜筑：择地建筑住宅，即定居之意。

［15］末后一句，始到牢关：至极重要的最后一句，才到达彻底省悟的禅关。牢关：喻锁断一切言诠与分别心，不让通过。指迷与悟的关口。《碧岩录》卷一"第九则"："末后一句，始到牢关。指南之旨，不在言诠。"《圆悟语录》卷一四："末后一句，始到牢关。诚哉是言！透脱死生，提持正印，全是此个时节。唯踏著上头关捩子底，便谙悉也。"（摘自《禅宗大词典》）

［16］锁断要津：系禅家本分施设。不立言句，扼断语路，使无可用心，无路可循。其目的在于剿绝种种学解知见、分别妄念。要津：重要渡口。

［17］如龟负图：《周易·系辞上》曰："河出图，洛出书，圣人则之。"传说在伏羲氏时，有龙马从黄河中出现，背负"河图"；有神龟从洛水中出现，背负"洛书"。伏羲根据此"图""书"画成八卦，成为后来《周易》的来源。

［18］自取丧身之兆：商代时人认为龟有灵性，又曾背负"天书"佐助圣人，故取龟壳作为占卜的用具，用火在龟壳上钻灸，然后根据龟壳上出现的纹路来判断其所预示的吉凶征兆。所以，此言龟因自己具有灵性而招致杀身之祸。

［19］凤萦金网，趋霄汉以何期：凤凰突然掉进了金网，哪能想到不能再搏击长空？霄汉：天空。何期：犹言岂料，表示没有想到。

［20］石人机似汝，也解唱巴歌；汝若似石人，雪曲也应和：这几句诗是解释前文所说"直须旨外明宗，莫向言中取则"的含义的。石人能够唱歌，我还能够应和，是不可思议的。这就是禅林常有的"无义句"，用通常情理无法解释的奇特语句来说明"直须旨外明宗，莫向言中取则"的道理。石人唱出"下里巴人"的歌（俗谛），你要是似石人，就能唱出"阳春白雪"（真谛）来应和。这就叫作打得念头死，保你法身活。旧译本将"巴歌"译为"《巴山歌》"，而不知道与下文"雪曲"（阳春白雪）相对应，前者"巴歌"就理应联想到"下里巴人"。

[21] 瞥然便见时如何：忽然有所觉悟，见到自性的灵光，这种境界怎么看？瞥然：忽然，迅速地。《〈景德传灯录〉译注》译为"眼睛一瞥就见到的时候怎么样呢"，有误，意义亦有误。

[22] 晓星分曙色，争似太阳辉：拂晓的星星虽然分得一点朝阳的曙光，但怎么比得上太阳的光辉呢？这是针对"瞥然便见时如何"问题的回答。忽然有所觉悟，见到自性的灵光，这仅仅是修行过程中一点小成绩，就好像拂晓的星光，怎么能和太阳的光辉相比呢？争似，怎似。唐代刘禹锡《杨柳枝》词："城中桃李须臾尽，争似垂杨无限时。"

[23] 恁么来不立，恁么去不泯（mǐn）时如何：如此来不停留，如此去不消失，这种境界如何？立：《说文》："立，住也。从大，立一之上。"此指停留、停住的意思。泯：消灭，丧失。《金刚经》说："应如是生清净心，不应住色生心，不应住声香味触法生心，应无所住而生其心。"就是指这种境界。不住，即此心不停留在一切外在事物（色声香味触法）上，六根清净才有清净心。南怀瑾先生说："真正的清净心，不是有个光，有个境界，而是不住色，不住声香味触法，他说真正的修行，应无所住而生其心。应该随时随地无所住，坦坦然，物来则应，过去不留。用我们常谈的这两句话，勉强来描写，就是此心无事，像个镜子，心如明镜台，有境界来就照，用过了就没有。"（南怀瑾著《金刚经说什么》）但还有不消失的，那就是我们的自性，故说"恁么去不泯"。旧译本"那么来了不成立，那么去了不消泯时怎么样"，有误，特别是将"立"译为"成立"不准确，不符合原意。

[24] 鬻薪樵子贵，衣锦道人轻：卖柴的樵夫虽然穿得破破烂烂，但他自食其力，不追求绫罗绸缎，他这颗心更可贵。有道之士本应摒弃物欲，不为色声香味触法而动心，可他却穿着华丽的锦衣，他这颗心已经受污染了。这是禅师针对"恁么来不立，恁么去不泯"而回答。前者赞扬樵夫，是告诉我们如何保持清净心，不追求外在的富贵，则内心可贵。后者指出所谓"有道之士"的通病，表面上在修行，但什么都放不下，六根不净，怎么值得大家尊重呢？旧译本《〈景德传灯录〉译注》都没有把这个含义翻译出来。

[25] 水竭沧溟龙尚隐，云腾碧汉凤犹飞：大海的水枯竭了龙就隐藏起来了，云朵布满天空凤凰一样飞翔。沧溟：大海。碧汉：银河，亦指青天。这是回答"日未出时如何"的情景。"太阳没有出来时如何"喻怎么看到本来面目，禅师说不见大海了并非就没有龙了，凤凰被云遮住了并非就不在天上飞了。本来面目就是佛性，它不生不灭，不受时间与空间的限制。

[26] 肌骨异刍（chú）荛（ráo），稊（tí）稗（bài）终难隐：非凡的肌骨自然与草野之人区别开来，在禾苗中的稊稗终究难以隐藏。刍荛：割草采薪之人，草

野之人。稊稗：一种形似谷的草，隐藏在禾苗中的稊稗喻以凡代圣。这两句话的意思，比喻本来面目不会被一切外在的假象所淹没。《〈景德传灯录〉译注》译为"它的肌肉骨骼与刍荛不同，稊稗也最终难以遮住它的身姿"，有误。旧译本亦译错。

[27] 眼花山影转，迷者谩（mán）彷徨：眼睛昏花，山的影子看起来旋转不停，迷路的人就更加被迷惑了，犹豫不前了。谩：欺骗，欺诳，蒙蔽。

[28] 灵龟无卦兆，空壳不劳钻：如果灵龟不呈现卦象征兆，它的空壳就不用被钻孔了。

[29] 见尽无机所，邪正不可立：到了一切任其自然，不用心计之地，那么就没有邪与正的分别了。无机：任其自然，没有心计。这是针对"争奈空壳何"而回答的，即抱着一个空壳有什么用呢？禅师开示，当一切都空了，然后又任其自然，不用心计，不拒绝一切到来，是非正邪都不在心中停留，那不就是本来面目吗？旧译本没有弄清这个含义，译错。

[30] 恁么则无栖（qī）泊（bó）处也：接上文而来，如果按照禅师您说的那样做，我就没有居留停泊的地方了。意思是，什么地方都不停留，那么我住到哪里呢？栖泊：居留，停泊，寄居。因为问者还有"我"的存在，所以他总是还想给自己找到一个"栖泊"的地方。

[31] 玄象始于未形，虚劳烦于饰彩：天象最早是没有任何形状显现出来的，花很大力气把外表装饰得五光十色都是白费力气。玄象：天象，谓日月星辰在天所成之象。虚劳：白费力气。日月星辰有那么大的威力，可它们都成就于无形。你现在执着一个"我"不放，还千方百计为满足"我"费尽力气，这都是徒劳无功的。真正的"我"没有处所，没有时间空间的限制，怎么还需要找一个住所呢？这是针对上文"恁么则无栖泊处"而开示。旧译本译错。

[32] 龙机不吐，雾滋益，事如何：此处旧校本点校错误，其标点为"龙机不吐雾，滋益事如何"。项楚《〈五灯会元〉点校献疑三百例》说："此处并非五言二句，'龙机'以下当作一气读，谓：龙虽不吐云，自有雾滋益，此事如何？"机：本义指弓弩上的发射机关。《说文》："主发谓之机。"范晔《后汉书·张衡传》："尝一龙机发而地不觉动，京师学者咸怪其无征。"（曾经有一条龙的机关启动了，但是人们没有感到有地震，于是京城的学者都责怪它没有应验）此处"龙机不吐"一段话，指龙发动机关，但不吞云吐雾，自然还有雾滋养补益，这个事情怎么看？旧译本因为旧校本标点错误，亦跟着翻译错误。

[33] 道本无名，不存明暗：龙能呼风唤雨、吞云吐雾，那是它前世修来的福报，所以即使它没有呼风唤雨、吞云吐雾的时候，也同样能够得到雨雾的滋润。禅

师借这个看不见的前因开示，"道"的本质也是如此，"道"看不见，没有名字，也没有明暗（昼夜都不影响它存在），但它时刻都在我们身上出现，无论身内，还是身外，都是一心所现（"道"的表现），"道"就是这样潜移默化地影响着我们。

[34] 不挂明暗底事又作么生：不牵涉明暗的事又怎么理解？挂：牵记，牵连，牵累，此指牵涉。

[35] 言中易举，意外难提：在言语中容易旁征博引，但言语之外的意旨难以揭示出来。相当于"只可意会，不可言传"的意思。举：称引，此处指旁征博引。提：指出，此指揭示出来。"牵涉明暗的事"是指"道"不受黑夜与白天的影响，无时无刻不存在，这已经涉及"形而上"的最高境界，所以只可意会，不可言传。

[36] 不生如来家，不坐华王座时如何：如果不生到佛的家里，不坐在莲华上化生（往生净土），那会怎么样？

[37] 汝道火炉重多少：你说火炉有多重？承接上文而来，如果不生到佛的家里，不坐在莲华上化生（往生净土），那么就会在三界轮回，时刻都有堕落恶道的危险，时刻面临坐在大火炉上烤的危险。《妙法莲华经》卷二说："三界无安，犹如火宅，众苦充满，甚可怖畏。"

[38] 祖意教意，是同是别：祖师的意旨与佛陀的言教是相同还是不同？"教"，指经教，即佛陀之言教。"祖"，此谓禅宗之相传不依言教，而系祖师以心传心，其所传是经教之外的另一种传授。

[39] 师子窟中无异兽，象王行处绝狐踪：狮子的洞窟中没有其他野兽，大象之王所行之处没有狐狸的踪迹。意思是，无论祖意还是教意都是佛法，佛法归根到底都一样，不可能杂有其他成分。

[40] 一时举来时如何：一时都取来如何？举：取。

[41] 献璞不知机，徒劳招刖（yuè）足：要根据众生不同的根机选择对应的方法才能有用，尽管祖意教意都是佛法，但是要是献宝不选对时间，不选对接受的人，那么就如卞和捧着璞玉去见楚王，白白地被砍去了双足。传说卞和捧着璞玉去见楚厉王，历王命玉工查看，玉工说这只不过是一块石头。厉王大怒，以欺君之罪砍下卞和的左脚。厉王死，武王即位，卞和再次捧着璞玉去见武王，武王又命玉工查看，玉工仍然说只是一块石头，卞和因此又失去了右脚。武王死，文王即位，卞和抱着璞玉在楚山下痛哭了三天三夜，哭干了眼泪后又继续哭出血来。文王得知后派人询问为何，卞和说："我并不是哭我被砍去了双脚，而是哭宝玉被当成了石头，忠贞之人被当成了欺君之徒，无罪而受刑辱。"于是，文王命人剖开这块璞玉，见真是稀世之玉，便命名为"和氏璧"。刖足：断足，古代酷刑之一。

[42] 阇黎三寸甚密：阿阇黎您的嘴巴很紧。意思是，不随便说话，不透露一

点风声。三寸：舌头，此处指嘴。

[43] 洛浦倒退三千里：洛浦：不是地名，指洛浦山元安禅师。倒退三千里，夸张的说法，指洛浦元安禅师大大退步了。旧译本理解错误，译为"洛浦的水倒流三千里"，译错。

[44] 青山常举足，白日不移轮：在青山中常散步，太阳每天都走一样的轨迹。白日，指太阳，如唐诗"白日依山尽"。旧译本将"白日"译为"白色的太阳"，译错。

[45] 枯尽荒田独立事如何：在极其干枯的荒田中独自站立，这事怎么看？一切都荒芜了，喻放下了眼前一切，其境界也很高了。

[46] 鹭倚雪巢犹可辨，乌投漆立事难分：旧校本将"漆立"改为"凄笠"，项楚《〈五灯会元〉点校献疑三百例》说："校记：'笠，原误作'立'，今改。'按原文'立'字是。'巢'与'立'皆为动词。"依项先生保持原文不变，则这段话的意思是：白鹭倚靠白雪作巢还可以辨认，乌鸦投入黑漆之中再站立着就难以分辨了。因为这是针对"枯尽荒田独立事如何"而说的，故言外之意是，凡圣不可同列，只是俗眼难以辨别。不要认为在极其干枯的荒田中独自站立就是特立独行了，与众不同了，就是圣人了，真正的圣人他还会走进青山绿水之中去，去与众生打成一片。这是禅师开示，"无"与"有"不能分开，必须辩证统一起来。因为旧校本点校错误，旧译本与《〈景德传灯录〉译注》都跟着翻译错误，其译文为："白鹭在冰雪中倚靠着巢穴还可以辨认，乌鸦投入黑漆的斗笠内就难以分辨了。"

[47] 主中宾：原作"主看宾"，即师家能透知学人之内心。出自"临济四宾主"。唐代临济义玄禅师提出四句宾主，为临济根本思想之一。即指导学人时，师家（指导者）与学人（修道者）之关系有四种：一是宾看主（宾乃客之意），即学人透知师家之机略。二是主看宾，即师家能透知学人之内心。三是主看主，即具有禅机禅眼者相见。四是宾看宾，即不具眼目之两者相见。其后，风穴延沼禅师将上记四语改称为"宾中主、主中宾、主中主、宾中宾"，其义亦同。旧译本没有弄清原意，译为"怎样是主体中的宾客呢"。

[48] 逢人常问路，足下镇长迷：逢人经常问路，脚下的路总是不清楚。镇：经常，总是。为什么总是迷路，因为不把自己当主人翁，不知道自性即是佛，所以经常心外求佛，总是向别人问路，不知道路就在心中，路就在脚下。

[49] 圆伊三点人皆会，洛浦家风事若何："圆伊三点"人人都知道它的意义，您洛浦禅师的家风怎么样呢？圆伊三点，又作"以字三点""伊字三点""真伊三点"。梵字的伊（∴）由三点构成，比喻三德的相即不离，缺其一便不能成就涅槃的实义。由于其排列方式及写法颇为特殊，故佛典每用以作各种譬喻。因为不知道

"圆伊三点"在佛典中的意思，故今人对于"圆伊三点"则尽不知了。有人如此解释："'圆伊三点'指洛甫教宗圆融。僧人的意思是说，你的教义方面是圆通无碍的，这尽人皆知，那么你接引人的家风是什么呢?"把"圆伊三点"理解为洛甫禅师的东西了。旧译本与《〈景德传灯录〉译注》也没弄清原意，译为"推究伊字三点的旨意"，不知所云。

　　[50] 雷霆一震，布鼓声销：典出《汉书》卷七十六《王尊传》。"毋持布鼓过雷门。"颜师古注："雷门，会稽城门也，有大鼓。越击此鼓，声闻洛阳……布鼓，谓以布为鼓，故无声。"后以"布鼓"为浅陋之典。"雷霆一震，布鼓声销"，指在雷门的大鼓面前，布鼓无声无息，不值得一谈。晋葛洪《抱朴子·金丹》："闻雷霆而觉布鼓之陋，见巨鲸而知寸介之细也。"旧译本没有弄清这个典故，译为"雷霆的轰响一震响，擂鼓的声音就被淹没了"

　　[51] 亭午：正午。

　　[52] 亭午犹亏半，乌沈始得圆，要会个中意，牛头尾上安：正午太阳才过半，一直到夕阳西下才能最圆。要想领会其中的意义，牛头长到尾巴上。乌：传说太阳中有三足乌，故以乌为太阳的代称。个中：其中。

　　[53] 飒飒：象声词。《楚辞·九歌·山鬼》："风飒飒兮木萧萧，思公子兮徒离忧。"此处指风声。

　　[54] 孙膑收铺去也，有卜者出来：孙膑要收铺关门了，还有想要算卦的人快点出来。孙膑：战国时期齐国军事家，有神机妙算的本事。旧译本"有卖卜的站出来"，译错，不是卖卜的，而是想要占卜的。下文就是禅师给一想要占卜的僧人算卦。

　　[55] 汝家爷死：你家父亲死了。爷：口语，爷老子，即父亲。旧译本凡是出现"爷"的地方，基本上都译为"爷爷"，此处亦如此。

　　[56] 雪覆孤峰峰不白，雨滋石笋笋须生：雪覆盖了孤峰但这个山峰却不白，雨滴滋润了石笋这石笋就长高了。这两个事情都是违背常理的，意思是不可能发生的事情，就否定了僧人的提问。因为禅宗是"不立文字，教外别传，直指人心，见性成佛"，如果僧人问"如何是佛法大意"或者"如何是西来意"，都是一开口就错了，所以一般高明的禅师不回答此类问题，或者顾左右而言他，或者说东答西，或者予以否定。这里禅师就对僧人所提"如何是佛法大意"予以否定，意思是你想要知道"如何是佛法大意"，那么就等发生"雪覆孤峰峰不白，雨滋石笋笋须生"这样的事情再说吧，即永远也没有答案。旧译本没明白这个意思，就将"雨滋石笋笋须生"译为"雨滴滋润石笋，石笋长出霉苔"，因为不理解石笋受到雨滴滋润会长高，所以就自作主张，增字解经，无端想出是长出霉苔了。

[57] 法身无为，不堕诸数，是否：因为法身（佛三身之一）无所作为，所以不再沉沦各种命运中去（六道轮回），对吗？数：气数，命运。旧译本未理解"数"，译为"方法"，译文为"不堕人各种方法里"，不符合原意。

[58] 惜取眉毛好：闭上嘴巴少说话好！"惜取眉毛"是禅家常语，含有两层意思：一是省点精神；二是言句别太多，别违背不立文字语言的禅旨。本书第十三章"曹山光慧"条："问：'古人云：如红炉上一点雪。意旨如何？'师曰：'惜取眉毛好！'""惜取眉毛"来自"不惜眉毛"，意谓不顾惜因使用言辞说教而遭受惩罚。禅林有不合禅法、眉须堕落的著名传说，见"丹霞烧木佛""眉须堕落"。因为这里禅师警告问者不要片面理解"法身"，说错了，就会谤法，如丹霞烧佛一样，丹霞烧佛没错，反而质问他的寺庙住持错了，眉须堕落。因为问者说"法身无为，所以不再沉沦各种命运中去（六道轮回）"，可是无为还需要有为，佛的法身虽然寂然不动，但他还有千百亿化身进入六道中广度无量众生。无为，无造作之意，原系涅槃之异名，可这仅仅是一个方面的理解。有"无为"，还有"有为"，必须辩证统一起来，才能正确理解佛的法身。故禅师警示他，如果认为法身就是无为，就是什么也不做，那是谤法，请知道"眉须堕落"的后果。"眉须堕落"典故见"丹霞烧佛"公案，参阅本书第五章。旧译本不知道这句话的典故，故译文不符合原意。

[59] 泥龟任你千年，终不解随云鹤：爬在水底泥上的乌龟，即使他有寿命一千年，也始终不能理解随云仙鹤的境界。乌龟，比喻眼光短浅，只看见眼前的利益。如果只求长生不老，那么禅定境界到了非想非非想处天，也只有八万大劫寿命，寿命到了一样六道轮回。就是到了阿罗汉的境界，虽然已经不再轮回，但要是不发大乘心，离佛的境界仍旧很远。如此相比，乌龟一千岁又算得了什么呢？随云仙鹤就不同，海阔凭鱼跃，天高任鸟飞，因为它放下了一切，就没有一切约束，所以可以在天空自由自在地飞翔，再也不会有什么障碍。这种境界，必须发大乘心，大乘菩萨，不舍众生，不住涅槃。正因为不舍众生，就放下了个人的一切，所以他就没有小我的执着，就在无我的天空里面飞翔。旧译本未弄清原意，译文有误。

[60] 直是孙膑，也遭贬剥：即使是孙膑，也会遭受贬斥批驳。直是：即使。贬剥：贬斥批驳，此处指孙膑的人生灾难。这句话的意思，如孙膑那么有本事，那么神机妙算，也免不了人生的灾难。

[61] 不穿鼻孔底牛，有甚御处：不穿鼻孔的牛，怎么能管住？禅师将妄念比喻成没有缰绳牵制的牛，因为到处乱跑，惹祸生非，即使再有本事，今后也不能开悟。

[62] 掩尾露牙，终非好手：掩藏了尾巴，却露出了獠牙，毕竟不是高手。旧

译本将"好手"译为"好手艺人"，其错误分析见本书第六章"福州覆船山洪荐禅师"条"好手"注释。

[63] 悬崖撒手：形容参禅时超越语言知见、情识分别，毫无依倚，毫不犹豫。亦作"撒手悬崖"。

[64] 须弥系藕丝：须弥山系在一根藕丝上。须弥：译为妙高山，为一小世界的中心。

[65] 刹竿：刹柱。寺前的幡竿。

[66] 湛（zhàn）湛澄（dèng）澄：湛湛：清明澄澈貌。澄澄：清澈明洁貌。

[67] 兢兢切切：兢兢：恐惧貌，战栗貌。切切：哀怨、忧伤貌。

[68] 空随媒鸽走，虚丧网罗身：看见一只快到口的鸽子，却不知道是猎人的诱饵，白费力气地尾随着，最后丧身于猎人布置好的罗网之中。媒鸽：用以引诱他鸟而拴系的鸽子。媒，射猎时用作诱饵，或驯养以招引其同类的鸟兽。这种鸟兽称为鸟媒。旧译本译错，关键是没弄清"媒鸽"这个词的意义，将其理解为"送信的鸽子"。

[69] 罂鹅瓶项小，拟透望天飞：酒缸里有一只鹅，但酒缸的出口太小，它想要出来向天空飞，但却不可能。罂：大腹小口的瓦器，古代大腹小口的酒器。

[70] 露不垂群木时如何：露水不能落到所有的树木上时怎么办？意思是佛说众生平等，但我能力有限，不能雨露均沾怎么办。

[71] 有虎鸦须噪，无人鸟不惊：山中有老虎，乌鸦因为恐惧才会惊叫；没有人的地方，鸟就不会受惊。意思是，佛虽然想要度众生，但众生要有求救的心愿，才能得救。就如有山中有老虎的时候，乌鸦就会发出叫声求救。如果在一个安静没有危险的地方，鸟就不会受惊，它也没有求救的愿望。

[72] 拨乱乾坤底人来，师还接否：平定天下祸乱的人来，师父还接引吗？拨乱：平定祸乱。乾坤：国家，江山，天下。

[73] 师竖拂子："竖拂"本谓高僧谈禅说理时竖起拂尘，用以难倒对方。参见本书第三章"杭州盐官海昌院齐安国师"注释。

[74] 依稀似曲才堪听，又被风吹别调中：刚才好像听了一曲，正动听的时候，又被风吹走了，混入其他曲调中了。

[75] 演若头非失：参见本章"瑞州九峰道虔禅师"条"演若"条注释。

[76] 执水苟延生，不闻天乐妙：执着于水（眼前短暂的布施，如一杯水救一个快渴死的人）可以延长生命，却忘记了听闻净土的微妙音乐（解脱之音）。意思是，人们往往只知道用金钱物质去救人，其最终目的也只能解除眼前的困难，仅仅是延长肉体的生命罢了，而真正的解脱是往生净土，永远没有轮回之苦，为什么忘

记布施这种解脱之音呢？

[77] 湛水无波，沤因风激：清澈的水本来没有一点波纹，一阵风来吹过水面就有了水泡。暗示心本来是安静的，但因外界干扰就产生了很多妄想。

[78] 一念忘机，太虚无玷（diàn）：一念清净，眼前的天空就没有一点污染。忘机：消除机巧之心，常用以指甘于淡泊，与世无争。太虚：指天，天空。玷：使有污点。这是讲佛家"一切唯心造"的道理，一心清净则有佛国净土。

[79] 存机犹滞迹，去杌（wù）却通途：只要存有机巧之心，就会有阻碍的痕迹；拔除了株杌（贪、瞋、痴），道路就会一坦平地。杌：指株杌（树木砍伐后留下的大树桩），比喻贪、瞋、痴三毒。三毒坚固难拔，犹如株杌。旧译本未弄清"杌"的意义，译错。

[80] 三草：即小草、中草、上草。出自《法华经》。草即药草也。药草既蒙云雨之润，即得生长，而能遍治众病，变体成仙，以譬五乘（菩萨乘、缘觉乘、声闻乘、天乘、人乘）之人，既闻法华之教，无漏智慧即得增长，能破无明之惑，开佛知见，故以三草喻之。小草喻人、天也。谓法雨既沾，无不蒙润，而人、天之机根力微弱，未获大益，故名小草。中草喻声闻、缘觉也，谓此二乘之人，蒙佛法雨，而于大乘根渐增长，故名中草。上草喻三藏（经藏、律藏、论藏）教菩萨也。谓此菩萨，蒙佛法雨，敷荣郁茂，自他饶益，故名上草。旧译本未弄清什么是"三草"，译为"三春的野草"。

[81] 家有白泽之图，必无如是妖怪：家里有白泽神兽的画像，所以必然不会出现这样的妖怪。白泽：传说中的神兽，祥瑞之象征，是令人逢凶化吉的吉祥之兽。故家有白泽神兽的画像就可趋吉避凶，哪里会有妖怪出现呢？此处禅师回答"一毫吞尽巨海"这个提问，这个提问是佛的境界，根本就不是语言能够说明的，类似的话有"于一毛端现宝王刹，坐微尘里转大法轮"（《楞严经》）。禅师没有正面回答提问，只是把有这种本事的人当成妖怪。禅就是追求一颗平常心，虽然禅定到一定境界会有神通出现，但那是副产品，追求生死解脱才是究竟。所以，禅师说东答西，实际上也就否定了僧人的提问。家里有白泽神兽的画像，这是比喻修行者正念在心，那么其他邪念就进不来，所谓成佛作祖亦是邪念，哪还能去追究"一毫吞尽巨海"这样的事情呢？旧译本把这段话的因果关系译为转折关系，有误。

[82] 凝然：本来形容举止安详或静止不动，此处指静寂不动。佛教唯识宗有"真如凝然，不作诸法"的说法。谓真如凝寂湛然，毫不随缘起动。唯识宗以真如为客观的、静态的，无变化、无作用的无为法，不因熏习而生诸法，为常住不变平等无相的理体。若真如随缘起动，违背无为无作用之条件，则落入生灭迁流之有为法。

[83] 时雷应节，震岳惊蛰：春雷顺应节气而来，一声震动山岳，惊醒了冬眠的虫子。这是回答"凝然"之问，光有静寂不动还不行，大静寂中还有大动作，静动达到和谐统一才是最高境界。

[84] 千般运动不异个凝然时如何：千百种运动与静寂不动没有差别时怎么样？

[85] 灵鹤翥（zhù）空外，钝鸟不离巢：仙鹤翱翔在长空之外，钝鸟却不能飞离自己的窝。意思是，放下一切，大静寂才有大动作，如愚笨的鸟放不下自己的窝，所以它就飞不远，而仙鹤能够放下一切，就能翱翔在长空之外。灵鹤：仙鹤。翥：振翼而上，高飞。

[86] 土宿（sù）虽持锡，不是婆罗门：来自山野的老僧，虽然手持锡杖，看起来道貌岸然，但他终究不是出身在高贵的婆罗门种族。此针对"诸圣都来，将如何供养"之问回答。也就是供养诸圣，不管有多么贵重的饮食衣服卧具等物质，都不如用一颗清净心去供养。你用身外之物供养，不管多么高贵，实际上都是假的，最贵的是一颗清净心，那才是你真正的出身。就好像真正的婆罗门贵族（指大德高僧），他不持锡杖，别人也认识他是贵族。土宿：山野老僧。宿：耆宿，指德高望重的老者。此指禅僧，因为锡杖是禅僧所持的法器。

[87] 但自不亡羊，何须泣岐路：只要自家的羊没有走失，又何必面对岔路哭泣呢？岐路：岔路。《列子·说符》："杨子之邻人亡羊，既率其党，又请杨氏之竖追之。杨子曰：'嘻！亡一羊，何追者之众？'邻人曰：'多岐路。'""羊"在这里比喻自性，找到了自性还有什么担忧呢？

[88] 学人拟归乡时如何：我准备回家乡怎么样？学人，参禅学佛之人，多用作僧徒自称。

[89] 庭前残雪日轮消，室内游尘遣谁扫：屋前尚未化尽的雪只要太阳出来就会全部消失，可屋内浮扬的灰尘让谁替你打扫呢？这是禅师针对前面回家还是不回家之问而回答。当他的徒弟提出回家，禅师说你家破人亡，还回哪里去？这个回答有两个意思，一是你家乡已经没家人了，还回什么家？二是你一出家，就没有世俗的家了，还回什么家？但当徒弟说"这样的话就不用回去了"，禅师就说"庭前残雪日轮消，室内游尘遣谁扫"，意思是你还是必须回家，否则家里的灰尘谁替你扫除呢？这个家实际上是指自性，是本来面目，正如神秀和尚说"时时勤拂拭，莫使惹尘埃"，才能找到一颗清净心，犹如游子归家。

[90] 举篙（gāo）星月隐，停棹（zhào）日轮孤：举起竹篙的时候，星星和月亮的光辉渐渐隐去（指早晨出发的时候）；停下船桨的时候，一轮红日悬挂在西天（指夕阳西下的时候）。描写修行人精进的状态，天没亮就起床开始工作了，一直都夕阳西下才停止工作。篙：用竹竿或树木等制成的撑船工具。棹：划船的一种

工具，形状和桨差不多。

[91] 解缆离邪岸，张帆出正途：解开缆绳离开邪法之地，张开船帆出发走上人生的正途。邪岸：指人欲横流的地方，充满了贪嗔痴三毒，是生死轮回的彼岸。正途：指正法之途，可以驶向生死解脱的彼岸。旧译本未弄清"邪岸"的象征含义，译为"歪斜的水岸"。

[92] 到来家荡尽，免作屋中愚：到头来倾家荡产，才可免除做一个住在家中的愚人。意思是，只有放弃世俗家中的一切，没有一点牵挂，才可跳出六道轮回这个火宅，不再做住在小我之家的愚人。世俗之财，只能自我约束，画地为牢，执着于世俗之财就永远得不到解脱，只要放弃一切世俗之财，倾家荡产，那么才能走向解脱的彼岸。

[93] 法王：佛之尊称。王有最胜、自在之义，佛为法门之主，能自在教化众生，故称法王。旧译本未弄清"法王"的意义，译为"释迦佛祖"，错！法王指诸佛，不仅仅是释迦牟尼佛。

[94] 此犹是法王苗：这仍旧是法王的苗。僧人提出，动是法王苗，静是法王根，他不问根苗的事情，到底怎么样才是法王？禅师"举起拂子"，本谓高僧谈禅说理时竖起拂尘，用以难倒对方。参见本书第三章"杭州盐官海昌院齐安国师"注释。但僧人予以反击，这仍旧是法王的苗。意思是，你举起的拂子是动的表现，所以仍旧是外在的现象。僧人提出什么是法王，以及涉及佛的最高境界，一问即错，又把法王动静分开来解释，更是错上加错，所以禅师举起拂子不回答。

[95] 龙不出洞，谁人奈何：真龙不出洞，你有什么办法呢？禅师的意思是，我一说法就落动静两边，就是错，我不上你的当，你怎么办？

[96] 肇法师制得四论：僧肇写出"四论"。查宝祐本原刻为"肇法师制得四论"，但旧校本误作"肇法师制得四轮"，将"论"变成"轮"，无法解释，旧译本因此也跟着翻译错误，译为"风、水、金、宝四轮"。"四论"指东晋僧人僧肇（有"解空第一"之称）的四篇论文，他曾在姑臧（今甘肃武威）和长安参与鸠摩罗什译场，从事译经和经论评定。他的四篇深邃、精辟、简洁、优美的论文名为《物不迁论》《不真空论》《般若无知论》和《涅槃无名论》，在中国佛教史上具有非常崇高的地位，直至今天仍被众多佛子和佛学专家研读。此四论合称为《肇论》。

[97] 肇公甚奇怪，要且不见祖师：肇公很奇怪，却是不见祖师。要且：却是，表示转折语气。意思是，他要是见到祖师了，就没话可说了。此处祖师指禅宗祖师，禅宗见性成佛，不立文字，自然就没有"四论"了。

[98] 生机：生命力，活力。

[99] 敲空有响，击木无声：本书无义句。《元贤广录》卷二九："大都六祖以

前，多是有义句；六祖以后，多是无义句。方便各异，实无优劣。学人参看，须是深求其实……若不深求其实，唯在文字中领略，则虽无义句，如麻三斤，干屎橛等，皆有义可通。"

［100］"出家之法，长物不留"句：这段话旧校本引号错误。项楚《〈五灯会元〉点校献疑三百例》（《古籍整理出版幅况简报》172 期）说："诚主事曰：'出家之法，长物不留。播种之时，切宜减省。缔构之务，悉从废停。流光迅速，大道玄深。苟或因循，曷由体悟？虽激励恳切，众以为常，略不相傲。'此段言元安禅师以减省诚勖众僧，而众僧略不相傲。师语至'曷由体悟'已完，'虽激励恳切'以下移出引号之外。"长物：好的东西。曷：表示疑问，相当于"何""什么""怎么""岂"等。

［101］缔构：经营开创，大搞建设。

［102］因循：懒散，随便，怠惰。

［103］傲（jǐng）：没有引起大众的警醒，指禅师快要离世的话没有引起人们察觉。

［104］若道这个是，即头上安头；若道不是，即斩头求活：所谓"这个"，就是禅宗"直指"的"心印"，教中称为"平等不二"的本体——"如如"。"心印"或本体是不能通过"理路"去进行思量分别的。说有，就"增益谤"，喻如"头上安头"；说无就是"减损谤"，喻如"斩头求活"，如此等等。

［105］青山不举足，日下不挑灯：青山不用举足才能看见，太阳底下不需要挑灯就能见物。这个僧人的意思，自性具足一切，所以真正的青山就在心里，正好观赏；真正的太阳也在心里，灵光一现十方世界都能看见。

［106］未在，更道：没说到点子上，再说说看。旧校本作"未在更道"，中间没有加逗号，两句成为一句话，故旧译本不清楚意义，跟着译错，译为"这不在于改变道路"。

［107］目前无法，意在目前，不是目前法，非耳目之所到：参见"夹山善会禅师"章节。夹山禅师说："所以老僧道，目前无法，意在目前，他不是目前法"，意思是，所以老僧说，眼前无法（眼前的一切境界都是虚假不实的，法指一切存在的现象），佛法意旨（自性）就在当下，但它不是当前的境界（心外之法）。

［108］慈舟不棹清波上，剑峡徒劳放木鹅：菩萨的慈舟不用船桨就能慈航在清波上，在剑峡之上放养木鹅只是徒劳无益，因为永远没有收获。旧校本"木鹅"作"水鹅"，宝祐本没有错，旧校本校对错误。木鹅：指木制的鹅，浮水工具，如果作"水鹅"就没法解释。故旧译本因点校错误故跟着翻译错误。禅师最后遗言的是什么意思？南怀瑾先生说："这是大乘菩萨的行愿，慈舟度人一定到浊流中去。下面

一句感叹自己，几十年来没有渡上一个人。'剑峡徒劳放木鹅'，就是说他住的地方有个山峡叫剑峡，纵然他把桥架起来要引人过来，却没有一个肯上来。如同古德两句名言所讲的：'慈航本是渡人物，无奈众生不上船'，那有什么办法呢！就是这样感叹！"

【概要】

元安禅师（834～898年），唐代禅僧。陕西凤翔人，俗姓淡。二十岁于岐阳怀恩寺出家。曾问道翠微、临济，后于夹山善会之会下得心要。住澧州（湖南）洛浦（乐普），更移苏溪（湖南），接化四方僧众。临终接化彦从上座之公案，颇负盛名。世寿六十五。

【参考文献】

《宋高僧传》卷十二；《景德传灯录》卷十六；《禅林僧宝传》卷六。

【拓展阅读】

关于洛浦禅师，南怀瑾先生著《如何修证佛法》（十三）有详细的开示。

山曰："目前无阇黎，此间无老僧。"师便喝。夹山说：我这里没有你这个和尚，此地也没有我这个老和尚，这里的佛法是这样的：目前没有你，也没有我。这时洛浦学临济的办法，对夹山作惊人的一喝！夹山的作风与临济不同，临济气宇如王，眼睛看着人，魂都会给他吓掉了。而夹山是斯斯文文地，他这一喝，夹山说："住！住！且莫草草匆匆，云月是同，溪山各异。"同样的月亮，同样的云，照不同的地方，风景就是不同，换句话说，你师父那里嘿呀呵呵的，这一套到我这里吃不开。"截断天下人舌头，即不无阇黎，争教无舌人解语。"洛浦听了这句话，"师伫思"一沉思。"山便打"夹山便打。"因兹服膺？"这下子他服气了。也不去住茅蓬了，就跟着夹山。

一日问山：佛魔不到处，如何体会？他的功夫境界到达这个程度，完全空掉了，三际托空，佛也没有，魔也没有，怎么体会？

夹山回答他："烛明千里像，暗室老僧迷。"蜡烛一点起来，大老远的地方都照出来；暗室的老和尚就是看不见。什么意思？当然灯点了就看得见，不点灯就看不见。可是，学佛的人认为这里面有密法，为什么这样的境界是佛魔不到处？佛拿你没办法，魔也拿你没办法。这是什么道理？见地、修证都在里头。

又问："朝阳已升，夜月不现时如何？"这是形容功夫的境界，打起坐来身心都忘了，只是一片光明，等于太阳已经出来。"夜月不现"，到了夜里又不同了，自性光，清凉了，也就是道家参同契所说："至阳赫赫，至阴肃肃"，当一个人达到空到什么都没有的境界，要注意，那还是属于"至阴肃肃"，阴极阳生以后，身心内外与天地同根，一片光明，那才是"至阳赫赫"的境界。这时气脉通不通早就过了，讲三脉七轮时，连初步的定都没有到，他这时已超过了这些定境，那就是"朝阳已升，夜月不现时"。

夹山说："龙衔海珠，游鱼不顾。"师于言下大悟。这一下洛浦大彻大悟了，这里头有东西，在内外一片光明境界里头，像一条龙在海里游动，嘴里衔着明珠，这颗明珠就是龙的命根，旁边鱼虾游来游去，龙的眼睛斜都不斜一下，看都不看一眼。

我们修气脉也好，念佛也好，修到只有这一念，也等于龙衔海珠，游鱼不顾。旁边那些妄念，根本就不理。除妄念干吗？最高的道理也可以拿到最初步用，大家做功夫，不管练气、念佛或是其他法门，只要抓住那一念，系心一缘不动，记住"龙衔海珠，游鱼不顾"，慢慢的也会真到达这个境界。这两句话不是光讲理论，还有真实的修证功夫的事相，是实际的功夫境界。前面提过法华经龙女献珠，都是真实的事相，确有其事，确有其境界。

人人动辄谈开悟，所谓的开悟，究竟如何？标准是什么？最平实的说法，是永明寿禅师在《宗镜录》中提到的，包括了禅宗的见地、修证、行愿。

洛浦开悟以后，继承夹山的法统，他的教育法非常严厉，因为他兼数家之长，功夫高，见地高，气派又大。他有几句名言：

"末后一句，始到牢关，锁断要津，不通凡圣。"

这是功夫境界，他说末后一句才能到向上一路，才可以修到三身成就。禅宗分三关：初关、重关、末后牢关。什么是牢关？我们这个身体就是牢关，你破不掉，飞不出去，等到死时，这个牢关才破，但那是假破，又变中阴身了，再入轮回之中。"末后一句，始到牢关"，这个时候，"锁断要津，不通凡圣"，不是凡夫，也非圣人，也就是魔佛不到处，才算成功。

洛浦禅师临走前，对徒弟们恳切地开示曰："出家之法，长物不留"，不要贪图东西，本来出家就是丢开一切，万缘放下，"播种之时，切宜减省"，古代丛林都是自己种地，就是告诫弟子们播种之务，不要浪费，换句话说，这四句是双关语，做功夫、做事也一样。"缔构之时，悉从废停"，你们光办建筑方面的事，这些都应停止，好好用功才行。"流光迅速，大道元深"，光阴很快地过去，但是道业深远得很。"苟或因循，曷由体悟"，如果你们因循且过的一天一天马虎过去，而不努力精勤于道业，那么要到哪一天才能有所成就啊！"虽激励恳切，众以为常，略不相傲"。尽管洛浦禅师以恳切的语气对弟子们开示，但弟子们平常就听惯了师父爱骂人的训示，所以这些话大家也就不在意了。

洛浦禅师这一宗系下来，教育方法非常严肃，教理不但要通，学问又要好，见地、功夫都要求非常高，所以他到了最后要走时，找不到一个合格的接棒人。洛浦禅师问弟子哪个可接法，没有一个人答出来，只有彦上座答出来，但彦上座不肯当大和尚，所以洛浦禅师一问他，他却说不知道。

"二日午时，别僧举前话问师，师曰：慈舟不棹清波上，剑峡徒劳放木鹅。便告寂。"洛浦禅师说了两句感叹话后就走了，你看他生死来去多么痛快。"慈舟不棹清波上"，这是大乘菩萨的行愿，慈舟度人一定到浊流中去。下面一句感叹自己，几十年来没有渡上一个人。"剑峡徒劳放木鹅"，就是说他住的地方有个山峡叫剑峡，纵然他把桥架起来要引人过来，却没有一个肯上来。如同古德两句名言所讲的："慈航本是渡人物，无奈众生不上船"，那有什么办法呢！就是这样感叹！

抚州逍遥山怀忠禅师

僧问："不似之句还有人道得否？"师曰："或即五日斋前，或即五日斋后。"

问："剑镜明利，毫毛何惑[1]？"师曰："不空胃索[2]。"

问："洪炉猛焰，烹锻何物[3]？"师曰："烹佛烹祖。"曰："佛祖作么生烹？"师曰："业在其中。"曰："唤作甚么业？"师曰："佛力不如[4]。"

问："四十九年不说一句，如何是不说底句？"师曰："只履西行，道人不顾[5]。"曰："莫便是和尚消停处也无[6]！"师曰："马是官马不用印[7]。"

问："如何是一老一不老？"师曰："三从六义[8]。"曰："如何是奇特一句？"师曰："坐佛床，斫佛朴[9]。"

问："祖与佛阿那个最亲？"师曰："真金不肯博，谁肯换泥丸[10]？"曰："恁么则不肯去也[11]！"师曰："汝贵我贱[12]。"

问："悬剑万年松时如何？"师曰："非言可及。"曰："当为何事？"师曰："为汝道话。"曰："言外事如何明得？"师曰："日久年多筋骨成。"

问："不敌魔军，如何证道？"师曰："海水不劳杓子舀。"

问："不住有云山，常居无底船时如何？"师曰："果熟自然香。"曰："更请师道。"师曰："门前真佛子。"曰："学人为甚么不见？"师曰："处处王老师[13]。"

【注释】

[1] 剑镜明利，毫毛何惑：有了利剑与明镜，还有丝毫烦恼吗？惑：迷惑错误，是贪嗔痴等烦恼的总称。

[2] 不空罥（juàn）索：即不空罥索观音。持不空之罥索，钩取人天之鱼于菩提之岸，以此标帜而得名。罥索：本为战斗或狩猎之用具。据《慧琳音义》卷六十一载，罥索，系于战斗之时用以罥取人，或罥取马头、马脚之绳索，俗称搭索。菩萨以此索挽救众生，到达解脱彼岸。罥索譬如菩萨之四摄（布施摄、爱语摄、利行摄、同事摄）法，其罥索必有所获，故云不空。《大日经疏》卷五："罥索是菩提心中四摄方便，以此执系不降伏者，以利慧刃断其业寿无穷之命，令得大空生也。"《演密钞》五曰："四摄是法，罥索是喻，诸佛菩萨以四摄法摄取众生，无空过者。世间罥索索取诸兽少有所失，故以为喻。又此罥索名不空，世间罥索索取兽时，或中或不中，四摄罥索摄取众生无不中者故。"禅师以此回答僧人，其意思是：有了利剑与明镜，如果不斩断妄念，不照照镜子，那么对于断除烦恼有什么用呢？如果像观音菩萨一样用四摄法救度众生，那么就不会再有什么烦恼。《〈景德传灯录〉译注》未明白这个佛教术语，"罥索"注释错误，译文"不会空着缠绊的绳索"亦错。旧译本同样不明白这个佛教术语，亦译错。旧校本"罥索"亦注释错误。

[3] 洪炉猛焰，烹锻何物：大炉猛火，烹烧什么东西？烹锻：烧炼。此指地狱众生受苦情状。

[4] 佛力不如：佛力敌不过众生的业力。此处指地狱众生虽然有佛性，也是未来佛，但是目前他的佛力敌不过他的业力。

[5] 只履西行，道人不顾：达磨大师手里拿着一只鞋子，头也不回往西天而去。只履西行，指达磨手携只履回归西天之事。参见本书第一章"初祖菩提达磨大师"注释。

[6] 莫便是和尚消停处也无：莫非就是和尚您安息的地方（最终归宿）吗？消停，本指停止、停歇、休息，但此处指临终安息之处，即最终归宿。《〈景德传灯录〉译注》译为"莫非就是和尚的停留之处吗"，旧译本译为"莫非就是和尚休息的地方"，均有误。

[7] 马是官马不用印：因为马是官马（打了官印），所以骑上它出行不用带官

府的印（相当于通行证）。马：官府的马。印：官府机构的印。禅师的意思是：达磨所去的地方，任何人都可去，因为人人都有佛性，人人都可成佛，故西天净土人人可以去。不像世间国土，要有官府的通行证，你才能畅通无阻。如果心中有佛，就等于坐上了官马，不再需要通行证，可以畅通无阻，往生西天净土。《〈景德传灯录〉译注》注释官马为防盗所以打上官印，旧译本译文也是这个意思，不符合原意。

[8] 三从六义：一老，即三从；一不老，即六义。意思是：你说的"一老"就是眼前的众生，他们都有"三从"之类的障碍，人人都有生老病死；你说的"一不老"就是佛陀，他永远没有生老病死，具有六个殊胜的含义。三从：古代女子一生中所应恪守、遵从之三项德目，即在家从父，出嫁从夫，夫死从子。女子囿于三从，遂令终生难得自由，故以之比喻佛道修行中境遇之困顿，而与五障并称五障三从，以表女子之劣机。六义：指佛有六个殊胜意义。《佛地论》云："自在、炽盛与端严、名称（如来圆满一切殊胜功德，十方世界，无不闻知，故曰名称）、吉祥及尊贵，如是六德义圆满，是故彰名薄伽梵。"薄伽梵，佛陀十号之一。估计旧译本与《〈景德传灯录〉译注》均没明白什么是"三从六义"，所以干脆都不翻译，也不注释。

[9] 坐佛床，斫佛朴：坐上佛的床，砍坏做木雕佛像的原料。注意，这是两个不连贯的动作，并非坐在佛的床上来砍做佛像的木料。禅师此意为泯除众生心外求佛之念，所以要当下承认自己就是佛，敢睡到佛的床上去，也敢砍了做佛像的木料，打倒一切外在的偶像，可对于未达此境者则不能妄为（参见丹霞烧佛公案）。朴：本指没有细加工的木料，此指用来做木雕佛像的原料。此外，禅林还有"坐佛床，斫佛脚"之说。《〈景德传灯录〉译注》将"佛朴"译为"佛像的外表"，无根据。而且其译文为"坐在佛床上，砍削佛像的外表"使两句话两个不连贯的动作变成一个连贯的动作，误会了原意。旧译本则干脆不翻译。

[10] 真金不肯博，谁肯换泥丸：真金不肯拿出来交易，因为谁肯用它来换个泥丸呢？僧人问"祖师与佛陀哪个最亲"，禅师回答你只是看到外在的，无论祖师还是佛陀，都在你的心里，不用外求，你却执着彼此，那不就是用真金子换了一颗泥丸吗？博：贸易，换取。《〈景德传灯录〉译注》将"博"译为"赌博"，不符合原意。旧译本亦如此。

[11] 怎么则不肯去也：这样的话，您就没有认可哪个最亲了。因为禅师答非所问，而听者仍旧没有明白禅师回答的意义，故再次提出疑问。"肯"即赞成、许可的意思。"去"是语气助词，无义。旧译本将"去"作实词翻译，译为"这样就不肯去了"，致使语义上下无法理解。

[12] 汝贵我贱：你所追求的尊贵，我恰好认为是最低贱的。《〈景德传灯录〉译注》译为"你的尊贵，我的低贱"，旧译本译为"你尊贵，我卑贱"，都是因为没有联系上文而翻译出错。因为这里禅师始终是针对僧人"祖师与佛陀哪个最亲"这个问题来回答的。心外求佛，表面上在追求最尊贵的东西，实际上却是把自己贬低了，看不到自性，所以禅师说你所追求的尊贵，我恰好认为是最低贱的，就如用真金子换了一颗泥丸。

[13] 处处王老师：处处都是王老师（祖师）。王老师：参见本书第三章"池州南泉普愿禅师"注释。池州南泉之普愿禅师，姓王氏，承马祖之法弘道于南泉，常自称王老师。

【概要】

怀忠禅师，唐代禅僧。为青原下五世。参夹山善会得法，出居抚州（今属江西地级市）逍遥山。僧问抚州逍遥山怀忠禅师："不似之句还有人道得否？"师曰："或即五日斋前，或即五日斋后。"

"不似之句还有人道得否"如何理解？僧人提的这个问题，指不使用过去祖师说过的句子，也不使用过去出现过的公案，有人能说出新的句子吗？怀忠回答："也许在五天斋前，也许在五天斋后。"斋，指佛门吃饭。你提这个问题，或许是吃了五天斋饭之前，或许是吃了五天斋饭之后，就有答案。因为五天前的斋饭与五天后的斋饭有变化吗？没有。既然没有变化，过去的禅师吃这个饭开悟了，你为什么就没有开悟呢？难道就靠几句新奇创意的句子就能开悟吗？还是老老实实精进参学吧。

修行不是科技，不是发明创造。科技的关键在创新，每一项重大的的发明创造都给人类文明带来重大的进步。修行则不如此，禅宗的修行关键在明心见性，而这个心是没有什么创新的，更没有发明创造。《金刚经》说："过去心不可得，现在心不可得，未来心不可得。"我们的妄心时刻都在变化，你到哪里去找到一个不变的心？而真心是静寂的，没有生灭的，过去如此，现在如此，将来还是如此，如果有一点创新就不是真心了。

【参考文献】

《景德传灯录》卷十六。

袁州蟠龙山[1]可文禅师

僧问："亡僧迁化向甚么处去也？"师曰："石牛沿古路，日里夜明灯[2]。"

问："如何是佛？"师曰："痴儿舍父逃[3]。"

【注释】

[1] 袁州蟠龙山：袁州，今江西宜春。"蟠龙山"，亦作"盘龙山"，又名"武功山"，在江西宜春县南面。可文禅师住在蟠龙山报亲显庆禅寺。报亲显庆禅寺始建于890年，为唐末南平郡王钟传（？~906年）所建，初名蟠龙禅院，并迎请令超禅师（夹山善会禅师法嗣）住持，后移锡高安上篮山。令超禅师后就是可文禅师住持了，《五灯会元》称之为"蟠龙可文"，这是青原系一重要的分支。蟠龙可文的法嗣当时皆是宏化一方的善知识，影响较大，由于历史和地域原因，其后法嗣分布和流传失考。

[2] 石牛沿古路，日里夜明灯："沿"，查宝祐本为"沠"，《中华字海》："沠，'同沿'，见《正字通》"（上海古籍出版社《中华字海》2008年版第532页）。"石牛沿古路"，查《景德传灯录》作"石牛沿江路"。古代认为石牛可以镇水，防止水灾，所以将它放置在沿江之路。夜明灯，指寺院内通宵点着的灯火。

[3] 痴儿舍父逃：父亲家财万贯，可愚痴的儿子却离开他逃走，比喻众生都有佛性，却离开自性，心外求佛。"痴儿舍父逃"与《法华经·信解品》中"长者穷子"之譬喻同义。据传，有一富有长者之子，不知将会继承父亲之财产而离开家园，迷失于他乡，以致穷困乞食。以此比喻众生不知将来必可成佛，因妄想邪念之覆盖，以致流转于迷界，无法自觉。禅门引用此语，批评愚人远离自己本性，而向外境求佛法。

黄山月轮禅师

抚州黄山月轮禅师，福唐许氏子。初谒三峰，机缘靡契[1]。寻闻夹山盛化，乃往叩之。

山问："名甚么？"师曰："月轮。"山作一圆相，曰："何似这个？"师曰："和尚恁么语话，诸方大有人不肯在[2]。"山曰："阇黎作么生！"师曰："还见月轮么？"山曰："阇黎恁么道，此间大有人不肯诸方[3]。"师乃服膺参讯[4]。

一日，夹山抗声[5]问曰："子是甚么处人？"师曰："闽中人。"山曰："还识老僧么？"师曰："和尚还识学人么？"山曰："不然，子且还老僧草鞋钱，然后老僧还子庐陵米价[6]。"师曰："恁么则不识和尚也，未委[7]庐陵米作么价?"山曰:"真师子儿,善能哮吼。"乃入室受印,依附七年。

众请住黄山。上堂:"祖师西来,特唱此事。自是诸人不荐[8],向外驰求。投赤水以寻珠,就荆山而觅玉。所以道:从门入者,不是家珍[9]。认影迷头,岂非大错[10]?"

僧问:"如何是祖师西来意?"师曰:"梁殿不施功,魏邦绝心迹。"

问:"如何是道?"师曰:"石牛频吐三春雾,木马嘶声满道途。"

问:"如何得见本来面目?"师曰:"不劳悬石镜,天晓自鸡鸣。"

问:"宗乘一句,请师商量。"师曰:"黄峰独脱[11]物外秀,年来月往冷飕飕。"

问:"不辨中言,如何指拨?"师曰:"剑去远矣,尔方刻舟。"

问:"如何是衲衣下事?"师曰:"石牛水上卧,东西得自由。"

问:"如何是目前意?"师曰:"秋风有韵,片月无方。"

问:"如何是学人用心处?"师曰:"觉户不掩,对月莫迷。"

问:"如何是青霄路?"师曰:"鹤栖云外树,不倦苦风霜。"

问:"过去事如何?"师曰:"龙叫清潭,波澜自肃。"

师于同光二年示寂,塔于院之西北隅。

【注释】

[1] 初谒(yè)三峰,机缘靡契:最初参拜三峰和尚,但机缘并不契合。谒:拜见。

[2] 和尚恁么语话,诸方大有人不肯在:和尚您这样说话,各地方大有人不认可您。"肯"即赞成、许可、认可的意思。"在"是语气助词,无义。旧译本将"在"作实词翻译,译为"各地方就有很多人不肯来见",致使语义上下无法理解。而"在"译为"来见",亦无根据。

[3] 阇黎恁么道,此间大有人不肯诸方:阿阇黎您这么说,我这里也大有人不认可诸方。因为旧译本始终没有明白"肯"是赞成、许可、认可的意思,故又译错,译为"这里大有人不肯接纳"。

[4] 参讯:参学问道。讯:问,问候。

[5] 抗声:高声,大声。

[6] 庐陵米价:禅宗公案,又作"青原米价"。盖庐陵位于江西省,乃著名之

良米产地。此则公案，青原行思不针对僧所问之"佛法大意"作答，而另行提出"庐陵米价"，其意概谓佛法原本即是自己直接体悟之问题，既不宜向外驰求，更不应予以抽象化、观念化，为避免学人产生此类抽象化、观念化之谬思，遂特意以十足表现实际生活意味之"庐陵米价"来显示"生活即事理"之佛法精神。久之，"庐陵米价"或"青原米价"一语遂成为禅门中用以表示佛法不离实际生活之惯用语。

[7] 未委：未悉，不知。

[8] 荐：认识，醒悟。

[9] 从门入者，不是家珍：同"从门入者非宝"（参见本书第十三章"洞山良价禅师"条）。从门外取来之物，终非自家的珍宝。比喻向外驰求所获得的，并非自心本佛。意思是佛在心中不要外求。《碧岩录》卷一"第五则"："后在鳌山阻雪，（雪峰）谓岩头云：'我当时在德山棒下，如桶底脱相似。'岩头喝云：'尔不见道：从门入者，不是家珍。须是自己胸中流出，盖天盖地，方有少分相应。'雪峰忽然大悟。"

[10] 认影迷头，岂非大错：例如演若达多视镜中影子就是自己的头，却迷失了自己真正的头，难道不是大错吗？参见本章"瑞州九峰道虔禅师"条"演若"条注释。认影迷头已经成为一句成语，形容非常糊涂。但旧译本与前面一样，继续没有弄清这个典故，其译文"看着影子头脑迷糊"，望文生义，译错。

[11] 独脱：独立、超脱，无所依赖。是禅悟者的机用。《临济语录》："如诸方学道者流，未有不依物出来底，山僧向此间从头打。手上出来手上打，口里出来口里打，眼里出来眼里打。未有一个独脱出来底，皆是上他古人闲机境。"《密庵语录》："所以，德山据一条白棒，佛来也打，祖来也打……（德山）又道：我三十年，不曾打著个独脱底。"

【概要】

月轮禅师，五代禅僧（854~925年）。俗姓许，福唐（今福建福清）人。参夹山善会禅师得法，依附七年，众请住抚州（今属江西）黄山。

【参考文献】

《景德传灯录》卷十六。

洛京韶山寰普禅师

有僧到参，礼拜起立。师曰："大才藏拙户[1]。"僧过一边立，师曰：

"丧却栋梁材。"

问："如何是韶山境?"师曰:"古今猿鸟叫,翠色薄烟笼。"曰:"如何是境中人?"师曰:"退后看。"

僧参,师问:"莫是多口白头因[2]么?"因曰:"不敢。"师曰:"有多少口?"曰:"通身是。"师曰:"寻常向甚么处屙?"曰:"向韶山口里屙。"师曰:"有韶山口即得,无韶山口向甚么处屙?"因无语,师便打。

遵布衲访师,在山下相见。遵问:"韶山路向甚么处去?"师以手指曰:"呜!那青青黯黯处去。"遵近前把住曰:"久向韶山,莫便是否?"师曰:"是即是,阇黎有甚么事?"遵曰:"拟伸一问,师还答否?"师曰:"看君不是金牙作,争解弯弓射尉迟[3]?"遵曰:"凤凰直入烟霄去,谁怕林间野雀儿。"师曰:"当轩画鼓从君击,试展家风似老僧。"遵曰:"一句迥超千圣外,松萝不与月轮齐。"师曰:"饶君直出威音外,犹较韶山半月程。"遵曰:"过在甚处?"师曰:"倜傥之辞,时人知有。"遵曰:"恁么则真玉泥中异,不拨万机尘。"师曰:"鲁般门下,徒施巧妙。"遵曰:"学人即恁么,未审师意如何?"师曰:"玉女夜抛梭,织锦于西舍。"遵曰:"莫便是和尚家风也无?"师曰:"耕夫制玉漏[4],不是行家作。"遵曰:"此犹是文言[5],如何是和尚家风?"师曰:"横身当宇宙,谁是出头人?"遵无语。

师遂同归山,才人事[6]了,师召近前曰:"阇黎有冲天之气,老僧有入地之谋。阇黎横吞巨海,老僧背负须弥。阇黎按剑上来,老僧揶铃[7]相待。向上一路,速道!速道!"遵曰:"明镜当台,请师一鉴。"师曰:"不鉴。"遵曰:"为甚不鉴?"师曰:"水浅无鱼,徒劳下钓。"遵无对,师便打。

僧问:"如何是一如相?"师曰:"鹭飞霄汉白,山远色深青。"

问:"是非不到处,还有句也无?"师曰:"有。"曰:"是甚么句?"师曰:"一片白云不露丑。"

终后谥"无畏禅师"。

【注释】

[1] 大才藏拙户:非凡的才能往往隐藏在看上去十分笨拙的外表之下。(摘自《佛源语词词典》)

［2］多口白头因：僧人名。白头因和尚绰号"多口"，指他能说会道，在禅林早有口碑。

［3］尉（yù）迟：姓氏，此处指勇武非常的常胜将军。尉迟本不是姓氏，而是最初的于阗国名前的头衔，其意是征服者、胜利者，自第三代于阗王起，用这一头衔作为姓氏。此处借指以勇武著称的将军，如唐朝开国大将尉迟恭勇武善战，屡立战功，被尊为民间驱鬼避邪，祈福求安的中华门神。

［4］耕夫制玉漏：宝祐本、续藏本均作"耕夫制玉漏"。玉漏，古代计时漏壶的美称。《景德传灯录》有校勘记："《卿公事苑》云：'当作玉楼，谓楼犁也。耕人用楼，所以布子种。禅录所谓看缕打楼，正谓是也。'《魏略》曰：'皇甫阴为敦煌太守，民不晓耕种。因教民作楼犁，省力过半。'然楼乃陆种之具，南人多不识之，故详出焉，音楼。"

［5］文言：文字语言。禅师说"此犹是文言"，指禅宗不立文字，言语道断，于是批评对方仍旧在文字语言里面打转。因此，禅师所说的"文言"，与我们现在说的"文言文"之"文言"是有区别的。

［6］人事：指人与人之间交往的礼节，有时指馈赠礼物，有时指礼拜等礼节。

［7］揠（yǎ）铳（qiāng）：挥枪。铳：古时一种尖头有柄的刺击兵器。揠：《汉语大词典》："揠：挥动。《五灯会元·夹山会禅师法嗣·韶山寰普禅师》：'阇黎按剑上来，老僧揠铳相待。'"

【概论】

寰普禅师，五代禅僧。师事夹山善会禅师，得心契，出居洛阳韶山。问："如何是韶山境？"答曰："古今猿鸟叫，翠色薄烟笼。"卒谥"无畏禅师"。

【参考文献】

《宋高僧传》卷十二；《景德传灯录》卷十六。

上蓝令超禅师

洪州上蓝令超禅师，初住瑞州上蓝山，唱夹山之道，学侣俱会。后于洪井创禅苑，还以上蓝为名，化道益盛。

僧问："如何是上蓝本分事？"师曰："不从千圣借，岂向万机求？"曰："只如不借不求时如何？"师曰："不可拈放汝手里，得么？"

问："锋前如何辨的[1]？"师曰："锋前不露影，莫向舌头寻。"

问："如何是无舌人[2]唱歌?"师曰："韵震青霄，宫商不犯。"

问："二龙争珠，谁是得者?"师曰："其珠遍地，目睹如泥。"

问："善财见文殊后，为甚却往南方?"师曰："学凭入室，知乃通方。"曰："为甚么弥勒却遣见文殊?"师曰："道广无涯，逢人不尽。"

至唐大顺正月初，告众曰："吾本约住此十年，今化事既毕，当即行矣。"斋毕声钟，端坐长往。谥"元真禅师"。

【注释】

[1] 的：箭靶的中心。比喻宗旨。

[2] 无舌人：禅宗离语言，不能说出来，故称无舌人。

【概要】

令超禅师，唐代禅僧。参夹山善会禅师得法。出居瑞州（治今江西高安）上蓝山，唱夹山之道，学侣俱会。后于洪井创禅苑，仍以上蓝为名，化道益盛。于大顺年间（890~891年）寂，谥"元真禅师"。

【参考文献】

《景德传灯录》卷十六。

郓州四禅禅师

僧问："古人有请不背，今请和尚入井，还去也无?"师曰："深深无别源，饮者消诸患。"

问："如何是和尚家风?"师曰："会得底人意，须知月色寒。"

问："诸佛未出世时如何?"师曰："王宫绝消息。"曰："出世后如何?"师曰："荣枯各不同。"

太原海湖禅师

太原海湖禅师，因有人请《灌顶三藏》[1]供养，敷坐讫，师乃就彼位坐。时有云涉座主问曰："和尚甚么年行道?"师曰："座主近前来!"涉近前，师曰："只如憍陈如是甚么年行道?"涉茫然，师喝曰："这尿床鬼[2]!"

问："和尚院内人何太少？定水院人何太多？"师曰："草深多野鹿，岩高獬豸[3]稀。"

问："如何是无问而自答？"师曰："松韵琴声响。"

【注释】

[1] 因有人请《灌顶三藏》：旧校本标点有误。项楚《〈五灯会元〉点校献疑三百例》："'灌顶三藏'加书名号，谓《灌顶部》，即密教之经典。'供养'属上，此句作'因有人请《灌顶三藏》供养'。"旧校本未加书名号，亦有误。

[2] 尿床鬼：禅林用语。为禅门骂人之词。本指尿床之饿鬼，或骂尿床之小僧；然于禅林中，多转用于叱骂年轻一辈之僧徒或小沙弥，犹如时下所称之小鬼、臭小子等语，而非谓真有尿床其事。

[3] 獬（xiè）豸（zhì）：传说中的异兽。一角，能辨曲直，见人相斗，则以角触邪恶无理者。古人视为祥物。

嘉州白水禅师

僧问："如何是西来意？"师曰："四溟[1]无窟宅，一滴润乾坤。"

问："曹溪一路，合谭何事？"师曰："涧松千载鹤来聚，月中香桂凤凰归。"

问："如何是此经？"曰："抛梭石女辽空响，海底泥牛夜叫频。"

【注释】

[1] 四溟：指四海或全国。

凤翔府天盖山幽禅师

僧问："如何是天盖水？"师曰："四海滂沱，不犯涓滴。"

问："学人拟看经时如何？"师曰："既是大商，何求小利。"

问："对境不动时如何？"师曰："边方虽有令，不是太平年。"

清平遵禅师法嗣

三角令珪禅师

蕲州三角山令珪禅师，初参清平，平问："来作么？"师曰："来礼拜。"平曰："礼拜阿谁？"师曰："特来礼拜和尚。"平咄曰："这钝根阿师！"师乃礼拜，平以手斫师颈一下，从此领旨。

住后，僧问："如何是佛？"师曰："明日来，向汝道，如今道不得！"

【概要】

令珪禅师，五代禅僧。参清平令遵禅师得法。出居蕲州（今湖北蕲春）三角山。有学人问："如何是佛？"令珪答："明日来，向汝道，如今道不得！"

【参考文献】

《景德传灯录》卷十五。

投子同禅师法嗣

投子感温禅师

僧问："师登宝座，接示何人？"师曰："如月赴千溪。"曰："恁么则满地不亏也。"师曰："莫恁么道。"

问："父不投，为甚么却投子？"师曰："岂是别人屋里事？"曰："父与子还属功也无？"师曰："不属。"曰："不属功底如何？"师曰："父子各自脱。"曰："为甚么如此？"师曰："汝与我会。"

师游山见蝉蜕，侍者问曰："壳在这里，蝉向甚么处去也？"师拈壳就耳畔摇三五下，作蝉声，侍者于是开悟。

福州牛头微禅师

上堂："三世诸佛用一点伎俩不得，天下老师口似匾担，诸人作么生？大不容易，除非知有，余莫能知。"

僧问："如何是和尚家风？"师曰："山畬[1]脱粟饭，野菜澹黄齑[2]。"曰："忽遇上客来，又作么生？"师曰："吃即从君吃，不吃任东西。"

问："不问骊龙颔下珠，如何识得家中宝？"师曰："忙中争得作闲人？"

【注释】

[1] 山畬：山中田地。宋代真德秀《再守泉州劝农文》："燥处宜麦，湿处宜禾；田硬宜豆，山畬宜粟。"

[2] 澹黄齑：简单的咸菜。借指艰苦的生活。澹：淡泊。黄斋：咸腌菜。

西川青城香山澄照禅师

僧问："诸佛有难，向火焰里藏身；未审衲僧有难，向甚么处藏身？"师曰："水精瓶里著波斯。"

问："如何是初生月？"师曰："大半人不见。"

陕府天福禅师

僧问："如何是佛法大意？"师曰："黄河无滴水，华岳总平沉。"

兴元府中梁山遵古禅师

僧问："空劫无人能问法，即今有问法何安？"师曰："大悲菩萨瓶里坐。"

问："如何是祖师西来意？"师曰："道士担漏卮[1]。"

【注释】

[1] 漏卮（zhī）：本指底上有孔的酒器，比喻人的欲望永远不能满足，欲壑难填。《淮南子·泛论训》："今夫溜水足以溢壶榼，而江河不能实漏卮，故人心犹是也。"唐代邵谒《秋夕》："恶命如漏卮，滴滴添不满。"明代张居正《寿襄王殿下序》："江海虽大也，以奉漏卮，则没世不能取盈焉。"

襄州谷隐禅师

僧问："如何是不触白云机？"师曰："鹤带鸦颜，浮生不弃。"

安州九崚山[1]禅师

僧问:"远闻九崚,及乎到来,只见一崚。"师曰:"阇黎只见一崚,不见九崚。"曰:"如何是九崚?"师曰:"水急浪花粗。"

【注释】

[1] 九崚(zōng)山:又名九宗山,在今湖北孝昌县东。崚:数峰并峙的山。

幽州盘山禅师(二世)

僧问:"如何出得三界?"师曰:"在里头来多少时邪?"曰:"如何出得?"师曰:"青山不碍白云飞。"

问:"承教有言:'如化人烦恼,如石女儿。[1]'此理如何?"师曰:"阇黎直如石女儿去。"

【注释】

[1] 如化人烦恼,如石女儿:幻化的影子怎么能有烦恼,石女又怎么能生儿,皆指子虚乌有之事。旧校本作"承教有言如化人,烦恼如石女儿",有误。幻人:《汉语大词典》:"古代对魔术艺人的称呼。"丁福保《佛学大辞典》:"能为幻术之人也。后汉书曰:'掸国王献乐及幻人,能吐火自支解易牛马头。'"本书谈到幻人或化人,多指如镜中出现的影像,如皮影的傀儡,都是虚幻不实的。如本书第一章毗婆尸佛偈曰:"身从无相中受生,犹如幻出诸形象。幻人心识本来无,罪福皆空无所住。"石女:阴道生理构造不完全的女人,无法生育孩子。

九崚敬慧禅师

僧问:"解脱深坑,如何过得?"师曰:"不求过。"曰:"如何过得?"师曰:"求过亦非。"

观音岩俊禅师

东京观音院岩俊禅师者,邢台廉氏子。初参祖席,遍历衡、庐、岷、蜀。尝经凤林深谷,欻[1]睹珍宝发现,同侣相顾,意将取之。师曰:"古人锄园,触黄金若瓦砾。待吾营覆顶,须此供四方僧。"言讫舍去[2]。

谒投子，子问："昨夜宿何处？"师曰："不动道场。"子曰："既言不动，曷由至此？"师曰："至此岂是动邪？"子曰："元来宿不著处。"投子默许之。

寻住观音，众常数百。周高祖、世宗二帝潜隐时，每登方丈，必施礼。及即位，特赐紫衣，署"净戒大师"。

示寂垂诫门人欻[1]，怡颜合掌而逝。

【注释】

[1] 欻（xū）：忽然。

[2] "古人锄园，触黄金若瓦砾。待吾营覆顶，须此供四方僧。"言讫舍去：旧校本标点有误，"僧"属前，旧校本移出引号到后句变成"僧言讫舍去"，有误。

濠州思明禅师

濠州思明禅师，在众时，僧问："如何是上座沙弥童行？"师曰："诺。"

问："如何是清净法身？"师曰："屎里蛆儿，头出头没。"

凤翔府招福禅师

僧问："东牙乌牙皆出队[1]，和尚为甚么不出队？"师曰："住持各不同，阇黎争得怪？"

【注释】

[1] 出队：指住持僧亲自外出募化。《景德传灯录》卷十五"凤翔招福"条："僧问：'东牙、乌牙皆出队，和尚为什么不出队？'师曰：'住持各不同，阇梨争得怪？'"《法演语录》卷上："白众出队，上堂云：'明日匹马单锵，为国出战。得胜回戈之日，满路歌谣。'"《圆悟语录》卷九："郡中出队，众请小参。师云：'兰城道友集如云，选佛场开不二门。光饰碧岩无舌老，小参佳会四方闻。'"（摘自《禅宗大词典》）

第二节　青原下六世

大光诲禅师法嗣

潭州谷山有缘禅师

僧问："呤聍[1]之子如何得归向？"师曰："会人路不通。"曰："恁么则无奉重处也。"师曰："我道你钵盂落地拈不起。"

问："一拨便转时如何？"师曰："野马走时鞭䇐断，石人拊掌笑呵呵。"

【注释】

[1] 呤（líng）聍（pīng）：孤单貌。《法华经·信解品》："此是我子，我之所生，于某城中，舍吾逃走，呤聍辛苦五十余年。"

【概要】

有缘禅师，五代禅僧。至大光山参居诲禅师得法，出居潭州（今湖南长沙）谷山寺。

【参考文献】

《景德传灯录》卷十七。

潭州龙兴禅师

僧问："一拨便转时如何？"师曰："根不利。"

问："得坐披衣时如何？"师曰："不端严。"曰："为甚么不端严？"师曰："不从修证得。"

问："如何是道中人？"师曰："终日寂攒眉[1]。"

问："文不加点时如何？"师曰："无目童儿不出户。"

问："宾主未分时如何？"师曰："双陆盘中不喝彩。"曰："分后如何？"师曰："骰子未曾抛。"

【注释】

[1] 攒眉：本指皱起眉头，但禅林指"瞬目扬眉"这种快捷动作来作为禅家示机、应机的特殊动作，亦泛指禅机作略。

潭州伏龙山禅师（第一世）

僧问："搅长河为酥酪，变大地作黄金时如何？"师曰："臂长衫袖短[1]。"

问："随缘认得时如何？"师曰："雪内牡丹花。"

问："如何是祖师西来意？"师曰："你得恁么不识痛痒！"

【注释】

[1] 臂长衫袖短：胳膊长袖子短，不能全部遮住，必然露出部分自然本体。喻指力量不足，不能把握驾驭全体，意谓尚须进一步修炼。本书第十五章"文殊应真禅师"条："僧问：'宝剑未出匣时如何？'师曰：'在什么处？'曰：'出匣后如何？'师曰：'臂长衫袖短。'"（摘自《佛源语词词典》）又，形容生活艰难，衣不蔽体。（摘自《现代汉语惯用语词典》）

京兆白云善藏禅师

僧问："如何是和尚深深处？"师曰："矮子渡深溪。"问："赤脚时如何？"师曰："何不脱却。"

问："如何是法法不生？"师曰："万类千差。"曰："如何是法法不灭？"师曰："纵横满目。"

伏龙山禅师（第二世）

僧问："随缘认得时如何？"师曰："汝道兴国门楼高多少？"

问："子不谭父德时如何？"师曰："阇黎且底声。"

陕府龙峻山禅师

僧问：“如何是不知善恶底人？”师曰：“千圣近不得。”曰：“此人还知有向上事也无？”师曰：“不知。”曰：“为甚么不知？”师曰：“不识善恶，说甚么向上事。”曰：“毕竟如何？”师曰：“不见道犴㹇[1]。”

问：“如何是佛向上人？”师曰：“不带容。”

问：“凡有展拓，尽落今时，不展拓时如何？”师曰：“不展，不展。”曰：“毕竟如何？”师曰：“不拓，不拓。”

【注释】

[1] 犴（àn）㹇（yù）：野狗怪兽。犴：同“豻”。北方的一种野狗，形如狐狸，黑嘴。㹇：传说中的一种怪兽，似豹而红色，长着五条尾巴。

伏龙山和尚（第三世）

僧问：“行尽千山路，玄机事若何？”师曰：“鸟道不曾栖。”

问：“既是师，为甚却无位次？”师曰：“古今排不出，三际岂能安？”曰：“恁么则某甲随手去也。”师曰：“春风吹柳絮，往复几时休？”

问：“如何是真际？”师曰：“旷劫[1]无异，不存阶级[2]。”

【注释】

[1] 旷劫：对很久远的过去叫作旷劫，若对很久远未来则叫作永劫。

[2] 阶级：修学的等级层次。又菩萨由凡夫到成佛，一共要经过五十二个阶位，即十信、十住、十行、十回向、十地、等觉、妙觉。十信是由十住中的第一发心住内，分开另立的，若将其缩入发心住内，则只有四十二位。

九峰虔禅师法嗣

新罗国清院禅师

僧问：“奔马争球，谁是得者？”师曰：“谁是不得者？”曰：“恁么则不在争也。"师曰："直得不争，亦有过在。"曰："如何免得此过？"师曰："要且不曾失。"曰："不失处如何锻炼？"师曰："两手捧不起。"

洪州泐潭神党禅师

僧问："四威仪中如何辨主？"师曰："正遇宝峰不脱鞋。"

问："如何是佛法大意？"师曰："虚空驾铁船，岳顶浪滔天。"

袁州南源行修慧观禅师（亦曰光睦）

僧问："如何是南源境？"师曰："几处峰峦猿鸟叫，一带平川游子迷。"

问："如何是南源深深处？"师曰："众人皆见。"曰："恁么则浅也。"师曰："也是两头摇。"

问："有口谈不得，无心未见伊时如何？"师曰："古洞有龙吟不出，岩前木马喊无形。"

【概要】

行修禅师，五代禅僧。字光睦，号慧观。师事九峰道虔禅师得法，出居袁州（今江西宜春）南源。

【参考文献】

《景德传灯录》卷十七。

泐潭山明禅师

一日下到客位，众请师归方丈，师曰："道得即去。"时牟和尚对曰："大众请。"师乃上法堂。

僧问："非思量处识情难测时如何？"师曰："我不欲违古人。"曰："不违古人意作么生？"师曰："也合消得汝三拜。"

僧问："碓捣磨磨，不得忘却，此意如何？"师曰："虎口里活雀儿。"

问："定慧不生时如何？"师曰："铁牛草上卧，昏昏不举头。"

问："如何是道者？"师曰："毛毿毿[1]地。"曰："如何是道者家风？"师曰："佛殿前逢尊者。"

问："如何是和尚终日事？"师曰："钵盂里无折筯。"曰："如何是沙门日用事？"师曰："轰轰不借万人机。"

【注释】

[1] 毵（sān）毵（sān）：毛发或枝条等细长物披散的样子。毵：同"氋"字。

吉州禾山禅师

僧问："如何是祖师西来意？"师曰："杉树子。"

问："文殊以何为师？"师曰："风筝有韵真堪听，听得由来曲不成。"

泐潭延茂禅师

僧问："如何是古佛心？"师曰："终不道土木瓦砾是。"

问："日落西山去，林中事若何？"师曰："庭前花盛发，室内不知春。"

问："如何是闭门造车？"师曰："失却斑猫儿。"曰："如何是出门合辙？"师曰："坐地到长安。"

问："如何是和尚正主？"师曰："画鼓连槌响，耳畔不闻声。"

洪州凤栖同安院常察禅师

僧问："如何是凤栖家风？"师曰："凤栖无家风。"曰："既是凤栖，为甚么无家风？"师曰："不迎宾，不待客。"曰："恁么则四海参寻，当为何事？"师曰："盘钉[1]自有旁人施。"

问："如何是凤栖境？"师曰："千峰连岳秀，万嶂不知春。"曰："如何是境中人？"师曰："孤岩倚石坐，不下白云心。"

问："祖意教意，是同是别？"师曰："铁狗吠石牛，幻人看月色。"

问："如何是披毛戴角底人？"师曰："蓑衣箬笠卖黄金，几个相逢不解唤？"

问："学人未晓时机，乞师指示。"师曰："参差松竹烟笼薄，重叠峰峦月上迟。"僧拟进语，师曰："剑甲未施，贼身已露。"僧曰："何也？"师曰："精阳[2]不剪霜前竹，水墨徒夸海上龙。"僧绕禅床而出。师曰：

"闭目食蜗牛，一场酸涩苦。"

问："返本还源时如何？"师曰："蟭螟[3]虽脱壳，不免抱寒枝。"

问："如何是猛利底人？"师曰："石牛步步吼深潭，纸马声声火中叫。"

新到持锡绕师三匝，振锡一下曰："凡圣不到处，请师道。"师鸣指三下，僧曰："同安今日吓得忘前失后。"师曰："阇黎发足何处？"僧珍重便出，师曰："五湖衲子，一锡禅人，未到同安，不妨疑著。"僧回首，曰："远闻不如近见。"师曰："贪他一杯酒，失却满船鱼。"

问："如何是大没惭愧底人？"师曰："老僧见作这业次。"

问："如何是祖师西来意？"师曰："犀因玩月纹生角，象被雷惊花入牙[4]。"

问："如何是向去底人？"师曰："寒蝉抱枯木，泣尽不回头。"曰："如何是却来底人？"师曰："火里芦花秀，逢春恰似秋。"曰："如何是不来不去底人？"师曰："石羊遇石虎，相看早晚休。"

座主问："三乘十二分教某甲粗知，未审和尚说何法示人？"师曰："我说一乘法。"曰："如何是一乘法？"师曰："几般云色出峰顶，一样泉声落槛前。"曰："不问这个，如何是一乘法？"师曰："你不妨灵利。"

玩月次，谓僧曰："奇哉！奇哉！星明月朗，足可观瞻，岂异道乎？"僧曰："如何是道？"师曰："汝试道看。"曰："彼自无疮，勿伤之也。"师曰："负笈[5]攻文，不闲弓失。"

问僧："近离何处？"曰："江西。"师曰："江西法道何似此间？"曰："赖遇问著某甲，若问别人，则祸生也。"师曰："老僧适来造次。"曰："某甲不是婴儿，徒用止啼黄叶。"师曰："伤鳖恕龟，杀活由我。"

问僧："甚么来？"曰："五台。"师曰："还见文殊么？"僧展两手，师曰："展手颇多，文殊谁睹？"曰："气急杀人。"师曰："不睹云中雁，焉知沙塞寒。"

问："远趋丈室，乞师一言。"师曰："孙膑门下，徒话钻龟[6]。"曰："名不浪得。"师曰："吃茶去！"僧便珍重，师曰："虽得一场荣，刖却一双足。"

师看经次，有僧来问讯。师曰："古佛今佛，皆无别理。"曰："和尚如何?"师打一掌,僧曰:"如是! 如是!"师曰:"这风颠汉。"曰:"今古皆然。"师曰:"拟欲降龙,却逢死虎。"曰:"同安甚生光彩。"师曰:"守株停舶,非汝而谁?"曰: "和尚矗?"师曰: "胡羊往楚,抱屈而归。"

师问僧:"眼界无光,如何得见?"曰:"北斗东转,南斗西移。"师曰:"夫子入太庙。"曰: "与么则同安门下,道绝人荒去也。"师曰:"横抱婴孩,拟彰皇简[7]。"

师闻鹊声,谓众曰:"喜鹊鸣寒桧,心印是渠传。"僧出问曰:"何别?"师曰:"众中有人在。"曰:"同安门下,道绝人荒。"师曰:"胡人饮乳[8],返怪良医。"曰: "休! 休!"师曰: "老鹤入枯池,不见鱼踪迹。"

【注释】

[1] 盘饤(dìng):盘盛果品食物的统称。唐代拾得《诗》之四:"聚集会亲情,总来看盘饤。"

[2] 精阳:农历六月的别名。

[3] 蟭(jiāo)蟟(liáo):蝉的一种。宋代沈括《梦溪笔谈·杂志一》:"蟭蟟之小而绿色者,北人谓之蟭,即《诗》所谓'蟭首蛾眉'者也,取其顶深且方也。"

[4] 犀因玩月纹生角,象被雷惊花入牙:犀之角,象之牙,其上皆有纹理,如树之有年轮然。犀角之纹理,感月华浸照而生,象牙之纹理,感雷震而发,是设有感斯应之喻。

[5] 负笈:通常是指求学读书。笈:书箱。

[6] 钻龟:古代占卜的方法。钻刺龟里甲,并以火灼,视其裂纹以断吉凶。

[7] 皇简:写给皇帝的奏章。

[8] 胡人饮乳:《涅槃》云:"譬如国王阐钝少智,有一医师性复顽器,而王不别,厚赐俸禄。疗治众病,纯以乳药。后有一医,明晓八种术,善疗众病,即为王说种种医方。王闻是语,方知旧医愚骏无智。王宣令国中有病之人,皆不听以乳为药,别以众药和合而疗。其后不久,王复得病,即命是医,医占王病当用乳药,王语医言:'汝今狂邪? 而言服乳。汝先言毒,今何言服?'医语王言:'王今不应作如是语。如虫食木有成字者,此虫不知是字非字,智人见之终不唱言是虫解字,亦不惊挫。当知旧医亦复如是,不别诸病,悉与乳药,是乳药者亦名毒害,亦名甘

露。'王闻是语，即便服之，病得除愈，寻时宣令：'一切国内，从今已往，当复乳药。'国人闻之，皆生嗔恨：'大王今者，为鬼所持，为颠狂邪？'"（摘自《祖庭事苑》）

【概要】

常察禅师，五代禅僧。师事九峰道虔禅师得法，居洪州（今江西南昌）凤栖同安院。有僧问："如何是祖师西来意？"答曰："犀因玩月纹生角，象被雷惊花入牙。"其机用文采多如此。卒年九十余。

【参考文献】

《景德传灯录》卷十七。

洪州泐潭匡悟禅师

僧问："如何是直截一路？"师曰："恰好消息。"曰："还通向上事也无？"师曰："鱼从下过。"

问："幽关未度，信息不通时如何？"师曰："客路如天远，侯门似海深。"

问："香烟馥郁，大张法筵，从上宗乘，如何举唱？"师曰："莫错举似人。"曰："恁么则总应如是。"师曰："还是没交涉。"

问："六叶芬芳，师传何叶？"师曰："六叶不相续，花开果不成。"曰："岂无今日事？"师曰："若是今日即有。"曰："今日事如何？"师曰："叶叶连枝秀，花开处处芳。"

禾山无殷禅师

吉州禾山无殷禅师，福州吴氏子。七岁从雪峰出家，依年受具。

谒九峰，峰问："汝远远而来，晖晖[1]随众，见何境界而可修行？由何径路而能出离？"师曰："重昏廓辟，盲者自盲。"峰乃许入室。

后住禾山，学徒济济，诸方降叹。江南李氏召而问曰："和尚何处来？"师曰："禾山来。"曰："山在甚么处？"师曰："人来朝凤阙，山岳不曾移。"国主重之，命居扬州祥光院。复乞入山，以翠岩而栖止焉。时上蓝亦虚其室，命师来往阐化，号"澄源禅师"。

僧问："学人乍入丛林，乞师指示。"师曰："于汝不惜。"问："仰山插锹，意旨如何？"师曰："汝问我。"曰："玄沙踏倒锹，又作么生？"师曰："我问汝。"曰："未辨其宗，如何体悉？"师曰："头大尾尖。"

问："咫尺之间，为甚么不睹师颜？"师曰："且与阇黎道一半。"曰："为甚么不全道？"师曰："尽法无民[2]。"曰："不怕无民，请师尽法。"师曰："推倒禾山也！"

问："习学谓之闻，绝学谓之邻。过此二者，谓之真过。如何是真过？"师曰："禾山解打鼓。"曰："如何是真谛？"师曰："禾山解打鼓。"

问："即心即佛则不问，如何是非心非佛？"师曰："禾山解打鼓。"曰："如何是向上事？"师曰："禾山解打鼓。"问："万法齐兴时如何？"师曰："禾山解打鼓。"

问："如何是古佛心？"师曰："世界崩陷。"曰："为甚如此？"师曰："宁无我身。"

问："尊者拨眉击目视育王时如何？"师曰："即今也恁么。"曰："学人如何领会？"师曰："莫非摩利支[3]山。"

问："摩尼宝殿有四角，一角常露，如何是露底角？"师举手曰："汝打我。"复曰："汝还会么？"曰："不会。"师曰："汝争解打得我？"

问："如何是西来意？"师曰："扑破著。"

问："已在红炉，请师烹炼。"师曰："槌下成器。"曰："恁么则烹炼去也！"师曰："池州和尚。"

问："四壁打禾，中间铲草，和尚赴阿那头？"师曰："甚么处不赴？"曰："恁么则同于众去也。"师曰："小师[4]弟子。"

建隆元年二月示微疾，三月二日辞众，乃曰："后来学者未识禾山，即今识取。珍重！"言讫而寂。谥"法性禅师"。

【注释】

[1] 晔晔：形容日光灼热。

[2] 尽法无民："尽"：即全部使用；"法"：即法律。如果只是全部用刑法来治国、治民，那么会失去老百姓。

[3] 摩利支：梵语摩利支，华言阳焰，以其形相不可见、不可执，如彼阳焰也。相传摩利支天常行日月之前，护国护民，救兵戈等难。（摘自《三藏法数》）

［4］小师：受具足戒未满十夏者之称。又弟子之称。又沙门谦下之称。

【概要】

无殷禅师，五代禅僧，俗姓吴，福州（今属福建）人。七岁从雪峰义存出家，依年受具，后谒九峰道虔得法，出居吉州（今江西吉安）禾山大智院。南唐中主召入礼敬。卒谥"法性禅师"。

出自无殷禅师的公案有"禾山打鼓"。谓唐末五代禾山和尚常以"解打鼓"一语应机，收入《碧岩录》卷五第四十四则。此机语系禅家所谓"无义句"，用来截断问话者的语路意路，使其超脱言辞知解。后人对此公案多有拈提。《法演语录》卷中："秘魔擎叉，禾山打鼓，石巩弯弓，雪峰辊球。"又卷上："禾山只解打鼓，秘魔一向擎叉。"

【参考文献】

《景德传灯录》卷十七；《禅林僧宝传》卷五；《碧岩录》卷五；《法演语录》卷上、卷中。

洪州泐潭牟禅师

僧问："如何是学人著力处？"师曰："正是著力处。"

上堂，僧问："百丈卷席[1]意旨如何？"师曰："珍重！"便下座。

【注释】

［1］百丈卷席：事见本书第三章"百丈怀海"注释。此公案为马祖印证百丈的省悟，而此省悟不落言语知解，纯系师徒两心相印。后世多见拈提。

涌泉欣禅师法嗣

台州六通院绍禅师

一日，涌泉问："甚么处去来？"师曰："烧畲来。"泉曰："火后事作么生？"师曰："铁蛇钻不入。"

住后，僧问："不出咽喉唇吻事如何？"师曰："待汝一镢劂[1]断巾子山，我亦不向汝道。"

问："南山有一毒蛇，如何近得?"师曰："非但阇黎，千圣亦近不得。"

人问："承闻南方有一剑话，如何是一剑[2]?"师曰："不当锋。"曰："头落又作么生?"师曰："我道不当锋，有甚么头?"其人礼谢而去。

问："父母未生时，那人何处立?"师曰："卦兆未兴，孙膑失算。"

问："如何是大千顶?"师曰："不与众峰齐。"

师休夏，入天台山华顶峰晦迹，莫知所终。

【注释】

[1] 斸（zhú）：挖。

[2] 承闻南方有一剑话，如何是一剑：旧校本作"承闻南方有一剑，话如何是一剑"有误。"一剑话"，指关于"一剑"的话头。

云盖元禅师法嗣

潭州云盖山志罕禅师

僧问："如何是须弥顶上浪滔天?"师曰："文殊正作闹。"曰："如何是正位中事?"师曰："不向机前展大悲。"

问："如何是那边人?"师曰："锋前不露影，句后觅无踪。"

【概要】

志罕禅师，亦作"智罕"。五代禅僧。至潭州（今湖南长沙）云盖山师事志元禅师，嗣其法绪。志元寂，众推继席，有僧问："如何是那边人?"答曰："锋前不露影，句后觅无踪。"

【参考文献】

《景德传灯录》卷十七。

新罗国卧龙禅师

僧问："如何是大人相?"师曰："紫罗帐里不垂手。"曰："为甚么不垂手。"师曰："不尊贵。"

问："十二时中如何用心？"师曰："猢狲吃毛虫。"

问："如何是潭中意？"师曰："丝纶垂不到，磻溪[1]谩放钩。"曰："如何是潭外事？"师曰："日里金乌叫，蟾中玉兔惊。"

【注释】

[1] 磻（pán）溪：亦作"磻磎"。水名。在今陕西省宝鸡市东南，传说为周吕尚未遇文王时垂钓处。

彭州天台灯禅师

僧问："古佛向甚么处去也？"师曰："中央甲第高，岁岁出灵苗。"

问："古镜未磨时如何？"师曰："不施功。"曰："磨后如何？"师曰："不照烛。"

问："如何是佛？"师曰："红莲座上，不睹天冠。"

谷山藏禅师法嗣

新罗国瑞岩禅师

僧问："黑白两亡开佛眼时如何？"师曰："恐你守内。"

问："如何是诞生王子？"师曰："深宫引不出。"曰："如何是朝生王子？"师曰："宫中不列位。"曰："如何是末生王子？"师曰："处处无标的，不展万人机。"

新罗国百岩禅师

僧问："如何是禅？"师曰："古冢不为家。"曰："如何是道？"师曰："徒劳车马迹。"曰："如何是教？"师曰："贝叶收不尽。"

新罗国大岭禅师

僧问："古人道：'只到潼关便即休。'会了便休？未会便休？"师曰："只为迷途中活计。"曰："离却迷途，还得其中活计也无？"师曰："体即得，当即不得。"曰："既是体得，为甚么当不得？"师曰："体是甚么人分上事？"曰："其中事如何？"师曰："不作尊贵。"

问："如何是一切处清净？"师曰："截琼枝，寸寸是宝；析旃檀，片片皆香。"

问："如何是用中无碍？"师曰："一片白云缭乱飞。"

中云盖禅师法嗣

潭州云盖山证觉景禅师

僧问："国土晏清，功归何处？"师曰："银台门下不展贺。"曰："转功无位时如何？"师曰："王家事宛然。"曰："如何是阃外[1]底事？"师曰："画鼓声终后，将军不点头。"

【注释】

[1] 阃（kǔn）外：离家在外。又，指京城或朝廷以外，亦指外任将吏驻守管辖的地域，与朝中、朝廷相对。此处指后面的含义。又，"阃内"指家庭、内室。本书一般用"阃内"比喻自己内心本有的自性。

吉州禾山师阴禅师

僧问："王子未来登，谁人当治化？"师曰："阃外不行边塞令，将军自致太平年。"曰："恁么则治化之功犹不当。"师曰："亦有当。"曰："如何是当？"师曰："十方国土尽属于王。"

问："久久寻源，为甚么不见？"师曰："为步数太多。"曰："恁么则不觅去也。"师曰："还同避溺而投火。"

问："如何是佛？"师曰："承当者不是好手。"

【概要】

师阴禅师，五代禅僧。师事中云盖山禅师得法，出居吉州（今江西吉安）禾山大智院。博学，性简默，终日兀坐，叩之始应，亦寥寥数语而已。天福年间（943～944年）寂。

【参考文献】

《五灯严统》卷六；《禅宗正脉》卷三。

幽州柘溪从实禅师

僧问："如何是道？"师曰："个中无紫皂。"曰："如何是禅？"师曰："不与白云连。"

师问僧："作甚么来？"曰："亲近来。"师曰："任你白云朝岳顶，争奈青山不展眉！"

洛浦安禅师法嗣

蕲州乌牙山彦宾禅师

僧问："未作人身已前，作甚么来？"师曰："三脚石牛坡上走，一枝瑞草目前分。"

问："疋马单轮直入时如何？"师曰："饶你雄信[1]解拈衬，犹较秦王百步在。"

问："久战沙场，为甚么功名不就？"师曰："双雕随箭落，李广不当名。"

问："百步穿杨，中的者谁？"师曰："将军不上便桥，金牙徒劳拈筈[2]。"

问："蝣蝀[3]饮云根时如何？"师曰："金轮天子下阎浮，铁缦头上金花异。"曰："正当恁么时如何？"师曰："当今不坐灵明殿，画鼓休停八佾[4]音。"

【注释】

[1] 雄信：指单雄信。曹州济阴人，粗豪刚烈，勇猛威武，疏财仗义，江湖好汉多与之结交，尤与翟让友善。为李密将，能马上用枪，军中号飞将。后兵败降王世充，被任为大将。其兄为李渊射死，故对唐有刻骨之仇，秦王围攻东都，雄信与他交战，枪几及王，徐世绩呵之曰："秦王也！"遂退。后力穷被擒，宁死不降，被

斩首。

　　[2] 筈（kuò）：箭的尾端，射时搭在弓弦上的部分。

　　[3] 螮（dì）蝀（dōng）：虹的别称。

　　[4] 八佾：亦作"八溢""八羽"。古代天子用的一种乐舞。佾：舞列，纵横都是八人，共六十四人。《论语·八佾》："孔子谓季氏，八佾舞于庭，是可忍也，孰不可忍也！"朱熹集注："佾，舞列也；天子八，诸侯六，大夫四，士二。"

【概要】

　　彦宾禅师，五代禅僧。师事洛甫元安禅师，元安寂，众请继席。后迁蕲州（今湖北蕲春）乌牙山，传法大安兴古而化。

【参考文献】

　　《景德传灯录》卷二十。

青峰传楚禅师

　　凤翔府青峰传楚禅师，泾州人也。

　　一日，洛浦问曰："院主去甚么处来？"师曰："扫雪来。"浦曰："雪深多少？"师曰："树上总是。"浦曰："得即得，汝向后住个雪窟定矣。"

　　后访白水，水曰："见说洛浦有生机一路，是否？"师曰："是。"水曰："止却生路，向熟路上来。"师曰："生路上死人无数，熟路上不著活汉。"水曰："此是洛浦底，你底作么生？"师曰："非但洛浦，夹山亦不奈何。"水曰："夹山为甚么不奈何？"师曰："不见道'生机一路'。"

　　住后，僧问："佛魔未现，向甚处应？"师曰："诸上座听袛对。"

　　问："大事已明，为甚么也如丧考妣？"师曰："不得春风花不开，及至花开又吹落。"

　　问："如何是一色？"师曰："全无一滴水，浪激似银山。"

　　问："如何是临机一句？"师曰："便道将来。"曰："请和尚道。"师曰："穿过髑髅，不知痛痒。"

　　问："如何是明了底人一句？"师曰："骏马寸步不移，钝鸟升腾出路。"

【概要】

传楚禅师，五代禅僧。泾州（今甘肃泾川）人。师事洛甫元安禅师得法，居凤翔（今属陕西）青峰院，学侣四集，声誉远播。后传法清勉而寂。

【参考文献】

《景德传灯录》卷二十。

永安善静禅师

京兆府永安院善静禅师，郡之王氏子。母梦金像，觉而有娠。师幼习儒学，博通群言。年二十七，忽厌浮幻，潜诣终南山，礼广度禅师披削。唐天复中，南谒洛浦，浦器之，容其入室。乃典园务，力营众事。

一日，有僧辞浦，浦曰："四面是山，阇黎向甚么处去？"僧无对。浦曰："限汝十日，下语得中，即从汝去。"其僧经行冥搜，偶入园中，师问曰："上座既是辞去，今何在此？"僧具陈所以，坚请代语，师曰："竹密岂妨流水过，山高那阻野云飞！"其僧喜踊，师属之曰："不得道是某甲语。"僧遂白，浦曰："谁语？"曰："某甲语。"浦曰："非汝语。"僧具言园头见教。

浦至晚，上堂谓众曰："莫轻园头[1]，他日座下有五百人在。"后住永安，众余五百，果符洛浦之记。

僧问："知有道不得时如何？"师曰："知有个甚么？"曰："不可无去也。"师曰："恁么则合道得。"曰："道即不无，争奈语偏。"师曰："水冻鱼难跃，山寒花发迟。"

问："如何是和尚家风？"师曰："木马背斜阳，入草无踪迹。"

问："如何是一色？"师曰："易分雪里粉，难辨墨中煤。"

问："如何是衲衣向上事？"师曰："龙鱼不出海，水月不吞光。"

问："不可以智知，不可以识识时如何？"师曰："鹤鹭并头蹋雪睡，月明惊起两迟疑。"

问："牛头未见四祖时如何？"师曰："异境灵松，睹者皆羡。"曰："见后如何？"师曰："叶落已枝摧，风来不得韵。"

问："如何得生如来家？"师曰："披衣望晓，论劫不明。"曰："明后如何？"师曰："一句不可得。"曰："如何是不坐如来座？"师曰："抱头石女归来晚，祇园会里没踪由。"

师往游僰道[2]，避昭宗蒙尘之乱。以汉开运丙午年冬，鸣犍槌[3]，集僧嘱累[4]，入方丈，东向右胁而化。谥"净悟禅师"。

【注释】

[1] 园头：又作圆头。禅林中，司掌栽培耕作菜园之职称。敕修《百丈清规》卷四列职杂务条谓，园头须不惮勤苦，以身率先，栽种菜蔬，及时灌溉，供给堂厨，毋令缺乏。

[2] 僰道：古县名，今四川宜宾县境。田汝成《炎徼纪闻》："僰人在汉为犍为郡，在唐为于矢部，盖南诏东鄙也。"参见《汉书·地理志·上》）。

[3] 犍槌：梵语的音译。意为"声鸣"。指寺院中的木鱼、钟、磬之类。

[4] 嘱累：托付。嘱：为付嘱、付托之义；累：为烦劳荷负之义。谓以事嘱托他人而令其负荷。宗门中，每以传付佛祖大法，令后人护持，称为嘱累。

【概要】

善静禅师，五代禅僧。俗姓王。金城（今陕西兴平）人。幼习儒学，博通群籍。二十七岁至终南山丰德寺礼广度禅师。天复（901～903 年）中，南谒洛浦元安禅师，主管园务。后主京兆永安禅苑，从学者五百人。卒谥"净悟禅师"。

【参考文献】

《宋高僧传》卷十三；《景德传灯录》卷二十。

邓州中度禅师

僧问："海内不逢师，如何是寰中主？"师曰："金鸡常报晓，时人自不闻。"

问："如何是暗中明镜？"师曰："昧不得。"曰："未审照何物？"师曰："甚么物不照？"

问："如何是'实际理地，不受一尘；佛事门中，不舍一法？'"师曰："真常尘不染，海纳百川流。"曰："请和尚离声色外答。"师曰："木人常对语，有性不能言。"

【概要】

中度禅师，五代禅僧。师事洛甫元安禅师得法，出住邓州（今属河南）大安国寺。

【参考文献】

《景德传灯录》卷二十。

洞溪戒定禅师

嘉州洞溪戒定禅师，初问洛浦："月树无枝长覆荫，请师直指妙玄微。"浦曰："森罗秀处，事不相依。渌水千波，孤峰自异。"师于是领旨。

住后，僧问："蛇师为甚么被蛇吞？"师曰："几度扣门招不出，将身直入里头看。"

有官人问："既是清净伽蓝，为甚打鱼鼓？"师曰："直须打出青霄外，免见龙门点额人。"

【概要】

戒定禅师，五代禅僧。师事洛甫元安，问："月树无枝长覆荫，请师直指妙玄微。"元安答曰："森罗秀处，事不相依。绿水千波，孤峰自异。"由此领旨。出居嘉州（今四川乐山）洞溪。

【参考文献】

《五灯严统》卷六；《教外别传》卷十四。

京兆府卧龙禅师

僧问："杲日符天际，珠光照旧都。浦津通法海，今日意何如？"师曰："宝剑挥时，岂该明暗！"

逍遥忠禅师法嗣

泉州福清院师巍通玄禅师

僧问："枝分夹岭，的绍逍遥，宝座既登，法雷请震。"师曰："逍遥迥物外，物外霞不生。"

问："如何是西来的的意？"师曰："立雪未为劳，断臂方为的。"曰："恁么则一华开五叶，芬芳直至今。"师曰："因圆三界外，果满十方知。"

京兆府白云无休禅师

僧问："路逢猛虎，如何降伏？"师曰："归依佛法。"

僧问："如何是白云境？"师曰："月夜楼边海客愁。"

【概要】

无休禅师，五代禅僧。师事抚州（今属江西）逍遥山怀忠禅师，居京兆（今河南洛阳）白云寺，世称"白云休"。有僧问："如何是白云境？"答曰："月夜楼边海客愁。"

【参考文献】

《景德传灯录》卷二十。

蟠龙文禅师法嗣

庐山永安净悟禅师

僧问："如何是出家底事？"师曰："万丈悬崖撒手去。"曰："如何是不出家底事？"师曰："迥殊雪岭安巢节，有异许由挂一瓢。"

问："六门不通，如何达信？"师曰："阇黎外边与谁相识？"

问："脱笼头、卸角驮来时如何？"师曰："换骨洗肠投紫塞[1]，雁门切忌更衔芦[2]。"

问：“从上诸圣将何示人？”师曰：“有异祖龙行化节，迥超栖凤越扬尘。”

问：“如何是解作客底人？”师曰：“宝御珍装犹尚弃，谁能历劫傍他门？”

问：“如何是西来意？”师曰：“海底泥牛吼，云中木马嘶。”

问：“众手淘金，谁是得者？”师曰：“黄帝不曾游赤水，神珠罔象也虚然。”

问：“雪覆芦华时如何？”师曰：“虽则沍凝呈瑞色，太阳晖后却迷人。”

【注释】

[1] 紫塞：北方边塞。
[2] 衔芦：口含芦草。雁用以自卫的一种本能。

【概要】

净悟禅师，五代禅僧。曾至袁州（今江西宜春）蟠龙山师事可文禅师，得其真传。出居庐山永安寺，通经能文，善吟诗，有集行世。

【参考文献】

《景德传灯录》卷二十。

木平善道禅师

袁州木平山善道禅师，初谒洛浦，问：“一沤[1]未发已前，如何辨其水脉？”浦曰：“移舟谙水脉，举棹别波澜。”师不契，乃参蟠龙，语同前问，龙曰：“移舟不别水，举棹即迷源。”师从此悟入。

僧问：“如何是西来意？”师曰：“石羊头子向东看。”

问：“如何是正法眼？”师曰：“拄杖孔。”

问：“如何是不动尊？”师曰：“浪浪荡荡。”

问：“如何是木平一句？”师曰：“逼塞虚空。”曰：“逼塞虚空即不问，如何是一句？”师便打。

凡有新到，未许参礼，先令运土三担，而示偈曰：“南山路侧东山低，新到莫辞三转泥。嗟汝在途经日久，明明不晓却成迷。"

师肉髻螺纹，金陵李氏向其道誉，迎请供养，待以师礼。尝问："如何是木平？"师曰："不劳斤斧。"曰："为甚么不劳斤斧？"师曰："木平。"

法眼禅师有偈赠曰："木平山里人，貌古言复少。相看陌路同，论心秋月皎。坏衲线非蚕，助歌声有鸟。城阙今日来，一沤曾已晓。"

灭后，门人建塔，谥"真寂禅师"。

【注释】

[1] 一沤（ōu）：沤者，水泡也。海本澄湛，因风飘鼓，发起水泡。以譬大觉之性，真净明妙，因心妄动，生起虚空世界，虚空世界在大觉性中，如大海中之一沤耳。《楞严经》："空生大觉中，如海一沤发。"

【概要】

善道禅师，五代禅僧。至蟠龙山师事可文禅师得法，居袁州（今江西宜春）木平山。头有肉髻罗纹，南唐中主闻其道誉，迎请供养，待以师礼。卒谥"真寂禅师"。

【参考文献】

《景德传灯录》卷二十。

崇福志禅师

僧问："供养百千诸佛，不如供养一无心道人。未审诸佛有何过？无心道人有何德？"师曰："雪深宜近火，身暖觉春迟。"

问："贫子献珠时如何？"师曰："甚么处得来？"

问："如何是道？"师曰："回车有分。"

陕府龙溪禅师

上堂，僧问："如何是无缝塔？"师曰："百宝庄严今已了，四门开豁几多时。"师乃曰："直饶说似个无缝塔，也不免老僧下个橛，作么生免得去？"众无对，师曰："下去！"

黄山轮禅师法嗣

郢州桐泉山禅师（或作潼泉山禅师）

泉山禅师参黄山，山问："天门一合，十方无路。有人道得，摆手出漳江。"师曰："蛰户[1]不开，龙无龙句。"山曰："是你怎么道。"师曰："是即直言是，不是直言不是。"山曰："摆手出漳江。"山复问："'卞和到处荆山秀，玉印从他天子传'时如何[2]？"师曰："灵鹤不于林下憩，野老不重太平年。"山深肯之。

住后，僧问："如何是相传底事，"师曰："龙吐长生水，鱼吞无尽沤。"曰："请师挑剔。"师曰："摛鼓转船头，棹穿波里月。"

【注释】

[1] 蛰户：蛰虫伏处的洞穴。

[2] "卞和到处荆山秀，玉印从他天子传"时如何：旧校本作"卞和到处，荆山秀玉印，从他天子传时如何"有误。

韶山普禅师法嗣

潭州文殊禅师

僧问："如何是祝融峰前事？"师曰："岩前瑞草生。"

问："仁王登位，万姓沾恩。和尚出世，有何祥瑞？"师曰："万里长沙驾铁船。"

问："如何是本尔庄严？"师曰："菊花原上景，行人去路长。"

耀州密行禅师

僧问："密室之言，请师垂示。"师曰："南方水阔，北地风多。"曰："不会，乞师再指。"师曰："鸟栖林麓易，人出是非难。"

思明禅师法嗣

鹫岭善本禅师

襄州鹫岭善本禅师，浴次，僧问："和尚是离垢人，为甚么却浴？"师曰："定水湛然满，浴此无垢人。"

问："祖意教意，是同是别？"师曰："鹫岭峰上，青草参天；鹿野苑中，狐兔交横。"

【概要】

善本禅师，五代禅僧。至濠州（今安徽凤阳）师事思明禅师得法，居襄州（今湖北襄樊）鹫岭。一日浴次，有僧问："和尚是离垢人，为甚么却浴？"答曰："定水湛然满，浴此无垢人。"

【参考文献】

《景德传灯录》卷十七。

第三节　青原下七世

藤霞禅师法嗣

澧州药山禅师

上堂："夫学般若菩萨，不惧得失，有事近前。"

时有僧问："药山祖裔，请师举唱。"师曰："万机挑不出。"曰："为甚么万机挑不出？"师曰："他缘岸谷。"

问："如何是药山家风？"师曰："叶落不如初。"

问："法雷哮吼时如何？"师曰："宇宙不曾震。"曰："为甚么不曾震？"师曰："遍地娑婆，未尝哮吼。"曰："不哮吼底事如何？"师曰："阖国无人知。"

云盖景禅师法嗣

衡岳南台寺藏禅师

僧问："远远投师，请师一接。"师曰："不隔户。"

问："如何是南台境？"师曰："松韵拂时石不点，孤峰山下垒难齐。"曰："如何是境中人？"师曰："岩前栽野果，接待往来宾。"曰："恁么则谢师供养。"师曰："怎生滋味？"

问："如何是法堂？"师曰："无壁落。"问："不顾诸缘时如何？"师良久。

潭州云盖山证觉禅师

僧问："如何是和尚家风？"师曰："四海不曾通。"

问："如何是一尘含法界？"师曰："通身体不圆。"曰[1]："如何是九世[2]刹那分？"师曰："繁兴不布彩。"

问："如何是宗门中的的意？"师曰："万里胡僧，不入波澜。"

【注释】

[1] 曰：旧校本丢了这个"曰"字，校对失误。

[2] 九世：过去、未来、现在三世各具三世，合为九世。即过去之过去、过去之未来、过去之现在、未来之过去、未来之未来、未来之现在、现在之过去、现在之未来、现在之现在等。华严之教义以此九世相即相入，总为一念，总别合之而为十世。（参见《华严五教章》卷四）

乌牙宾禅师法嗣

安州大安山兴古禅师

僧问："亡僧迁化，向甚么处去也？"师曰："昨夜三更拜南郊。"

问："维摩默然，意旨如何？"师曰："黯黑石牛儿，超然不出户。"

问："如何是那边事？"师曰："黑漆牧童不展手，银笼鹤畔野云飞。"

【概要】

兴古禅师，五代禅僧。至乌牙山师事彦宾禅师得法，出居安州（今湖北安陆）大安山。有僧问："亡僧迁化，向甚么处去也？"答曰："昨夜三更拜南郊。"

【参考文献】

《景德传灯录》卷二十三。

蕲州乌牙山行朗禅师

僧问："未作人身已前作甚么来？"师曰："海上石牛歌三拍，一条红线掌间分。"

问："迦叶上行衣，何人合得披？"师曰："天然无相子，不挂出尘衣。"

青峰楚禅师法嗣

西川灵龛禅师

僧问："如何是诸佛出身处？"师曰："出处非干佛，春来草自青。"

问："碌碌地时如何？"师曰："试进一步看。"

京兆府紫阁山端己禅师

僧问："四相[1]俱尽，立甚么为真？"师曰："你甚么处去来？"

问："渭水正东流时如何？"师曰："从来无间断。"

【注释】

[1] 四相：指"生相、住相、异相、灭相"四相。生相即由无而有；住相即成长之形；异相即衰老变坏；灭相即最终灭亡。此生住异灭四相，迁流不息，此灭彼生，此生彼灭。又指一期生命之四种样相：即生、老、病、死。又作粗四相、一期四相。

房州开山怀昼禅师

僧问："作何行业，即得不违于千圣？"师曰："妙行无伦匹，情玄体自殊。"

问："有耳不临清水洗，无心谁为白云幽时如何？"师曰："无木挂千金。"曰："挂后如何？"师曰："杳杳人难辨。"

问："如何是尘中师？"师曰："荆棘林中随处到，旃檀林里任纵横。"

问："如何是祖师西来意？"师曰："月隐澄潭，金辉正午。"

【概要】

怀昼禅师，五代禅僧。至凤翔（今属陕西）师事青峰传楚禅师得法，出居房州（今湖北房县）开山寺，通内外典，能诗文，士大夫乐与之交游。有僧问："如何是祖师西来意？"答曰："月隐澄潭，金辉正午。"

【参考文献】

《景德传灯录》卷二。

幽州传法禅师

僧问："教意祖意，是同是别？"师曰："华开金线秀，古洞白云深。"

问："别人为甚么徒弟多，师为甚么无徒弟？"师曰："海岛龙多隐，茅茨[1]凤不栖。"

【注释】

[1] 茅茨：茅草盖的屋顶，亦指茅屋。在方言里面，茅室即是厕所，此处取方

言的意义。

益州净众寺归信禅师

僧问："莲华未出水时如何？"师曰："菡萏[1]满池流。"曰："出水后如何？"师曰："叶落不知秋。"

问："'不假浮囊，便登巨海'时如何？"师曰："红嘴飞超三界外，绿毛也解道煎茶。"

问："如何是自在底[2]人？"师曰："剑树霜林去便行。"曰："如何是不自在底人？"师曰："释迦在阇黎后。"

【注释】

[1] 菡（hàn）萏（dàn）：荷花的别称。

[2] 底：本书常作助词，相当于助词"的""地""得"。

【概要】

归信禅师，宋代禅僧。初习儒学，能诗文。后师事青峰传楚禅师得法，居益州（今四川成都）净众寺，徒众常逾千数，为西陲禅林之冠。

【参考文献】

《景德传灯录》卷二十三。

青峰山清勉禅师

僧问："久酝蒲萄酒，今日为谁开？"师曰："饮者方知。"

问："如何是祖师西来意？"师曰："耨池[1]无一滴，四海自滔滔。"

【注释】

[1] 耨池："阿耨达池"的省略，参见本书"阿耨达池"注释。

附 宋世玉音

宋太宗皇帝

一日，幸相国寺，见僧看经，问曰："是甚么经？"僧曰："《仁王经》。"帝曰："既是寡人经，因甚却在卿手里？"僧无对。

（雪窦代云："皇天无亲，唯德是辅[1]。"）

幸开宝塔，问僧："卿是甚人？"对曰："塔主。"帝曰："朕之塔为甚么卿作主？"僧无对。

（雪窦代曰："合国咸知。"）

一日，因僧朝见，帝问："甚处来？"对曰："庐山卧云庵。"帝曰："朕闻卧云深处不朝天，为甚到此？"僧无对。

（雪窦代云："难逃至化。"）

僧入对次，奏曰："陛下还记得么？"帝曰："甚处相见来？"奏曰："灵山一别，直至如今。"帝曰："卿以何为验？"僧无对。

（雪窦代曰："贫道得得[2]而来。"）

京寺回禄[3]，藏经悉为煨烬。僧欲乞宣赐，召问："昔日摩腾不烧[4]，如今为甚却烧？"僧无对。

（雪窦代云："陛下不忘付嘱。"）

帝尝梦神人报曰："请陛下发菩提心。"因早朝宣问左右街[5]："菩提心作么生发？"街无对。

（雪窦代云："实谓今古罕闻。"）

智寂大师进三界[6]图，帝问："朕在那一界中？"寂无对。

（保宁勇代曰："陛下何处不称尊？"）

一日，朝罢，帝擎钵问丞相王随[7]曰："既是大庾岭头提不起，为甚么却在朕手里？"随无对。

【注释】

[1] 皇天无亲，唯德是辅：出自《尚书·蔡仲之命》："皇天无亲，唯德是辅。民心无常，惟惠之怀。"

[2] 得得：特地。《碧岩录》卷一第一则："达磨遥观此土有大乘根器，遂泛海得得而来，单传心印，开示迷途。"

[3] 回禄：传说中的火神。此处指发生火灾。

[4] 摩腾不烧：指迦叶摩腾来到中国传法，与道士比法烧经。迦叶摩腾（？—73年），我国佛教之初传入者。中印度人。又称摄摩腾、竺摄摩腾、竺叶摩腾。略称摩腾。生于婆罗门家，博通大小乘经典，尝至西印度一小国讲《金光明经》，由此因缘遂使该国免于刀兵之祸。后汉永平十年（67年），应汉明帝之请，与竺法兰携经卷与佛像至洛阳，住于明帝为其所建之白马寺，两人合译《四十二章经》，为我国译经之滥觞，亦为东土有佛法之始。永平十四年正月一日，五岳八山之道士诸善信等六百九十人上表，请帝火验佛道二教之优劣。同月十五日，帝集众于坛上，验烧二教经典，道教之书尽成灰烬，而佛经毫无损坏，摩腾与法兰乃出而宣扬佛德，凡见闻者，皆相率归依佛门。永平十六年，示寂于洛阳，年寿不详。

[5] 左右街：即左右街僧录司，简称"两街僧录"，为唐宋时代掌理僧尼名籍、僧官补任等事宜之僧职。

[6] 三界：佛教世界观。指欲界、色界、无色界。欲界是有淫食二欲的众生所住的世界，上自六欲天，中自人畜所居的四大洲，下至无间地狱皆属之；色界是无淫食二欲但还有色相的众生所住的世界，四禅十八天皆属之；无色界是色相俱无但住心识于深妙禅定的众生所住的世界，四空天属之。此三界都是凡夫生死往来的境界，所以佛教行者是以跳出三界为目的。

[7] 王随：参见本书第十一章"丞相王随居士"注释。

宋徽宗皇帝

徽宗皇帝，政和三年，嘉州巡捕官奏：本部路傍有大古树，因风摧折，中有一僧禅定，须发被体，指爪绕身。帝降旨，令肩舆入京，命西天总持三藏以金磬出其定。遂问："何代僧？"曰："我乃东林远法师之弟，名慧持，因游峨嵋，入定于树。远法师无恙否？"[1]藏曰："远法师[2]晋人也，化去七百年矣。"持不复语。藏问："师既至此，欲归何所？"持曰："陈留县[3]。"复入定。

帝制三偈，令绘像颁行[4]。偈曰：

"七百年来老古锥，定中消息许谁知？争如只履西归去，生死何劳木作皮。"

"藏山于泽亦藏身，天下无藏道可亲。寄语庄周休拟议[5]，树中不是负趋^[6]人。"

"有情身不是无情，彼此人人定里身。会得菩提本无树，不须辛苦问卢能^[7]。"

【注释】

[1] 曰："我乃东林远法师之弟，名慧持，因游峨嵋，入定于树。远法师无恙否？"：旧校本标点有误。把一个人说的话标点为两人说的话，旧校本把"远法师无恙否"单独引起来，是没明白这是慧持入定醒后提问的话。他不知道此一入定就过了七百年，远法师早就不在世上了。

[2] 远法师：即东晋高僧慧远（334～416年），我国净土宗初祖，庐山白莲社创始者。雁门楼烦（山西崞县）人，俗姓贾。十三岁，游学许昌、洛阳，博通六经、老庄之学。二十一岁，偕弟慧持于太行恒山（河北曲阳西北）听道安讲《般若经》，颇有领悟，感叹"儒道九流皆糠秕"，遂与弟俱投道安座下，剃度出家。于东晋太元六年（381年）南下庐山，住东林寺传法，弟子甚众。

[3] 陈留县：旧县名。秦朝置，即今河南省开封县陈留镇，属砀郡。

[4] 帝制三偈，令绘像颁行：旧校本标点有误，三首偈当成一首标点。

[5] 拟议：思虑，迟疑。亦作"拟谊"。

[6] 趋（qū）：同"趋"。

[7] 卢能：指六祖慧能，因俗姓卢，故称。

【概要】

宋徽宗（1082～1135年），宋神宗第十一子，继其兄哲宗而立。博通多艺，然善忌而喜近幸佞，以蔡京为相，国政大乱。蔡京复荐道士林灵素，扇惑鼓荡，遂有宣和废佛之举，改佛号为大觉金仙，菩萨为仙人大士，僧称德士，服装则袭道家之制。经像法器、巨刹名蓝等，一时被毁将尽，其祸有甚于三武一宗者。后与金交战，溃败被俘，绍兴五年死于北地。在位二十五年，被囚十载。享年五十四。

【参考文献】

《佛祖统纪》卷四十六；《佛祖历代通载》卷二十九。

宋孝宗皇帝

孝宗皇帝宣问灵隐佛照光禅师，曰："释迦佛入山修道，六年而成，所成者何事？请师明说。"对曰："将谓陛下忘却！"

未详法嗣

实性大师

实性大师，因同参芙蓉训禅师至，上堂，以右手拈拄杖，倚放左边，良久曰："此事若不是芙蓉师兄，也大难委悉。"便下座。

茶陵郁山主

茶陵郁山主，不曾行脚，因庐山有化士至，论及宗门中事，教令看"僧问法灯：'百尺竿头，如何进步？'灯云：'恶。'"凡三年[1]。

一日，乘驴度桥，一踏桥板而堕，忽然大悟，遂有颂云："我有神珠一颗，久被尘劳关锁。今朝尘尽光生，照破山河万朵。"因兹更不游方。

师乃白云端和尚得度师[2]，云有赞曰："百尺竿头曾进步，溪桥一踏没山河。从兹不出茶川上，吟啸无非啰哩啰[3]。"

【注释】

[1] 论及宗门中事，教令看"僧问法灯：'百尺竿头，如何进步？'灯云：'恶。'"凡三年："教令看"后面引号内的内容都是看的话头，作"看"的宾语，一直"恶"字结束，看这个话头看了三年。旧校本标点有误，"教令看"后作句号，割断了整个句号的联系，使整句话无法解释。

[2] 师乃白云端和尚得度师：旧校本在"云端和尚"下划线，当作人名，有误。此处人名是"白云端和尚"，参见本书第十九章"白云守端禅师"注释。

[3] 啰哩啰：又作"啰啰哩"。诗歌中的感叹语，抒发思乡之情，有时用来调整节奏或补足音节。禅录借用作行业隐语，指代禅道歌、悟道歌；亦谓颂唱悟道歌。又作"啰哩哩，啰啰哩，哩哩啰，啰啰哩哩，啰哩哩啰，哩啰"等。本书第十九章"杨岐方会"条："上堂：'薄福住杨岐，年来气力衰。寒风凋败叶，犹喜故人归。啰啰哩！拈上死柴头，且向无烟火。'"又本书第二十章"觉阿上人"条："竖拳下喝少卖弄，说是说非入泥水。截断千差休指注，一声归笛啰啰哩！"（摘自《禅宗大词典》）

僧肇法师

僧肇法师，遭秦主难，临就刑说偈[1]曰："四大元无主，五阴本来空。将头临白刃，犹似斩春风。"

（玄妙云："大小肇法师，临死犹㘞[2]语。"）

【注释】

[1] 临就刑说偈：丁福保《佛学大辞典》："此事僧传不载。惟《景德传灯录》二十七曰：'僧肇法师遭秦主难，临就刑说偈曰：四大元无主，五阴本来空。将头临白刃，犹似斩春风。'"

[2] 㘞（yì）：古同"呓"，梦话。

禅月贯休禅师

禅月贯休禅师，有诗曰："禅客相逢只弹指，此心能有几人知？"大随和尚举问曰："如何是此心？"师无对。

（归宗柔代云："能有几人知？"）

【概要】

禅月贯休禅师（832～912 年）唐末五代僧。以诗、画著称于世。婺州兰溪（浙江金华）人，俗姓姜。字德隐，一字德远，号禅月。七岁出家于金华县和安寺圆贞座下，日诵《法华经》一千字，皆不忘。受具足戒后，即入浙东五泄山，修禅十年。曾参谒无相禅师；后往洪州开元寺听讲《法华经》及《大乘起信论》，皆能通达奥义。

善绘佛像，尤工水墨罗汉。又擅篆隶草书，独具风格，时称姜体，世人喻为唐之怀素。其诗亦颇为士林所称誉。唐乾宁初，尝参谒吴越王钱镠，并献诗章，颇见礼重。昭宗天复（901～904 年）间入蜀，前蜀蜀主王建，其子王衍均优遇之，因赐紫衣，署号"禅月大师"。尝有句云："一瓶一钵垂垂老，万水千山得得来。"故又称"得得来和尚"。

乾化二年示寂，世寿八十一。著有《西岳集》，弟子昙域更其名为《禅月集》。

【参考文献】

《宋高僧传》卷三十；《释氏稽古略》卷三。

先净照禅师

先净照禅师，问楞严大师："经中道：'若能转物，即同如来。若被物转，即名凡夫。'只如升元阁作么生转？"严无对。

（汾阳代云："彼此老大。"）

公期和尚

公期和尚，因往罗汉，路逢一骑牛公子[1]。师问："罗汉路向甚么处去？"公拍牛曰："道，道。"师喝曰："这畜生！"公曰："罗汉路向甚么处去？"师却拍牛曰："道，道。"公曰："直饶恁么，犹少蹄角在。"师便打，公拍牛便走。

【注释】

[1] 因往罗汉，路逢一骑牛公子："罗汉"指去拜访的地方（亦禅师名，以地名取代），旧校本标点为"因往罗汉路，逢一骑牛公子"有误，"路"下专有名词线亦要删除。

唐朝因禅师

唐朝因禅师，微时，尝运槌击土次，见一大块，戏槌猛击之，应碎，豁然大悟。

（后有老宿闻云："尽山河大地，被因禅师一击百杂碎。"）

东山云顶禅师

福州东山云顶禅师，泉州人（遗其氏）。以再下春闱[1]，往云台大吼寺剃染具戒，即谒大愚芝、神鼎湮[2]。后见罗汉下尊宿，始彻己事，道学有闻丛林，称为"顶三教"。

僧问："如何是和尚日用事？"师曰："我吃饭，汝受饥。"曰："法法不相到，又作么生？"师曰："汝作罪，我皆知。"

问："如何是和尚一枝拂？"师曰："打破修行窟。"曰："恁么则本来无一物也。"师曰："知无者是谁？"曰："学人罪过。"师曰："再思可矣！"

居士问："洞山道：'有一物上拄天，下拄地。'未审是甚么物？"[3] 师曰："担铁枷，吃铁棒。"曰："天地黑，山河走。"师曰："阎老殿前添一鬼，北邙山[4]下卧千年。"士叫："快活！快活！"师曰："也是野狐吞老鼠。"

九龙观道士并三士人，请上堂："儒门画八卦，造契书，不救六道轮回。道门朝九皇，炼真气，不达三祇劫[5]数。我释迦世尊，洞三祇劫数，救六道轮回。以大愿摄人天，如风轮持日月；以大智破生死，若劫火焚秋毫。入得我门者，自然转变天地，幽察鬼神。使须弥、铁围、大地、大海入一毛孔中，一切众生，不觉不知。我说此法门，如虚空俱含万象，一为无量，无量为一。若人得一，即万事毕。珍重！"

【注释】

[1] 春闱：唐、宋礼部试士和明、清京城会试，均在春季举行，故称春闱。犹春试。

[2] 大愚芝、神鼎讠是：旧校本作"大愚、芝神、鼎讠是"有误。

[3] 居士问："洞山道：'有一物上拄天，下拄地。'未审是甚么物？"：旧校本作"居士问洞山道"有误。此处是居士就洞山所说向"师"请教。

[4] 北邙山：山名，亦作"北芒"。因在洛阳之北，故名。东汉、魏、晋的王侯公卿多葬于此。唐代沈佺期《邙山》："北邙山上列坟茔，万古千秋对洛城。"因北邙山是著名的公墓，故借它指墓地或坟墓。

[5] 三祇劫：或作三阿僧祇、三劫等。阿僧祇译作无数，或指数之极；劫乃时间名称，译作长远等，其中有大、中、小之别。三个阿僧祇之大劫称为三大阿僧祇劫。据称一阿僧祇有一千万万万万万万万万万兆（万万为亿，万亿为兆）。

云幽重恽禅师

婺州云幽重恽禅师（今曰法云），初谒雪峰，次依石霜，乃开悟。旋里[1]隐居，蔽形[2]唯一衲。

住后，上堂："云幽一只箭，虚空无背面。射去遍十方，要且无人见。"时有僧问："如何是和尚一只箭？"师曰："尽大地人无髑髅。"

【注释】

[1] 旋里：返回故乡。清代蒲松龄《聊斋志异·胡四娘》："（程孝思）愿乖气结，难于旋里，幸囊资小泰，携卷入都。"

[2] 蔽形：遮掩身体。

布衲如禅师

双溪布衲如禅师，因嵩禅师戏以诗悼之曰[1]："继祖当吾代，生缘行可规。终身常在道，识病懒寻医。貌古笔难写，情高世莫知。慈云布何处，孤月自相宜。"师读罢举笔答曰："道契平生更有谁，闲卿于我最心知。当初未欲成相别，恐误同参一首诗。"投笔坐亡。于六十年后，塔户自启，其真容俨然。

【注释】

[1] 双溪布衲如禅师，因嵩禅师戏以诗悼之曰：旧校本标点有误，不能作"因嵩禅师戏，以诗悼之曰"，这中间若有逗号，则分不清楚谁悼谁，此处指嵩禅师以诗戏悼如禅师。

舒州投子通禅师

僧问："达磨未来时如何？"师曰："两岸唱渔歌。"曰："来后如何？"师曰："大海涌风波。"

问："如何是孤峰顶上节操长松？"师曰："能为万象主，不逐四时凋。"

问："如何是和尚这里佛法？"师曰："东壁打西壁。"

法海立禅师

处州法海立禅师，因朝廷有旨，革本寺为神霄宫[1]，师升座谓众曰："都缘未彻，所以说是说非。盖为不真，便乃分彼分此。我身尚且不有，身外乌足道哉！正眼观来，一场笑俱。今则圣君垂旨，更僧寺作神霄，佛头上添个冠儿，算来有何不可？山僧今日不免横担拄杖，高挂钵囊，向无缝塔中安身立命，于无根树下啸月吟风。一任乘云仙客、驾鹤高人，来此咒水书符，叩牙作法。他年成道，白日上升，堪报不报之恩，以助无为之化。只恐不是玉，是玉也大奇。然虽如是，且道山僧转身一句作么生道，还委悉[2]么？"掷下拂子，竟尔趋寂。郡守具奏其事，奉旨改其寺曰"真身"。

【注释】

[1] 神霄宫：宋代道观名。宋徽宗政和七年（1117 年），令天下州军皆设神霄宫，无道观处则以僧寺改建。宋徽宗崇奉道教，自称"教自道君皇帝"，书写《神霄玉清万寿宫诏》后，令汴京神霄宫先刻碑，即后以该碑的拓本颁赐天下摹勒立碑。

[2] 委悉：知道，知晓，详细知晓。悉：知道。

天宁明禅师

汝州天宁明禅师，改德士[1]日，师登座谢恩毕，乃曰："木简信手拈来，坐具乘时放下。云散水流去，寂然天地空。"即敛目而逝。

【注释】

[1] 德士：宋朝温州人林灵素，少从浮屠学，苦其师打骂，改当道士。后以方术为宋徽宗所宠，"欲废释氏以逞前憾"，请改僧为德士。徽宗采纳其建议，遂于宣和元年正月下诏废佛。宋代费衮《梁溪漫志·改德士颂》："宣和庚子，改僧为德士，一时浮屠有以违命被罪者。"宋代吴曾《能改斋漫录·记诗》："政和间，林灵素主张道教，建议以僧为德士，使加冠巾，其意以释氏为出其下耳。

蜀中仁王钦禅师

僧问："如何是佛？"师曰："闻名不如见面。"曰："如何是祖师西来意？"师曰："闹市里弄猢狲。"曰："如何是道？"曰："大虫看水磨。"

金陵铁索山主（遗其名）

僧问："久向铁索，未审作何面目？"主打露柱，僧曰："谢见示。"主曰："你据个甚么便恁么道？"僧却打露柱，主曰："且道索在甚么处？"僧作量势，主曰："今日遇个同参。"

楼子和尚

楼子和尚，不知何许人也，遗其名氏。一日偶经游街市间，于酒楼下整袜带次，闻楼上人唱曲云："你既无心我也休。"忽然大悟，因号"楼子"焉。

神照本如法师

神照本如法师，尝以经王[1]请益四明尊者，者震声曰："汝名本如。"师即领悟，作偈曰："处处逢归路，头头达故乡。本来成现事，何必待思量！"

【注释】

[1] 经王：称其经胜于他经，曰"经王"。即经中之王也。《法华经·药王品》曰："如帝释于三十三天中王，此经亦复如是，诸经中王……如佛为诸法王，此经亦复如是，诸经中王。"《最胜王经》一曰："金光明妙法，最胜诸经王。"《心地观经》八曰："若有法师受持读习解说书写，此心地经，众经中王，如是法师与我无异。"（摘自丁福保《佛学大辞典》）

上竺证悟法师

临安府上竺圆智证悟法师，台州林氏子。依白莲仙法师，问具变之道，莲指行灯曰："如此灯者，离性绝非，本自空寂，理则具矣。六凡四圣，所见不同，变则在焉。"师不契，后因扫地诵《法华经》，至"知法常无性，佛种从缘起"，始谕旨。告莲，莲然之。

师领徒以来，尝患本宗学者囿于名相，胶于笔录，至以天台之传为文字之学，南宗鄙之。乃谒护国此庵云禅师。夜语次，师举东坡《宿东林偈》，且曰："也不易到此田地。"庵曰："尚未见路径，何言到耶？"曰："只如他道：'溪声便是广长舌，山色岂非清净身[1]？'若不到此田地，如何有这个消息？"庵曰："是门外汉耳。"曰："和尚不吝，可为说破？"庵曰："却只从这里猛著精彩觑捕看。若觑捕得他破，则亦知本命元辰落著处。"师通夕不寐，及晓钟鸣，去其秘畜，以前偈别曰："东坡居士太饶舌，声色关中欲透身。溪若是声山是色，无山无水好愁人。"特以告此庵，庵曰："向汝道是门外汉。"师礼谢。

未几，有化马祖殿瓦者，求语发扬[2]，师书曰："寄语江西老古锥，从教日炙与风吹。儿孙不是无料理，要见冰消瓦解时。"此庵见之，笑曰："须是这阇黎始得！"

【注释】

[1] 溪声便是广长舌，山色岂非清净身：出自苏轼《赠东林总长老》："溪声尽是广长舌，山色无非清净身。夜来八万四千偈，他日如何举似人？"

[2] 发扬：揭示阐明。

本嵩律师

本嵩律师，因无为居士杨杰请问宣律师所讲毗尼性体，师以偈答曰[1]："情智何尝异，犬吠蛇自行。终南的的意，日午打三更。"

【注释】

[1] 本嵩律师，因无为居士杨杰请问宣律师所讲毗尼性体，师以偈答曰：旧校本标点有误，错的地方多，参见项楚《〈五灯会元〉点校献疑三百例》。杨杰：参见本书第十六章"侍郎杨杰居士"注释。

亡名古宿（二十八则）

昔有一老宿，一夏不为师僧说话，有僧叹曰："我只恁么空过一夏，不敢望和尚说佛法，得闻'正因'两字也得。"老宿闻，乃曰："阇黎莫誓[1]速，若论正因，一字也无。"道了叩齿[2]云："适来无端，不合与么道。"邻壁有一老宿闻曰："好一釜羹，被一颗鼠粪污却。"

（雪窦代云："谁家釜里无一两颗。"）

昔有一僧，在经堂内不看经，每日打坐。藏主曰："何不看经？"僧曰："某甲不识字。"主曰："何不问人？"僧近前，叉手鞠躬曰："这个是甚么字？"主无对。

（大通本代云："大道不识。"）

昔有一老宿，住庵，于门上书"心"字，于窗上书"心"字，于壁上书"心"字。

（法眼云："门上但书'门'字，窗上但书'窗'字，壁上但书'壁'字。"玄觉云："门上不要书'门'字，窗上不要书'窗'字，壁上不要书'壁'字。何故？字义炳然[3]。"）

昔有二庵主，住庵，旬日不相见。忽相会，上庵主问下庵主："多时不相见，向甚么处去？"下庵主曰："在庵中造个无缝塔。"上庵主曰："某甲也要造一个，就兄借取塔样子。"下庵主曰："何不早说，恰被人借去了也！"

（法眼云："且道是借他样，不借他样？"）

昔有一庵主，见僧来，竖起火筒曰："会么？"曰："不会。"主曰："三十年用不尽底。"僧却问："三十年前用个甚么？"主无对。（归宗柔代云："也要知。"）

昔有一老宿，因江南国主问："予有一头水牯牛，万里无寸草，未审向甚么处放。"宿无对。

（归宗柔代云："好处放。"）

昔有一老宿，问僧："甚么处来？"僧曰："牛头山礼拜祖师来"宿曰："还见祖师么？"僧无对。

（归宗柔代云："大似不相信。"）

昔有一老宿，有偈曰："五蕴山头一段空，同门出入不相逢。无量劫来赁屋住，到头不识主人公。"

（有老宿云："既不识他，当初问甚么人赁。"）

僧问老宿："如何是密室中人？"老宿曰："有客不答话。"

（玄沙云："何曾密？"归宗柔别老宿云："你因甚么得见。"）

昔有一老宿，因僧问："魂兮归去来，食我家园葚[4]。如何是家园葚？"

（玄觉代云："是亦食不得。"法灯云："污却你口。"）

昔有一老宿曰："祖师九年面壁，为访知音。若恁么会得，吃铁棒有日在。"又一老宿曰："祖师九年面壁，何不惭惶？若恁么会得，更买草鞋行脚三十年。"

（琅琊觉云："既不然，且道祖师面壁意作么生？"良久云："欲得不招无间业，莫谤如来正法轮。"）

昔有一老宿，因僧问："师子捉兔亦全其力，捉象亦全其力，未审全个甚么力？”老宿曰：“不欺之力。”

（法眼别云：“不会古人语。”）

昔有一老宿，曰：“这一片田地分付来多时也，我立地待汝构[5]去。”

（法眼云：“山僧如今坐地，待汝构去，还有道理也无？那个亲？那个疏？试裁断看。”）

昔有老宿，畜一童子，并不知轨则。有一行脚僧到，乃教童子礼仪。晚间见老宿外归，遂去问讯。老宿怪讶，遂问童子曰：“阿谁教你？”童曰：“堂中某上座。”老宿唤其僧来，问：“上座傍家行脚是甚么心行？这童子养来二三年了，幸自可怜生，谁教上座教坏伊！快束装起去。”黄昏雨淋淋地被趁出。

（法眼云：“古人怎么显露些子家风，甚怪！且道意在于何？”）

昔有僧到曹溪，时守衣钵僧提起衣曰：“此是大庾岭头提不起底。”僧曰：“为甚么在上座手里？”僧无对。

（云门云：“彼此不了。”又云：“将谓是师子儿。”）

昔有僧因看《法华经》至“诸法从本来，常自寂灭相”，忽疑不决，行住坐卧，每自体究，都无所得。忽春月闻莺声，顿然开悟，遂续前偈曰：“诸法从本来，常自寂灭相。春至百花开，黄莺啼柳上。”

昔有老宿问一座主：“疏钞解义，广略如何？”主曰：“钞解疏，疏解经。”宿曰：“经解甚么？”主无对。

昔高丽国，来钱唐刻观音圣像，及舁上船，竟不能动，因请入明州开元寺供养。后有设问：“无刹不现身，圣像为甚不去高丽国[6]？”

（长庆棱云：“现身虽普，睹相生偏。”法眼别云：“识得观音未？”）

泗州塔前，一僧礼拜。有人问：“上座日日礼拜，还见大圣么？”

（法眼代云：“汝道礼拜是甚么义？”）

泗州塔头侍者及时锁门。有人问：“既是三界大师，为甚么被弟子锁？”侍者无对。

（法眼代云：“弟子锁，大师锁？”法灯代云：“还我锁匙来。”又老宿代云：“吉州锁，虔州锁？”）

圣僧像被屋漏滴，有人问僧：“既是圣僧，为甚么有漏？”僧无对。

（韶国师代云：“无漏不是圣僧。”）

有人问僧：“点甚么灯？”[7]僧曰：“长明灯。”曰：“甚么时点？”曰：

"去年点。"曰："长明何在？"僧无语。

（长庆棱代云："若不如此，知公不受人谩。"法眼别云："利动君子。"）

有座主念弥陀名号次，小师唤和尚，及回顾，小师不对。如是数四，和尚叱曰："三度四度唤，有甚么事？"小师曰："和尚几年唤他即得，某甲才唤便发业[8]。"

（法灯代云："咄叱！"）

有僧与童子上经了，令持经著函内，童子曰："某甲念底著向那里？"

（法灯代云："汝念甚么经？"）

一僧注《道德经》，人问曰："久向大德注《道德经》。"僧曰："不敢。"曰："何如明皇[9]？"

（法灯代云："是弟子。"）

有僧入冥，见地藏菩萨，藏问："你平生修何业？"僧曰："念《法华经》。"曰："止止不须说，我法妙难思。为是说？是不说？"[10]僧无对。

（归宗柔代云："此回归去，敢为流通。"）

盐官会下有一主事僧，忽见一鬼使来追，僧告曰："某甲身为主事，未暇修行，乞容七日得否？"使曰："待为白王，若许即七日后来。不然，须臾便至。"言讫不见。至七日后，复来，觅其僧，了不可得。后有人举问一僧："若被觅著时，如何抵拟[11]他？"

（洞山代云："被他觅得也。"）

台州六通院僧欲渡船，有人问："既是六通，为甚么假船？"僧无对。

（天台韶国师代云："不欲惊众。"）

【注释】

[1] 謷（xì）：悲声。此处有悲叹之意。

[2] 叩齿：佛教的仪式，祷告时，往往用指头敲击牙齿，这样才可以灵验。又，道家所行的祝告仪式之一。叩左齿为鸣天鼓，叩右齿为击天磬，驱祟降妖用之。当门上下八齿相叩，为鸣法鼓，通真、朝奏用之。

[3] 炳然：指明显貌、明白貌。

[4] 葚（shèn）：桑树果实。

[5] 构：明了，领悟。

[6] 无刹不现身，圣像为甚不去高丽国：旧校本标点有误，标点作"无刹不现身圣像，为甚不去高丽国"。

[7] 有人问僧："点甚么灯？"：旧校本常错的地方，都标点为："有人问：'僧点甚么灯？'"

[8] 发业：发怒，恼怒。

[9] 明皇：指唐明皇李隆基，曾经注《道德经》，著有《唐玄宗御注道德真经》。

[10] "止止不须说，我法妙难思。为是说？是不说？"：旧校本标点有误。"止止不须说，我法妙难思"出自《法华经》的偈语，旧校本当成禅师阻止对方说话的意思，将"止止"连加两个感叹号。"为是说？是不说？"是选择问句，旧校本未断句，也没有问号。

[11] 抵拟：应付，对付。

亡名官宰（七则）

洪州太守宋令公[1]。一日大宁寺僧陈乞，请第二座开堂[2]，公曰："何不请第一座？"众无语。

（法眼代云："不劳如此。"）

江南相冯延巳[3]与数僧游锺山，至"一人泉"，问："'一人泉'，许多人争得足？"一僧对曰："不教欠少。"延己不肯，乃别曰："谁人欠少？"

（法眼别云："谁是不足者？"）

官人问僧："名甚么？"曰："无拣。"官人曰："忽然将一碗沙与上座，又作么生？"曰："谢官人供养。"

（法眼别云："此犹是拣底。"）

广南有僧住庵，国主出猎。左右报庵主："大王来，请起。"[4]主曰："非但大王来，佛来亦不起。"王问："佛岂不是汝师？"主曰："是。"王曰："见师为甚么不起？"

（法眼代云："未足酬恩。"）

福州洪塘桥上有僧列坐，官人问："此中还有佛么？"僧无对。

（法眼代云："汝是甚么人？"）

昔有官人入镇州天王院，睹神像，因问院主曰："此是甚么功德？"

曰："护国天王。"曰："只护此国，遍护余国？"曰："在秦为秦，在楚为楚。"曰："腊月二十九日打破镇州城，天王向甚处去？"主无对。

昔有官人作《无鬼论》，中夜挥毫次，忽见一鬼出云："汝道无，我聻[5]？"

（五祖演云："老僧当时若见，但以手作鹁鸠[6]嘴，向伊道：'谷呱呱。'"）

【注释】

[1] 令公：古代对中书令的尊称。中唐以后，节度使多加中书令，使用渐滥。

[2] 一日大宁寺僧陈乞，请第二座开堂：旧校本标点有误。"陈乞"是一词不能分开，"陈述请求"的意思，旧校本用逗号予以分开。

[3] 冯延巳（903～960年）：又作延己、延嗣，字正中，五代江都府（今江苏省扬州市）人，五代十国时南唐著名词人、大臣。南唐李璟为元帅时，辟为掌书记。璟为帝，重用冯延巳，以为翰林学士，迁中书侍郎、左仆射、同平章事，官终太子太傅，卒谥"忠肃"。有词集《阳春集》传世。

[4] 广南有僧住庵，国主出猎。左右报庵主："大王来，请起。"：这一段话旧校本连续逗号，有误。

[5] 汝道无，我聻：你说没有鬼，那我呢？旧校本作："汝道无我，聻！"标点有误。"聻"是语气助词，怎么可以单独成句？这个"聻"旧校本一直没有弄清楚它的意思，故常常标点出错。

[6] 鹁（bó）鸠（jiū）：鸟名。天将雨时其鸣甚急，俗称水鹁鸪。续藏本作"鹁鸪"有误。

亡名行者（五则）

昔有道流，在佛殿前背佛而坐。僧曰："道士莫背佛。"道流曰："大德本教中道，佛身充满于法界，向甚么处坐得？"[1]僧无对。

（法眼代云："识得汝。"）

有一行者，随法师入佛殿。行者向佛而唾，师曰："行者少去就[2]，何以唾佛？"者曰："将无佛处来与某甲唾。"师无对。

（沩山云："仁者却不仁者，不仁者却仁者。"仰山代法师云："但唾行者。"又云："行者若有语，即向伊道：'还我无行者处来。'"）

死鱼浮于水上，有人问僧："鱼岂不是以水为命？"僧曰："是。"曰："为甚么却向水中死？"僧无对。

（杭州天龙机和尚代云："是伊为甚么不去岸上死？"）

鹞子趁鸽子，飞向佛殿栏干上颤。有人问僧："一切众生在佛影中常安常乐，鸽子见佛为甚么却颤？"僧无对。

（法灯代云："怕佛。"）

昔有一僧去覆船，路逢一卖盐翁[3]。僧问："覆船路向甚么处去？"翁良久，僧再问，翁曰："你患聋那！"僧曰："你向我道甚么？"翁曰："向你道覆船路。"僧曰："翁莫会禅么？"翁曰："莫道会禅，佛法也会尽。"僧曰："你试说看。"翁挑起盐篮，僧曰："难。"翁曰："你唤这个作甚么？"僧曰："盐。"翁曰："有甚么交涉？"僧曰："你唤作甚么？"曰："不可更向你道是盐。"

【注释】

[1] 道流曰："大德本教中道，佛身充满于法界，向甚么处坐得？"：旧校本标点两处有误。首先，"大德"在此处不能作称呼语，不能用逗号隔开，而是"本教"的定语，"大德所敬奉的佛教中如是说"之意。此外，这是道士反驳佛教，反问僧人，最后要用问号，旧校本却用句号。冯国栋《〈五灯会元〉校点疏失类举》："'大德'乃是对僧人的尊称，乃'道流'对和尚的称呼之语，故'大德'后宜用逗号点断。"冯博士的旧校本是 1997 年再版，而 1984 年苏先生原版"大德"是用逗号点开了的。但点开了反而不对，因为这是"道流"在反问僧人，那么"本教"则不是"道流"所信奉的教，所以"大德"若点开，则"本教"就变成了"道流"所信奉的教了。

[2] 少去就：有失体统。去就，指符合礼节的行动，犹体统。

[3] 昔有一僧去覆船，路逢一卖盐翁："覆船"是去拜访地方（亦禅师名，以地名取代），旧校本标点为"昔有一僧去覆船路，逢一卖盐翁"有误，"路"下专有名词线亦要删除。

亡名道婆（五则）

昔有婆子，供养一庵主，经二十年，常令一二八女子[1]送饭给侍。一日，令女子抱定，曰："正恁么时如何？"主曰："枯木倚寒岩，三冬无暖气。"女子举似婆，婆曰："我二十年只供养得个俗汉！"遂遣出，烧却庵。

【注释】

[1] 二八女子：指十六岁女子。

【概要】

此公案出现在禅宗兴盛时期，含有对传统佛教持戒修行的讽刺，隐然提倡超常出格、改革创新的禅的精神。故事中的庵主只是棵"枯木"（驱除尘俗情念），而不见"暖气"（活泼泼的悟心），未能应机接物，显示禅家作略，故受到批评。历代以来，直至当代对此公案屡见拈提，各家说法并不一致。《续传灯录》卷二九"佛灯守珣"："上堂，举婆子烧庵话。师曰：'大凡扶宗立教，须是其人。尔看他婆子，虽是个女人，宛有丈夫作略。二十年籧油费酱，固是可知，一日向百尺竿头做个失落，直得用尽平生腕头气力，自非个俗汉知机，洎乎巧尽拙出。然虽如是，诸人要会么？雪后始知松柏操，事难方见丈夫心。'"同书卷三四"密庵咸杰"："上堂，举婆子烧庵话。师曰：'这个公案，丛林中少有拈提者。杰上座裂破面皮，不免纳败一上，也要诸方检点。'乃召大众曰：'这婆子洞房深稳，水泄不通，偏向枯木上糁花，寒岩中发焰。个僧孤身迥迥，惯入洪涛。等闲坐断泼天潮，到底身无涓滴水。子细检点将来，敲枷打锁则不无，二人若是佛法，未梦见在。'"（摘自《禅宗大词典》）

【拓展阅读】

婆子烧庵

（摘自曾琦云著《心经心得》，线装书局2008年1月出版）

有位老婆婆供养了一名禅行者二十年，常令一妙龄少女送饭、照顾。一天，老婆婆为了考验修行者的功夫，便嘱咐妙龄少女，在送饭时抱住他，并问他被抱住时的感觉怎么样？结果，这位修行者的反应是："枯木倚寒岩，三冬无暖气。"意思是说他毫无感觉，就像枯槁的树木靠在寒冷的岩石上一样，再抱他三年也不会动心。

少女将详情回报，老婆婆说："没想到，二十年只供养一个俗汉！"于是，赶走了修行者，一把火烧了茅庵。

这个公案揭示庵主仅压抑一己欲求而成枯木寒岩之状态，"空"的境界因为充满无限的慈悲心，所以它永远是活泼泼，而不是死的。若死心了，一切视而不见，听而不闻，见到了女人心似木头，虽然是不动心了，却是没有菩萨心了。并非真正修行佛道。

真实之修行，不仅须压抑一己之欲求，尤须明白彻见一己之本来面目。本来面目是什么，众生同体，空而不空。只因为禅行者修的是"枯木禅"，压制妄想的禅定，不但没有般若的内涵，也缺乏慈悲的胸怀。

昔有一僧参米胡，路逢一婆住庵[1]。僧问："婆有眷属否？"曰："有。"僧曰："在甚么处？"曰："山河大地，若草若木，皆是我眷属。"僧曰："婆莫作师姑来否？"曰："汝见我是甚么？"僧曰："俗人。"婆曰："汝不可是僧？"僧曰："婆莫混滥佛法好！"婆曰："我不混滥佛法。"僧曰："汝恁么，岂不是混滥佛法？"婆曰："你是男子，我是女人，岂曾混滥？"

【注释】

[1] 昔有一僧参米胡，路逢一婆住庵："米胡"是去参拜的禅师名，旧校本标点为"昔有一僧参米胡路，逢一婆住庵"有误，"路"下专有名词线亦要删除。

庞行婆入鹿门寺设斋，维那请意旨，婆拈梳子插向髻后曰："回向了也。"便出去。

温州陈道婆，尝遍扣诸方名宿，后于长老山净和尚语下发明，有偈曰："高坡平顶上，尽是采樵翁。人人尽怀刀斧意，不见山花映水红。"

昔有施主妇人入院，行众僧随年钱，僧曰："圣僧前著一分。"妇人曰："圣僧年多少？"僧无对。
（法眼代云："心期满处即知。"）